Pensando as favelas cariocas: memória e outras abordagens teóricas

(volume 2)

Pensando as favelas cariocas: memória e outras abordagens teóricas
(volume 2)

Rafael Soares Gonçalves
Mario Brum
Mauro Amoroso
(orgs.)

Rio de Janeiro

EDITORA PUC RIO
PALLAS

© **Editora PUC-Rio**
Rua Marquês de S. Vicente, 225 – Casa da Editora PUC-Rio
Gávea – Rio de Janeiro – RJ – CEP 22451-900
Tel.: (21) 3527-1760/1838
edpucrio@puc-rio.br
www.editora.puc-rio.br

© **Pallas Editora**
Rua Frederico de Albuquerque, 56
Higienópolis – Rio de Janeiro – RJ – CEP 21050-840
Tel.: (21) 2270-0186
www.pallaseditora.com.br
pallas@pallaseditora.com.br

Editores
Cristina Fernandes Warth e Mariana Warth

Preparação de originais: BR75 | Aline Canejo
Revisão de texto: Cristina da Costa Pereira
Projeto gráfico e diagramação de miolo: SBNigri Artes e Textos Ltda.
Projeto gráfico de capa: Daniel Viana

O presente trabalho foi realizado com apoio da Coordenação de Aperfeiçoamento de Pessoal de Nível Superior – Brasil (CAPES) – Código de Financiamento 001

This study was financed in part by the Coordenação de Aperfeiçoamento de Pessoal de Nível Superior - Brasil (CAPES) - Finance Code 001

Pensando as favelas cariocas: memória e outras abordagens teóricas: (volume 2) / Rafael Soares Gonçalves, Mario Brum, Mauro Amoroso (orgs). – Rio de Janeiro: Ed. PUC-Rio: Pallas, 2022.

312 p. : il. ; 23 cm.

Inclui bibliografia
ISBN (PUC-Rio): 978-65-88831-62-5
ISBN (Pallas): 978-65-5602-074-7

1. Favelas – Rio de Janeiro (RJ). 2. Memória. I. Gonçalves, Rafael Soares. II. Brum, Mario. III. Amoroso, Mauro.

CDD: 307.3098153

Elaborado por Marcelo Cristovão da Cunha – CRB-7/6080
Divisão de Bibliotecas e Documentação – PUC-Rio

Sumário

Prefácio

É uma enorme honra e um grande prazer ter sido convidada para escrever este prefácio. E não falo apenas do lugar de alguém que chegou à academia, ou ainda de deputada estadual (que correntemente exerço), mas, sobretudo, do lugar de moradora de favela, cria do Morro do Borel e ativista social.

Posso dizer que fui tomada de espanto ao ler o artigo de Aline Portilho e perceber que eu estava no seminário *A memória das favelas* realizado em 2003 e analisado por ela em seu capítulo! Assim como me vi representada na maioria dos capítulos, que apresentam uma análise crítica de nossa realidade cotidiana.

Costumo dizer que é preciso fazer política pública a partir do que nos informa o dado concreto da vida real, analisando a complexidade da vida cotidiana. É isso que encontramos neste livro: uma análise da vida e das políticas voltadas para a favela a partir de dados concretos, coletados em parceria conosco, moradores, e refletindo a complexidade de nossas experiências.

Afinal, estamos cotidianamente construindo políticas de memória de nosso passado de lutas, desafiando as concepções hegemônicas que veem a favela como lugar unicamente de ausência e violência e afirmando nosso potencial transformador da realidade com estratégias de sobrevivência e reinvenção da vida! E que grande exemplo disso encontramos no Museu das Remoções, que simboliza um grito de quem não se cala a respeito das violações cometidas pelo Estado no contexto da preparação do recebimento dos megaeventos esportivos na cidade, celebrando a resistência que possibilitou a conquista da permanência das 20 famílias em seu território!

Nós, do Morro do Borel, território que venceu a remoção conquistando juridicamente, ainda no pré-ditadura, por meio de muita luta e da organização política dos moradores (que deu origem, em 1954, à União dos Trabalhadores Favelados – UTF, primeira organização do gênero no Rio de Janeiro), entendemos a importância da preservação da memória coletiva, de escrever (ainda que de maneira subterrânea) a história de nossa experiência no período em que vivemos, mesmo que ela ainda não esteja registrada nos livros de História.

Não podemos seguir com políticas eugenistas, que tentam reproduzir a separação entre casa-grande e senzala e seguir com a segregação racial que nos empurrou dos cortiços às favelas e tenta nos remover de nossos territórios em nome da maximização dos lucros e do conforto da elite branca. Nós, favelados, construímos histórias e memórias nas margens, mas tomamos uma decisão muito firme: não dá mais para fazer política sem nós! Seja ela política pública de memória, de turismo, de cultura e arte, de arquitetura e urbanismo, de segurança pública. Em qualquer espaço, estaremos sempre presentes, arrancando com nosso grito um futuro possível.

Nesta obra, caro leitor, você encontrará contribuições que se dedicam a pensar a partir da favela a construção da cidade, de sua memória, de sua religiosidade, de suas histórias e da vivência cotidiana em seu território. Fugindo da associação óbvia entre favela e pobreza, esta publicação oferece reflexões sobre o (não) lugar que ocupamos na elaboração das políticas e a potencialidade que apresentamos na luta para construir um futuro possível. Assim, mobilizamo-nos em termos de saídas coletivas e de demandas por políticas de reparação e não repetição das violências que historicamente nos são impostas.

Para finalizar, reproduzo aqui a reflexão trazida no texto de Rafael Gonçalves de Almeida e Rafael Soares Gonçalves: "será que a própria maneira pela qual problematizamos a favela e a incorporamos em nossos sistemas conceituais constitui, na verdade, uma forma de reproduzir a 'favela como problema'?". Ouso pensar que, a partir da experiência que tenho vivido até aqui, no morro, na academia e no parlamento, a favela apresenta muito mais solução com sua rede de apoio e sobrevivência, do que problema para a cidade.

Agradeço imensamente pela oportunidade de participar de alguma maneira desta obra com escritos tão importantes, que trazem e traduzem a alma e a essência da favela, que é também minha própria alma e minha própria essência.

Mônica Santos Francisco
Deputada estadual (Psol/RJ)

Apresentação

Este é o segundo volume de *Pensando as favelas cariocas*. O objetivo desta coletânea consiste em pensar sobre a produção de significados sobre as favelas e como seu desenrolar e seus resultados impactam esses espaços e o cotidiano de seus moradores. Embora o primeiro e este segundo livro sejam independentes, eles partem de uma mesma premissa: a compreensão da favela a partir de um olhar historiográfico, sem que isso signifique limitar esse olhar apenas aos historiadores. Nós, organizadores desta coletânea, temos insistido nessa abordagem em nossas atividades de pesquisa, de ensino e de extensão, em profícuo diálogo com colegas pesquisadores e pesquisadoras que, do mesmo modo, têm lançado novos olhares sobre a favela. Inclusive, esse exercício analítico terá como um de seus principais pilares a reflexão sobre a relação dos sujeitos envolvidos nesse processo e as áreas em questão, a partir da ideia dos que são de "dentro" ou de "fora".

Assim, os artigos aqui apresentados buscaram, principalmente, pensar o convívio dialógico das favelas com a sociedade, no qual ela afeta ao mesmo tempo que é afetada, que a produção do conhecimento sobre ela, não vinda apenas das universidades e institutos de pesquisa, influencia e é influenciada pela concepção e pela execução de políticas públicas e projetos de intervenção.

Nesse sentido, este volume divide-se em dois conjuntos de artigos. Na primeira parte, os artigos voltam-se para o debate sobre a memória e a produção de acervos sobre as favelas, através de experiências militantes ou de constituição de fundos documentais específicos sobre as favelas. As distintas experiências aqui analisadas indicam um esforço de intervir no presente com um projeto para o futuro das favelas por meio de suas memórias e da sistematização de dados produzidos sobre elas. Um segundo grupo de artigos busca analisar as favelas a partir de um prisma específico, priorizando uma linha teórica particular para compreender essa realidade ou analisando os desdobramentos, nas favelas, de uma categoria de análise específica. Em ambos os casos, a perspectiva histórica, direta ou indiretamente, impõe-se como instrumento indispensável para a reflexão sobre tais espaços.

O trabalho de Márcia Pereira Leite aborda diversos projetos e iniciativas sobre memórias produzidas pelas e sobre as favelas nos anos 1990 e no início dos anos 2000. A autora deixa claro que seu objetivo não é fazer um extenso inventário dessas propostas, mas compreender o ambiente social no qual foram pensados e executados. Partindo de sua conhecida e profícua categoria de "metáfora da guerra" (LEITE, 2001), ela chama a atenção para o quanto a construção social e estigmatizadora do morador de favelas como um criminoso em potencial que deve ser exterminado tem direcionado uma série de políticas públicas para esses espaços desde a década de 1980.

Desse modo, seu objetivo é debater a memória como suporte de valorização da história das favelas como história do município do Rio de Janeiro. Esse seria um dos caminhos possíveis para questionar e combater a associação desses sujeitos a uma difusa ideia de criminalidade e ameaça, bem como construir pontes para o direito à cidade. Compõem a análise iniciativas que tiveram maior e menor repercussão, de maneira a possibilitar uma reflexão ampliada sobre os elementos sociais que permearam o desenvolvimento desses projetos, bem como sua recepção e seus impactos variados. A socióloga aborda o caso da menina Ágatha Félix, morta em setembro de 2019 quando estava ao lado de sua mãe enquanto voltava para sua casa, no conjunto de favelas do Alemão. Sua morte foi resultado de uma incursão policial, e sua lembrança é significada pelo texto como um meio de resistência pela memória.

Retomando a linha do argumento de Márcia Leite, não se trata de fazer um inventário de traumáticos eventos, como se não houvesse relação entre eles. Mais do que isso, fazem parte da lógica da guerra às drogas, que cada vez mais se revela uma guerra aos pobres. Assim, no processo de finalização do livro, ocorreu a chacina da Favela do Jacarezinho, em 6 de maio de 2021, na qual pelo menos 29 pessoas foram mortas por policiais civis durante uma operação. Tida como a operação policial mais letal ocorrida na cidade do Rio de Janeiro, é significativo que a Polícia Civil tenha imposto um sigilo de cinco anos sobre essa operação e outras similares. Tal fato revela o quanto a disputa pela memória é um importante elemento para se entender a restrita garantia de direitos para os moradores de favelas, a começar pelo primordial direito à vida.

O capítulo escrito por Aline Portilho aborda a trajetória de como programas de memória executados por ONGs e instituições similares se tornaram políticas culturais de memória, com amplo apoio e participação do Estado.

Para tanto, são analisados projetos como o Museu de Favelas, que abrange as Favelas do Pavão-Pavãozinho e Cantagalo, e o Museu da Maré, o qual visa a preservar a memória das 17 favelas, cujo conjunto leva o mesmo nome.

Um dos principais pontos a serem destacados pela autora é a conjuntura de uma nova institucionalidade da cultura e da valorização dos modos de fazer das classes populares. Essa abordagem consolida-se a partir do primeiro governo Lula (2002-2006), e nos casos das políticas públicas de cultura e memória é destacada a criação do Instituto Brasileiro de Museus (Ibram), em 2009, além do embasamento fornecido pela museologia social a essas propostas por meio de nomes como Mário de Souza Chagas.

A autora atenta para o fato de que a memória *das* e *sobre* as favelas é pouco mobilizada, mesmo quando se trata de temas historicamente sensíveis no Brasil, como a escravidão e a ditadura militar (1964-1985). Também reforça a grande estigmatização negativa das favelas quando elas emergem no debate público, sendo que o resgate, a preservação e a veiculação das memórias dos moradores desses espaços exerceriam uma função política: construir-se como uma estratégia de afirmação identitária positiva em prol da reivindicação por direitos diversos.

Nesse desenho, o museu tornou-se o formato de organização e exteriorização dessas memórias, suscitando um debate sobre sua patrimonialização e seu reconhecimento. As redes ligadas à museologia social assumiram protagonismo na elaboração e na execução de políticas de governo, sendo que o próprio museu, pensado não apenas como modelo, mas como produto cultural, é um elemento rico em possibilidades de articulação de sentidos, pessoas e iniciativas. Nesse feliz encontro gestado nessa conjuntura política, iniciativas e agentes dialogaram de modo a fazer com que políticas públicas de cultura se tornassem espaços de mediação entre o Estado e as classes populares. E esse modelo encontrado no Rio de Janeiro acabou sendo replicado em outras periferias pelo Brasil afora.

Marcela Werneck e Vera Dodebei, por sua vez, analisam a memória presente nas redes digitais de mães e familiares das vítimas da violência do Estado. A gênese da reflexão ocorre a partir da série de assassinatos coletivos, comumente chamados de chacinas, que não derivam apenas da atuação de bandos paramilitares ilegais, como grupos de extermínio e milícias,[1]

[1] Trata-se de duas características distintas, referentes a períodos históricos específicos, mas com fortes laços de conexão, como a atuação ilegal de representantes do Estado através de suas forças policiais. Para maior debate sobre o tema, ver Alves (2003).

mas também pelas incursões policiais presentes nas políticas de segurança pública sob o pretexto da *guerra às drogas*. As autoras abordam acontecimentos que vêm desde a redemocratização, como as célebres chacinas da Candelária e de Vigário Geral e outras ocorridas em Acari, Manguinhos e Baixada Fluminense.[2]

Com esse objeto, é debatido como o trauma pode ser elaborado por meio da memória. Além da própria perda, esses grupos, de forte e marcante presença feminina, devem exercer uma autêntica batalha de narrativas sobre o passado contra o Estado para provar que seus filhos e parentes não são criminosos. Mortes decorrentes da ação policial são registradas como autos de resistência. Nesses registros, as vítimas são classificadas como criminosos que resistiram e retrucaram a ação policial, com o uso da força e de armamentos. No entanto, como as próprias autoras abordam, muitas vezes essa narrativa não se sustenta, como demonstram autópsias cujas causas da morte são tiros à queima-roupa por trás da vítima, um forte indício de execução. Por isso, antes de se elaborar o trauma da perda, ocorre uma disputa pela memória das vítimas contra a caracterização construída pelo Estado desses sujeitos como criminosos.

As autoras focam suas análises em como o discurso de memória dessas mães e desses familiares é construído e veiculado pelas redes sociais na internet, trazendo ao debate sobre a memória o campo do *netativismo* e da comunicação em rede, o que enriquece ainda mais suas contribuições. Com a junção desses elementos, cenários e circuitos de comunicação, o trabalho reflete sobre como os "trabalhos de memória" (JELIN, 2002) atuam para a construção de uma narrativa que sustente uma lembrança positiva dessas vítimas. A partir dela, como poderia se dar a instrumentalização desses discursos sobre o passado em meios pela reivindicação e pela implementação de políticas de reparação, além do riquíssimo debate de como a internet e as redes sociais podem se transformar em um ambiente de preservação dessas memórias.

O artigo de Diana Bogado e Sandra Maria Teixeira aborda a luta por memória a partir da resistência dos moradores da Vila Autódromo, local simbólico da luta contra as remoções no Rio de Janeiro na esteira dos Grandes Eventos que culminaram nos Jogos Olímpicos de 2016.

---

[2] Esses dolorosos e marcantes eventos ocorreram durante toda a década de 1990 até os anos mais recentes. Para mais detalhes, consultar o próprio capítulo.

Localizada na área destinada a concentrar grande parte dos eventos olímpicos de 2016, a Vila Autódromo tornou-se referência internacional dos custos sociais para a cidade do Rio ser sede olímpica. Por outro lado, também se tornou símbolo de resistência, ficando como legado, esse sim verdadeiro, para a cidade e o mundo, a história da luta dos moradores contra a remoção.

Assim, tal artigo apresenta a particularidade de suas autoras terem participado ativamente dos processos que descrevem no texto sem se descuidar do olhar analítico. As escritas em primeira pessoa, apresentadas de forma revezada, possibilitam uma leitura que mergulha nas narrativas e ressignificações dos processos protagonizados pelas autoras. Sandra, moradora da Vila Autódromo, foi uma das figuras mais simbólicas da resistência, participando da articulação com diversos agentes externos, como a universidade (ela mesma retomou a graduação em História entre o período abordado e a escrita do artigo). E Bogado, vinda do meio acadêmico, foi uma das principais articuladoras do Museu das Remoções, espaço de memória com a intenção de manter viva essa resistência.

A história como processo que ocorreu e a memória como narrativa do que aconteceu são os fios condutores do artigo de Mauro Amoroso. O historiador lança mão do conceito de *margens de memória* para analisar como a memória se tornou uma arena de luta de movimentos organizados por moradores de favela na esteira de uma redemocratização incompleta, em que estruturas fortalecidas na ditadura militar, um aparato de segurança que se voltou ao "inimigo interno" na figura do jovem morador de favela, quase sempre negro, permaneceram nas últimas quatro décadas produzindo vítimas e traumas.

Desse modo, em tal artigo o autor trata primeiro dos conteúdos que estruturam a memória, travando um debate sobre formas de agir do Estado, limites e desafios da democracia e cidadania no Brasil. Relegadas a certo esquecimento nos debates sobre a ditadura militar e suas consequências que perduram ainda hoje, como dito anteriormente, são as formas de resistência e organização dos moradores de favela para lidarem com as memórias desses processos, em que os testemunhos são os únicos registros que os moradores de favelas têm para colocar em pauta suas experiências e graves problemas, com o Brasil pós-redemocratização. Sem mudar seu *status* de uma cidadania de segunda classe (MACHADO DA SILVA, 2002), as "margens" que os moradores vivem (DAS; POOLE, 2008) se refletem também no reconhecimento social desses testemunhos e do espaço que eles têm para interferir no debate social.

Outro aspecto do artigo são os meios pelos quais os moradores de favelas se organizaram para pautar esse debate a partir de suas narrativas. Formas que ganharam ampliação possibilitada por suportes virtuais. Assim, além de aumentar a circulação de seus testemunhos, passam a disputar narrativas com interlocutores já instituídos, como o Estado e a universidade.

O último artigo desta primeira parte da coletânea, de autoria de Rachel de Almeida Viana e Nísia Verônica Trindade Lima, trata da formação do *Fundo Anthony e Elizabeth Leeds* no Departamento de Arquivo e Documentação da Casa de Oswaldo Cruz e tem como finalidade abordar as especificidades dos arquivos pessoais privados de cientistas sociais para a escrita da história da cidade e das favelas. As pesquisas do casal Leeds trouxeram uma contribuição extremamente importante no estudo das favelas. Rompendo a associação sistemática entre favelas e pobreza, eles introduziram uma nova reflexão sobre esses espaços e seus habitantes.

Por meio da observação participante, os pesquisadores recolheram um vasto material empírico sobre as favelas. Como lembram as autoras, a escolha dos Leeds em coletar documentos e produzir anotações de campo em diversas favelas permitiu combinar as abordagens qualitativa e quantitativa em suas pesquisas, bem como ampliar sua inserção nas redes de relações em cada favela. Eles fazem parte de uma geração de pesquisadores (John Turner, William Mangin, Lucien Parisse, Janice Perlman, José Matos Mar...), que formularam uma crítica contundente às teorias da marginalidade da época. O trabalho de Anthony e Elizabeth Leeds incluía a moradia dos pesquisadores nas favelas com a coleta de variados registros de campo, podendo ser considerado, segundo as autoras, a primeira pesquisa etnográfica em favelas, envolvendo a residência dos pesquisadores no local de estudo. Isso lhes permitiu compreender o processo de formação das favelas e os conflitos envolvendo seus moradores com o Estado e seus representantes.

Considera-se que o Fundo Anthony e Elizabeth Leeds se manifesta como uma ferramenta importante para a escrita da história da cidade e, em especial, para a compreensão das favelas. É importante frisar que o arquivo da Casa de Oswaldo Cruz vem se tornando uma referência para as pesquisas sobre favelas, já que disponibiliza também os fundos do médico Victor Tavares de Moura, assim como recebeu recentemente os fundos dos sociólogos Carlos Alberto de Medina e José Arthur Rios, atualmente em fase de identificação e organização.

A segunda parte da coletânea partiu de uma provocação dos organizadores aos autores para abordar a temática das favelas a partir de uma linha teórica ou a partir de uma categoria específica. Bianca Freire-Medeiros e Camila Moraes trabalham há muitos anos sobre o turismo em favelas, campo identificado internacionalmente como *slum tourism*, fenômeno constituído pela mobilidade de corpos e coisas, imagens e ideias que caracteriza o que as autoras denominam de globalização, com sua fluidez sistêmica e suas assimetrias estruturais. Trata-se, assim, de um campo de investigação com forte caráter globalizado. Tal artigo busca compreender a produção acadêmica sobre o fenômeno do turismo em favela, a produção de conhecimento, que também é devedora dos circuitos de mobilidade transnacionais de ideias e de pessoas.

Para analisar a produção sobre a favela turística – sua multiplicidade disciplinar e sua relação direta com os debates próprios ao campo dos estudos urbanos –, as autoras traçaram como estratégia descritiva e analítica tomar de empréstimo os parâmetros classificatórios desenvolvidos pela equipe do UrbanData-Brasil/CEM: Banco de dados bibliográficos sobre o Brasil urbano. A pesquisa foi realizada em parceria com o Observatório do Turismo em Favelas, sediado na UniRio, onde são rotineiramente monitoradas as produções bibliográficas sobre o tema.

O artigo identifica que, até 2005, a produção acadêmica era bastante modesta sobre esse segmento do turismo, que já se constituía em mercado desde o início da década de 1990. Os últimos anos são testemunhas de uma multiplicação de reflexões produzidas por pesquisadores seniores, estudantes de pós-graduação e graduandos, tanto no Brasil quanto no exterior. O artigo constata que a solidez teórica das pesquisas sobre a favela turística não depende necessariamente da criação de um domínio conceitual específico. As autoras defendem que as interações entre os estudos sobre as favelas turísticas e os estudos urbanos devem ser cada vez mais estreitas para melhor avançar em termos epistêmicos.

Por sua vez, Mario Brum e Aluan Gomes abordam a favela sob a perspectiva da questão étnico-racial, justamente apontando como tal questão foi surpreendentemente negligenciada por muito tempo nos estudos sobre favelas. Se em período recente isso tem se modificado, os autores constatam que é perceptível que os primeiros estudos oriundos das Ciências Sociais não deram relevância à questão.

O artigo realiza uma discussão epistemológica sobre a questão, analisando como ela foi desconsiderada nos estudos urbanos. Os primeiros trabalhos acadêmicos explicavam que a concentração extensiva de negros em territórios marginalizados, como as favelas, se restringiria à justificativa da presença maciça de negros entre as classes mais pobres. Apoiando-se em Panta (2018), os autores demonstram que outros fatores deveriam ser ressaltados para compreender os processos de segregação residencial, para além da questão econômica (que não deixa de ser obviamente fundamental), como questões históricas, culturais, identitárias, de laços de parentesco ou de sociabilidade.

De forma que a presença de negros nas favelas foi naturalizada, sendo o racismo justamente uma das bases da segregação socioespacial sem, no entanto, ser um discurso enunciado. Assim, os autores analisam mais especificamente a relação entre raça e segregação que marca a trajetória das favelas do Rio. Identificam que a origem de tais processos se encontra na sociedade escravista oitocentista e na construção simbólica das moradias de negros como foco de infecções, imoralidades, desordens e perigo. Desse modo, para os autores, os espaços são segregados por serem moradia de negros, e moradia de negros justamente porque para eles se destinaram os espaços segregados. Nesse sentido, os autores identificam que, em termos de ação prática, as políticas urbana e habitacional foram baseadas na eugenia e no higienismo e voltavam-se ora para a segregação, ora para a eliminação das favelas da paisagem urbana.

Paola Berenstein Jacques, em seu artigo, faz uma crítica de como o urbanismo vem discutindo as favelas. A autora introduz o conceito de improvisação urbana como possibilidade de criação de outras práticas e procedimentos mais complexos no campo do urbanismo. O objetivo principal do texto é compreender melhor a ideia e a prática da improvisação para problematizar justamente essa suposta oposição binária entre improvisação e planejamento, propondo considerar a improvisação como um princípio intrínseco às práticas e aos procedimentos urbanísticos, sobretudo aqueles mais participativos, "informais" e ligados à autoconstrução popular. O artigo defende que a sugestão de se pensar as favelas como improvisações urbanas não se resume ao campo teórico, mas deve incidir também na prática urbanística.

A disciplina do urbanismo, que já surgiu moderna, buscava exatamente ordenar essa "desordem" ou improvisação urbana, considerada como parte da patologia, que acometia a grande cidade moderna. Seja por meio dos conceitos de Collage City (Colin Rowe e Fred Koetter), de bricolagem (Lévi-Strauss), de deriva dos situacionistas e de adhocismo (Charles Jencks), assim como das ideias de táticas desviatórias de Michel de Certeau ou das profanações de Giorgio Agamben, a autora procura descrever o conceito de improvisação urbana, relacionada ao conceito de autoconstrução e que poderia ser pensado como o próprio princípio construtivo – de um planejamento improvisado – das favelas. Portanto, o princípio da improvisação não se manifesta somente como uma outra prática construtiva, mas também como um outro tipo de planejamento, um planejamento mais ligado ao imprevisto, ao acaso e ao inacabamento.

A compreensão das favelas pela lente da improvisação urbana afasta-se ao mesmo tempo dos excessos funcionalistas do urbanismo moderno, tido como homogeneizador e totalizante, e das ideias modernas de pureza arquitetônica, de urbanismo como utopia redentora e, sobretudo, de *tabula rasa*, considerada extremamente reducionista. A improvisação urbana baseia-se, assim, na instrumentalidade e improvisa com o material que tem à sua disposição. Como afirma a autora, sem um projeto definitivo, a construção improvisada não acaba, é constante e mutante, em movimento permanente.

Christina Vital da Cunha, por sua vez, busca analisar o debate sobre a presença de religiões em favelas nas três últimas décadas, descrevendo o que denomina como "cultura pentecostal". Quando usa essa expressão, a autora ressalta que a difusão de éticas, estéticas, gramáticas e dos próprios templos evangélicos em periferias é expressiva de mudanças no campo religioso brasileiro mais geral, mas isso não invalida a presença de outros referenciais religiosos, como católico e afro-brasileiro, nesses espaços.

Em um contexto de vulnerabilidade, a cultura pentecostal constitui redes mais ou menos orgânicas de vizinhança e parentesco, que se mostram indispensáveis como recurso para a sobrevivência. Ela é marcada pela valorização do empreendedorismo e da disciplina no contexto da teologia da prosperidade. Assim, o esforço pessoal produz vitórias, o que inculca nos fiéis uma espécie de "disciplina para o sucesso." Apresenta, ainda, um forte discurso moral, com a valorização da família nuclear e dos papéis bem definidos de gênero entre homem e mulher. Observa-se, também, uma diminuição, nessas áreas, do que Sanchis (1997, p. 124) chamou de "porosidade das identidades que permitia a cada um participar ao mesmo tempo de definições institucionais múltiplas". Por fim, tal cultura usa em grande escala metáforas e analogias que remetem à guerra (entre o bem e o mal), à disputa (das almas por forças antagônicas), à atribulação (luta cotidiana dos indivíduos por sobrevivência material e espiritual), todas formas inspiradas em uma Teologia do Domínio que marca atualmente as doutrinas e ritualísticas das igrejas pentecostais.

Por meio da análise da questão religiosa nas favelas, o artigo reflete sobre as transformações ocorridas na base social brasileira em tal período, levando em conta, sobretudo, as transformações nas formas de experiência e publicização da fé. Para isso, mais do que a vivência pentecostal institucionalizada com atenção às normativas e teologias das igrejas, a autora interessa-se pela difusão de uma simbologia, a como as pessoas ativam, manipulam e operam referenciais morais do pentecostalismo no cotidiano, formando uma base social permeável às narrativas produzidas e/ou difundidas por lideranças evangélicas. Apoiando-se na reflexão de Schwarcz (2014, p. 393), de fazer uso de imagens não como ilustrações, mas como documentos, que constroem modelos e concepções, a autora analisa as pinturas murais em favelas e identifica como tais imagens exercem um tipo de agência, que, mais do que expressar uma mensagem racionalmente capturada, produzem sentimentos no receptor.

A vitalidade da interpretação marxista para compreender as favelas cariocas é o tema do artigo de Marco Marques Pestana. Se nas décadas de 1970 e 1980, na expansão dos Programas de Pós-graduação no Brasil, a interpretação marxista da questão da moradia das classes populares nas cidades brasileiras foi predominante no olhar acadêmico para as favelas em programas como o Planejamento Urbano e Regional da UFRJ (atual IPPUR) e da História da UFF; há uma mudança a partir dos anos 2000, principalmente no caso desse último programa, que é fruto tanto de uma abertura epistemológica no campo da História quanto da maior diversidade de sujeitos na produção de reflexões sobre as favelas.

Para essa reatualização, o autor foi obrigado a lidar com as diversas críticas feitas a certa leitura dogmática das favelas derivadas de uma visão marxista esquemática que, sem deixar de reconhecer o valor que essas pesquisas desempenharam na compreensão de vários processos, colocavam a favela como mero produto da desigualdade do sistema capitalista, não abordando-a partir dela própria como objeto, e muito menos seus moradores como artífices dessa construção.

Outra consideração é que essa produção marcada por uma leitura estruturalista tinha escalas maiores de análise, de modo que a produção do espaço urbano em si era o escopo dos estudos. É justamente essa dinâmica que o autor estabelece no artigo, ao recorrer aos fundamentos filosóficos do materialismo histórico para pensar as favelas e os processos ocorridos nelas a partir de um sistema econômico que produz desigualdade, mas colocando esse sistema como parte fundamental para a compreensão do objeto em seu ponto de partida, não como "ponto de chegada", conforme definição do autor.

Chama a atenção, por exemplo, que diferentemente dos estudos do auge da produção sob viés marxista, o autor não mobiliza no artigo a obra *A situação da classe trabalhadora na Inglaterra*, de Friedrich Engels, referência obrigatória nos estudos anteriores. Aqui, em vez da aplicação de modelos esquemáticos que sirvam de base para uma análise empírica, o marxismo é tomado por sua matriz filosófica, essa, sim, servindo como guia para reflexão. O principal mérito do artigo é o estímulo a novas reflexões que possam partir desses mesmos pressupostos filosóficos.

Esta coletânea termina com a análise de outras matrizes de pensamento presente em universidades, centros de pensamento (que hoje seriam chamados de *think tanks*) e, principalmente, nas formulações das políticas públicas que mobilizaram categorias, para enquadrar a favela, e seus moradores, a partir de algumas como "desajuste", "degeneração", "subdesenvolvimento", "marginalidade" e, mais recentemente, "informalidade".

Essas categorias acabaram por fundamentar teorias que se tornaram, em diferentes momentos, hegemônicas no pensamento sobre a favela. E é a partir da análise dessas teorias que Rafael Gonçalves de Almeida e Rafael Soares Gonçalves demonstram, com o uso de diversificadas fontes, como jornais, documentos oficiais e estudos (utilizados aqui como fontes primárias), como elas fundamentaram as políticas públicas que sempre trataram a favela como um problema e projetaram estigmas sobre seus moradores.

Sucessivamente, cada teoria surgiu a partir de formulações feitas em diferentes áreas, como a medicina, a economia ou a sociologia. Nesse amplo recorte cronológico que abarca todo o tempo de existência da favela como fato urbano, essas categorias foram sendo suplantadas no tempo sem que necessariamente o pensamento hegemônico anterior tenha sido amplamente refutado. Assim, permaneceu no debate a concepção da favela como um problema, em que a principal responsabilidade pela existência dessa, e de sua condição como um problema, recaiu sobre os moradores. No que o artigo leva à reflexão sobre o quanto essas teorias não se propuseram a entender, e resolver, um problema criado por elas mesmas: a construção da favela sempre por um viés negativo.

Todos esses trabalhos revelam uma ampla articulação de diferentes sujeitos, moradores de favelas e parceiros, sujeitos físicos ou institucionais, não residentes nesses espaços. Conforme pontuado por Mario Grynszpan e Dulce Pandolfi (2007), essa articulação na produção das memórias de favelas não deve ser entendida como uma separação binária entre os de "dentro" e os de "fora", justamente por uma série de imbricações desse amplo universo de produção de narrativas sobre o passado. Como os casos das redes e instituições de memórias tratadas neste volume.

Também é relevante compreender que os artigos aqui apresentados têm como pano de fundo a construção ao longo das décadas posteriores à ditadura militar de uma concepção militarizada de controle de espaços urbanos, corpos e hábitos, perceptível não apenas em iniciativas e projetos de segurança por sujeitos privados, mas em políticas públicas executadas por diferentes governos em um fenômeno global (GRAHAM, 2016). Estas têm base num forte processo de estigmatização social que restringe o acesso a uma cidadania efetiva. Também é importante frisar que o fenômeno não se restringe ao Rio de Janeiro, e, sim, faz parte de considerável parcela populacional das cidades brasileiras.

Não se trata de uma por si só complicada restrição ou compactação do universo de direitos, mas de uma ameaça constante e cotidiana à própria vida dessas pessoas, e a consolidação dessa ameaça em grande parte é concretizada pelo Estado. Seja para o controle militar, seja pela ameaça permanente de remoção, representações negativas sobre as favelas insistem em produzir (e reproduzir) rótulos que enquadram e analisam as favelas e seus moradores a partir de categorias como atraso, subdesenvolvimento, marginalidade, delinquência, crime e/ou violência.

Ainda em consonância com os debates descritos acima, os artigos em geral refletem uma inflexão epistemológica, vista também no volume anterior, da produção de conhecimento por parte dos próprios moradores de favelas, que aqui é tanto tema de alguns artigos quanto a produção em si é reflexo dessa inflexão. Isso porque são artigos que contam com autores que moram ou moraram em favelas, em que algumas delas são o campo de reflexão de seus estudos.

Desse modo, a instrumentalização da memória sobre e das favelas efetivou-se como importante ferramenta política de positivação da imagem de seus moradores, de reconhecimento, de pertencimento da sua história como história da cidade. Sendo a memória um campo de embates narrativos, temos os moradores de favelas e setores da máquina estatal e da sociedade civil em plena peleja.

Nas relações entre memórias sobre e das favelas, e ainda, nos sujeitos "externos" e "internos" das favelas, a formação de acervos sobre as favelas é fundamental para garantir o direito ao passado e elemento indispensável para se garantir direitos às populações de favelas. Fazer a história desses locais, resgatar a memória dos moradores, compreendendo seu cotidiano manifestam-se como algo imprescindível para a formulação de novas políticas públicas para esses locais. Como sublinha Certeau (1982) sobre a classificação de documentos na operação historiográfica, quando são catalogados e arquivados em instituições de salvaguarda documental, eles adquirem uma nova semântica e tornam-se sujeitos de diálogo entre o historiador e seu objeto, ou seja, arquivar é um ato político (GONÇALVES; AMOROSO; BRUM, 2015).

Assim, constituir arquivos sobre esses bairros é também reconhecer seu lugar na história e na própria cidade. Experiências de museus em favelas formaram também arquivos digitais ou físicos, como o arquivo Dona Orozina Vieira, que foi constituído antes do próprio Museu da Maré.

Em anos mais recentes, seja pela via da memória, seja pela via das universidades, seja debatendo desigualdades estruturais da sociedade brasileira pela questão étnico-racial ou pelo corte de classes, as favelas existem, resistem e tornam-se objetos de análise não mais pensados como problemas. Mas como uma produção social composta por vários elementos e, portanto, podendo (e devendo) ser analisadas a partir de diferentes âmbitos.

Por fim, as explicações e teorias sobre as favelas e seus moradores foram objetos de debates da academia, de centros de pesquisa, da imprensa, de órgãos públicos, enfim, uma gama variada de atores que produziram imagens, definições, conceitos e narrativas sobre a(s) favela(s). Quase sempre, os principais interessados no assunto, os próprios moradores, pouco ou nada foram ouvidos.

Desse modo, esta coletânea espera contribuir de alguma maneira para a renovação e o estímulo ao debate, com a participação de moradores-pesquisadores na produção e no compartilhamento de conhecimentos e saberes e de pesquisadores que optaram não pensar as favelas na perspectiva de problema, nem como mero objeto de estudos... Em comum aqui, entre pesquisadores e moradores-pesquisadores, uma postura de que as reflexões aqui compartilhadas sirvam tanto para estimular novos debates quanto para que um dia a estigmatização e a produção de tanta violência física e simbólica sobre as favelas e seus moradores limitem-se a constar apenas nos livros de História. E que a presente coletânea um dia torne-se apenas mais uma fonte primária.

Rafael Soares Gonçalves
Mario Brum
Mauro Amoroso

Referências

ALVES, José Cláudio de Souza. *Dos barões ao extermínio*: uma história da violência na Baixada Fluminense. Duque de Caxias/Rio de Janeiro: APPH/Clio, 2003.

CERTEAU, Michel de. *A escrita da história*. Rio de Janeiro: Forense Universitária, 1982.

DAS, Veena; POOLE, Deborah. El Estado y sus márgenes. Etnografías comparadas. *Cuadernos de Antropología Social*, Buenos Aires, n. 27, p. 19-52, 2008.

GONÇALVES, Rafael Soares; AMOROSO, Mauro; BRUM, Mario. Serviço Social, habitação e direito à cidade: favelas, periferias, subúrbios e assentamentos informais. *Libertas*, v. 15, n. 2, p. 1-4, 2015.

GRAHAM, Stephen. *Cidades sitiadas:* o novo urbanismo militar. São Paulo: Boitempo, 2016.

GRYNSZPAN, Mario; PANDOLFI, Dulce. Memória de favelas, em favelas: favelas do Rio de Janeiro e direito à memória. In: GOMES, Angela de Castro (org.). *Direitos e cidadania:* memória, política e cultura. Rio de Janeiro: FGV, 2007.

JELIN, Elisabeth. *Los trabajos de la memoria*. Madrid: Siglo XXI, 2002.

LEITE, Márcia Pereira. Para além da metáfora da guerra. Percepções sobre cidadania, violência e paz no Grajaú, um bairro carioca. Tese (Doutorado em Sociologia e Antropologia) – PPGSA, Instituto de Filosofia e Ciências Sociais, Universidade Federal do Rio de Janeiro, Rio de Janeiro, 2001.

LIRA, Elizabeth. Trauma, duelo, reparación y memoria. *Revista de Estudios Sociales*, Bogotá, n. 36, p.14-28, 2010.

MACHADO DA SILVA, Luis Antonio. A continuidade do "problema da favela". In: OLIVEIRA, Lúcia Lippi (org.) *Cidade:* histórias e desafios. Rio de Janeiro: FGV, 2002.

PANTA, Mariana Aparecida dos Santos. Relações raciais e segregação urbana: trajetórias negras na cidade. Tese (Doutorado) – Faculdade de Ciências Sociais, Unesp, Araraquara, 2018.

SANCHIS, Pierre. Pentecostalismo e cultura brasileira. *Religião & Sociedade*, v. 18, n. 2, p. 123-126, 1997.

SCHWARCZ, Lilia Moritz. Lendo e agenciando imagens: o rei, a natureza e seus belos naturais. *Sociologia e Antropologia*, v. 4, n. 2, p. 391-431, 2014.

VELHO, Gilberto. *Projeto e metamorfose:* antropologia das sociedades complexas. Rio de Janeiro: Zahar, 1994.

Sobre memória, favela e direito à cidade no Rio de Janeiro

Márcia Pereira Leite

Introdução

Este capítulo analisa alguns projetos pioneiros de memória das favelas cariocas, criados por seus moradores nos anos 1990, assim como algumas iniciativas de ONGs, desenvolvidas nos anos 2000 em conjunto com eles, que visavam a "resgatar a memória das favelas através de fotografias". Percorre diversos agenciamentos no campo da política de memória das favelas cariocas compreendendo-os como um discurso de resistência que buscava afirmar o direito de seus moradores à cidade. Argumenta que se trata de narrativas e agenciamentos que recorrem à memória dos moradores de favelas cariocas, apresentando suas histórias, saberes, realizações, sonhos e projetos, para reconstruí-los como pessoas, e não meramente como uma população objeto de políticas públicas em diversos campos que, há décadas, os consideram e os tratam como "inimigos da cidade". Os projetos de memória das favelas cariocas buscavam precisamente reverter tal enquadramento, visando a inscrever esses territórios e seus moradores de uma outra forma na cidade: como seus construtores pela via do trabalho e de uma sociabilidade então compartilhada, sobretudo, a partir do samba e da cultura popular.

Sabemos, como nos ensinou Pollak, que "o trabalho de enquadramento da memória [tanto] se alimenta do material fornecido pela história ... [quanto] interpreta incessantemente o passado em função do presente e do futuro" (1989, p. 9-10). Esta era a ambição dos projetos pioneiros de memória nos anos 1990, bem como das iniciativas das ONGs antes citadas. Vivíamos então, na cidade do Rio de Janeiro, o que, à época, foi considerado uma explosão da "violência urbana", com a mudança de perfil das redes de tráfico de drogas ilícitas (incorporando a cocaína como seu principal produto), sucessivas disputas dos pontos de venda mais rentáveis por diferentes facções, controle territorial armado das favelas e embates sangrentos entre essas facções e as forças policiais (MACHADO DA SILVA, 2008). A imagem do Rio de Janeiro como uma cidade "em guerra" alimentava a crescente percepção de que os moradores de favelas deveriam ser contidos, segregados, para que se controlasse a "violência urbana". As políticas públicas, especialmente a de segurança, operavam a partir do que designei como a "metáfora da guerra" (LEITE, 2001; 2000): um dispositivo discursivo formulado nos anos 1980 (mas perdurando nas décadas seguintes), que mobilizava e justificava políticas de segurança pública que tratavam os moradores de favela como potenciais inimigos da cidade, além de influenciarem todo o conjunto das políticas urbanas destinadas a essas localidades. Tipificados como "classes perigosas", esses moradores eram vistos como pessoas sem direitos a preservar ou vozes a ouvir. A cidade era representada como uma "cidade partida" entre favelas e bairros, criminosos e "pessoas de bem", "favelados" e "cidadãos". A "metáfora da guerra" obteve sucesso em vincular o crime violento às favelas, fornecendo assim uma justificativa para o recurso recorrente ao dispositivo do auto de resistência por suas forças policiais. Na prática, isso significava uma permissão tácita de que se matassem moradores de favelas pela simples suspeição de participação ou conivência deles com as redes de tráfico de drogas ilícitas (FARIAS, 2015; LEITE, 2015; 2013; 2001; MISSE et al., 2013; entre outros).

O que discuti no campo da política de segurança pública, Gonçalves (2010) muito propriamente destacou no campo das políticas de habitação: a ausência ou a precariedade de políticas públicas para os pobres urbanos no Rio de Janeiro (a manutenção de suas habitações e de seus territórios de moradia em situação de ilegalidade exatamente por estas ausência e precariedade) foram revertidas em uma crítica, poderosa e que perdura até nossos dias, em que o sentido daquela ilegalidade compassa a vida, as atividades e a pessoa dos moradores de favelas. Por isso, argumento que os projetos pioneiros de memória de favelas situavam-se no interior de uma estratégia para combater essa criminalização que seus moradores sofriam e buscar fundamentar seu direito à cidade.

No que se segue, apresento inicialmente alguns desses projetos de memória nas favelas cariocas dos anos 1990, tanto aqueles que ambicionavam se corporificar em museus quanto os que operavam sobretudo com fotografias. Sem pretensão de traçar sua genealogia e na impossibilidade de analisá-los a fundo neste capítulo, apenas os menciono brevemente. Meu intento, aqui, foi mais o de situar o ambiente social em que esses agenciamentos se inseriam, as dificuldades que enfrentavam e alguns dos limites que se lhes impuseram, no contexto dessa modalidade de governo dos pobres no Rio de Janeiro.

Remeto, claro, o leitor a uma competente bibliografia hoje disponível sobre eles.[1] Considero tanto os projetos e iniciativas que poderiam ser classificados como bem-sucedidos quanto os "fracassados", porque abandonados ou sobrevivendo com diversas dificuldades e algumas mudanças de orientação. A opção por analisar os agenciamentos fracassados deveu-se a duas razões. A primeira foi o fato de serem, em geral, muito menos conhecidos. De alguns, não há sequer rastro – material documental, textos escritos, nada a seguir e sobre o que pensar. A segunda deriva da orientação analítica de Malpas e Wickham (1995) para pensarmos a dimensão produtiva do "fracasso", examinando os conflitos que faz emergir e os agenciamentos que promove. Refiro-me, assim, ainda que brevemente, a duas iniciativas que marcam as experiências e a literatura neste campo: o Museu a Céu Aberto do Morro da Providência, produto de agenciamentos estatais, e o Museu da Maré, uma iniciativa dos moradores que obteve apoio estatal e é, hoje, considerada uma das mais bem-sucedidas no campo.

Escolhi, na sequência, discutir dois projetos de memória mais recentes e também considerados "de sucesso", explorando algumas de suas condições de possibilidade: o Museu de Favelas e a exposição fotográfica itinerante "O Rio que se Queria Negar". Nas considerações finais, busco pensar a dimensão produtiva do "fracasso" de vários desses agenciamentos e como esta impulsionou ou pode impulsionar outras formas de luta e de afirmação do direito à cidade por parte dos moradores de favelas, construídas por palavras-atos na luta cotidiana pelo direito à cidade.

Os projetos pioneiros de memória nas/das favelas

As dimensões de invisibilização, expropriação, sujeição e silenciamento dos moradores das favelas cariocas, como os indesejáveis da cidade, desde que esses territórios passaram a ser percebidos e tematizados como lugares de pobreza, marginalidade, medo e perigo que deveriam ser controlados, civilizados, segregados e/ou integrados de forma subordinada para que a cidade e o estado pudessem prosperar, foram competentemente registradas pela literatura do campo (VALLADARES, 2005; MACHADO DA SILVA, 2016; BURGOS, 1998; entre outros), que percorre diferentes temporalidades e

[1] Indico, desde logo, ao leitor o *Dicionário de favelas Marielle Franco* (disponível em https://wikifavelas.com.br/), contendo verbetes sobre o Museu da Providência a Céu Aberto e o Museu da Maré e sobre museologia social e a criação do Programa Pontos de Memória, bem como registros da memória de diversas favelas cariocas.

projetos de cidade e de nação. Mais de cem anos em que as favelas e seus moradores foram vistos, representados e tratados como se não fizessem parte da cidade. Os projetos pioneiros de memória das favelas cariocas que pude acompanhar surgiram e se desenvolveram como uma insurgência em relação a essas concepções. Afirmavam, sobretudo, que "favela é cidade", reivindicando integração urbana desses territórios e integração social de seus moradores. Falavam-nos, pois, de uma dívida social que a cidade, o estado e a nação tinham para com ambos e da necessidade de seu resgate. É interessante notar que esta parece ser uma questão de todos os silenciados, invisibilizados e assujeitados pelas estruturas de poder. Mbembe (2019), analisando a memória negra da colônia, discute longamente o que faz dela "por um lado, o lugar da perda, e por outro o lugar da constituição de uma dívida (...) o que, por sua vez, possibilita a reclamação de uma dívida entre o ex-colonizado e o ex-colonizador" (p. 186).

O contexto que possibilitou a enunciação dessa dívida social,[2] no caso que examinamos, e sua reclamação ativa, foi o da campanha para que o Rio de Janeiro sediasse os Jogos Olímpicos de 2004, lançada pelo então prefeito Cesar Maia em 1996, com apoio dos governos estadual e federal. À época, algumas grandes ONGs da cidade, como Viva Rio, Fábrica da Esperança e Instituto Brasileiro de Análises Sociais e Econômicas (Ibase), polarizavam a discussão sobre a "violência urbana" e suas possíveis soluções,[3] credenciando-se através de diversas articulações e de grande presença nas ruas como interlocutores alternativos ao Estado para produzir a "paz".[4] Cesar Maia foi em busca de seus principais representantes, respectivamente Rubem César Fernandes, Pastor Caio Fábio e Betinho. Betinho disse não. Não concordava em direcionar investimentos públicos para os Jogos Olímpicos enquanto as favelas cariocas e seus moradores permanecessem relegados. Betinho era, então, uma autoridade moral na cidade: hemofílico, quase morrendo, dedicou seus últimos anos de vida à criação e ao fomento da campanha Ação da Cidadania contra a Miséria e pela Vida, cujo eixo era o combate à fome das populações

[2] É interessante notar que a única outra vez em que esta dívida social para com os moradores de favelas foi publicamente reconhecida se deu no contexto do projeto de implantação das Unidades de Polícia Pacificadora (UPPs) em alguns desses territórios. Ver sobre o ponto em Leite (2015).

[3] Sobre o lugar e a atuação das ONGs nesse contexto, em que se tematizava o que seriam as possibilidades relativamente limitadas de atuação do Estado e se convocavam todos e cada um (cidadãos e entidades da sociedade civil) a "fazerem sua parte" como contrapartida dos direitos da cidadania, em uma releitura da sociedade e do Estado brasileiros na esteira de Tocqueville, atualizado por Giddens (1996) e sob inspiração do Banco Mundial, ver Leite (2000).

[4] Para saber mais, ver Leite (2000) e Birman (2004).

mais vulneráveis e miseráveis. A condição que impôs ao governo municipal foi conferir outro sentido aos investimentos projetados, incorporando-lhes uma agenda social que tivesse por premissa o Pacto pela Infância, que vinha sendo conduzido pelo Fundo das Nações Unidas para a Infância (Unicef). Proposta aceita pelos governos municipal, estadual e federal não apenas para garantir a adesão de Betinho que, se supunha, seria fundamental para a produção de consenso em torno dos Jogos Olímpicos no Rio, mas também porque se acreditava que poderia introduzir um diferencial na candidatura da cidade perante o Comitê Olímpico Internacional. A Agenda Social 2004 visava a criar um compromisso entre sociedade civil e governo em torno de cinco metas a serem alcançadas até 2004: educação de qualidade para todas as crianças e jovens; todas as crianças bem alimentadas; ninguém morando nas ruas; esporte e cidadania jogando no mesmo time; e favelas urbanizadas e integradas à cidade. A ideia era articular, em uma esfera pública ampliada, um pacto em torno dessas metas, desenvolvendo uma ampla campanha de mobilização ao estilo da Ação da Cidadania.[5] A expectativa era que, ao longo do processo de sua implementação (e até 2004), essas metas se tornassem irreversíveis na cidade e exemplares para o país.

Com a eliminação do Rio de Janeiro da disputa, em março de 1997 e a morte de Betinho, em agosto do mesmo ano, um grupo de instituições e pessoas tentou dar continuidade ao projeto, agora já denominado Agenda Social Rio e contando com um menor número de parceiros. Afastada a hipótese de uma grande campanha na mídia por não mais se contar com a figura carismática de Betinho, nem com o poder de multiplicação dos jovens que havia sido uma das pedras de toque da Ação da Cidadania, este grupo resolveu abrir mão da perspectiva inicial, bastante ambiciosa, redefinindo a Agenda em termos territoriais e temáticos. Decidiu, assim, *fechar o foco nas favelas*, consideradas a "chaga-síntese da cidade"[6] ou as "áreas mais pobres e desassistidas pelo poder público [em] que se concentram e se reproduzem as maiores mazelas da sociedade".[7] A realização, em 1998, de um grande seminário ("Compromisso com a favela: urbanização e cidadania"), que reuniu mais de 400 pessoas entre autoridades, lideranças comunitárias, técnicos, membros de ONGs e intelectuais, avalizou tal proposta. Isso

[5] Detalho, em seguida, alguns aspectos da proposta e da atuação da Agenda Social, indispensáveis para a compreensão de seus agenciamentos em termos de capacitação de lideranças comunitárias e estímulo aos projetos de memória das favelas. Para saber mais, ver Leite (2001); Cunha (2006) e Amoroso (2016).

[6] Agenda Social Rio, panfleto de divulgação, 1998.

[7] Paulo Magalhães (membro da coordenação-geral da Agenda), "Agenda do Rio", *O Globo*, 27 maio, 1998.

considerando que as favelas seriam áreas que potencializariam uma ação integradora, uma vez que estado e município vinham nelas atuando com programas de urbanização de favelas (Prosanear - Programa Estadual de Saneamento e Abastecimento de Água e Favela-Bairro), que pareciam afastar definitivamente as hipóteses de remoção ou erradicação. Além disso, vinham ao encontro de uma antiga demanda e de *muitas lutas* das populações faveladas, com o apoio de um conjunto de técnicos de instituições governamentais que já teriam reconhecido a importância e a necessidade de lhes garantir o pleno acesso aos bens da cidadania.[8] A área de atuação definida foi a Grande Tijuca, a qual engloba os bairros de Grajaú, Vila Isabel, Maracanã e Andaraí (9ª RA) e de Tijuca, Praça da Bandeira e Alto da Boa Vista (8ª RA).

Ao final de 1998, a coordenação da Agenda Social começou a mobilizar lideranças comunitárias e moradores de bairros e favelas, membros de ONGs, universidades, escolas, igrejas, empresários, técnicos de instituições governamentais etc., buscando comprometer essa rede com a perspectiva de um "pacto cidadão, um compromisso cívico, público, para a erradicação da miséria e com a melhoria da qualidade de vida no Rio de Janeiro".[9] Procurava também produzir uma articulação institucional com a implementação de projetos diversos e construção de alternativas que, de algum modo, ajudassem a concretizar as metas iniciais: "*o sentido principal é justamente permitir essa troca e essa construção do diálogo* [...] [porque] *a cidade não é partida,* [o que existe é] *uma integração subordinada*". Defrontando-se com a questão de como romper essa *integração subordinada* e criar condições efetivas desse diálogo, a coordenação-geral da Agenda investiu em *fortalecer* determinados atores sociais, isto é, as "lideranças comunitárias". Duas

[8] "Políticas sociais em favelas: intervenção pública e cidadania", texto preparatório ao seminário "Compromisso com a favela: urbanização e cidadania", sem indicação de autoria, 1998.

[9] "Agenda Social Rio", panfleto de divulgação, 1998. As seguintes instituições e organizações participam ou participaram, de formas variadas, da Agenda Social: Associações de Moradores do Alto da Boa Vista, Andaraí, Bispo 117, Borel, Catrambi, Chácara do Céu, Encontro, Formiga, Grajaú, Indiana, Jamelão, João Paulo II, Juscelino Kubitschek, Liberdade, Matinha, Morro do Andaraí, Morro da Chacrinha, Morro do Cruz, Nova Divineia, Parque Vila Isabel, Pedacinho do Céu, Praça da Bandeira, Rodo, Salgueiro, Tijuaçu, Turano, Vila Cachoeira, Vila Isabel, 8a e 9a RAs, Biblioteca Popular da Tijuca, CEF, Creche Bolinha de Sabão - Casa Branca, Creche Comunitária Sol da Liberdade, 2ª CRE, Escola Oga Mitá, Espaço Cultural Tocando em Você, Esporte Clube Boa Vista, Finep, Firjan, Fundação Bento Rubião, Fundação Ford, Fundação Leão XIII, Gestão Comunitária - Iiac, Gestão Comunitária na Luta contra a Aids - Casa Branca, Grupo Tear, Governo do Estado do Rio de Janeiro, Ibase, Igreja Batista Nova Canaã, Movipaz, Prefeitura da Cidade do Rio de Janeiro, Prosanear/Cedae, Rio Voluntário, Roda Viva, secretarias municipais de Habitação, Desenvolvimento Social, Educação e Trabalho, Serviço Social do Comércio (Sesc), Sociedade Beneficente São Camilo, SPS Comunicação, Subprefeitura da Tijuca, Uerj e Viva Rio.

foram as principais ações desse "fortalecimento": fornecer-lhes cursos de "gestão comunitária", como modalidade de formação política das lideranças de favelas; e apoiar seus projetos de memória. Entretanto, progressivamente, as instituições governamentais foram desertando dessa articulação, com as mudanças nos cenários políticos derivadas das eleições e, com isso, limitando cada vez mais seu alcance e seus efeitos. Nos anos 2000, quem praticamente sustentava e conduzia a Agenda Social era o Ibase, por – acredito – valorizar sua proposta inicial.

Meu primeiro contato com projetos de memória nas/das favelas foi em meados dos anos 1990 e ocorreu quando eu pesquisava os impactos da violência estatal e criminal na sociabilidade e nas ações coletivas das favelas, em suas relações com os moradores dos bairros e com o Estado. Meu campo era no bairro do Grajaú, Zona Norte da cidade, e interessavam-me as relações de seus moradores com os das favelas de seu entorno, nesse contexto da "metáfora da guerra". Ali me deparei com dois movimentos distintos. No Grajaú, considerado bairro nobre, acionava-se a memória dos primeiros moradores e de seus pertencimentos para fundamentar discursivamente o que, de fato, seria o bairro, quais suas fronteiras e quem seria um "grajauense de raiz". Buscavam-se, assim, fundamentar o prestígio e o poder desse segmento que constituía uma espécie de *establishment* local (ELIAS; SCOTSON, 2000). A construção social da memória visava a resistir às sucessivas ampliações dos limites urbanísticos do bairro, efetuadas pela Prefeitura, e à decorrente incorporação a seu território de favelas e de parte do bairro vizinho, de origem operária, o Andaraí. Como demonstrei em Leite (2001; 1999), o centro da disputa era quem poderia pertencer/participar da "vida social do bairro", representá-lo na Câmara de Vereadores e na Assembleia Legislativa e defender seus "legítimos interesses e necessidades". Se, no Grajaú, os moradores de favela eram vistos como "indesejáveis", sendo excluídos dessas possibilidades pelos "grajauenses de raiz", no Andaraí observei agenciamentos expressivos em direção contrária, ligados a uma configuração diferente de suas associações de moradores (de bairro e de favela), que participavam ativamente da Agenda Social. No bairro, os fios da memória eram tecidos para tentar reconstruir sua dignidade de bairro operário e um passado de sociabilidade comum entre seus moradores e os moradores de suas favelas, por meio de diversas atividades públicas realizadas em comum, exposições fotográficas, palestras em escolas etc. O trabalho de "enquadramento da memória coletiva" (POLLAK, 1992; 1989) buscava resistir à segregação e à criminalização dos moradores de favela, afirmando o direito deles à cidade, ao mesmo tempo que, por esse viés, valorizava simbolicamente o bairro (LEITE, 2001; LEITE; FABIÃO, 2013). Meu campo envolveu também a observação e a participação na Agenda Social (de suas reuniões e atividades por toda a Grande Tijuca) e, por essa via, também o compartilhamento desses resultados de minha pesquisa com a Agenda Social. Isso levou o Ibase, sua principal base de sustentação, a financiar a publicação de um livro coorganizado por mim que discutia essencialmente a memória de bairros da Grande Tijuca e sua atualização para fundamentar a segregação e/ou destino comum.[10]

Ainda seguindo os caminhos a que me levavam meu campo, na mesma época acompanhei outro projeto de memória de favela, apoiado pelo Ibase, no Morro do Borel, no bairro da Tijuca. Três moradoras, agentes comunitárias do Complexo do Borel, haviam realizado um curso de gestão social, ainda em 1999, no âmbito da Agenda Social ("Organização local e ação democrática", ministrado pela ONG Gestão Comunitária). Estimuladas pelo curso e pelas discussões na Agenda Social, inventaram o projeto "Condutores de Memória" (ISER, 2004; CUNHA, 2006; AMOROSO, 2016) instadas pelo contexto e estimuladas pelos agenciamentos que venho de situar. Seus objetivos iniciais eram formar jovens como guias de turismo para que os visitantes de fora pudessem conhecer a história local e compreender como a favela e seus moradores haviam contribuído desde sempre para com a cidade, a partir desta interlocução, "fortalecer a autoestima dos moradores" (um jargão da época), ao valorizar e afirmar seu direito à cidade. No entanto, sua principal metodologia foi para dentro do Borel: a realização de oficinas de memória com os moradores, ocasiões de muitas conversas orientadas pelo resgate de seu lugar como construtores da cidade e, assim, de seu direito a nela bem viver.[11] Em 2002, o "Condutores" dispunha de um acervo considerável (fotos, histórias gravadas, documentos, trajetórias de diversos personagens), que buscou publicizar por meio de atividades em escolas públicas e trocas de experiências com outros projetos e agenciamentos no mesmo campo. Tentou ainda construir uma rede de memória das favelas da região, com apoio da Agenda Social, ambicionando ali constituir um centro

[10] SANTOS, Alexandre M.; LEITE, Márcia P.; FRANCA, Nayda (org.). *Quando memória e história se entrelaçam:* a trama dos espaços na Grande Tijuca. Rio de Janeiro: Ibase, 2003.

[11] Ver Iser (2004); Cunha (2006); Amoroso (2016).

de memória. E, novamente com o apoio do Ibase, publicou um livro,[12] inicialmente bastante divulgado na mídia. Entretanto, pouco depois, com a mudança da conjuntura, sucumbiu à falta de interesse, apoio político e social e ao financiamento estatal e do mercado a seu projeto.

Já em 2003, tive oportunidade de participar do seminário *A memória das favelas*, organizado pelo Instituto de Estudos da Religião (Iser) e pelo Viva Rio.[13] Existiam, então, muitos projetos de memória nas favelas cariocas. Não tinham relação direta com a Agenda Social, mas vários deles foram inspirados por seus agenciamentos e propostas. Os mais potentes pareciam ser os da Maré, da Rocinha, dos Prazeres, da Serrinha e do Borel, embora se anunciassem vitalidades e agenciamentos produtivos em outras favelas.[14] E todos partilhavam de uma mesma proposta: construir modos diferentes, potentes, de falar das favelas a partir de suas formas de vida em meio à precariedade, mas também de suas sociabilidades, alegrias, lutas, conquistas, realizações: imagens e falas de homens, mulheres, idosos, crianças e jovens em seu cotidiano, que não pudessem ser nem invisibilizadas, nem enquadradas a partir da criminalização desta população. Por isso mesmo, reverberou com força no seminário a experiência pioneira de Lígia Segala e de seu *Varal de lembranças*.[15] Viu-se nesta experiência e por analogia ao que se fazia no presente um caminho fértil para valorizar outra história das favelas, combatendo os estigmas que lhes eram associados. Sabia-se que eles eram relacionados, principalmente, à violência. Para enfrentá-los, pensava-se, seria importante resgatar a história das favelas como parte da história da cidade, reconstruindo e valorizando as lutas e realizações dos moradores de favelas, e afirmando sua importância em sua vida cultural, econômica e social. Parecia fundamental dar visibilidade e relevância a essa história para que o restante dos habitantes da cidade, polarizados pela "metáfora da

---

[12] CUNHA, Neiva Vieira da (org.). *Histórias de favelas da Grande Tijuca contadas por quem faz parte delas:* projeto Condutores de Memória. Rio de Janeiro: Ibase/Agenda Social, 2006.

[13] Do seminário, resultou a publicação *A memória das favelas. Comunicações do Iser*, n. 59. Rio de Janeiro: Iser, 2004. Ver www.iser.org.br/site/wp-content/uploads/2013/12/A_memoria_das_favelas_Com_ISER_59_web.pdf. Acesso em: 3 fev. 2022.

[14] Ver os agenciamentos em torno da memória no Acari (ACARI, 2004) e no Morro dos Macacos (SOUZA, 2003), entre muitos outros.

[15] Lígia fez uma bela exposição, transcrita em Iser (2004) e desenvolvida em Segala (2012), sobre os tempos em que, educadora na Rocinha, recorreu à memória individual e coletiva para ensinar e recuperar o sentido de pertencimento à cidade entre seus alunos e outros moradores. Dali, surgiu a publicação *Varal de lembranças* (SEGALA, 1983), experiência fundamental para a elaboração de sua dissertação de mestrado em que discute território e ação coletiva (SEGALA, 1991).

guerra", pudesse compreender que os moradores das favelas e seus pais e avós também construíram a cidade e a ela tinham direito.

Contudo, sabia-se também o que se enfrentava: o enquadramento dessas populações e desses territórios a partir da "metáfora da guerra", que conforma percepções, consentimentos, passivos e ativos, e políticas, produzindo diversos limites para que esses agenciamentos frutificassem de modo mais amplo. Pensando nisso, o Viva Rio que, na ocasião, ainda tinha como uma de suas principais linhas de ação a realização de projetos voltados para a "construção da paz" na cidade,[16] lançou o portal *Favela Tem Memória*.[17] Antes um projeto do *site Viva Favela*, lançado em 2001, naquele momento o *Favela Tem Memória* tornava-se um *site* independente, cujo sentido seria o de combater a percepção do Rio de Janeiro como uma "cidade partida": "Queremos fazer circular histórias do passado para reforçar laços, identidades e sonhos do presente" (ISER, 2004, p. 74).

O portal continha diversos acervos (fotográfico, histórico e audiovisual) sobre as favelas cariocas, além de depoimentos e memórias de lideranças comunitárias, imigrantes, sambistas, donas de casa e moradores das favelas, tendo sido muito consultado durante algum tempo. Segundo Fabiano Monteiro, que o coordenou em sua segunda fase, quando exposições fotográficas também foram realizadas na cidade, "a perspectiva não era apenas manter viva a memória dessas comunidades através de seus moradores mais antigos, mas, principalmente, observar o passado para refletir sobre o presente a fim de transformar o futuro, o que nos levou a envolver também os mais jovens no projeto narrativo."[18]

Nos anos 2000, surgiram também diversas iniciativas de registro do cotidiano desses territórios e de seus moradores por meio de fotografias, com desdobramentos em exposições e cursos de fotografia para jovens de favela. Entre elas, destaco o projeto *Olhares do Morro* criado, em 2002, por Vincent Rosenblatt, na favela Santa Marta, a partir de uma possibilidade

[16] Cf. a apresentação da ONG: "O Viva Rio nasceu da indignação com a violência. Em 24 anos, mudamos muito, diversificamos nossa atuação e passamos de movimento a empresa social, mas a construção da paz permanece como um de nossos pilares". Disponível em: www.vivario.org.br/quem-somos/#nav-objetivos e www.vivario.org.br/linha-do-tempo/. Acesso em: 27 set. 2019. Para saber mais sobre o sentido original do Viva Rio, ver Birman (2012; 2004) e Leite (2000).

[17] Inicialmente com financiamento do CNPq, da Petrobras e da Fundação para a Infância e Adolescência, e depois do Metrô Rio e do Instituto Invepar, encontrava-se sediado em http://www.vivario.org.br/favela-tem-memoria/. Com a reestruturação posterior do Viva Rio, a página foi desativada e, segundo um de seus colaboradores, seu acervo foi perdido.

[18] Disponível em: www.vivario.org.br/favela-tem-memoria-ganha-exposicao-no-metro/. Acesso em: 28 set. 2019.

de ação política que parecia aos seus integrantes viável àquele momento: "a criação do projeto veio do desejo de reduzir os muros mentais, abrir janelas no 'asfalto', nos espaços ditos 'nobres' para o público conhecer e se abrir à riqueza, complexidade e energia que a juventude e a população de favelas possuem".[19] Em 2006, o projeto deu origem à Agência Olhares, com o objetivo de propiciar aos fotógrafos de favela (que nomeava como correspondentes[20]) inserção profissional (e não mais como "jovens de projeto social") no mercado brasileiro e global que demandava imagens da [violência na] cidade. Reteve do projeto original os "valores afirmados" e os "olhares peculiares" que seriam revelados por suas imagens de favelas.[21] No entanto, o mais conhecido desses projetos era a Escola de Fotógrafos Populares da Maré, criada em 2004 por João Roberto Ripper em parceria com o Observatório de Favelas, uma das principais ONGs da Maré. Ripper já tinha, à época, uma longa e reconhecida trajetória no campo dos direitos humanos por utilizar a fotografia como um discurso visual para registrar o cotidiano dos pobres rurais e urbanos, sua sociabilidade e sua cultura e afirmar seus direitos. Dessa parceria, surgiu o *Imagens do Povo*, apresentado como "um centro de documentação, pesquisa, formação e inserção de fotógrafos populares no mercado de trabalho",[22] que subsiste até hoje no *Observatório de Favelas.*

Dois agenciamentos pioneiros para a construção de museus de favela e alguns desdobramentos mais recentes

Um dos primeiros projetos de memória das favelas a ganhar corpo e a se transformar em um museu, foi o da Maré.[23] Foi criado em 2006, como pro-

---

[19] Para saber mais, ver Gama (2007; 2006).

[20] Tanto o *Viva Favela* quanto o *Favela Tem Memória* e o *Olhares do Morro* denominavam seus parceiros (moradores, repórteres com ou sem formação profissional e fotógrafos, nas localidades que habitavam e de onde produziam seus relatos, escritos ou visuais) como correspondentes. Note que tal categoria (produzida "de fora", ainda que com conexões "dentro") reproduz uma percepção de "cidade partida", em que os territórios de favela não integrariam a cidade – apesar das boas intenções anunciadas.

[21] Disponível em: www.olharesdomorro.org/uma-historia/#.XZk_GW5FzIU. Acesso em: 20 set. 2019.

[22] Disponível em: https://www.facebook.com/pg/programaimagensdopovo/about/?ref=page_internal. Acesso em: 29 set. 2019. Para saber mais, ver Valdean (2017).

[23] O que usualmente se chama de Maré é constituído por diversas favelas: Conjunto Esperança, Vila do João, Vila do Pinheiro, Salsa e Merengue, Conjunto Pinheiros, Bento Ribeiro Dantas, Morro do Timbau, Baixa do Sapateiro, Parque Maré, Nova Maré, Nova Holanda, Rubens Vaz, Parque União, Roquete Pinto, Praia de Ramos, Marcílio Dias e Mandacaru. Em 2000, de acordo com censo realizado pelo IBGE em parceria com o Centro de Estudos e Ações Solidárias da Maré (Ceasm), sua população alcançava 132.176 pessoas. Em 1994, foi oficialmente reconhecido como região administrativa – designação até então restrita a conjuntos de bairros – pelo governo Cesar Maia. Entretanto, continua, na percepção social e na visão de seus moradores, a ser um conjunto de favelas.

jeto do Centro de Estudos e Ações Solidárias da Maré (Ceasm), sendo um dos desdobramentos das atividades que este realizava, sobretudo da Rede Memória da Maré. Esta Rede tinha por objetivo resgatar a história da localidade e criar um sentimento de pertencimento dos moradores à mesma. Antônio Carlos Pinto Vieira é o autor do projeto, que nos conta o percurso da Rede ao Museu: "Em 2004, a Rede Memória realizou a exposição 'A Força da Maré', no Museu da República (...). Para a montagem da exposição, a equipe da Rede Memória pediu alguns objetos emprestados aos moradores, que ao término não os aceitaram de volta, pois disseram querer ver na Maré o que foi feito no Museu da República".[24]

Vieira considera que tal exposição foi decisiva para o trabalho da Rede,[25] abrindo seus horizontes. Ao final de 2004, a Rede submeteu o projeto do Museu da Maré ao primeiro edital do Programa Cultura Viva do Ministério da Cultura (Minc), então sob a gestão de Gilberto Gil, para a implementação dos Pontos de Cultura. Aprovado, recebeu 150 mil reais do Minc, o que viabilizou a organização do Museu em um galpão, cedido por uma companhia de navegação, há muito inoperante, para que ali instalasse sua sede. Posteriormente, o Museu da Maré também recebeu apoio e financiamento de outras instituições.

Visitei-o algumas vezes, em ocasiões diferentes, frequentando atividades ali desenvolvidas pelos e para seus moradores. Minha primeira impressão persiste hoje em dia. É um museu bonito, emocionante, e completamente estruturado a partir da narrativa do direito à cidade dos moradores de favelas, sendo razoavelmente visitado.[26] Organiza suas galerias em "tempos", que indicam e permitem uma leitura pelos moradores, sobretudo as novas gerações, e pelos visitantes "de fora" do que é construir a cidade e dela ser excluído, segregado. Os "tempos" revelam dificuldades e conquistas, assim como diversos aspectos da vida na favela e na cidade: água; casa; migração; trabalho; fé; feira; cotidiano; medo (com muitas cápsulas de balas deflagradas compondo o ambiente e evocando as políticas de segurança

[24] Vieira Pinto (2019). Verbete Museu da Maré, *Dicionário de favelas Marielle Franco*. Disponível em: https://wikifavelas.com.br/index.php?title=Museu_da_Mar%C3%A9. Acesso em: 4 set. 2019.

[25] "O trabalho da Rede Memória obteve reconhecimento nacional em 2005, ao receber o Prêmio Rodrigo Melo Franco de Andrade, oferecido pelo Instituto do Patrimônio Histórico e Artístico Nacional (Iphan). Tal premiação é conferida a pessoas ou instituições que desenvolvem ações de preservação do patrimônio cultural brasileiro. O Iphan selecionou sete iniciativas em todo o Brasil, tendo sido a Rede Memória premiada na categoria de salvaguarda de bens de natureza imaterial" (Ibidem, idem).

[26] Freire-Medeiros (2006) refere-se à cerca de 900 visitações por mês, à época, sendo grande parte delas de moradores da Maré.

públicas praticadas no Rio de Janeiro[27]); e, finalmente, futuro. Um texto, afixado à porta do museu, define sua estratégia de ação política e constrói suas linhas diretivas de afirmação e luta pelo direito à cidade: "Nesse lugar, onde muitos só enxergam a violência, nasce uma nova maneira de contar os tempos da cidade, como os do diálogo, da troca e do respeito à diversidade cultural. O Museu da Maré é um convite à construção desse novo tempo". Como sustenta Freire-Medeiros, o Museu da Maré deve ser lido como uma iniciativa para que seu território e seus moradores possam ser vistos "como parte historicamente relevante da cidade, assumindo uma visibilidade distinta daquela que [os] associa[m] à violência" (2006, p. 52).

Além da exposição de fotografias e de objetos muito diversos, referidos aos diferentes "tempos" em suas galerias, o Museu abriga a Biblioteca Elias José, muito utilizada para aulas de dança, eventos de comunicação popular, contação de histórias e outras atividades. Guarda também o arquivo de Dona Orozina Vieira, personagem fundamental na construção do que se quer constituir como a "identidade mareense". Dona Orozina, mulher negra, sempre lembrada, é considerada a primeira moradora da Maré, tendo construído, nos anos 1940, sua casa sobre palafitas no Morro do Timbau. Através dela, de suas galerias e de suas atividades, o foco do Museu da Maré, é "contar a história dos moradores e de sua resistência para permanecer nessa região e construir aqui seu lugar de vida".[28]

Se o Museu da Maré obteve sucesso, subsistindo até hoje e produzindo efeitos articulados às organizações de base do local, outras iniciativas fracassaram. Para discuti-las, uso como "caso bom para pensar" o Museu a Céu Aberto da Providência. Criado em 2006, pelo então prefeito Cesar Maia, enfrentou inúmeras dificuldades desde seus primeiros momentos. É um projeto abandonado e esquecido há mais de uma década. Como não cheguei a visitá-lo, apoio minha reflexão na bibliografia sobre ele disponível, sobretudo em Freire-Medeiros (2006) e em Menezes (2019; 2008).

Como Valladares (2005) demonstrou, o Morro da Favella, atual Morro da Providência, foi discursivamente construído como a primeira favela da

---

[27] Na entrada da galeria do "medo", pode-se ler: "Quais são os nossos medos? / No tempo do medo havia tábua podre, / Criança caindo na água / Ventania, tempestade, ratos, remoções... / No tempo do medo, existe a bala perdida, / Violência, morte bruta... / O medo que nos assombra pode nos paralisar / Tanto quanto nos motivar a lutar / Pela transformação da realidade".

[28] Depoimento de Cláudia Rose – uma das diretoras do Ceasm e do Museu, no documentário *Museu da Maré: memórias e (re)existências* – transcrito pelo jornal *O Cidadão*, em reportagem sobre ele publicada em 12 abr. 2018. Disponível em https://jornalocidadao.net/museu-da-mare-comemora-seus-12-anos-com-maratona-cultural/. Acesso em: 3 fev. 2022.

cidade e, embora se saiba que esse título não corresponde aos fatos históricos, ainda hoje ele é amplamente considerado como tal. Essa foi a razão de o então prefeito Cesar Maia envidar esforços para que a localidade sediasse o primeiro museu de favela da cidade e inaugurar, em 2005, o Museu a Céu Aberto da Providência.[29] O contexto dessa criação explica tal agenciamento: a realização do Favela-Bairro[30] na localidade e o processo de revitalização da Zona Portuária, onde se localiza a Providência, que seguiu parte de seu caminho (hoje interrompido) no governo Eduardo Paes. Menezes (2019) ressalta que "no Favela-Bairro da Providência, [foram investidos] 14 milhões e 300 mil reais para a construção de redes de água e esgoto, praças e creche, como acontece em outras favelas, mas também para viabilizar a reforma de antigas edificações e a criação de pontos turísticos na favela". Lu Petersen, coordenadora de projetos da Assessoria Especial Célula Urbana do prefeito, sustenta que a intenção deste, com o "ineditismo do tombamento de uma área de especial interesse social como patrimônio histórico e cultural", era produzir "um marco definitivo, comprovador de que as favelas integram o desenho urbano do Rio de Janeiro" (2003, p. 42). A ideia era restaurar construções de valor histórico por datarem do século XIX, por sua associação a nosso passado escravocrata e/ou aos ex-combatentes da Campanha de Canudos que por essa época lá acamparam, esperando o devido pagamento de seus soldos (VALLADARES, 2005).

Entretanto, várias dessas intenções não chegaram a se concretizar. Eram muitas as dificuldades. A primeira era como um museu a céu aberto poderia conviver com os frequentes tiroteios derivados dos conflitos entre a fação de tráfico de drogas ilícitas que sediara seu negócio na favela e a polícia? A segunda era o desconhecimento dos moradores da proposta da Prefeitura, uma vez que o projeto do museu foi feito "de cima para baixo", sem envolvê-los ou encontrar "ressonância" neles (FREIRE-MEDEIROS, 2006; MENEZES, 2008; 2019). Assim, em meados de 2007, o projeto foi praticamente abandonado.

***

[29] "A ideia de patrimonializar o Morro da Providência [de] ... Lu Petersen, coordenadora de projetos da Assessoria Especial Célula Urbana do Gabinete do prefeito Cesar Maia, insere-se num contexto de mudanças das políticas implementadas pela Poder Público em relação às favelas cariocas" (MENEZES, 2019).

[30] Para o Favela-Bairro, ver Burgos (1998).

Excetuando-se o caso da Providência, com suas peculiaridades que examinamos, parece-me haver uma certa circularidade no campo dos projetos de memória nas/das favelas. Animados por um financiamento (cada vez mais fortuito) ou por um engajamento da militância desses territórios e eventualmente também de pesquisadores, são, por vezes, reavivados. Mas, de modo geral, aquela vitalidade e aquela crença de que, publicizando narrativas alternativas sobre esses territórios e seus moradores, seria possível alçar uma outra voz em relação a seu lugar na cidade, estão arrefecidas. Com isso, grande parte deles está interrompida, descontinuada, desanimada. Para além do Museu da Maré que, articulado a organizações de base da favela, continua a ter visibilidade, protagonismo no debate público e enraizamento no território, poucas iniciativas subsistem. Entre elas, quero agora destacar uma relativamente nova.

Em 2008, surgiu o Museu de Favelas (MUF) nas favelas Pavão, Pavãozinho e Cantagalo, situadas nos bairros de Copacabana e Ipanema, Zona Sul da cidade. Orientado por uma proposta de patrimonialização dos bens materiais e intangíveis dessas favelas, no mesmo diapasão do que vinha então ocorrendo na sociedade brasileira,[31] a proposta do MUF era e é constituir-se como um "museu territorial e vivo sobre memórias e patrimônio cultural de favela"[32] – ainda que sem abandonar a dimensão crítica sobre a segregação de seus moradores.[33] Seu acervo conta com estórias de "cerca de 20 mil moradores e seus modos de vida, narrativas de parte importante e desconhecida da história da cidade do Rio de Janeiro".[34]

Desde sua organização, sua atuação sempre teve forte acento no turismo, com atividades em parceria com o *Favela Experience* – apresentada

[31] Ver, para a contextualização dessa normatização e dos agenciamentos que se fizeram em torno dela, os excelentes artigos reunidos em Abreu e Chagas (2003) e o de Freire-Medeiros (2006), este analisando os casos dos Museus da Providência e da Maré.

[32] "O MUF tem por objetivo preservar a memória da comunidade, promovendo a conexão entre os moradores e a cultura local. Dissolvendo as barreiras entre a favela e o asfalto, o MUF deseja transformar essa comunidade em um Monumento Turístico e Cultural Carioca da História de Formação das Favelas; das origens culturais do Samba; da Cultura do Migrante Nordestino; da Cultura Negra; das Artes Visuais e da Dança". Disponível em: https://www.museudefavela.org/sobre-o-muf/. Acesso em: 24 set. 2019.

[33] "Tenho vários nomes: Morro, Maciço do Cantagalo, Pavão-Pavãozinho-Cantagalo, por um tempo virei sigla PPG, porém na paz volto a ser Cantagalo, Pavão e Pavãozinho. Classificam-me também de Aeis – Área Especial de Interesse Social, coisa de lei da cidade do Rio de Janeiro, desde 2003, dizem que é para assegurar o lugar desse povo que me ocupou, protegido da predação de um tal de mercado imobiliário que, no rastro da urbanização, da pacificação, da regularização, aproveita da valorização compra e expulsa quem lutou e mereceu o progresso". Disponível em: https://www.museudefavela.org/acervo/. Acesso em: 18 set. 2019.

[34] Disponível em: https://www.museudefavela.org/. Acesso em: 28 set. 2019.

como uma "empresa de turismo de impacto social que busca conectar pessoas, ideias e recursos globais com moradores, organizações e serviços das favelas através de experiências e espaços autênticos e imersivos".[35] Ambos propõem, através do "turismo responsável", desfazer estereótipos sobre as favelas por meio do intercâmbio cultural entre turistas e moradores. Outro eixo de atuação do MUF é investir na geração de renda para os moradores, via organização de oficinas de artesanato diversas que os capacitem a desenvolverem seus pequenos negócios.[36] Revela, assim, uma sintonia, ou um ajustamento (ao), com o contexto de sua criação e os agenciamentos estatais que então se fizeram. À época, o governo do estado do Rio de Janeiro havia implementado o programa de Pacificação de Favelas,[37] em que a geração de renda, via turismo e microempreendedorismo – este compreendido como formalização dos pequenos negócios sediados em favelas –, era eixo fundamental (LEITE, 2017; 2015; LEITE e GOMES, 2019). Ao que tudo indica, o MUF parece vir obtendo, no campo do turismo em favelas, receptividade e sucesso.[38] Sua estratégia de patrimonialização dos bens tangíveis e intangíveis da localidade também obteve uma resposta animadora. Tornou-se ponto de memória registrado pelo Instituto Brasileiro de Museus/Ibram[39] e participa da Rede de Museologia Social do Rio de Janeiro, que visa a estimular a troca de experiências entre favelas, instituições e movimentos do campo da memória, do patrimônio e da cultura.

Mais recentemente, outras iniciativas terminaram por se frustrar em termos de garantir o lugar dos moradores de favelas na cidade, ainda que guardem potencialidades para o futuro. A mais notável talvez seja o Museu

[35] Disponível em: https://www.favelaexperience.com. Acesso em: 28 set. 2019. Sobre a construção das favelas como destino turístico, ver Freire-Medeiros (2007).

[36] "Todas as ações do MUF têm por temas transversais as memórias da comunidade e a cultura local com intenção educativa, libertária pela expansão da consciência e pela chance de inclusão produtiva, em especial entre adolescentes sujeitos a caminhos de vulnerabilidade social".

[37] O programa de Pacificação de Favelas do governo do estado do Rio de Janeiro foi iniciado em dezembro de 2008 na favela Santa Marta. Exatamente um ano depois, dezembro de 2009, foi inaugurada a UPP local.

[38] Ver, entre outros elementos, https://www.tripadvisor.com.br/Attraction_Review-g303506-d6728988-Reviews-Museu_de_Favela_MUF-Rio_de_Janeiro_State_of_Rio_de_Janeiro.html. Acesso em: 14 set. 2019.

[39] Trata-se de um programa que "reúne um conjunto de ações e iniciativas de reconhecimento e valorização da memória social, de modo que os processos museais protagonizados e desenvolvidos por povos, comunidades, grupos e movimentos sociais, em seus diversos formatos e tipologias, sejam reconhecidos e valorizados como parte integrante e indispensável da memória social brasileira. Tem como objetivo principal contribuir para o desenvolvimento de uma política pública de direito à memória, com base no Plano Nacional Setorial de Museus e Plano Nacional de Cultura". Disponível em: www.museus.gov.br/acessoainformacao/acoes-e-programas/pontos-de-memoria/. Acesso em: 28 set. 2019.

das Remoções, um museu a céu aberto criado na Vila Autódromo (Zona Oeste da cidade), removida, após décadas de resistência, pelo prefeito Eduardo Paes no contexto dos Jogos Olímpicos de 2016 (MAGALHÃES, 2019). Em seu Plano Museológico, os organizadores do museu assim o apresentam:

> Dos escombros da remoção nasceu o Museu das Remoções, criado com dois ideais principais: preservar a memória destas pessoas removidas, assim como suas histórias; e servir como instrumento de luta, não apenas por nós, mas por todos que passem pela ameaça de remoção, compreendendo que a memória é o maior instrumento nesta luta de resistência. Na preservação desta memória, permanece a consciência de nossa história e também dos nossos direitos.[40]

Muito ativo, embora lutando com diversas dificuldades, o Museu das Remoções desenvolve atividades de construção/exposição da memória do território e das remoções na cidade, assim como atividades culturais e educativas e diversas parcerias. E teve uma parcela de seu acervo – os escombros e registros da violenta remoção de que foi objeto – incorporada pelo Museu Histórico Nacional como parte de sua exposição permanente de história contemporânea.[41] O que nos faz pensar em quando e como o "fracasso" – tratado do ponto de vista da governamentalidade, como nos ensina Foucault (2004) – pode conter também, em seu interior, elementos que, em outra temporalidade possam talvez produzir sucesso. Chagas e Pires (2018) assim o consideram:

> Constituído sob o signo da museologia social, conformado como um museu de território, o Museu das Remoções torna-se o primeiro museu brasileiro dedicado a denunciar os resultados danosos da especulação imobiliária e a política de remoções promovida por uma prefeitura. Seu acervo: escombros, relações, afetos e memórias dos que resistiram à remoção. Além da façanha de fazer entrar pela porta da frente de um dos grandes museus públicos brasileiros, de caráter nacional, vinculado ao Instituto Brasileiro de Museus e ao Ministério da Cultura, a sua causa e parte de seu inusitado acervo, o Museu das Remoções, em si mesmo, afirmou-se como um marco da museologia brasileira contemporânea,

[40] Disponível em: https://drive.google.com/file/d/1B_BQsCbn9xYuwp1NrutIAYxYuCKj8sXn/view. Acesso em: 11 out. 2019.

[41] Cf. https://museudasremocoes.com/museu-historico-nacional/. Acesso em: 10 out. 2019.

em diálogo com outras experiências já consolidadas da denominada museologia social (2018, p. 18).

Na última década, afora as atividades dos projetos de memória corporificados em museus de sucesso, como o da Maré e o Museu de Favelas, o que me parece ter tido mais visibilidade foram as iniciativas que vieram de fora das favelas, por alianças com setores que continuam afirmando que "favela é cidade". Entre elas, destaco as exposições do acervo fotográfico de Anthony Leeds[42] sobre as favelas cariocas, organizadas pela Casa de Oswaldo Cruz (COC/Fiocruz) em variadas situações e lugares da cidade do Rio de Janeiro. A doação de seu acervo à COC, em 2014, permitiu a tal instituição desenvolver, por meio de exposições itinerantes, uma estratégia discursiva e política de afirmação da importância das favelas e de seus moradores para a cidade do Rio de Janeiro. Denominadas "O Rio que se queria negar: as favelas do Rio de Janeiro no acervo de Anthony Leeds",[43] as exposições itinerantes apresentam a estrutura morfológica, habitacional e ocupacional das favelas, bem como suas dinâmicas e sociabilidade internas, em museus, universidades e outros espaços e eventos que acolham e fomentem a consigna "a favela é cidade". Esta disputa, assim, a percepção dominante do Rio de Janeiro como uma "cidade partida".

Considerações finais

Neste capítulo, busquei analisar, prioritariamente, os projetos pioneiros de memória das favelas cariocas, tendo como referência o contexto em que se desenvolviam – de plena vigência da "metáfora da guerra". Discuti o que movia seus integrantes, as articulações que desenvolveram, as dificuldades que enfrentaram e seu relativo "fracasso" em fazer circular uma outra narrativa, contra-hegemônica, sobre o lugar dos moradores de favelas na cidade do Rio de Janeiro e sobre seu direito à cidade. Sem apoio substantivo de

[42] Anthony Leeds foi um sociólogo norte-americano que ajudou a fundar o campo da sociologia urbana no Rio de Janeiro, quando, em viagem de estudos à América Latina, permaneceu na cidade pesquisando suas favelas e formando aqueles que hoje reconhecemos como seus primeiros e grandes baluartes, entre eles Luiz Antonio Machado da Silva e Licia Valladares. Sobre o pensamento e a importância de Leeds, ver Valladares (2018), Lima (2018) e Machado da Silva (2016).

[43] Há muitos registros virtuais sobre as exposições itinerantes do acervo de Anthony Leeds disponíveis na internet. Entre eles, sugiro consultar o *tour* registrado pelo *site Favela tem Memória*, em 25 fev. 2016. Disponível em: https://www.youtube.com/watch?v=bsYsm6dw89c e https://disarmegrafico.com/anthony-leeds. Acesso em: 15 set. 2019. Ver sobre a composição do acervo e sua organização para que a COC realizasse as exposições itinerantes, a nota técnica de Aline Lopes de Lacerda e Ana Luce Girão, anexa ao artigo de Valladares (2018).

políticas públicas no campo da memória dos territórios subalternos, nem financiamento do mercado na forma de apoio aos pequenos projetos que emergiam desse campo, o resultado foi que esses agenciamentos, que nos falavam de uma outra cidade e de um outro país possível, minguaram, simultaneamente, por falta de recursos para sua implementação e de vozes que se levantassem em sua defesa.

Percorri também, ainda que brevemente, outros projetos de "sucesso" e de "fracasso" nesse campo. Mas, parafraseando Machado da Silva (2016), creio que também aqui "a favela perdeu". O autor referia-se à introdução de Alba Zaluar e Marcos Alvito ao excelente livro que organizaram: *Um século de favela* (1998). Nela, Zaluar e Alvito sustentavam que a permanência das favelas na paisagem carioca traduziria a capacidade de organização e de luta de seus moradores, bem como a vitalidade da sociabilidade que se tecia nesses territórios, ainda que destacassem os desafios e as dificuldades que vinham se impondo a seus habitantes.[44] Concordando apenas parcialmente com a análise desses autores, Machado da Silva ponderava que se a favela havia vencido, garantindo sua permanência na cidade, o mesmo não se dera com os favelados:

> A "vitória da favela" ocorreu à custa da constituição de uma categoria social subalterna cuja intervenção na cena pública, duramente conquistada, não mexeu no padrão básico de sociabilidade urbana, pouco alterando sua posição relativa na estratificação social e seu papel como força social (2016, p. 163).

Considero que, a despeito das iniciativas de sucesso antes examinadas, também no campo da memória, a favela perdeu. Perdeu o que apostou em seus agenciamentos para buscar o reconhecimento de sua participação na construção do Rio de Janeiro e afirmar seu "direito à cidade". Para subsidiar esse meu argumento, recorro a duas falas pronunciadas, respectivamente, por uma moradora de favela e por uma ativista de direitos humanos em uma manifestação no Complexo do Alemão, em 22 de setembro de 2019: "2019, e a gente tem que estar aqui, mostrar que a gente merece viver";

---

[44] "Após 100 anos de luta, empregando diferentes formas de organização e demanda política, inclusive o Carnaval, a favela venceu. (...) Tudo indica que a favela, garantida a continuidade da política pública, independente do partido político no poder, poderá ter finalmente sua infraestrutura urbana refeita e melhorada, transformando-se em bairro da cidade" (ZALUAR; ALVITO, 1998, p. 21). Considerar, entretanto, que os autores também nos advertiam: "Mas a luta está longe de terminar..." (Ibidem, idem).

e "Eu não nasci para ser abatida. O meu povo tem o direito de ficar nesta terra, porque quem construiu isso aqui fomos nós". Os moradores, seus parceiros e aliados, pessoas comuns e/ou pertencentes a organizações do campo dos direitos humanos, protestavam pelo assassinato da menina Ágatha Vitória Salles Félix. Ágatha estava em uma kombi, ao lado de sua mãe, quando foi baleada com um tiro de fuzil nas costas pela Polícia Militar, no dia 20 de setembro, em mais uma de suas operações nas favelas cariocas.[45] Muitas outras falas, de ativistas ou simples moradores, afirmaram então, enfaticamente, que também eles, moradores de favelas, tinham direito de ir e vir – ao trabalho, à escola, à universidade, ou simplesmente para se divertirem. Outra moradora, bastante emocionada, afirmou: "a cidade é nossa também, não é só de vocês, dos ricos, da Zona Sul". Não por acaso, a manifestação começara com o *Rap da felicidade*, de Cidinho e Doca: "eu só quero ser feliz, andar tranquilamente na favela onde eu nasci...", entoada por praticamente todos os presentes. Cartazes confeccionados em cartolina e caneta pilot tentavam comunicar ao resto da cidade, aos governantes e às instituições, algo por que eles lutam e sofrem há tempos: "vidas em favela importam".[46]

Eu já havia começado a redigir a primeira versão deste capítulo quando a menina Ágatha foi assassinada. Mais uma das muitas mortes praticadas pelo governo do estado nas favelas cariocas, desde o início de 2019,[47] grande parte supostamente por balas perdidas. O impacto da morte de Ágatha e de tantas outras ainda hoje praticadas nas favelas, quase cotidianamente, levou-me a reelaborar sua conclusão, para destacar um outro agenciamento da memória também como resistência. Pois o que se fala e o

[45] Para a análise das operações policiais nas favelas cariocas, ver, entre outros, Machado da Silva (2010; 2008). Para os dados acerca das mortes por intervenção policial nesses territórios, bem como para a análise de suas séries históricas considerando diferentes indicadores, ver os dados do Instituto de Segurança Pública em www.ispdados.rj.gov.br/ e do Observatório da Segurança em https://www.ucamcesec.com.br. Acesso em: 25 set. 2019.

[46] Referência ao *Black Livies Matter*, movimento contra a violência policial sistemática promovida pelo governo americano contra sua população negra. Tematiza questões como a letalidade policial em relação a esta população, a discriminação racial do sistema de justiça norte-americano e o racismo institucional que se inscreve em sua forma de governo. Sua proposta é, além de denunciar essas ocorrências e mobilizar resistências em solo americano, ajudar a construir poderes locais (comunitários) que possam reagir à violência estatal e racista no campo da "diáspora africana". Disponível em: https://blacklivesmatter.com/about/. Acesso em: 28 set. 2019.

[47] Segundo os dados do Instituto de Segurança Pública (ISP), no primeiro trimestre de 2019, a letalidade por intervenção policial no Rio de Janeiro foi a maior em 21 anos: 5 pessoas foram mortas por dia pelas polícias militar e civil, totalizando 434 pessoas assassinadas – o que representa um aumento de 18% em relação ao primeiro trimestre de 2018. Disponível em: www.ispdados.rj.gov.br/. Acesso em: 24 jun. 2019.

que se grita também nesses atos e movimentos é que os moradores de favelas têm direito à cidade. Cobra-se uma dívida, acionando-se uma trajetória dos moradores de favelas cariocas por meio da memória e da história. Mas neste, como em outros movimentos, a memória das favelas é acionada em palavras-atos (AUSTIN, 1990) como resistência nas urgências do cotidiano, como um recurso imprescindível para buscar sobreviver.

Referências

ABREU, Regina; CHAGAS, Mário (org.). *Memória e patrimônio:* ensaios contemporâneos. Rio de Janeiro: DP&A/Faperj, 2003.

ACARI, Deley de. As mulheres como guardiãs da memória (da comunidade, da favela, do morro... In: INSTITUTO DE ESTUDOS DA RELIGIÃO. *A memória das favelas. Comunicações do Iser*, n. 59. Rio de Janeiro: Iser, 2004. p. 119-120.

AMOROSO, Mauro. O meu lembrar pelos meus direitos de memória e direito à cidade em uma favela do Rio de Janeiro. *Projeto História*, São Paulo, n. 55, p. 286-325, 2016.

AUSTIN, John Langshaw. *Quando dizer é fazer:* palavras e ação. Porto Alegre: Artes Médicas, 1990.

BIRMAN, Patricia. Cruzadas pela paz: práticas religiosas e projetos seculares relacionados à violência no Rio de Janeiro. *Religião & Sociedade*, v. 32, n. 1, p. 209-226, 2012.

BIRMAN, Patricia. Movimentos cívico-religiosos no Rio de Janeiro e alguns de seus impasses: o caso do "Mural da Dor". In: BIRMAN, Patricia; LEITE, Márcia Pereira (org). *Um mural para a dor:* movimentos cívicos religiosos por justiça e paz. Porto Alegre: UFRGS/Pronex, 2004.

BURGOS, Marcelo. Dos parques proletários ao Favela-Bairro: as políticas públicas nas favelas do Rio de Janeiro. In: ZALUAR, Alba; ALVITO, Marcos (org.). *Um século de favela.* Rio de Janeiro: FGV, 1998.

CHAGAS, Mário de Souza; PIRES, Vladimir Sibylla (org.). *Território, museus e sociedade:* práticas, poéticas e políticas na contemporaneidade. Rio de Janeiro: UniRio; Brasília: Instituto Brasileiro de Museus, 2018.

CUNHA, Neiva Vieira da (org.). *Histórias de favelas da Grande Tijuca contadas por quem faz parte delas:* projeto Condutores de Memória. Rio de Janeiro: Ibas/Agenda Social, 2006.

DICIONÁRIO DE FAVELAS MARIELLE FRANCO (disponível em https://wikifavelas.com.br/).

ELIAS, Norbert; SCOTSON, John. *Os estabelecidos e os outsiders.* Rio de Janeiro: Jorge Zahar Editor, 2000.

FARIAS, Juliana. Fuzil, caneta e carimbo: notas sobre burocracia e tecnologias de governo. *Confluências – Revista Interdisciplinar de Sociologia e Direito*, v. 17, n. 3, p. 75-91, 2015.

FREIRE-MEDEIROS, Bianca. A favela que se vê e que se vende: reflexões e polêmicas em torno de um destino turístico. *Revista Brasileira de Ciências Sociais,* v. 22, p. 61-72, 2007.

FREIRE-MEDEIROS, Bianca. Favela como patrimônio da cidade? Reflexões e polêmicas acerca de dois museus. *Estudos Históricos,* Rio de Janeiro, v. 38, p. 49-66. 2006.

FOUCAULT, Michel. *Securité, territoire, population.* Paris: Gallimard/Seuil, 2004.

GAMA, Fabiene. A autorrepresentação fotográfica em favelas: Olhares do Morro. Dissertação (Mestrado em Ciências Sociais) – Programa de Pós-graduação em Ciências Sociais, Universidade do Estado do Rio de Janeiro, 2007.

GAMA, Fabiene. Olhares do Morro: uma reflexão sobre os limites e os alcances da autorrepresentação fotográfica. In: FREIRE-MEDEIROS, Bianca; COSTA, Maria Helena Braga e Vaz da (org.). *Imagens marginais*. Rio Grande do Norte: UFRN, 2006. p. 57-83.

GIDDENS, Anthony. *Para além da esquerda e da direita. O futuro da política radical*. São Paulo: Unesp, 1996.

GONÇALVES, Rafael Soares. *Les favelas de Rio de Janeiro:* histoire et droit - XIX et XX siècles. Paris: L'Harmattan, 2010.

INSTITUTO DE ESTUDOS DA RELIGIÃO (ISER). *A memória das favelas. Comunicações do Iser*, n. 59. Rio de Janeiro: Iser, 2004.

LEITE, Márcia Pereira. State, Market and Administration of Territories in the City of Rio de Janeiro. *Vibrant*, Florianópolis, v. 14, p.149-170, 2017.

LEITE, Márcia Pereira. De territórios da pobreza a territórios de negócios: dispositivos de gestão das favelas cariocas em contexto de pacificação. In: BIRMAN, Patricia; LEITE, Márcia Pereira; MACHADO, Carly; CARNEIRO, Sandra (org.). *Dispositivos urbanos e trama dos viventes*: ordens e resistências. Rio de Janeiro: FGV/Faperj, 2015.

LEITE, Márcia Pereira. Para além da metáfora da guerra. Percepções sobre cidadania, violência e paz no Grajaú, um bairro carioca. Tese (Doutorado em Sociologia e Antropologia) - PPGSA, Instituto de Filosofia e Ciências Sociais, Universidade Federal do Rio de Janeiro, Rio de Janeiro, 2001.

LEITE, Márcia Pereira. Entre o individualismo e a solidariedade: dilemas da política e da solidariedade no Rio de Janeiro. *Revista Brasileira de Ciências Sociais*, v. 15, n. 44, p. 73-90, 2000.

LEITE, Márcia Pereira. Grajaú, memória e história: fronteira fluidas e passagens. *Cadernos Metrópole (PUC-SP)*, n. 5, p. 117-164, 1999.

LEITE, Márcia Pereira; GOMES, Rámon. Empreendedorismo e inclusão produtiva em favelas e periferias, Revista *Ensaios*, n. 14, jan.-jul. 2019, p. 21-37, 2019.

LEITE, Márcia Pereira; FABIÃO, Maurício. De volta para o futuro: imagens e identidades no Andaraí. In*:* SANTOS, Alexandre Melo; LEITE, Márcia Pereira; FRANCA, Nayda (org.). *Quando memória e história se entrelaçam:* a trama dos espaços na Grande Tijuca. Rio de Janeiro: Ibase, 2013. p. 63-79.

LIMA, Nísia Trindade; VIANA, Raquel de Almeida. Entre latifúndios e favelas: o Brasil urbano no pensamento de Anthony Leeds. *Sociologia & Antropologia*, v. 8, n. 3, p. 771-804, 2018.

MACHADO DA SILVA, Luiz Antonio. A continuidade do problema da favela. In: *Fazendo a cidade:* trabalho, moradia e vida local entre as camadas populares urbanas. Rio de Janeiro: Mórula, 2016. p. 161-175.

MACHADO DA SILVA, Luiz Antonio. Meio século de sociologia das classes populares urbanas. In: *Fazendo a cidade:* trabalho, moradia e vida local entre as camadas populares urbanas. Rio de Janeiro: Mórula, 2016. p. 15-32.

MACHADO DA SILVA, Luiz Antonio. Violência urbana, segurança pública e favelas - o caso do Rio de Janeiro atual. *Caderno CRH*, Salvador, v. 32, n. 59, maio/ago., p. 283-300, 2010.

MACHADO DA SILVA, Luiz Antonio (org.). *Vida sob cerco:* violência e rotina nas favelas do Rio de Janeiro. Rio de Janeiro: Nova Fronteira/Faperj, 2008.

MAGALHÃES, Alexandre. *Remoções de favelas no Rio de Janeiro:* entre formas de controle e resistências. Curitiba: Appris, 2019.

MALPAS, Jeff; WICKHAM, Gary. Governance and Failure: On the Limits of Sociology, *ANZJS*, v. 31, n. 3, p. 37-50, 1995.

MBEMBE, Achille. *Crítica da razão negra*. São Paulo: N-1 Edições, 2019.

MENEZES, Palloma. Museu a céu aberto do Morro da Providência. *Dicionário de Favelas Marielle Franco,* 2019 (disponível em https://wikifavelas.com.br/index.php/Museu_a_c%C3%A9u_aberto_do_Morro_da_Provid%C3%AAncia).

MENEZES, Palloma. Interseções entre novos sentidos de patrimônio, turismo e políticas públicas: um estudo de caso sobre o Museu a Céu Aberto do Morro da Providência. Dissertação (Mestrado em Sociologia) – Programa de Pós-graduação em Sociologia, Instituto Universitário de Pesquisa do Rio de Janeiro, 2008.

MISSE, Michel et al. *Quando a polícia mata:* homicídios por "autos de resistência" no Rio de Janeiro (2001-2011). Rio de Janeiro: NECVU/Booklink, 2013.

PETERSEN, Lu. *Das remoções à célula urbana:* evolução urbano-social das favelas do Rio de Janeiro. Rio de Janeiro: Prefeitura do Rio de Janeiro, 2003. (Cadernos de Comunicação).

POLLAK, Michael. Memória e identidade social. *Estudos Históricos*, v. 5, n. 10, p. 200-212, 1992.

POLLAK, Michael. Memória, esquecimento, silêncio. *Estudos Históricos*, v. 2, n. 3, p. 3-15, 1989.

SANTOS, Alexandre M.; LEITE, Márcia P.; FRANCA, Nayda (org.). *Quando memória e história se entrelaçam:* a trama dos espaços na Grande Tijuca. Rio de Janeiro: Ibase, 2003.

SEGALA, Lygia. Favela tem memória: récupérer la mémoire sociale des favelas pour la reappropriation de la ville de Rio de Janeiro. In: GARIBAY, Françoise; SÉGUIER, Michel (org.). *Pedagogia y prácticas emancipadoras*. México DF: Instituto Politécnico Nacional/Unesco, 2012. p. 504-511.

SEGALA, Lygia. *Varal de lembranças*: recados para quem for reacender o balão japonês. In: INSTITUTO DE ESTUDOS DA RELIGIÃO. *A memória das favelas. Comunicações do Iser*, n. 59. Rio de Janeiro: Iser, 2004. p. 36-41.

SEGALA, Lygia. O riscado do balão japonês: identidade social e trabalho comunitário na Rocinha (1977-1982). Dissertação (Mestrado em Antropologia Social) – Programa de Pós-graduação em Antropologia Social, Museu Nacional, Universidade Federal do Rio de Janeiro, 1991.

SEGALA, Lygia. *Varal de lembranças:* histórias da Rocinha. Rio de Janeiro: Tempo e Presença/SEC/MEC/FNDE, 1983.

SOUZA, Rogério Ferreira de. Favela e os espaços monumentalizados: um lugar de memória coletiva e símbolo de resistência. *Revista Eletrônica em Ciências Humanas*, ano 2, n. 3, p. 1-18, 2003.

VALDEAN, Francisco. Imagens da Maré: narrativas fotográficas de um território favelado. Dissertação (Mestrado em Ciências Sociais) – PPCIS, Universidade do Estado do Rio de Janeiro, Rio de Janeiro, 2017.

VALLADARES, Licia do Prado. *Anthony Leeds:* o esquecimento e a memória (com nota técnica de Aline Lopes de Lacerda e Ana L. Girão sobre o acervo de Leeds). *Sociologia & Antropologia*, v. 8, n. 3, p. 127-160, 2018.

VALLADARES, Licia do Prado. *A invenção da favela:* do mito de origem à favela.com. Rio de Janeiro: FGV, 2005.

VIEIRA PINTO. Verbete Museu da Maré, *Dicionário de favelas Marielle Franco*. 2019. Disponível em: https://wikifavelas.com.br/index.php?title=Museu_da_Mar%C3%A9. Acesso em: 4 set. 2019.

ZALUAR, Alba; ALVITO, Marcos (org.). *Um século de favela*. Rio de Janeiro: FGV, 1998.

Das memórias das favelas aos museus na favela: políticas governamentais para a memória e para as periferias no Brasil

Aline dos Santos Portilho

Introdução

Em agosto de 2003, a Organização Não Governamental (ONG) Viva Rio e o Instituto de Estudos da Religião (Iser) realizaram, no Rio de Janeiro, o seminário "A memória das favelas". O evento reuniu sujeitos que lideravam projetos de sistematização e institucionalização da memória das e nas favelas do Rio de Janeiro, além de profissionais do campo da museologia e das diversas áreas das Ciências Humanas. Entre as iniciativas das favelas que foram apresentadas no seminário, estavam a Rede de Memória da Maré do Centro de Estudos e Ações Solidárias da Maré (Ceasm); a Condutores da Memória, sediada na Tijuca; o Centro Histórico da Rocinha; o Casarão dos Prazeres; uma iniciativa sediada na Serrinha, em Madureira; e um relato do poeta Delay, morador de Acari. Entre as iniciativas "de fora", havia o relato das experiências do UrbanData-Brasil e do projeto Favela tem Memória, da ONG Viva Rio.

A análise desse evento revela certas dinâmicas em torno da memória das favelas. Nele se reuniram sujeitos que o tornaram relevante tanto pela diversidade de suas posições na sociedade quanto pela centralidade de suas ações na promoção da memória como objeto de políticas públicas ou de mobilizações da sociedade civil. Foi um importante ponto de articulação de sujeitos e movimentos de ação social, que também possibilitou a visibilidade destas ações. Regina Novaes produz, na publicação originada pelo evento, uma descrição dos sujeitos ali envolvidos justamente enfatizando "certo jogo social" no qual se colocavam. "Um jogo consciente em que se fazem presentes estratégias e táticas de apresentação social e de sobrevivência nesta cidade tão marcada pela violência. Um jogo no qual diferentes participantes, para além das controvérsias, compartilham indagações" (NOVAES, 2004, p. 9).

Ainda segundo a socióloga, no geral, cinco questões foram colocadas no evento: como nomear as favelas; se as favelas constituem "um espaço social específico com contornos culturais bem definidos" (NOVAES, 2004, p. 10); quem é autorizado a falar sobre a favela; "a quem cabe construir a 'memória das favelas'" (NOVAES, 2004, p. 11); e, por fim, como se abordar a produção de memória social em "um espaço onde vigora a lei do silêncio" (NOVAES, 2004, p. 11). Estas questões se mostraram centrais para os debates ali travados, surgindo nos diversos textos reunidos na publicação.

Decorridos dezenove anos de sua realização, podemos constatar que o seminário "A memória das favelas" aconteceu na intersecção entre dois tempos. No primeiro, as diversas iniciativas de sistematização e institucionalização de memória nas e das favelas desenvolveram-se e tomaram corpo desde, pelo menos, a década de 1980. Essas iniciativas eram majoritariamente realizadas por ONGs, mobilizadas por agentes internos e externos às favelas em questão e financiados por agências internacionais e programas governamentais.[1] No momento que veio a seguir, presenciamos a incorporação da memória das favelas – e das demais periferias, nomeadas algumas vezes de maneiras distintas em outras partes do país – por políticas de governo no campo da memória.

A fala do museólogo Mário Chagas no seminário dá algumas pistas sobre as possibilidades que poderiam se abrir, posteriormente, para a proposição de políticas públicas específicas para o setor, ainda que estas não tenham sido oficializadas nas propostas de desdobramento do evento. Professor do curso de Museologia da UniRio, Mário Chagas atuava também no Instituto do Patrimônio Histórico e Artístico Nacional (Iphan), mais especificamente no Departamento de Museus e Centros Culturais, que anos mais tarde daria lugar ao Instituto Brasileiro de Museus (Ibram). Desempenhou papel fundamental na incorporação das memórias das periferias no foco das políticas culturais voltadas para a memória, especialmente nas políticas desenvolvidas pelo setor em que esteve à frente do Ibram. Apresentando-se como um "amigo do Ceasm",[2] justifica por que não pôde participar do seminário no dia anterior:

---

[1] Em tese de doutorado, pude abordar como a memória se tornou elemento central na mobilização de projetos sociais atrelados a programas de desenvolvimento urbano e social nas favelas do Pavão-Pavãozinho e do Cantagalo. Essas ações organizavam-se em torno do imperativo da ação cultural centrada na memória como motor do desenvolvimento econômico e de geração de renda, que, entretanto, se mostrou frágil na concepção dos moradores envolvidos (PORTILHO, 2016).

[2] Centro de Ações Solidárias da Maré, fundado em 1997, e que fundou o Museu da Maré em 2006.

> eu precisei participar de uma reunião para discutir políticas de museus e memória, em Brasília; na verdade, junto da Secretaria de Patrimônio, Museus e Artes Plásticas. De qualquer modo, penso que foi importante estar presente lá, pois pude, no mínimo, informar de que estávamos aqui, num seminário para discutir a memória das favelas. Então, pude, em Brasília, anunciar esse nosso Seminário e dizer: "Bom, se estamos pensando numa política de museus e de memória para o país, é conveniente saber que, no momento, tem, no mínimo, uma contramemória sendo pensada, organizada. E como os poderes públicos olham para isso, como os poderes públicos se relacionam com isso?" (CHAGAS, 2004, p. 55).

Aquele era o primeiro ano de governo do presidente Luiz Inácio Lula da Silva (PT), que deu início a um período de elaboração e consolidação de políticas culturais substancialmente distintas do período anterior. Lia Calabre, historiadora e pesquisadora do setor de Políticas Culturais da Fundação Casa de Rui Barbosa, descreve esse momento. Afirma que, "no primeiro ano da gestão do ministro Gil,[3] foi elaborado um plano de ampla reformulação da estrutura do MinC" e, decorrente disso,

> Internamente foi planejada a criação de secretarias, buscando uma racionalização do trabalho que levasse a uma definição do papel do próprio Ministério dentro do sistema de governo. Foram criadas as secretarias de Políticas Culturais, de Articulação Institucional, da Identidade e da Diversidade Cultural, de Programas e Projetos Culturais e a de Fomento à Cultura. Estava formada uma nova estrutura administrativa para dar suporte à elaboração de novos projetos, ações e de políticas (CALABRE, 2007, p. 98-99).

A nova institucionalidade da Cultura no Brasil também tinha como um de seus focos a promoção dos modos de fazer e existir de camadas diversas da população. Era momento de intensa disputa e proposição sobre o que seria pauta e objeto destas políticas de governo, e as favelas entraram nesta disputa simbólica, alcançando ganhos relevantes. A incorporação desses novos temas às diretrizes das políticas culturais e em certas políticas para a memória na esfera federal impactaria também, depois, a constituição de novas estruturas de governo. Antes de prosseguir na análise dessas

[3] Gilberto Gil, músico, foi ministro da Cultura entre 2003 e 2008.

novas configurações das políticas para a memória no Brasil, convém compreender o desenvolvimento das ações de sistematização e institucionalização de memórias das e nas favelas.

A memória na ressignificação das favelas

É comum abordar a gestão de memórias sensíveis no Brasil a partir das mobilizações em torno da escravidão e da ditadura militar. É importante enfatizar que, apesar de as ações desenvolvidas nos dois períodos impactarem indireta ou diretamente as favelas, estes territórios não aparecem com frequência no debate público e acadêmico sobre ambos os temas. Da mesma forma, quando se fala em memória das favelas, concentra-se mais nas histórias de sua ocupação e sua resistência, incidindo menos sobre a temática da escravidão e da ditadura militar. Ainda assim, mobilizando memórias traumáticas que impactam amplamente amoldamento da sociedade brasileira em tempos recentes, a articulação política em torno desses dois temas possibilitou a emergência da memória como capital bem como do léxico comum que permite relações com o Estado a partir do instrumento da reparação. Isso constitui o campo de possibilidades para a emergência de políticas para a memória das favelas.

A partir do debate público em torno da gestão memória na França e no Brasil, Luciana Heymann e José Maurício Arruti abordam a produção de uma "retórica do reconhecimento". Os autores apontam como, no caso brasileiro,

> a gestão da memória está diretamente ligada à gestão de recursos, em especial o acesso à terra – caso dos indígenas, quilombolas e outras populações tradicionais – mas também a outros recursos, entre os quais a educação – cotas e condições especiais para estudantes negros em geral, quilombolas e indígenas –, a saúde – indígena e negra –, a previdência social – para líderes religiosos do candomblé, trabalhadores quilombolas e populações extrativistas tradicionais – e até mesmo crédito produtivo – atingindo todos os grupos, menos os negros urbanos (HEYMANN; ARRUTI, 2012, p. 115).

Mobilizando aspectos da memória coletiva que se aproximam da retórica do reconhecimento, diversas iniciativas de registro e divulgação de memórias de favelas surgiram na década de 1980, momento próximo à eclosão de movimentos pela revisão da memória nacional provocados pela redemocratização do país. Mario Grynszpan e Dulce Pandolfi (2007) analisam tal movimento a partir do espectro mais amplo de "sedução da memória" (Cf. HUYSSEN, 2000) que se registra contemporaneamente, movimentando mercados em que a cultura e o turismo têm sua expressão mais marcante. Os autores localizam essas iniciativas, ainda, no processo recente de disputa por revisão da memória nacional, pela qual se mobilizam grupos que se sentiam alijados das narrativas até então estabelecidas. Acrescentam que

> A luta por ter reconhecida sua memória é parte da luta por reconhecimento dos próprios grupos. Apresentando-se no espaço público, rompendo com a invisibilidade ou impondo uma nova representação de si mesmos, buscam esses grupos o seu reconhecimento social, cultural, político e jurídico, o que também implica auferir vantagens correlativas, expressas em direitos. Expandem-se, por essa via, os limites da cidadania, incorporando-se direitos, incluindo o da memória. Trata-se não apenas do direito de ter uma memória, e de tê-la conhecida e reconhecida, mas também o de ser o seu próprio gestor, seu guardião, seu porta-voz autorizado (GRYNSZPAN; PANDOLFI, 2007, p. 68).

Analisando diversas iniciativas que, ao longo da década de 1990, se desenvolveram com o objetivo de resgatar e tornar públicas memórias de favelas, os autores problematizam a institucionalização destas memórias, sua seleção e os agentes que a produzem. Demonstram, ainda, como a realização desses empreendimentos está diretamente ligada à emergência da atuação das ONGs nesses territórios, afirmando que "as memórias se impuseram no repertório das ações sociais possíveis nas favelas" (GRYNSZPAN; PANDOLFI, 2007, p. 75). No que respeita à seleção das memórias promovidas por esses empreendimentos, os autores ressaltam o objetivo de

> romper com uma série de representações negativas frequentemente associadas às favelas, recorrendo para tanto à lembrança de práticas culturais tradicionais identificadas com as origens étnicas e regionais dos moradores, e à rememoração de um passado de trabalho, de solidariedade, de cooperação, de participação, de luta e mobilização contra as adversidades, contra as ameaças de remoção, em prol de condições mais dignas de existência, enfim, de luta pela cidadania (GRYNSZPAN; PANDOLFI, 2007, p. 78).

Sobre os agentes que promoveram tais iniciativas, os autores investem na problematização das qualificações que distinguem os "de dentro" dos "de fora". Esta dicotomia revela disputas por legitimidade, em que os de dentro "reivindicam para si a palavra autorizada" sobre as favelas. Prosseguem demonstrando como essas iniciativas envolvem "uma ampla gama de agentes e de operações que, embora contem com a participação de moradores e ex-moradores de favelas, não se restringem apenas a estes" (GRYNSZPAN; PANDOLFI, 2007, p. 85).

Licia do Prado Valladares, investigando a "construção social das representações das favelas", aponta como, já em sua origem, foi interpretada como uma presentificação do "mundo rural na cidade" (VALLADARES, 2005, p. 22). Segundo a autora, o mito de origem da favela alimenta-se da imagem de Canudos produzida no livro *Os sertões*, de Euclides da Cunha. Tal imagem "também corresponde àquela vislumbrada pelos primeiros visitantes da favela do Rio, quando transpuseram em suas descrições a dualidade 'litoral *versus* sertão' para a dualidade 'cidade *versus* favela'" (VALLADARES, 2005, p. 23).

Essa construção alimentou a percepção da favela como problema que, segundo a autora, qualificou esta formação urbana desde seu surgimento. Afirma Licia Valladares: "a descoberta da favela foi logo seguida por sua designação como problema a ser resolvido. Aos escritos de jornalistas vêm juntar-se vozes de médicos e engenheiros, preocupados com o futuro da cidade e sua população" (VALLADARES, 2005, p. 36). Também segundo a autora "a 'problematização' precedeu a extensão do fenômeno ao conjunto da cidade e ocorreu enquanto o processo de favelização ainda não se havia generalizado na capital federal" e, ainda, "essa problematização contou com forte respaldo do diagnóstico higienista aplicado à pobreza e ao cortiço, servindo este como uma das matrizes das primeiras representações da favela" (VALLADARES, 2005, p. 39).

A visão estabelecida então sobre a favela, amparada em discursos científicos e técnicos, como os da medicina e da engenharia, por exemplo, cooperou para a consolidação da representação da favela como o lugar da ausência e da carência. A favela era, segundo aquela visão, o avesso da cidade que, no início da vida republicana do país, se desejava construir.

Abordando outro aspecto sobre esta mesma temática, Mario Brum sustenta a ideia de que há o "estigma de favela", imputado por grupos hegemônicos tanto àqueles territórios quanto a seus moradores desde seu surgimento. Partindo das proposições teóricas de Erving Goffman, afirma Brum:

> A favela, desde sua origem, já possui estigmas a ela associados. Mais do que isso, os estigmas são partes essenciais para a construção do conceito de favela, estando a ele associados de forma inexorável. Na sua própria essência, a favela é o estigma, pois aponta uma área urbana onde existem os sinais do que não deveria haver numa cidade que se queria moderna e/ou civilizada (BRUM, 2012, p. 40).

As reflexões apresentadas lançam luz sobre representações que caracterizaram a favela, ao longo dos anos, como "desvio" da cidade, e seus moradores como *outsiders*. As proposições de Howard Becker podem colaborar no entendimento dessas duas categorias. O autor pensa o desvio como um produto da própria sociedade, no sentido de que grupos sociais o criam "ao fazer as regras cuja infração constitui desvio" (BECKER, 2008, p. 22). O desvio, nesse sentido, não se caracteriza como uma "qualidade do ato que a pessoa comete, mas uma consequência da aplicação por outros de regras e sanções a um 'infrator'" (BECKER, 2008, p. 22). Por outro lado, o desviante é, segundo sua perspectiva, "alguém a quem esse rótulo foi aplicado com sucesso; o comportamento desviante é aquele que as pessoas rotulam como tal" (BECKER, 2008, p. 22). O *outsider* é, justamente, "aquele que se desvia das regras do grupo" (BECKER, 2008, p. 17).

No caso da favela, sua marcação como lugar de alteridade e desvio produz efeitos significativos sobre a produção identitária de sua população. Problematizando os processos, sempre relacionais, simbólicos e sociais que marcam a construção das identidades, Kathryn Woodward afirma que, "se um grupo é simbolicamente marcado como inimigo ou como tabu, isso terá efeitos reais porque o grupo será socialmente excluído e terá desvantagens materiais" (WOODWARD, 2000, p. 14). Produz, portanto, "estigma de favela", que, conforme alerta Mario Brum, "não é uma via de mão única. Constitui-se numa relação social que é partilhada por diversos agentes, dentre eles, aqueles sobre quem o estigma recai" (BRUM, 2012, p. 40).

Nesse contexto amplo de produção da favela por instituições e sujeitos externos como espaço de alteridade, desvio e estigma, a estratégia de outros sujeitos tem sido transformar as representações sobre as favelas disseminadas em meios hegemônicos. Pelo caminho inverso, a partir de produções endógenas que mobilizem moradores para uma nova percepção do que é a favela e quem são seus moradores. É nesse sentido que diversas iniciativas têm investido na produção de representações das favelas a partir da fala de seus próprios moradores como estratégia de afirmação identitária.

A memória tem sido um dos potentes instrumentos mobilizados para a produção de novos significados para a experiência de habitar e representar a favela. Há uma percepção de que essa representação atribuída à favela pode ser forjada, produzida, alterada a partir de um trabalho ativo empreendido por agentes internos e externos articulados em ações que mobilizam as memórias das favelas. Há a intenção de sensibilizar e provocar a participação dos demais moradores nas ações de afirmação de uma identidade positiva para o território e a própria comunidade. Ao mesmo tempo, o trabalho ativo dos moradores pela produção desta identidade é favorecido e potencializado pelo reconhecimento de atores externos - como agentes de governo e da academia - que operam no sentido de confirmar essa nova representação produzida pelos projetos memoriais das favelas.

Favelas musealizadas

A partir da metade dos anos 2000, as ações que tinham as memórias das e nas favelas como foco, algumas delas reunidas no seminário "A memória das favelas", ganharam outra possibilidade de configuração. O museu entrou em cena como formato institucional possível para sua organização e, em algumas favelas, passou-se a observar a articulação de propostas que tinham seu território ou seus acervos como objeto de musealização. No Rio de Janeiro, é possível registrar esse fenômeno em locais como a Providência e a Maré, bem como o Pavão-Pavãozinho e o Cantagalo, a Rocinha e a Vila Autódromo, mais recentemente. A utilização da categoria museu para nomear seus empreendimentos marca um novo momento de relação dessas ações com o governo, além de importante mudança conceitual.

Além disso, é predominante a atuação de organizações do terceiro setor, especialmente as ONGs, como intermediárias entre comunidade e governo no desenvolvimento destes museus. Isso é um reflexo da maneira pela qual as políticas para a memória nas favelas foram estruturadas, privilegiando instrumentos como os editais de financiamento de projetos, que requerem estrutura administrativa formalizada para a celebração de convênios e o repasse de recursos. A utilização de determinados instrumentos de gestão em detrimento de outros impacta diretamente as maneiras de estabelecer políticas para os setores. Por exemplo, a opção pela criação de editais para o convênio de instituições da sociedade civil para fomentar projetos de museus em periferias em detrimento de constituir instituições de governo que pudessem efetivar essa missão revela tanto os limites da estruturação governamental para o setor quanto o lugar que essas memórias ocupam, de forma geral, nas prioridades governamentais. Escapa aos limites deste capítulo detalhar esse processo, porém convém levar em conta para tal reflexão que é na profunda interação entre governo e sociedade civil, especialmente caracterizada pela atuação das ONGs, que se produzem as políticas para a memória das favelas.[4]

A musealização dessas favelas passa pela articulação entre memória e patrimônio. No Museu de Favela, por exemplo, esse é o fundamento de sua estratégia de produção identitária. Seus articuladores referem-se à "recuperação e defesa da riqueza e da herança cultural do Complexo do Cantagalo, Pavão e Pavãozinho", na medida em que estas contribuem para a "construção da identidade coletiva local".[5] Apontam também uma noção de preservação inserida em uma estratégia discursiva que enfatiza a busca por reconhecimento do patrimônio local.

No livro *Circuito das casas-tela*, obra produzida pelo museu, afirma-se que os projetos do MUF têm em vista "redescobrir, sob um novo olhar, o patrimônio cultural local, enterrado sob o medo, a segregação e o preconceito social" (LOUREIRO; PINTO; SILVA, 2012). Tal busca por reconhecimento também está presente nos textos do Museu da Maré, que o associam ao "crescimento da autoestima da comunidade" e ao "despertar para a riqueza e o valor de sua história".[6]

Esta maneira de articular o discurso em torno do patrimônio enfatiza a "retórica do reconhecimento", conforme qualificada anteriormente (HEYMANN; ARRUTI, 2012). No cerne dessa retórica, está a busca por dar a ver como riquezas e valores os elementos e memórias produzidos no espaço da favela. Além disso, articula-se a um processo recente de

[4] Sobre as maneiras de produzir interações entre governo e sociedade civil utilizando-se os instrumentos da gestão cultural, ver Portilho (2016) (especialmente o terceiro capítulo). Sobre a atuação das ONGs nas favelas, ver Amoroso (2015, p. 210).

[5] "Sobre o MUF". Disponível em: http://www.museudefavela.org/sobre-o-muf/sobre-o-muf. Acesso em: 9 mar. 2016.

[6] Ambos os trechos foram retirados do texto "Histórico". Disponível na seção "Institucional" do *site* www.museudamare.org.br. Acesso em: 9 mar. 2016.

crescimento das demandas por visibilidade de grupos sociais minoritários em diversos contextos.

No caso específico dos museus em favela, grupos sociais aliados a operadores de políticas de governo vão buscar reconhecer as favelas como patrimônio e afirmar suas memórias e práticas culturais como legítimas. Tal reconhecimento compõe também uma estratégia para fazer destes museus recurso que possibilite acessar as políticas de governo. Em complemento a isso, o trabalho em busca do reconhecimento das favelas como patrimônio alimenta a mobilização em torno de um projeto de futuro comum, que transforme as condições de vida da população que habita aquele espaço, utilizando-se da cultura e da memória como instrumentos.

E por que os sujeitos mobilizados em torno do reconhecimento das memórias das favelas em alguns casos, no início do século XXI, privilegiaram o museu como forma institucional? Cabe enfatizar que o momento político específico da criação de alguns destes museus foi determinante nessa escolha. As redes de relações que os moradores mobilizados em diversas dessas iniciativas movimentavam naquele momento envolviam pessoas que, dentro de instituições governamentais, promoviam a museologia social como objeto de política de governo. A proposta dos museus nas favelas foi uma possibilidade de aplicar os preceitos que informam esta noção.

O museu apresentou-se, naquele momento, como o formato institucional que melhor possibilitava agenciamentos aos diversos projetos dos moradores que se envolveram em sua realização. São instituições capazes de sintetizar objetivos diversos em um mesmo empreendimento, tornando-se assim um produto cultural rico em possibilidades de articulação política e cultural. Tais possibilidades referem-se ao acesso a recursos, tanto da administração pública quanto de instituições e empresas privadas, aberto pela atuação daqueles agentes governamentais mencionados anteriormente.

Ao mesmo tempo, havia o desejo de ter a memória e os patrimônios locais como objetos centrais daquela instituição que viria a ser formada. Em decorrência disso, houve a identificação de que o formato de museu proposto pela museologia social poderia ser utilizado para uma peculiar escrita da história, que promoveria a afirmação da identidade local. Nesse empreendimento, seriam utilizadas categorias corriqueiras no universo dos museus, como memória, patrimônio, acervos, exposição e narrativa histórica, entre outras, porém as ressignificando. Quando os promotores do MUF afirmam que seus acervos são "narrativos de parte importante e desconhecida da própria história da cidade do Rio de Janeiro", configura-se a ideia de que anteriormente houve a construção de uma narrativa histórica que excluiu as experiências daquela população. Decorrente dessa percepção, o museu é apropriado como instrumento capaz de desafiar a produção de tal história. E é justamente nesse ponto que se apresenta a disputa pela representação da favela combatendo seus estigmas anteriormente apresentada.

Os elementos que caracterizam as iniciativas descritas por Grynszpan e Pandolfi (2007) estão presentes também nas favelas musealizadas. O que muda, essencialmente, é a incorporação dessas iniciativas em políticas de governo específicas, objetivadas na categoria museologia social. O modelo de sistematização das memórias das favelas e institucionalização em museus foi, a partir destas políticas, exportado para diversas periferias brasileiras, servindo, em certa medida, como modelo para novas ações.

Favelas musealizadas e a aplicação da museologia social como objeto de política de governo

O termo "museologia social" surgiu no campo da museologia no fim da década de 1980, decorrente de um processo de mobilização intelectual e concorrência pela definição do que deveria concernir à museologia. Os sujeitos que o cunharam, então envolvidos nos debates em torno da Nova Museologia, propunham a reformulação dos museus com o objetivo de torná-los mais próximos de certas demandas sociais. Esse movimento, de ordem internacional, que envolveu acadêmicos portugueses, canadenses, mexicanos, brasileiros, franceses, entre outros, produziu, no Brasil, impactos importantes em algumas políticas de governo desenvolvidas para o campo dos museus.

Uma definição para museologia social é encontrada no trabalho de Mario Moutinho (2007). Para este autor, o termo compreende "área disciplinar de ensino, investigação e atuação", que privilegia a "articulação da museologia em particular com as áreas do conhecimento das Ciências Humanas, dos Estudos do Desenvolvimento, da Ciência de Serviços e do Planejamento do Território". Ainda segundo Moutinho, a proposta de abordagem multidisciplinar produzida pela sociomuseologia "visa a consolidar o reconhecimento da museologia como recurso para o desenvolvimento sustentável da humanidade, assente na igualdade de oportunidades e na inclusão social e econômica" (MOUTINHO, 2007).

Nesta definição, é possível perceber as linhas gerais do projeto em torno da museologia social definidas mais recentemente. Ela devia ser entendida, segundo os acadêmicos, como área disciplinar, estando inserida no campo do ensino, da investigação acadêmica e também de ação prática no mundo. Em suas primeiras formulações, a museologia social era entendida como conceito que designava determinado modo de operar a museologia, esta, sim, entendida como área disciplinar. Permaneceu a forma multidisciplinar com que se liga a outras áreas do conhecimento, bem como seu entendimento como recurso que possibilita o desenvolvimento da sociedade.

Firmada em determinado campo disciplinar, a museologia social produziu, posteriormente, deslizamentos para as políticas de governo no Brasil. Este movimento foi possível pela ação de intelectuais que se mobilizaram acadêmica e politicamente em torno dela. Determinados indivíduos ligados à museologia social atuaram na produção de políticas do governo federal destinadas ao campo dos museus ao longo dos anos 2000. A ascensão da museologia social à condição de objeto destas políticas foi um dos efeitos desta atuação.

A fala de Mário Chagas apresentada no início do texto revela muito do papel que buscou desempenhar no Demu/Iphan, promovendo mediações entre organizações da sociedade e agências de governo. Essas mediações impactaram a produção de políticas de governo que, entre outros enfoques, tinham a museologia social como objeto central de suas ações. Além disso, em 2009, Mário de Souza Chagas se tornaria o diretor do Departamento de Processos Museais do Ibram, dentro do qual foi criada a Coordenação de Museologia Social e Educação em Museus. Tal fato revela a posição de destaque que esse agente alcançou na gestão das políticas para os museus e o lugar de prestígio que foi possível construir para a museologia social a partir disso. Ter um "amigo" dos museus nas favelas, conforme descreveu a si próprio no Seminário Memória das Favelas, à frente de tão importante pasta do órgão gestor das políticas para museus no Brasil, foi um trunfo determinante. E os agentes artífices dos museus nas favelas como exercício fundamental de museologia social souberam utilizá-lo. Como política de governo, o exercício da museologia social foi realizado no Programa Pontos de Memória, cuja inspiração nas iniciativas de sistematização e divulgação da memória das e nas favelas é evidente.

O formato do Programa Pontos de Memória foi inspirado em outro programa de governo, o Cultura Viva, do qual fazem parte os Pontos de Cultura, e tinha como objetivo reconhecer e valorizar iniciativas qualificadas como de "memória social". Na definição dos objetivos do programa, são mobilizados alguns preceitos que reverberam a museologia social. É o que se conclui ao observar que o programa contempla ações que:

> valorizam o protagonismo comunitário e concebem o museu como instrumento de mudança social e desenvolvimento sustentável. Em estágio pleno de desenvolvimento, são capazes de promover a melhoria da qualidade de vida da população e fortalecer as tradições locais e os laços de pertencimento, além de impulsionar o turismo e a economia local, contribuindo positivamente na redução da pobreza e violência.[7]

As ações dos dois programas - Pontos de Cultura e Pontos de Memória - trazem ao debate a ideia de cidadania atrelada ao direito à memória. A concretização destes princípios, segundo a ótica de seus gestores, se daria através da apropriação pelas populações locais de instrumentos que possibilitariam a construção de narrativas próprias sobre suas identidades ou sobre seus passados, frequentemente sobre ambos.

Mário de Souza Chagas defendeu, em entrevista dada em 2009, que "os Pontos de Memória são uma especialização dos chamados Pontos de Cultura" (CHAGAS, 2009). Suas atividades foram iniciadas pelo Ibram, em parceria com a Organização dos Estados Ibero-Americanos (OEI), além de programas de governo, como o Cultura Viva, do MinC, e o Programa Nacional de Segurança Pública com Cidadania (Pronasci/Ministério da Justiça).[8] Seu objetivo era atender a um quadro maior de populações e territórios, definidos pelos operadores destas políticas como "os diferentes grupos sociais do Brasil que não tiveram a oportunidade de narrar e expor suas

---

[7] Programa Pontos de Memória. Disponível em: www.museus.gov.br/programa-pontos-de-memoria/. Acesso em: 29 maio 2013.

[8] Instituído pela Lei 11.530, de 24 de outubro de 2004, o Programa Nacional de Segurança Pública com Cidadania (Pronasci) foi "executado pela União, por meio da articulação dos órgãos federais, em regime de cooperação com estados, Distrito Federal e municípios e com a participação das famílias e da comunidade, mediante programas, projetos e ações de assistência técnica e financeira e mobilização social, visando à melhoria da segurança pública". Tinha entre seus objetivos a ampliação "da presença do Estado em territórios com elevados índices de vulnerabilidade social e criminal, por meio de ações multissetoriais de segurança, justiça e cidadania, combinando ações repressivas qualificadas e ações sociais de segurança, para a superação da violência e redução dos crimes letais intencionais contra a vida". Disponível em: http://www.justica.gov.br/Acesso/acoes-e-programas/programa-2070-2013-seguranca-publica-com-cidadania. Acesso em: 18 mar. 2016.

próprias histórias, memórias e patrimônios nos museus".[9] Afirma também que já havia em diversas iniciativas dos Pontos de Cultura uma propensão a abordar o tema da memória: "à medida que os Pontos de Cultura foram criados nós passamos a observar ali um trabalho de memória. Alguns deles se especializaram e se transformaram em Pontos de Memória, porque o foco de trabalho estava exatamente na memória" (CHAGAS, 2009).

Na proposta dos Pontos de Cultura, o trabalho com a memória era alimentado pela intenção de possibilitar a produção de novas narrativas sobre os grupos atendidos pelo programa. Segundo Célio Turino, idealizador dos Pontos de Cultura,

> a grande fronteira da luta de classes, e aí dessa disputa de poder, está na conquista do direito à narrativa. Quem consegue apresentar sua versão tem condições de se legitimar enquanto poder. Isso eu percebi no meu trabalho como historiador, em museus. Sempre há uma disputa pelo direito à fala, e pelo não direito à fala. E isso não no Brasil só, no mundo todo. Eu diria que o que a gente fez com o Ponto de Cultura tem muito por base essa percepção (TURINO, 2009).[10]

A ação que opera de maneira mais evidente a interseção entre os Pontos de Cultura e os Pontos de Memória é o Museu da Maré. Por meio do edital 1, de 27 de julho de 2004, da Secretaria de Programas e Projetos Culturais do MinC, foram selecionadas as propostas culturais apoiadas pelos Pontos de Cultura, recebendo recursos financeiros.[11] Diversas organizações políticas, ONGs e instituições com diferentes perfis de atuação no campo da cultura foram contempladas por este edital. Entre elas, estava o Centro de Estudos e Ações Solidárias da Maré (Ceasm), com o projeto "Museu da Maré: Identidade e Cultura".[12]

O Ceasm foi fundado em 1997 por um grupo de moradores da Maré, subúrbio da cidade do Rio de Janeiro. Estrutura-se a partir de três redes: de Educação, de Comunicação e de Cultura. Dentro da Rede de Cultura, localiza-se a Rede Memória; e seu trabalho deu origem ao Arquivo Dona

---

[9] Programa Pontos de Memória. Disponível em: http://www.museus.gov.br/programa-pontos-de-memoria. Acesso em: 24 jun. 2010.

[10] Sobre os Pontos de Cultura e sua relação com o Programa Pontos de Memória, ver Portilho (2016).

[11] Informações retiradas de: *Diário Oficial da União*, seção 3, n. 181, de 20 de setembro de 2004, p. 7-12; *Diário Oficial da União*, seção 3, n. 198, de 14 de outubro de 2004, p. 9-13; *Diário Oficial da União*, seção 3, n. 202, de 20 de outubro de 2004, p. 9-14; *Diário Oficial da União*, seção 3, n. 205, de 25 de outubro de 2004, p. 11-12.

[12] *Diário Oficial da União*, seção 3, n. 202, de 20 de outubro de 2004, p. 13.

Orozina Vieira, fundado em 26 de abril de 2002. Em 2003, foi fundada a Casa de Cultura da Maré no espaço onde hoje funciona o museu. A fundação do Museu da Maré é, portanto, resultado de um histórico de acúmulo de acervo e trabalho de registro das memórias dos moradores locais.[13]

O museu foi inaugurado com um evento em 8 de maio de 2006, ao qual compareceu Gilberto Gil, à época ministro da Cultura. O jornal *O Globo* noticiou que o ministro "destacou a importância da iniciativa como uma forma de melhorar a autoestima dos moradores e gerar um envolvimento da comunidade com as questões sociais e de cidadania".[14]

Sua existência deve-se em parte ao financiamento recebido do governo federal por meio dos Pontos de Cultura. Seu objetivo central de institucionalizar em um museu as memórias produzidas nas favelas inspiraria a criação dos Pontos de Memória. Para a primeira coordenadora de Museologia Social e Educação em Museus (Comuse) do Ibram, Marcele Pereira, foi a partir da experiência dos museus em favela que a categoria museologia social e sua percepção como cidadania e direito se consolidaram no léxico das políticas de governo direcionadas ao direito à memória das populações pobres. Afirma Marcele: "o museu de favela, que é o Museu da Maré especificamente, (...) é a grande experiência motivadora desse processo da museologia social no Brasil, na forma que a gente acredita" (PEREIRA, 2012).

Houve experiências anteriores na cidade do Rio de Janeiro, elencadas pela própria Marcele em sua entrevista, que se aproximam dos postulados da museologia social, como o Ecomuseu de Santa Cruz.[15] Entretanto, para a gestora, apenas quando o museu é instalado em uma favela ocorre a produção dos deslocamentos necessários a uma desejada crítica da museologia tradicional. Para ela, esta "é uma museologia que pode surgir dentro de uma favela", arrastando o museu, instituição "sacralizada", carregada "de um estigma de poder, de uma aura de sabedoria e conhecimento" para o interior "de uma comunidade de pessoas pobres, de alta violência, de problemas gigantescos, convivendo com palafitas ainda" (PEREIRA, 2012).

---

[13] Para uma reflexão sobre a atuação do Ceasm e seu histórico de atividades, ver Silva (2006) e Costa (2010).

[14] *Gilberto Gil inaugura museu na Maré.* Disponível em: www.oglobo.com. Acesso em: 10 jan. 2014.

[15] O Ecomuseu do Quarteirão Cultural do Matadouro de Santa Cruz foi fundado em 1o de setembro de 1995 pela Lei Municipal n. 2.354, perfazendo uma área total de cerca de 125 km^2. Disponível em: http://www.ecomuseusantacruz.com.br/sobre/ecomuseu_de_santa_cruz. Acesso em: 30 set. 2019.

Podem-se perceber nesta fala certa curiosidade e certo fascínio pelas favelas, produzindo uma aplicação do que Grynszpan e Pandolfi (2007) classificaram como "sedução da favela". Evidencia-se que, na consolidação da museologia social nas políticas para os museus, opera uma associação entre "sedução da memória" e "sedução da favela".

Na instalação dos primeiros Pontos de Memória, diferentemente do que ocorria com os Pontos de Cultura, não se tratava de incentivar grupos culturais com histórico de atuação anterior à ação. O objetivo central era fomentar o surgimento desses grupos. Nesse sentido, a partir da criação do Ponto de Memória iniciava-se, na localidade, um processo de busca pelo registro e pela sistematização da memória dos grupos escolhidos. Descobrir e reconhecer suas memórias seriam os primeiros passos para valorizar suas identidades e culturas.

Doze locais foram indicados pelos gestores do programa para receber um Ponto de Memória na primeira experiência, realizada em 2009: Comunidade da Terra Firme, em Belém (PA); Comunidade do Taquaril, em Belo Horizonte (MG); Comunidade da Estrutural, em Brasília (DF); Comunidade do Sítio Cercado, em Curitiba (PR); Comunidade Grande Bom Jardim, em Fortaleza (CE); Comunidade do Jacintinho, em Maceió (AL); Comunidade da Lomba do Pinheiro, em Porto Alegre (RS); Comunidade do Coque, em Recife (PE); Pavão-Pavãozinho e Cantagalo, no Rio de Janeiro (RJ); Brasilândia, em São Paulo (SP); Beiru, em Salvador (BA); e Comunidade do São Pedro, em Vitória (ES).

Dois anos mais tarde, o universo de ações desenvolvidas a partir do Programa Pontos de Memória foi ampliado. Por meio do Edital 9, de 13 de outubro de 2011, foram escolhidas para receber recursos 150 iniciativas no Brasil e 18 do exterior.[16] As iniciativas indicadas para participar da primeira edição dos Pontos de Memória não receberam mais recursos do Programa. No entanto, continuaram fazendo parte da rede de iniciativas em memória social que compõem o Programa Pontos de Memória e são intituladas "Pontos de Memória Pioneiros".[17]

Tanto o programa Pontos de Cultura quanto o Pontos de Memória definiam para sua ação uma população específica. Proponho compreender a delimitação desta população elaborada por ambos os programas a partir

---

[16] Disponível em: http://www.museus.gov.br/wp-content/uploads/2011/10/Edital-Pontos-de-Memoria.pdf. Acesso em: 18 mar. 2016.

[17] Disponível em: http://www.museus.gov.br/tag/pontos-de-memoria/. Acesso em: 18 mar. 2016.

de reflexões elaboradas por Luiz Fernando Dias Duarte (2001) ao analisar trabalhos sobre o tema da mediação. O autor afirma perceber a "presença marcante de um 'grande divisor'" interno em relação ao qual operam as mediações. Entendo que há o acionamento de uma grande divisão para a produção da população atendida pelos dois programas, que coloca de um lado o Estado e sua possibilidade de acesso a recursos e, do outro lado, aqueles que, não tendo acesso nem a um nem a outro, devem ser atendidos pelas políticas de governo. Essa grande divisão justificaria a ação do governo de se tornar elemento de mediação entre os excluídos e os recursos que lhes dariam acesso aos direitos culturais.

O acionamento de tal divisão e os mecanismos desenvolvidos para superá-la não são algo novo na produção das políticas de governo. Entretanto, é novo seu uso para a injeção de recursos financeiros diretamente nas ações que têm a cultura e a memória dessas populações como objeto.

A definição da população atendida pelos dois programas de governo aqui analisados deve ser problematizada. Uma vez divididos em partes distintas – o "Estado", portador dos recursos e dos instrumentos de acesso aos direitos, e os "excluídos", impossibilitados de acessar estes mesmos instrumentos –, seria necessário instituir os mecanismos que os aproximassem. Então, foram criados processos de mediação entre governo e excluídos por meio de políticas de governo. Cabe entender as maneiras de operar tais políticas de governo e seus instrumentos para compreender sua efetivação.

No programa "Pontos de Memória", a relação era estabelecida com pessoas físicas, por meio de contrato firmado com a Organização dos Estados Iberoamericanos (OEI), instituição responsável pela gestão dos recursos financeiros do programa. Opera aqui um sentido de representação: um indivíduo, ligado a uma comunidade, atuaria como interlocutor entre a população excluída e o Estado. Isso faria dele porta-voz autorizado a falar em nome de toda a comunidade, ainda que, em alguns casos, pudesse haver conflito entre comunidade e representante.

A análise sobre as relações que se estabeleceram entre indivíduos, instituições e agências de governo para o acesso a recursos financeiros demonstra a maneira de operar as políticas culturais e de memória. Conceitos e diretrizes estabelecidos em fóruns, conferências, leis e programas de governo efetivam-se por meio dessas práticas descritas anteriormente.

As políticas de memória desenvolvidas no Brasil a partir de 2003 transformaram a museologia social em objeto de política de governo e abriram uma nova possibilidade de acesso dos sujeitos mobilizados em torno da memória das e nas favelas a recursos do Estado. Além disso, possibilitaram a consolidação de projetos que disputam a significação das memórias daqueles grupos, bem como dos territórios em que são produzidas.

Considerações finais

Conforme pudemos acompanhar ao longo das reflexões aqui propostas, a trajetória das políticas públicas para memória das periferias no Brasil teve a museologia social como importante instrumento e sofreu influência das mobilizações em torno da memória das e nas favelas.

Alguns elementos característicos daquelas iniciativas foram incorporados pelas políticas públicas. A participação da população na construção de uma memória que buscava desafiar certas construções hegemônicas da favela como lugar apenas de ausência e violência foi um desses elementos. Posteriormente, nas diversas iniciativas alcançadas pelas políticas de governo para a museologia social, esse elemento seria constantemente estimulado. A associação de tais ações à possibilidade de geração de renda e desenvolvimento local também era um aspecto das iniciativas em torno da memória das favelas que seria depois incorporado pelas políticas de governo. Por fim, e talvez o mais central: a construção de narrativas a partir da favela que se colocavam na disputa pela ressignificação dos territórios periféricos.

Para além da articulação política, aquele movimento de memória das e nas favelas possibilitou a constituição de um modelo que futuramente seria exportado para diversas periferias brasileiras. Não é forçoso, portanto, concluir que há importante contribuição do capital mobilizado em torno da memória das favelas cariocas para a construção de uma práxis política para a museologia social.

Ao revisar a literatura produzida nas Ciências Sociais e na história sobre os movimentos em torno da memória das favelas, percebe-se como o padrão que se apresenta a partir dali é amplificado para as periferias brasileiras. Isso ocorre especialmente a partir do programa "Pontos de Memória", que consolida a museologia social como instrumento para a promoção das memórias de periferias como de política de governo. Passando pela trajetória dos agentes mobilizados pela aplicação da museologia social como práxis para a valorização e o reconhecimento das memórias das periferias brasileiras, evidencia-se como os movimentos em torno da memória das favelas cariocas influenciaram suas reflexões. E, desse modo, as ações de sistematização e publicização das memórias das favelas impactaram profundamente a construção da museologia social como objeto de política de governo e categoria de pensamento no Brasil.

Referências

AMOROSO, Mauro. *Caminhos do lembrar:* a construção e os usos políticos da memória no Morro do Borel. Rio de Janeiro: Ponteio, 2015.

BECKER, Howard. *Outsiders*. Rio de Janeiro: Jorge Zahar, 2008.

BRUM, Mario. *Cidade Alta:* história, memórias e estigma de favela num conjunto habitacional do Rio de Janeiro. Rio de Janeiro: Ponteio, 2012.

CALABRE, Lia. Políticas Culturais no Brasil: balanço e perspectivas. In: III ENECULT - Encontro de Estudos Multidisciplinares em Cultura, 2007, Salvador. *Anais eletrônicos do III ENECULT - Encontro de Estudos Multidisciplinares em Cultura*, Salvador, 2007. Disponível em: http://www.cult.ufba.br/enecult/anais/edicoes-anteriores/

CHAGAS, Mário. Os museus e as novas formas de institucionalização das memórias: tecnologia e prática social. In: INSTITUTO DE ESTUDOS DA RELIGIÃO. *A memória das favelas. Comunicações do ISER*, n. 59. Rio de Janeiro: Iser, 2004.

DUARTE, Luiz Fernando. Comentários. In: VELHO, Gilberto; KUSCHNIR, Cristina. *Mediação, cultura e política*. Rio de Janeiro: Aeroplano, 2001.

ENTREVISTA de Mário Chagas ao Blog Angelo Vanhoni, 2009. Disponível em: https://vanhoni.wordpress.com/tag/mario-chagas. Acesso em: 4 set. 2014.

GRYNSZPAN, Mario; PANDOLFI, Dulce. Memórias de favelas, em favelas: favelas do Rio de Janeiro e direito à memória. In: GOMES, Angela de Castro (org.). *Direitos e cidadania:* memória, política e cultura. Rio de Janeiro: FGV, 2007. p. 65-92.

HEYMANN, Luciana; ARRUTI, José Maurício. Memória e reconhecimento: notas sobre as disputas contemporâneas pela gestão da memória na França e no Brasil. In: GONÇALVES, Márcia de Almeida et al. (org.). *Qual o valor da história hoje?* Rio de Janeiro: FGV, 2012. p. 96-119.

HUYSSEN, Andreas. *Seduzidos pela memória*. Rio de Janeiro: Aeroplano, 2000.

LOUREIRO, Kátia; PINTO, Rita de Cássia S.; SILVA, Carlos Esquivel G. da. *Circuito das Casas-Tela, caminhos de vida no Museu de Favela*. Rio de Janeiro: Museu de Favela, 2012.

MOUTINHO, Mario. Definição evolutiva de Sociomuseologia. *In: Cadernos de Sociomuseologia*, v. 28, n. 28, 2007. Disponível em: https://revistas.ulusofona.pt/index.php/cadernosociomuseologia/index

NOVAES, Regina. Para falar de favela (ou para falar de amor). In: INSTITUTO DE ESTUDOS DA RELIGIÃO. *A memória das favelas. Comunicações do ISER*, n. 59. Rio de Janeiro: Iser, 2004.

PEREIRA, Marcele. Entrevista [novembro de 2012]. Entrevistadora: Aline dos Santos Portilho. Rio de Janeiro, 2012. 1 arquivo mp3 (40min.).

PORTILHO, Aline dos Santos. Das "belezas que emanam dos jardins suspensos de Ipanema e Copacabana": políticas governamentais, demandas por memória e produção do espaço no Museu de Favela do Pavão-Pavãozinho e Cantagalo. Rio de Janeiro, 2016. Tese (Doutorado em História, Política e Bens Culturais) - Programa de Pós-graduação em História, Política e Bens Culturais, Fundação Getulio Vargas, Rio de Janeiro, 2016.

TURINO, Celio. Arte, Educação e Cidadania: o Programa Cultura Viva. *Mosaico*, edição 2, ano 1, p. 60-70, 2009.
VALLADARES, Licia do Prado. *A invenção da favela:* do mito de origem à favela.com. Rio de Janeiro: FGV, 2005.
WOODWARD, Kathryn. Identidade e diferença: uma introdução teórica e conceitual. In: SILVA, Tomaz Tadeu da. *Identidade e diferença:* a perspectiva dos estudos culturais. Petrópolis: Vozes, 2000.

Memória e resistência de mães vítimas de violência em redes digitais de solidariedade

Marcela Werneck
Vera Dodebei

Contexto brasileiro sobre memória e resistência à violência de Estado

Nas últimas semanas, várias cidades do mundo vêm registrando um imprevisível irromper de protestos de rua contra a violência policial. Estas manifestações foram deflagradas a partir do assassinato do americano George Floyd, um cidadão negro estrangulado por um policial branco na cidade de Minneapolis, no dia 25 de maio de 2020. A imobilização, que durou cerca de oito minutos, foi filmada e compartilhada para os quatro cantos do mundo, tornando suas últimas palavras, "*I can't breathe*", uma síntese do esgotamento da população negra sob a asfixia do racismo estrutural.

Não fosse significativa pela rápida reação global que representa, esta tomada das ruas por milhares de manifestantes torna-se mais impressionante por ter eclodido em meio à pandemia do coronavírus. A indignação causada pelas cenas do assassinato foi maior que o medo do contágio e da morte, e as manifestações contaram com a participação de jovens ativistas até celebridades do cinema e da TV.

Os números da violência policial no Brasil são, entretanto, bem superiores aos dos Estados Unidos, e registra-se pouca reação por parte da sociedade como um todo (ANISTIA INTERNACIONAL, 2015). No ano de 2019, o estado do Rio de Janeiro quebrou o recorde de mortes por intervenção de agentes do Estado, outrora denominadas *autos de resistência*, com 1.814 vítimas, conforme demonstra a imagem a seguir:

Figura 1 Autos de resistência 1998-2019.

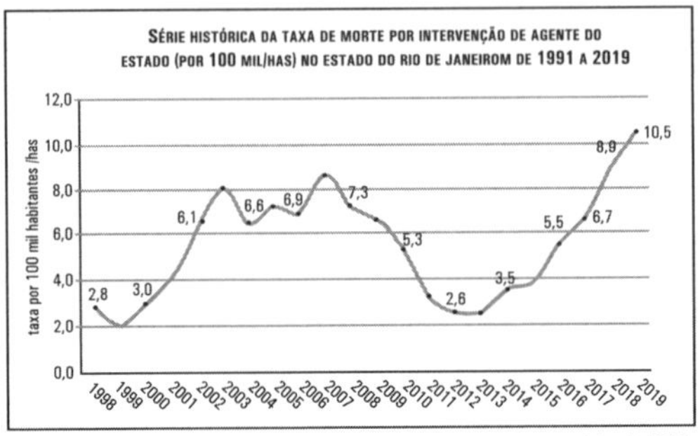

Fonte: Elaborado pelo ISP com base em informações da SEPOL e do IBGE. Dados com errata até dezembro/2019

Ano	Estado Morte por Intervenção de Agente do Estado	População	Taxa por 100 mil hbitantes
1998	397	14.032.591	2,8
1999	289	14.216.887	2
2000	427	14.403.603	3
2001	592	14.547.985	4,1
2002	900	14.695.180	6,1
2003	1.195	14.845.299	8
2004	983	14.998.471	6,6
2005	1.098	15.154.831	7,2
2006	1.063	15.314.527	6,9
2007	1.330	15.477.710	8,6
2008	1.137	15.644.548	7,3
2009	1.048	15.815.217	6,6
2010	885	15.989.929	5,3
2011	523	16.112.678	3,2
2012	419	16.231.365	2,6
2013	416	16.369.178	2,5
2014	584	16.461.173	3,5
2015	645	16.550.024	3,9
2016	920	16.635.996	5,5
2017	1.118	16.718.956	6,7
2018	1.534	17.159.960	8,9
2019	1.814	17.264.943	10,5

Fonte: ISP, 2020.

Este panorama também inclui a recorrência de chacinas por todo o território nacional, revelando um *modus operandi* cíclico de execuções, vinganças e retaliações que ignoram os devidos protocolos legais de ação (DIAS et al., 2015).

A violência policial e criminal nas favelas e áreas periféricas atinge primordialmente jovens e negros do sexo masculino, conforme o analisado por Zaluar (2007). É resultante de dimensões macro e microssociais que se interpenetram: o quadro brasileiro de pobreza e a exclusão social frente às redes internacionais de comércio de armas e drogas, aliados à inércia das instituições de regulação das polícias e da ineficácia do sistema de justiça. Compõem ainda tal quadro aspectos históricos: a cultura da violência privada e secular no Brasil e a inexistência de reformas significativas nas forças de segurança a partir da redemocratização (ZALUAR, 2007).

Na visão de Michel Misse (2008), o Rio de Janeiro vem, desde os anos 1950, desenvolvendo uma "acumulação social da violência", na qual o processo de incriminação (a nomeação do autor de um crime e suas subsequentes busca e punição) se antecipa à criminação (sua interpretação como crime) que pode ser legal ou extralegal:

> Quando a incriminação se antecipa à criminação (e mesmo à criminalização) de forma regular e extralegal, isto é, quando se passa diretamente da acusação à incriminação, mesmo sem que qualquer evento tenha sido "criminado", isto é, interpretado como crime, temos então que o foco se desloca do evento para o sujeito e do crime para o virtual criminoso (MISSE, 2008, p. 380).

O autor compreende que, no Brasil, há uma prevalência extralegal deste processo, uma sujeição criminal, na qual se busca "o sujeito de um crime que ainda não aconteceu" (MISSE, 2008). Em resistência a esse quadro, encontramos redes digitais de solidariedade desenvolvidas por mães e familiares das vítimas de violência que vêm, desde o surgimento das Mães da Chacina de Acari, no Rio de Janeiro, compartilhando dados e vivências, por sua vez geradores de um conteúdo memoinformacional detalhado sobre a gravidade do quadro de violência policial do Brasil no período democrático.

No contexto da web 2.0, essas redes de solidariedade atravessam fronteiras nacionais e internacionais, com seus atores comunicando-se de forma ágil, econômica e independente, habitando uma ecologia digital que rompe com a ideia de externalidade e forma um todo comunicante que conecta pessoas, dispositivos, plataformas de redes sociais, aplicativos, dados, textos, imagens e territórios: "nossa dimensão ecológica contemporânea, como brevemente acenada, é o resultado de interações técnicas e de conexões, híbridas e atópicas, entre diversas entidades e naturezas" (DI FELICE, 2018, introdução, 5. par[18]).

Nesse ecossistema digital, mães e familiares vítimas de violência e seus apoiadores acessam, produzem, copiam e distribuem conteúdos de forma direta, sem depender de intermediários. Tais conteúdos correspondem a trabalhos da memória (JELIN, 2002) que objetivam resistir à violência institucional. Sua disseminação possui contornos de transmissão memorial na oralidade, atópicos e netativistas (DI FELICE, 2018), embora almejando formas institucionais de patrimonialização que se assentam sob o polo da escrita documental e jurídica, ou seja, exigindo o registro formal do governo sobre sua responsabilidade nas mortes e as subsequentes condenação e retratação. A recusa por parte das instâncias governamentais em reconhecer os crimes impulsiona a produção do conteúdo memorial independente nas redes de resistência.

---

[18] Livro em edição digital, em formato epub, sem referência de paginação.

O presente texto tem como objetivo o estudo de algumas redes digitais de mães e familiares vítimas de violência de Estado no tempo da democracia provenientes de favelas e regiões periféricas do estado do Rio de Janeiro, com o propósito de verificar o peso na balança informação/memória dos discursos produzidos nas redes sociais. Esses grupos são mantenedores de páginas da rede social Facebook e foram identificados a partir de um percurso metodológico interdisciplinar que pode ser denominado "netnográfico" e "imersivo", com a inclusão de alguns dos casos de homicídios suposta ou comprovadamente cometidos por agentes do Estado.

Parte-se do pressuposto de que o ingresso na rede por essas mães representa uma tentativa de elaboração de intenso trauma. O trauma, além do choque da perda, é agravado pelo desmentido na forma de autos de resistência, ou seja, a divulgação de versões que incriminam a vítima, atribuindo-lhe *status* de criminoso. Isso faz com que as mães retardem sua entrada no processo de enlutamento para desenvolver uma investigação independente e provar que seus filhos não tinham envolvimento com tráfico ou com outros delitos, ou ainda que, mesmo estando em desacordo com a lei, os devidos trâmites legais não foram respeitados pelos agentes nas referidas operações.

Supõe-se, assim, que essas redes de solidariedade possuem contornos netativistas, impulsionadas pela luta por memória e justiça, dada a recusa das autoridades e da sociedade em acolher seus testemunhos e reivindicações.

E, ainda, que a preservação dos dados produzidos nas redes sociais seja de extrema importância, pois formam um extenso mosaico testemunhal e documental sobre a violência policial no tempo da democracia. Por fim, dar a conhecer o conteúdo informativo desta dinâmica nuvem memoinformacional para que se impeça seu desaparecimento, dada a volatilidade das ferramentas de registro, organização, preservação e recuperação das informações produzidas nas redes sociais digitais.

Imersão netnográfica pelas redes de solidariedade

Partindo da crise ecológica contemporânea que expressa os limites de uma pretensa supremacia do antropocentrismo sobre a natureza, ou seja, da separação do homem e seu ambiente, Di Felice, Torres e Yanaze (2012) propõem uma perspectiva de interdependência entre os diversos elementos da Gaia, humanos e não humanos, orgânicos e inorgânicos, expressa nos conceitos de ecologia e ecossistema.

No campo do social, a ideia de democracia estaria restrita, desde suas origens gregas, à interação apenas entre os seres humanos. Ocorre que, a partir dos processos de digitalização das mais diferentes superfícies, não é mais possível pensar o ambiente como uma externalidade, e, sim, como um todo comunicante, cujos elementos interagem entre si e, com isso, provocam efeitos de outro modo inalcançáveis.

Nesse sentido, cabe aqui ressaltar a impossibilidade de se estudar uma rede digital em uma perspectiva frontal, ou externa, não interativa:

> a externalidade configura-se como uma ilusão, uma vez que até a análise supostamente externa de uma rede específica comporta a inserção do observador e, consequentemente, um conjunto de escolhas, recortes, amostras, delimitações que irão criar e determinar o seu objeto de estudo, conferindo-lhe características e dimensões (DI FELICE; TORRES; YANAZE, 2012).

Desse modo, adotou-se como metodologia para esta pesquisa uma análise participante, netnográfica e imersiva das postagens das mães e familiares de vítimas de violência na rede social Facebook, seguindo as páginas do Fórum Social de Manguinhos, o Fórum Grita Baixada e Centro de Direitos Humanos da Diocese de Nova Iguaçu e dos grupos de mães e familiares contra a violência de Estado do Rio de Janeiro, listados a seguir:

- Caso de Acari Chacina 20 anos.
- Movimento Candelária Nunca Mais.
- Rede de Comunidades e Movimentos contra a Violência.
- Mães de Manguinhos.
- Rede de Mães e Familiares da Baixada Fluminense – RJ.
- Justiça para um Anjo.
- Movimento Moleque.
- Núcleo de Mães Vítimas de Violência de Estado.

Todos estes grupos originam-se de favelas ou periferias urbanas submetidos concomitantemente à violência policial e criminal. Em tais espaços, o esforço de sobrevivência é diário; e a manutenção de uma normalidade cotidiana depende de um "cálculo de riscos", ou seja, a previsibilidade sobre ações violentas do tráfico e da polícia para a salvaguarda de suas rotinas, tarefa cada vez mais difícil, pois as novas gerações de criminosos parecem ter abandonado a opção pela invisibilidade de suas atividades e ostentam seu poderio à luz do dia, subjugando e humilhando os moradores. No outro lado, a violência policial surge como elemento externo e imprevisível, sem qualquer vínculo ou compromisso com a comunidade que deveria proteger (MACHADO DA SILVA; PEREIRA LEITE, 2007).

O silêncio frente à opressão do tráfico surge como óbvia estratégia de sobrevivência, mas o silêncio em relação às violações de direitos cometidas por policiais é gerado pela descrença nas instituições de justiça e de segurança e em sua invisibilidade na arena política e social (MACHADO DA SILVA; PEREIRA LEITE, 2007).

A quebra dessa mudez, ao menos no que tange à violência policial, pode ser identificada nos conteúdos digitais produzidos pelas mães e pelos familiares de vítimas de agentes de Estado, visto que a manutenção da vida cotidiana se impossibilita com a perda dos filhos. Portanto, as estratégias usuais de autoproteção não têm mais propósito.

Para a extração das categorias temáticas mais recorrentes entre as publicações, foram analisados conteúdos públicos de postagens das páginas do Facebook anteriormente apresentadas que contivessem narrativas memoriais ou *links* para entrevistas com as mães e os familiares, seus discursos e seus depoimentos em atos e eventos e matérias jornalísticas sobre os homicídios. Não foram realizadas entrevistas presenciais. Todo o conteúdo foi extraído de objetos digitais disponibilizados na esfera pública.[19] Tampouco foram analisadas postagens de perfis pessoais ou privados. Foram selecionadas preferencialmente as reportagens que disponibilizassem maior volume de informação sobre os casos, assim como depoimentos mais longos.

Para a coleta e a organização dos *posts* do Facebook, foi utilizada a ferramenta "salvar publicação", disponibilizada pela própria plataforma. Para conteúdos externos ao Facebook, optou-se pela utilização da ferramenta "Favoritos" do navegador Chrome. Depois de salvos, os conteúdos foram analisados e organizados tematicamente. Três categorias temáticas são apresentadas nessa comunicação: a) a narrativa das circunstâncias da

[19] Compreendemos um objeto digital como um objeto de informação, de qualquer tipo e formato, expresso sob a forma digital e que compreende três categorias informacionais: objeto físico, objeto lógico e objeto conceitual (YAMAOKA; GAUTHIER, 2013).

morte e o subsequente estado de choque; b) o ingresso forçado em uma investigação independente; e c) a importância das redes de solidariedade na luta por memória e justiça.

A seguir, listamos as páginas do Facebook extraídas de nosso percurso netnográfico, que se referem a casos de violência policial ocorridos no Rio de Janeiro e alguns dos integrantes destas redes. Acrescentamos um registro fotográfico das mães e de seus filhos vitimados, de modo a evitar a redução deles a dados estatísticos e apresentar estas formas concretas de memória:

***

Caso Chacina de Acari – Vinte Anos

Página em memória da Chacina de Acari, ocorrida em 1990, quando 11 pessoas foram levadas de um sítio em Magé supostamente por um grupo de policiais do 9º BPM de Rocha Miranda, que teriam tentado praticar atos de extorsão. O grupo nunca mais foi visto e nenhum corpo foi encontrado.

***

Movimento Candelária Nunca Mais

Movimento formado por vários grupos de defesa dos direitos humanos e instituições da sociedade civil com o intuito de preservar a memória da Chacina da Candelária, de 23 de julho de 1993, quando oito jovens em situação de rua foram assassinados enquanto dormiam no entorno da igreja da Candelária.

***

Rede de Comunidades e Movimentos contra a Violência

Grupo surgido a partir do movimento "Posso me Identificar?", uma reação à Chacina do Borel, quando *Carlos Alberto da Silva Ferreira*, *Carlos Magno de Oliveira Nascimento*, *Everson Gonçalves Silote* e *Thiago da Costa Correia da Silva* sofreram uma emboscada por policiais militares. O nome alude ao fato de Everson ter pedido ao policial para mostrar seus documentos e comprovar sua idoneidade. A versão da PM de que fora auto de resistência foi derrubada pela Polícia Federal (NPC, 2013).

Identificaram-se como membros da Rede familiares das vítimas não só desse caso, como *Maria Dalva Correia da Silva*, mãe de *Thiago*, mas de diversos outros, como *Ivanir Mendes dos Santos*, mãe de *Moisés Mendes de Santana*, morto por PMs em outubro de 2016, aos 21 anos na Favela Pavão-Pavãozinho (SOARES, 2017); e *Fatinha Silva*, mãe de *Hugo Leonardo dos Santos Silva*, morto por PMs com dois tiros na Favela da Rocinha em abril de 2012 (TERRA, 2014).

Gláucia dos Santos, moradora do Complexo do Chapadão, é mãe de *Fabrício de Souza*, morto por PMs com um tiro de fuzil na testa na virada de Ano-Novo de 2013 para 2014, ao sair de moto de um posto de gasolina (R7, 2014); *Ana Lúcia de Oliveira*, mãe de *Michel Antônio de Oliveira da Silva*, segundo suspeitas, brutalmente assassinado por milicianos, encontrado decapitado na Praia de Ramos (REDE DE COMUNIDADES E MOVIMENTOS CONTRA A VIOLÊNCIA, 2010); e *José Luiz da Silva*, pai do pequeno *Maicon de Souza da Silva*, na época com apenas 2 anos e meio, morto em confronto entre policiais e traficantes, em 1996, na Favela de Acari (REDE DE COMUNIDADES E MOVIMENTOS CONTRA A VIOLÊNCIA, 2009).

***

Mães de Manguinhos

Mães e familiares de vítimas residentes na Favela de Manguinhos, como *Fátima Pinho de Menezes*, mãe de *Paulo Roberto Pinho de Menezes*, que, segundo testemunhas, foi espancado até a morte em um beco por policiais da UPP, em 2013 (SANSÃO, 2016a).

Ana Paula Oliveira é mãe de *Johnatha de Oliveira Lima*, atingido nas costas durante um conflito entre policiais e moradores (SANSÃO, 2016b). *Eliene Vieira* é mãe de um jovem internado no Degase e dedica-se a lutar por melhores condições no sistema socioeducativo (BRASIL DE FATO, 2018).

***

Rede de Mães e Familiares da Baixada Fluminense – RJ

Grupo de familiares de vítimas da Chacina da Baixada Fluminense, em 2005, na qual 29 pessoas foram mortas por um grupo de cinco policiais revoltados com a instauração de um comando mais rígido nos batalhões da área, que acabara de mandar prender 60 policiais por desvio de conduta.

Luciene Silva é mãe de *Raphael Silva*, estudante, esportista e capoeirista, executado na Via Dutra ao voltar de uma compra em uma loja de peças de bicicletas (COM CAUSA, 2017). *Silvânia Azevedo* é irmã de *Renato Azevedo*, alvejado em frente a seu lava-jato (LINS, 2015).

***

Justiça para um anjo

Página no Facebook em memória de *Jhonata Dalber Mattos Alves*, 16 anos, filho de *Janaína Alves*, assassinado no Borel com um saco de pipoca na mão, acusado de portar arma e drogas (JUSTIÇA PARA UM ANJO, 2018).

***

Movimento Moleque

Movimento de Mães pelos Direitos dos Adolescentes no Sistema Socioeducativo, criado por *Monica Cunha*, mãe de *Rafael da Silva Cunha*, adolescente autor de ato infracional assassinado por policiais civis em 5 de dezembro de 2006. O objetivo do movimento é auxiliar os familiares de jovens em internação, lutar pelo cumprimento do estatuto, pela visibilidade das famílias e pela denúncia do racismo e da desigualdade (SANSÃO, 2017).

***

Núcleo de Mães Vítimas de Violência do Estado e *Os Mortos Têm Voz*

Páginas da ativista Deize Carvalho, mãe de Andreu Luiz da Silva Carvalho, segundo denúncias (CARVALHO, s/d) torturado até a morte por seis agentes do sistema socioeducativo no Degase (RJ), no dia 1º de janeiro de 2008, espancado com sacos de coco, cabos de vassoura e cadeiras e obrigado a comer sabão em pó e entrar em uma lata de lixo, conforme o desenho a seguir:

Figura 2 Sessão de tortura.

Fonte: A Nova Democracia (2018).

Outros movimentos que buscam promover a promoção e a educação para os direitos humanos no estado do Rio de Janeiro são o *Fórum Social de Manguinhos*, o *Fórum Grita Baixada* e o *Centro de Direitos Humanos da Diocese de Nova Iguaçu*. Estes grupos desenvolvem diversas atividades, como cursos, seminários, cartografias, pesquisas, publicações e atos memoriais.

Figura 3 Fórum Grita Baixada.

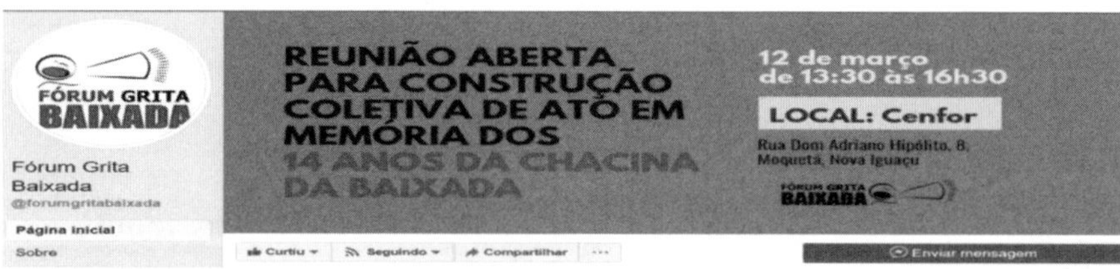

Fonte: Fórum Grita Baixada – Facebook (2019a).

Do trauma ao netativismo

As narrativas que fundamentam os "homicídios decorrentes de intervenção policial", a nova denominação para os "autos de resistência", podem ser tomadas como exemplos de desmentidos geradores de traumas, na concepção do psicanalista Sandor Ferenczi, mas sob uma perspectiva política, conforme apresentado por Gondar (2012). Pesquisadores como Michel Misse (2011) e órgãos como a Anistia Internacional (2015) descrevem o auto de resistência como uma forma de violência institucionalizada contra uma população específica, em espaços determinados: negros, jovens e pobres habitantes de favelas e periferias.

A classificação de uma morte como homicídio decorrente de oposição à intervenção policial conclui que o policial estava em situação de legítima defesa. Entretanto, tal testemunho parte dos próprios policiais, no registro da ocorrência. Baseia-se, portanto, em uma reprodução automática de um *script*, uma narrativa-padrão (MISSE, 2011). Não há, geralmente, a devida investigação sobre as circunstâncias do homicídio; e os casos são arquivados pelo Ministério Público em sua quase totalidade (ZACCONE, 2015). Muitos exames cadavéricos apontam, contudo, tiros pelas costas ou nas mãos, cobrindo o rosto, característicos de execuções (FARIAS, 2015). Durante as audiências, é comum a inversão do ônus da prova, pois é a família do morto a sofrer interrogatório de modo a provar que a vítima não tinha antecedentes criminais (MISSE, 2011; ZACCONE, 2015).

O auto de resistência enquanto desmentido gera uma condição traumática, no sentido cunhado pelo psicanalista Sandor Ferenczi, cuja obra, embora organizada em torno de casos de abuso sexual em crianças, na interpretação de Gondar (2012) transborda o terreno das subjetividades individuais e entra na esfera da micropolítica: "Por desmentido entenda-se o não reconhecimento e a não validação perceptiva e afetiva da violência sofrida. Trata-se de um descrédito da percepção, do sofrimento e da própria condição de sujeito que vivenciou o trauma" (GONDAR, 2012, p. 196). No contexto dos autos de resistência, esse desamparo é expresso na violência do Estado sobre o cidadão a quem deveria proteger.

O terror – ou trauma – surge a partir de um intenso choque, que provoca uma rachadura nas estruturas psíquicas e paralisa o sujeito em sua capacidade de reflexão, ação e defesa. Inscreve-se de maneira desorganizada no psiquismo, gerando tentativas de resolução por meio de uma repetição inconsciente e compulsiva (FARIAS; PINTO, 2016). Podemos, entretanto, sugerir a possibilidade, ainda que limitada, de elaboração do trauma a partir de uma escrita das experiências de terror. A produção de narrativas, inclusive em ambiente *on-line*, poderia ser uma forma de:

> insinuar uma forma para o conteúdo que excede os limites de suportabilidade e compreensão da ação violenta. Em segundo lugar, os rastros, vestígios e outras modalidades de produções de memória são legados a serem transmitidos na cultura, e, com isso, deve haver a possibilidade do estabelecimento de laços de solidariedade pelo reconhecimento (FARIAS; PINTO, 2016, p. 177).

Segundo os autores, essas produções memoriais e testemunhais frente ao terror representam uma "luta política de significações" (FARIAS; PINTO, 2016, p. 199), assim como uma denúncia do processo de dessubjetivação tanto do agente da violência quanto do sobrevivente: "A memória relatada nos testemunhos deve servir não para edificar o cenário de legitimação e naturalização da face oculta da destruição, abafando formas de sofrimento social, e sim para instaurar barreiras contra a violência" (FARIAS; PINTO, 2016, p. 177).

As redes anteriormente apresentadas usam a ativação da memória no espaço público como estratégia de resistência à violência do Estado. Tais atores realizam trabalhos da memória, "um processo humano ativo e produtivo, resultado de interações múltiplas, que agrega valor e almeja uma transformação" (JELIN, 2002, p. 14), situando o conceito de memória coletiva de Halbwachs mais na esfera de marcos sociais e relações de poder do que em sua concepção clássica de quadros sociais (HALBWACHS, 1925). O conceito halbwachiano original parte da teoria durkheimiana, descrevendo a memória coletiva como uma "afirmación de la existência real, como cosa independiente de los indivíduos", como "algo con entidad propia, como entidad reificada que existe por encima y separada de los indivíduos" (JELIN, 2002, p. 21-22). Contudo, para Pollak (1989), procede a mudança proposta por Jelin:

> Numa perspectiva construtivista, não se trata mais de lidar com os fatos sociais como coisas, mas de analisar como os fatos sociais se tornam coisas, como e por quem eles são solidificados e dotados de duração e estabilidade. Aplicada à memória coletiva, essa abordagem irá se

> interessar, portanto, pelos processos e atores que intervêm no trabalho de constituição e de formalização das memórias (POLLAK, 1989, p. 4).

Neste sentido, interessam-nos as configurações reticulares da tessitura memorial construída pelas redes das mães e familiares de vítimas, que nos revelam uma ecologia digital atópica e de apoio mútuo (DI FELICE, 2009). Di Felice sugere a necessidade de uma passagem epistemológica de uma concepção analítica linear a uma perspectiva reticular, composta por conexões e ecossistemas representando o estudo das relações interdependentes entre os seres vivos, os elementos orgânicos e inorgânicos e seus ambientes:

> As arquiteturas informativas reticulares digitais, além de processos de transformação comunicativa, apresentam-se também como uma forma ecossistêmica de interações múltiplas, um conjunto de redes que se revela como uma nova condição habitativa não mais descritível de forma linear (DI FELICE; TORRES; YANAZE, 2012, p. 25).

Di Felice parte do conceito de habitar proposto por Heidegger, um processo dinâmico, comunicativo e nômade, uma "ontologia relacional", a partir do ser não como conceito, e, sim, como possibilidade, como ser-aí, um "ser em situação, no mundo" (DI FELICE, 2009, p. 56). O autor identifica três formas comunicativas do habitar, ou seja, três formas de interação com o ambiente a partir de diferentes tecnologias da comunicação: a escrita, a comunicação de massa analógica e as tecnologias da era digital - o habitar empático, o habitar exotópico e o habitar atópico - representando os dois primeiros uma oposição entre seres humanos, tecnologias e ambiente, e o último sugerindo uma experiência híbrida e imersiva:

> A digitalização do território, a partir do advento da comunicação digital, reduzindo o ambiente a código informativo, produz, pela primeira vez, uma superação da distância entre sujeito e território, permitindo a alteração da natureza do mesmo e a interpenetração e interdependência entre ambiente e indivíduo (DI FELICE, 2009, p. 21).

No habitar empático, portanto, a comunicação ocorre em um movimento de externalidade, opondo homem e ambiente e resultando na construção das cidades, nas intervenções arquitetônicas e urbanísticas, políticas e matemáticas, ou seja, um ordenamento calculado pela mente humana, o espaço como texto:

> De fato, o que marcará a forma empática de estar no mundo será a prática comunicativa instaurada com a mediação da leitura, que, por um amplo período, fará coincidir o habitar com o ler. A forma comunicativa do livro, que alcançou o seu auge com a invenção da impressão no século XV, introduzirá na relação sujeito-paisagem as páginas e os conteúdos escritos, isto é, conceitos e finalidades abstratas todas portadoras de princípios que fornecerão ao espaço, uma vez implementado, um caráter textual, fazendo dele um lugar comunicativo, um teatro, um cenário, antropomorficamente transformado em significado (DI FELICE, 2009, p. 75).

Uma segunda forma do habitar, a forma exotópica, corresponde à introdução de uma mediação técnica e mecânica que provoca uma alteração sensível na percepção da natureza e um deslocamento espacial do sujeito sem que ele se movimente. Tem origem na invenção do telescópio, mas é exponencialmente ampliada com a chegada da comunicação de massa, a fotografia, o cinema, caracterizando a metrópole industrial: "O habitar exotópico é, portanto, decorrente do aparecimento de uma nova forma de estar no mundo, resultado de uma interação dinâmica entre o sujeito, a tecnologia e a paisagem, expressão de uma forma eletrônica e tecnoexperencial de construção e apropriação do espaço" (DI FELICE, 2009, p. 120).

Com a digitalização de objetos, seres vivos e ambientes, entretanto, não é mais possível separar os territórios midiáticos dos arquitetônicos; surge um novo tipo de elemento, uma *infomatéria*:

> Enfim na terceira forma comunicativa do habitar, a atópica, a relação entre sujeito e território deixa de ser dicotômica. Uma vez reproduzido digitalmente o espaço, transformando o mesmo em informação, configura-se a formação de um habitar informativo, pós-arquitetônico e pós-geográfico que, multiplicando os significados e as prática de interações com o ambiente, nos conduz a habitar naturezas diferentes e mundos no interior dos quais nos deslocamos informativamente (DI FELICE, 2009, p. 21-22).

Portanto, as tecnologias digitais de comunicação em rede transformam essa oposição em uma nova forma ecológica, constituída por trocas de fluxos contínuos de informação, em um ambiente não mais externo e circundante, mas comunicante:

> Perceber a natureza como um conjunto de diversidades, produzido pelos dinamismos autopoéticos da rede de redes, define uma nova forma do habitar e um novo tipo de interação comunicativa que não pode mais ser pensada ou realizada através da instauração de fluxos comunicativos em direção ao externo, isto é, em direção a uma realidade separada e a um território "ambiente" ("ambire"). Ao contrário, a comunicação em rede, própria desta nova forma ecológica, propicia a visão de um diálogo nem interno nem externo, no qual sujeitos, mídias e territórios estão imersos de forma incindível na natureza que os constitui e os envolve ao mesmo tempo (DI FELICE, 2009, p. 29-30).

Tal qual Bruno Latour (2012), considera a participação de elementos humanos e não humanos em uma nova forma contratual, a partir da internet das coisas (IoT): "Nossa dimensão ecológica contemporânea, como brevemente acenada, é o resultado de interações técnicas e de conexões, híbridas e atópicas, entre diversas entidades e naturezas" (DI FELICE, 2018, introdução).

É nesse contexto que compreendemos o netativismo como uma forma interativa mais complexa de ativismo digital, possibilitada pela forma descentralizada da web 2.0, conflituosa e participativa, não mais resultado de ações apenas humanas. É ainda atópica, ou seja, sem lugares definidos, cujo exemplo emblemático e inaugural foi, sem dúvida, o movimento zapatista: "Formas de conflitualidade temporárias, sem líderes, sem vanguardas, sem partidos, sem bandeiras, imprevisíveis e contagiosas" (DI FELICE, 2018), que geraram um curto-circuito comunicativo, uma "singular condição habitativa colaborativa que permitiu o trânsito informativo e a conexão entre os dispositivos tecnológicos, os dados, as pessoas e as territorialidades informatizadas" (DI FELICE, 2018).

O netativismo das mães e dos familiares de vítimas de violência de Estado articula diferentes atores, conteúdos, plataformas e dispositivos em redes de compartilhamento de informações e solidariedade. É nessa ecologia digital que são produzidos tais trabalhos da memória atópicos, fortemente ancorados em espaços de lugares ou velozmente dispersos nos espaços de fluxos (CASTELLS, 1999), embora não mais com a possibilidade de uma separação total entre estas duas dimensões.

Testemunhos, escuta e surdez

Estes trabalhos da memória têm por objetivo manter vivas tanto a lembrança amorosa da vítima quanto as circunstâncias de sua morte, em uma exigência de justiça. Compõem-se como uma memória exemplar, no sentido cunhado por Todorov (2000), ou seja, uma memória voltada para o futuro, servindo de alerta e carregando a exigência de que a violência não se repita.

Assumem primordialmente a forma de testemunhos, expressos em diversos formatos e canais: publicações pessoais nas redes sociais, entrevistas para jornais, televisões, revistas, blogueiros e documentários, discursos em atos públicos, rodas de conversa, textos, poemas, pinturas e esculturas. Tais testemunhos são frequentemente digitalizados e compartilhados pelas redes e por seus apoiadores. Abordam uma série de temas, que revelam um percurso de desenvolvimento e ampliação de sua compreensão sobre as causas e consequências da violência de Estado. Entre os temas abordados nesses testemunhos, destacamos os seguintes:

Execução e trauma: grande parte das falas das mães e familiares das vítimas narra as circunstâncias da execução da vítima, usualmente descrevendo a normalidade da vida cotidiana até sua desconcertante e brutal interrupção. Dona Ivanir, mãe de Moisés, morto na Favela Pavão-Pavãozinho, no Rio de Janeiro, conta que veio do Nordeste para o Rio de Janeiro fugindo da fome, que seu filho nasceu prematuro e que foi grande o empenho da equipe médica para salvá-lo; também que ela sempre trabalhou arduamente para prover sua educação, mas que agora precisava vir a público para convencer a sociedade de que ele não era bandido e denunciar sua execução (NPC, 2017).

Moradora da mesma comunidade, Deize Carvalho relembra a dificuldade para prover sustento ao pequeno filho Andreu, chegando a revirar os descartes de hotéis e restaurantes de Copacabana em busca de alimento. Superada a situação de extrema pobreza, ela expressa profunda indignação com a forma como perdeu o filho, segundo suspeitas torturado no Degase: "A ironia é que meu filho Andreu não morreu nem de fome nem de doença, mas *sob a tutela do Estado* (grifo original), por seis agentes que deveriam zelar e proteger o bem-estar físico e moral dele" (CARVALHO, s/d, p. 20).

Quando a vítima é encaminhada ao hospital, familiares como Dona Ivanir, apressada rudemente por um policial para fazer o reconhecimento do corpo (NPC, 2017), relatam a indiferença das autoridades. Os familiares também por vezes identificam, sozinhos, marcas de tortura.

O tempo seguinte é o do trauma, que abala a rotina familiar e as relações conjugais. Festas de fim de ano perdem o sentido e por vezes tornam-se uma obrigação social, visto a dor da saudade, como relatam Gláucia (NPC, 2017) e Janaína (MIC, 2016). O casamento também pode sofrer deterioração, com trocas de acusações de que não houve supervisão adequada do filho, pontua Luciene (FÓRUM GRITA BAIXADA, 2019b), mãe de Raphael, morto na Chacina da Baixada.

Investigação independente: a afirmação geral por parte das mães é de que a polícia não tem interesse em investigar a si mesma; por isso, elas partem em uma investigação por conta própria. Denunciam falhas e omissões nos inquéritos, adulterações no local do crime e narrativas que criminalizam a vítima.

Janaína, mãe de Jhonata Dalber, guardou o saquinho de pipoca ensanguentado como prova. Também recolheu as cápsulas das balas espalhadas pelo chão, que os policiais dispararam a esmo, para simular um tiroteio (RAÍZ, 2017).

Deize Carvalho nunca conseguiu recuperar os pertences de seu filho Andreu, morto no Degase. As marcas em suas roupas poderiam ajudar a elucidar o que, de fato, ocorreu na ocasião. Ela também descobriu que não havia registro de pedido de resgate ao Samu para o local na noite em que Andreu morreu, protocolo de ação em caso de acidentes (CARVALHO, s/d). Deize teve que solicitar e presenciar a exumação do corpo do filho para contestar a versão da polícia.

Significado da luta por memória e justiça: determinadas a provar as verdadeiras circunstâncias das mortes de seus filhos, as mães parecem não ter direito ao tempo do enlutamento, como explica Deize Carvalho: "Eu não tive luto ainda, porque enquanto houver a injustiça do caso do meu filho eu não posso dizer que estou passando por um luto. Eu estou passando é pela luta" (DAGUERRE, 2013).

A luta, segundo Gláucia, é para impedir também que novas vidas se percam (BRASIL DE FATO, 2018). E implica um aprendizado sobre trâmites legais e estratégias de comunicação: "Peguei aquele vídeo (com as imagens da câmera do posto de gasolina onde seu filho foi morto), passei para os telefones celulares – até então eu não sabia como interagir – chamei a mídia, botei a filmagem pro motoboy levar pra passar na televisão", explica Gláucia (NPC, 2017).

Os eventos e atos em que dão testemunhos e conversam com os transeuntes são oportunidades para denunciar as violações de direitos humanos e para expressar seus sentimentos, como nos diz Luciene a respeito das sessões-debate do documentário *Nossos mortos têm voz*, sobre a Chacina da Baixada:

> Então, tudo o que eu deixei preso naquela época, eu solto nas exibições do documentário. Exponho toda a minha indignação, toda a minha revolta por nada ter mudado, pelo que aconteceu e pelo que ainda está acontecendo. A cada dia temos mais mães aflitas, com medo. Eu não tive problemas de saúde ou mentais como depressão porque eu me agarrei à militância (FÓRUM GRITA BAIXADA, 2019b).

Mesmo cientes das dificuldades e da lentidão dos processos, as mães professam sua fé na importância da luta: Janaína admite o risco de se querer desistir, mas ela promete ir atrás de justiça até o último dia de sua vida (RAÍZ, 2017). Gláucia declara o mesmo: "Enquanto eu viver, eu sou a voz do Fabrício. E de toda essa juventude" (NPC, 2017).

O ativismo é descrito por Luciene não como uma escolha, mas como um impulso irrefreável: "Quando você começa a participar dessas coisas, você começa a ter uma vontade de fazer tudo, você não consegue refrear isso, ficando o dia inteiro, deixando casa, deixando tudo" (COM CAUSA, 2014).

A escuta e o acolhimento do testemunho são, para Seligmann-Silva, essenciais para a *sobrevivência do sobrevivente* de tragédias ou de situações extremamente violentas. Possibilitam seu religamento ao mundo, a reconstrução simbólica e uma retemporalização do fato: "A memória do trauma é sempre uma busca de compromisso entre o trabalho de memória individual e outro construído pela sociedade" (SELIGMANN-SILVA, 2008, p. 67).

A disponibilidade dos ouvintes pode tornar menos árduo o trabalho da elaboração do luto e o "esquecimento", no sentido de uma possível continuidade de vida. A surdez, entretanto, dificulta o processo do enlutamento e paralisa a pessoa nos conteúdos invasivos e insistentes do trauma.

A ausência dessas pontes entre a fala do sobrevivente e a escuta da sociedade impede não só a elaboração do trauma individual, mas também do coletivo. Maria Rita Kehl (2010), tratando dos testemunhos das vítimas de tortura, sugere que a ausência da circulação dessas narrativas na esfera pública produz um "universo paralelo" onde habitam as vítimas, cuja sensação de irrealidade é "confirmada pela indiferença dos que se recusam a testemunhar o trauma" (KEHL, 2010, p. 126).

Ela concorda com Seligmann-Silva ao afirmar que o mecanismo de recalque de um trauma social produz efeito análogo ao subjetivo, gerando sintomas de repetição neurótica:

> Não há reação mais nefasta diante de um trauma social do que a política do silêncio e do esquecimento, que empurra para fora dos limites da simbolização as piores passagens da história de uma sociedade. Se o trauma, por sua própria definição de real não simbolizado, produz efeitos sintomáticos de repetição, as tentativas de esquecer os eventos traumáticos coletivos resultam em sintoma social. Quando uma sociedade não consegue elaborar os efeitos de um trauma e opta por tentar apagar a memória do evento traumático, esse simulacro de recalque coletivo tende a produzir repetições sinistras (KEHL, 2010, p. 126).

Autores como Ab'Sáber (2010) e Jurandir Freire Costa (1997) atribuem essa indisponibilidade de escuta à tendência de a sociedade se recolher à sua vida privada, a suas insatisfações e a seus esforços de sobrevivência:

> O que choca, no Brasil, não é tanto a truculência das agressões noticiadas, mas a impotência com que aprendemos a reagir a tudo isto. Cotidianamente nossos jornais mostram cenas estarrecedoras em que horror e circo parecem misturar-se, ao mesmo tempo em que proliferam as estratégias de "salvação" individual, no sentido dado ao termo por Max Weber. Para as elites, o que resta é tentar "ser feliz" individualmente (COSTA, 1997).

Além da indiferença da sociedade, a política de conciliação da redemocratização interditou o debate público sobre a violência de Estado na ditadura. Segundo a lógica da transição e da anistia irrestrita, a estabilidade democrática dependeria do esquecimento do passado (SAFATLE; TELES, 2010).

Ferraz (2007) também identifica uma ausência de empenho das autoridades governamentais para a construção dessa memória, restando a tarefa a determinados membros da sociedade civil:

> Essa política de preservação, tal como vem sendo estabelecida hoje pelos veículos oficiais, revela uma precária inscrição dos sujeitos envolvidos. Assim como há grande dificuldade no arquivamento dos documentos desse período. Os arquivos do período da ditadura dependem muito mais de ações individuais do que de uma política governamental séria de preservação e arquivamentos (FERRAZ, 2007, p. 49).

Schincariol (2014) reconhece a implementação de algumas medidas durante a transição democrática, como a criação da Comissão Nacional da Verdade (CNV) e a reparação financeira às vítimas e familiares, mas pondera que "os esforços memorializantes, digamos assim, são ainda bastante tímidos, e, no plano mais concreto, as instituições de segurança, a Polícia e o Exército, não foram reformadas" (p. 158), o que, segundo o autor, sustenta a continuidade de práticas de tortura e extermínio no período pós-redemocratização:

> A arquitetura da segurança pública existente atualmente no Brasil é, ao menos em parte, legado da ditadura civil-militar brasileira: a estrutura de organização das forças de segurança, a formação dos policiais nas escolas e quartéis, o uso sistemático da tortura como meio de se obter informação, os índices assustadores de execuções sumárias cometidas pelas polícias brasileiras e encobertas por laudos necroscópicos falsos e pela máscara jurídica do "auto de resistência seguido de morte", bem como a permanência do "poder desaparecedor" do Estado, responsável pelo aumento do número de desconhecidos sepultados em valas comuns – ou em valas clandestinas. Atualmente, as vítimas privilegiadas da violência de Estado não são militantes de organizações políticas clandestinas, mas, principalmente, jovens negros, pobres e moradores de áreas periféricas. Ao abandono social a que está condenada a maioria desses jovens soma-se também o desamparo institucional de suas famílias, que, na maioria absoluta dos casos, não conseguem conhecer a verdade sobre o que ocorreu com seu ente querido ou onde está seu corpo. Isto é, inquéritos são raramente abertos, investigações quase nunca ocorrem de forma séria e efetiva, e os algozes de hoje, como os de ontem, permanecem gozando da impunidade quanto a crimes diversos (SCHINCARIOL, 2014, p. 163).

Para o autor, a conquista de um regime verdadeiramente democrático, livre de abusos e autoritarismos, dependeria de uma memória sobre a violência de Estado no tempo da democracia:

> A continuidade da violência de Estado, por meio da manutenção de estruturas repressivas herdadas da ditadura civil-militar, impõe, portanto, a garantia do direito à memória e à verdade aos crimes cometidos por agentes das instituições de segurança, no período pós-democrático, por intermédio de comissões de Estado e de mecanismos de justiça transicional criadas para garantir a memória e a verdade sobre as graves violações ocorridas no período pós-ditatorial. Só assim se pode, efetivamente, caminhar para a consolidação da democracia e para a não repetição das atrocidades, objetivos fundamentais da Justiça de Transição (SCHINCARIOL, 2014, p. 163).

A surdez da sociedade e das instituições para com a extensão e a gravidade das práticas de violência policial no Rio de Janeiro e no Brasil impulsiona a produção dos trabalhos da memória em ecologias digitais, atravessando plataformas como Instagram, YouTube, WhatsApp, Facebook etc. Tais fluxos narrativos não se caracterizam, entretanto, por uma lógica de acumulação ou organização, como nos modelos arquivísticos tradicionais, mas de *disseminação* de conteúdo.

Pierre Lévy propõe em "Os três tempos do espírito", no livro *As tecnologias da inteligência: o futuro do pensamento na era da informática* (2004), que as mudanças nas formas de comunicação ocorrem em função do desenvolvimento técnico. O autor distingue três polos: oralidade, escrita e informático-mediático.

A partir dessa classificação, sugere-se que a produção de memórias dar-se-ia a partir de três processos memoriais ou de memoração, dado que os modos de transmissão do saber estão atrelados às condições tecnológicas da sociedade:

1. A dissolução de memórias, ou seja, a transmissão oral, a narrativa, sem registros memoriais, dependente da capacidade de memorização individual e de sua transmissão em tempo real para o grupo ou o interlocutor.
2. A soma ou a acumulação, apoiadas na escrita e nos suportes analógicos externos. São as exomemórias, inscritas em objetos que fazem a comunicação entre emissor e receptor. Tais objetos, pas-

síveis de destruição, introduzem o medo da perda e fazem surgir ações protecionistas.

3. Um híbrido dos dois anteriores, possivelmente uma forma de *interação*, característica do ambiente digital.

Jean Davallon (2015) distingue os conceitos de memoração e patrimonialização. O trabalho de memoração, para o autor, alinha-se ao polo da oralidade, compreendendo uma transmissão memorial espontânea, dentro do grupo social, imune ao risco de perda.

Já a patrimonialização aproxima-se do polo da escrita, dado seu *status* documental. É uma comunicação cuja veracidade é atestada juridicamente. É o reconhecimento por parte do Estado da importância de memórias de um grupo particular para um corpo social mais amplo.

Um exemplo de patrimonialização de memórias da violência institucional foi a criação, a partir da Lei 15.501/2014 do estado de São Paulo, da *Semana Estadual das Pessoas Vítimas de Violência no estado de São Paulo*, a ser observada anualmente entre os dias 12 e 19 de maio, com a finalidade de que a sociedade seja lembrada da ocorrência dos Crimes de Maio de 2006, quando quase 600 pessoas foram executadas na Baixada Santista. Analogamente, no Rio de Janeiro, o Projeto de Lei 1.789/2016 instituiu a Semana Estadual das Pessoas vítimas de violência no estado do Rio de Janeiro, celebrada na mesma data. Datas e comemorações são, para Jelin (2002), conjunturas de ativação da memória, quando os discursos simbólicos se tornam mais visíveis.

A partir desses conceitos, sugerimos que a produção memorial dos familiares de vítimas de violência adquire contornos de transmissão oral quando estão dispersos ou em trânsito nos fluxos das redes, com sua transmissibilidade garantida pelo elemento da solidariedade entre outros familiares de vítimas ou seus apoiadores, imune ao risco de perda enquanto ali houver coesão afetiva e discursiva.

Entretanto, esta produção memorial almeja transbordar o campo social que já lhes é solidário e comunicar à totalidade da sociedade, àquela que não lhes oferece escuta, mas, sim, indiferença. Visa igualmente a que as circunstâncias das mortes sejam comprovadas e que os responsáveis sejam punidos, tal qual ocorre a partir da instauração de Comissões da Verdade.

Pretende alcançar um valor documental, característico do polo da escrita, por meio de um processo de patrimonialização, que aqui se refere à obtenção do selo estatal de veracidade. Tal reconhecimento, por parte do

Estado, da violência cometida por seus próprios agentes pode manifestar-se sob várias ações patrimonializantes: a já citada criação de datas comemorativas oficiais e ainda o tombamento, a preservação e a transformação de locais onde ocorreram torturas e assassinatos em centros de memória e a nominação de logradouros ou outros sítios urbanos de forma a homenagear as vítimas.

Considerações finais

Conforme procuramos apresentar, as redes netativistas das mães e dos familiares vítimas de violência do Estado geram trabalhos da memória compostos por narrativas, testemunhos e documentações em resistência à violência institucional. Sugere-se que esse esforço seja uma tentativa, ainda que limitada, de elaboração de um estado traumático. É, ao mesmo tempo, uma tentativa de elaboração do luto e uma luta por justiça, uma justiça exemplar, no sentido cunhado por Todorov.

Tal engajamento é impulsionado pela reação indignada ao desmentido, ou seja, a construção de uma narrativa memorial falsa sobre a vítima, atribuindo a ela *status* de membro da criminalidade. Esse desmentido, conforme procuramos demonstrar, aparece na forma do auto de resistência, ou seja, o registro automático do homicídio como resultante de uma ação em legítima defesa pelo policial.

O conteúdo gerado por essas redes de solidariedade, a partir da interação entre atores humanos e não humanos (dispositivos, bancos de dados, aplicativos, registros digitalizados etc.), é compartilhado por elas, com o objetivo de divulgar os crimes de homicídio e tortura e sensibilizar a opinião pública para tais abusos. Essas narrativas, compiladas, fornecem-nos um quadro detalhado sobre a gravidade da violência de Estado no Brasil.

Seguindo as páginas do Facebook criadas por esses grupos de mães e familiares, ou páginas nas quais tais grupos foram citados, encontramos *links* para inúmeras reportagens de mídias corporativas e independentes relatando os casos ocorridos. Também encontramos pesquisas e relatórios de organizações voltadas para estudos da violência, registros em vídeo de eventos e atos com testemunhos orais das mães, documentação dos processos judiciais, entrevistas, documentários, performances, poemas, música, pintura e lançamentos de livros, ou seja, o registro e o compartilhamento de todo um emaranhado memorial e documental sobre a violência de Estado e o luto vivido pelos familiares.

Essas postagens trazem-nos detalhes circunstanciais e técnicos e atestam a banalidade e a recorrência das mesmas formas de ação: chacinas e registro das mortes como homicídios provenientes de intervenção policial (autos de resistência), cujas apurações, quando existem, arrastam-se por anos, ou simplesmente têm seus inquéritos arquivados. A dinâmica das redes sociais digitais, entretanto, possui características de um híbrido de dissolução e acumulação, sem preocupação formal com questões de arquivamento e recuperação de informações. O fluxo comunicativo não organizado do compartilhar segue os contornos da oralidade, podendo as mensagens ser editadas e modificadas ou simplesmente perdidas, dada a inevitável obsolescência tecnológica de sistemas e linguagens. Desse modo, refletimos sobre a necessidade de uma salvaguarda para esses densos conteúdos memoinformacionais gerados por essas redes de mães, sob uma forma arquivística digital que garanta sua preservação e seu acesso, mas também sua publicidade, pois compilações de casos têm potencial para gerar impacto significativo sobre a opinião pública e o sistema judiciário.

Referências

A NOVA DEMOCRACIA. *RJ: ato em frente ao TJ exige punição aos assassinos de Andreu Carvalho*. 14 out., 2018. Disponível em: https://anovademocracia.com.br/noticias/9711--rj-ato-emfrente-ao-tj-exige-punicao-aos-assassinos-de-andreu-carvalho. Acesso em: 1º mar. 2019.

AB'SÁBER, Tales. Brasil, a ausência significante política (uma comunicação). In: SAFATLE, Vladimir; TELES, Edson (orgs.). *O que resta da ditadura*: a exceção brasileira. São Paulo: Boitempo, 2010. p. 187-204.

ANISTIA INTERNACIONAL. *Você matou meu filho: homicídios cometidos pela Polícia Militar na cidade do Rio de Janeiro*. Rio de Janeiro. 2015. Disponível em: https://anistia.org.br/wp-content/uploads/2015/07/Voce-matoumeu-filho_Anistia-Internacional-2015.pdf. Acesso em: 1º jun. 2018.

BRASIL DE FATO. *Somos as vozes dos nossos filhos*. 2018. Vídeo do YouTube. Disponível em: https://youtu.be/GEBB2J5JfYE. 14 set. 2018. Acesso em: fev. 2019.

CARVALHO, Deize. *Vencendo as adversidades*. São Paulo: Nós por nós, s. d.

CASTELLS, Manuel. *A sociedade em rede*. São Paulo: Paz e Terra, 1999.

COM CAUSA. *Luto como não na Unigranrio | Pt 02 | 2013*. 2014. Vídeo doYouTube. Disponível em: https://youtu.be/58wwmrJ9lKA. 24 dez. 2014. Acesso em: fev. 2019.

COM CAUSA. *Vídeo cobertura dos dez anos da Chacina da Baixada*. Vídeo do YouTube. Disponível em: https://youtu.be/TBzytsKaDlk. 3 abr. 2017. Acesso em: 1. fev. 2019.

COSTA, Jurandir Freire. A ética democrática e seus inimigos: o lado privado da violência pública. In: NASCIMENTO, Elimar Pinheiro do (org.). *Brasília:* capital do debate – século XXI. Ética. Rio de Janeiro: Garamond; Brasília: Codeplan, 1997. p. 67-86.

DAGUERRE, Rafael. *XVIII ENPDC - ativista Deize Carvalho fala sobre o assassinato de seu filho* (parte 1 - HD). Vídeo do YouTube. Disponível em: https://youtu.be/nwBxuTUvpqc. 11 out. 2013. Acesso em fev. 2019.

DAVALLON, Jean. Memória e patrimônio: por uma abordagem dos regimes de patrimonialização. In: DODEBEI, Vera; TARDY, Cécile (orgs.). *Memória e novos patrimônios*. Marseille: OpenEdition Press, 2015. p. 47-66. Disponível em: http:// books.openedition.org/oep/417. Acesso em: 1º jun. 2018.

DI FELICE, Massimo. *Net-ativismo: da ação social ao ato conectivo*. São Paulo: Paulus, 2018. Livro digital. Formato ePub/Kindle.

DI FELICE, Massimo. *Paisagens pós-urbanas:* o fim da experiência urbana e as formas comunicativas do habitar. São Paulo: Annablume, 2009.

DI FELICE, Massimo; TORRES, Juliana; YANAZE, Leandro. *Redes digitais e sustentabilidade:* as interações com o meio ambiente na era da informação. São Paulo: Annablume, 2012.

DIAS, Camila; JESUS, Maria Gorete; NATAL, Ariadne et al. A prática de execuções na região metropolitana de São Paulo na crise de 2012: um estudo de caso. *Revista Brasileira de Segurança Pública*, São Paulo, v. 9, n. 2, p. 160-179, ago./set. 2015.

FARIAS, Francisco Ramos; PINTO, Diana Souza. Memória social em situação traumática. *Morpheus: Revista de Estudos Interdisciplinares em Memória Social*, Rio de Janeiro, v. 9, n. 15, p.177-202, 2016.

FARIAS, Juliana. Da capa de revista ao laudo cadavérico: pesquisando casos de violência institucional em favelas cariocas. In: BIRMAN, Patricia; CARNEIRO, Sandra; LEITE, Márcia; MACHADO, Carly (orgs.). *Dispositivos urbanos e trama dos viventes*: ordens e resistências. Rio de Janeiro: FGV, 2015.

FERRAZ, Joana D'Arc Fernandes. Os desafios da preservação da memória da ditadura no Brasil. In: ABREU, Regina; CHAGAS, Mário de Souza; SANTOS, Myrian Sepúlveda dos (orgs.). *Museus, coleções e patrimônios:* narrativas polifônicas. 1. ed. Rio de Janeiro: Garamond, 2007. v. 1, p. 48-67.

FÓRUM GRITA BAIXADA. *Fórum Grita Baixada. Quem somos*. 2019a. Disponível em: https://www.forumgritabaixada.org.br/sobrenos. Acesso em: 1º jan. 2019.

FÓRUM GRITA BAIXADA. *Me agarrei à militância para não adoecer*. 2019b. Publicado em: 14 jan. 2019. Disponível em: https://forumgritabaixada.org.br/entrevista-domes-luciene140silva?fbclid=IwAR0UqJnuwrG6PHugGmPMAfUGDcNzKDGM8TaQrS6SyfxwQme1r_4gsVYTKCU. Acesso em: 1º mar. 2019.

GONDAR, Jô. Ferenczi como pensador político. *Cad. Psicanál. - CPRJ*, Rio de Janeiro, v. 34, n. 27, p. 193-210, jul./dez. 2012.

GOULART, Fransérgio. Mesa sobre medidas Socioeducativas, sistema prisional e desaparecimentos forçados no Terceiro Encontro Internacional de Mães e Familiares Vítimas de Terrorismo do Estado em Salvador. *Facebook*. 19 maio 2018. Disponível em: https://www.facebook.com/photo.php?fbid=10156337430579801&set=pcb.10156337431339801&type=3&theater. Acesso em: 1º fev. 2019.

HALBWACHS, Maurice. *Les cadres sociaux de la mémoire*. Paris: Félix Alcan, 1925.

ISP. *Taxas de letalidade violenta*. 2020. Disponível em: http://www.ispdados.rj.gov.br/Arquivos/SeriesHistoricasLetalidadeViolenta.pdf. Acesso em: 1º jun. 2020.

JELIN, Elisabeth. *Los trabajos de la memoria*. Madrid: Siglo XXI, 2002.

JORNAL DE HOJE. Caminhada lembra os 12 anos da Chacina da Baixada. *Jornal de Hoje*. Publicado em: 31 mar. 2017. Disponível em: <http://jornalhoje.inf.br/wp/?p=44018> . Acesso em: fev. 2019.

JUSTIÇA GLOBAL. Ana Lucia de Oliveira, mãe do Michel e integrante da Rede de Movimentos e Comunidades Contra Violência. *Justiça Global*. Página do Facebook. 11 dez. 2015. Disponível em: https://www.facebook.com/justicaglobal/photos/a.1057963104235020/1057963114235019/?type=3&theater. Acesso em: 1º fev. 2019.

JUSTIÇA PARA UM ANJO. Página do Facebook. 2018. Disponível em: https://www.facebook.com/Justi%C3%A7a-para-um-Anjo-277353779305667/. Acesso em: 1º fev. 2019.

KEHL, Maria Rita. Tortura e sintoma social. In: SAFATLE, Vladimir; TELES, Edson (orgs.). *O que resta da ditadura:* a exceção brasileira. São Paulo: Boitempo, 2010. p. 123-132.

LATOUR, Bruno. *Reagregando o social:* uma introdução à Teoria do Ator-Rede. Trad. Gilson Cardoso de Souza. Salvador: Edufba, 2012; Bauru: Edusc, 2012.

LÉVY, Pierre. *As tecnologias da inteligência:* o futuro do pensamento na era da informática. Trad. Carlos Irineu da Costa. São Paulo: Editora 34, 2004.

LINS, Marina Navarro. Uma década depois da Chacina da Baixada, parentes das 29 vítimas lutam para seguir em frente. *Extra*. 31 mar. 2015. Disponível em: https://extra.globo.com/casos-de-policia/uma-decada-depoisda-chacina-da-baixada-parentes-das-29-vitimas-lutam-para-seguir-em-frente15739139.html. Acesso em: 1º fev. 2019.

MACHADO DA SILVA, Luiz Antonio; LEITE, Márcia Pereira. Violência, crime e polícia: o que os favelados dizem quando falam desses temas? *Sociedade e Estado*, v. 22., n. 3, set./dez., p. 545-591, 2007.

MENDES, Thiago. Balas que cruzam presentes e dores: o cotidiano militarizado de crianças e adolescentes no Rio. *Medium*. 2 maio 2017. Disponível em: https://medium.com/@pacsinstituto/balas-que-cruzampresentes-e-dores-o-cotidiano-militarizado-de-crian%C3%A7as-eadolescentes-no-rio-a26cc6a40c84. Acesso em: 1º fev. 2019.

MIC – MÍDIA INDEPENDENTE COLETIVA. *No Leblon a PM não se confunde*. Vídeo do YouTube. 20 jul. 2016. Disponível em: https://youtu.be/bFIKP-IWnm8. Acesso em: 1º fev. 2019.

MISSE, Michel. "Autos de resistência": uma análise dos homicídios cometidos por policiais na cidade do Rio de Janeiro (2001-2011). Relatório final de pesquisa. Núcleo de Estudos da Cidadania, Conflito e Violência Urbana. Universidade Federal do Rio de Janeiro, 2011.

MISSE, Michel. Sobre a acumulação social da violência no Rio de Janeiro. *Civitas*, Porto Alegre, v. 8, n. 3, p. 371-385, set./dez. 2008.

NPC. *No Rio, manifestação lembra 10 anos da Chacina do Borel*. 24 abr. 2013. Disponível em: http://nucleopiratininga.org.br/norio-manifestacao-lembra-10-anos-da-chacina-do-borel/. Acesso em: 1º fev. 2019.

OS MORTOS TÊM VOZ. Convite para audiência do caso Andreu. *Facebook*. 13 mar. 2018. Disponível em: https://www.facebook.com/771726759587680/photos/a.818892468204442/1677872462306434/?type=3&theater. Acesso em: 1º fev. 2019.

POLLAK, Michel. Memória, esquecimento, silêncio. *Estudos Históricos*, Rio de Janeiro, v. 2, n. 3, p. 3-15, 1989.

R7. Família acusa PMs de assassinato de adolescente no Rio; veja imagens do crime. *R7*. 2014. 7 jan. 2014. Disponível em: https://noticias.r7.com/rio-de-janeiro/familia-acusa-pms-de-assassinato-deadolescente-no-rio-veja-imagens-do-crime-08012014. Acesso em: 1º jan. 2019.

RÁDIO MUTIRÃO. Justiça para Andreu: pelo fim das mortes silenciosas no Degase. *Rádio Mutirão*. 20 mar. 2018. Disponível em: http://radiomutirao.com/es/justica-para-andreu-pelo-fim-das-mortessilenciosas-no-degase/. Acesso em: 1 fev. 2019.

RAÍZ. *Joven, negro y favelado*: un motivo para morir en Río de Janeiro. Vídeo do YouTube. Disponível em: https://youtu.be/p2rHiqbYQms. 2 jul. 2017. Acesso em: 1° fev. 2019.

REDE DE COMUNIDADES E MOVIMENTOS CONTRA A VIOLÊNCIA. *Maicon – Acari*. 11 maio 2009. Disponível em: http://redecontraviolencia.org/Casos/1996/479.html. Acesso em: 1° fev 2019.

REDE DE COMUNIDADES E MOVIMENTOS CONTRA A VIOLÊNCIA. *Michel Antônio de Oliveira da Silva – Ramos*. 5 abr. 2010. Disponível em: http://redecontraviolencia.org/Casos/2008/640.html. Acesso em: 1° fev. 2019.

REDE DE COMUNIDADES E MOVIMENTOS CONTRA A VIOLÊNCIA. Página do Facebook. 2020. Disponível em: https://www.facebook.com/redecontraviolenciarj/. Acesso em: 1° jun. 2020.

SAFATLE, Vladimir; TELES, Edson (orgs.). *O que resta da ditadura:* a exceção brasileira. São Paulo: Boitempo, 2010.

SANSÃO, Luiza. "Cada vez que avançamos, eles nos param, matando mais", diz mãe de jovem assassinado. *Ponte Jornalismo*. Publicado em: 2017. Disponível em: https://ponte.org/cada-vez-que-avancamos-eles-nosparam-matando-mais-diz-mae-de-jovem-assassinado/. Acesso em: 1° fev. 2019.

SANSÃO, Luiza. Justiça ouve testemunhas do caso de jovem espancado até a morte por PMs no Rio. *Ponte Jornalismo*. 2016a. 1 fev. 2016. Disponível em: https://ponte.org/justica-ouve-testemunhas-do-caso-de-jovemespancado-ate-a-morte-por-pms-no-rio/. Acesso em: 1° fev. 2019.

SANSÃO, Luiza. PM que matou jovem com tiro nas costas em favela no Rio cai em contradição. *Ponte Jornalismo*. 2016b. 5 maio 2016. Disponível em: https://ponte.org/pm-que-matou-jovem-com-tiro-nas-costas-nafavela-de-manguinhos-no-rio-cai-em-contradicao/. Acesso em: 1° fev. 2019.

SCHINCARIOL, Rafael. Apontamentos sobre o significado de memória e verdade no legado da ditadura civil-militar brasileira. *Plural*. Revista do Programa de Pós-graduação em Sociologia da USP, São Paulo, v. 21, n. 2, p.150-167, 2014.

SELIGMANN-SILVA, Márcio. Narrar o trauma: a questão dos testemunhos de catástrofes históricas. *Psicologia Clínica*, Rio de Janeiro, v. 15, n. 2, p. 65-82, 2008.

SERRA, Paolla. "Que sejam presos e expulsos da PM", diz mãe de jovem morto em Manguinhos; cinco policiais da UPP são acusados do crime. *Extra*. Publicado em 29 nov. 2013. Disponível em: https://extra.globo.com/casos-depolicia/que-sejam-presos-expulsos-da-pm-diz-mae-de-jovem-morto-emmanguinhos-cinco-policiais-da-upp-sao-acusados-do-crime-10922830.html. Acesso em: 1° fev. 2019.

SOARES, Rafael. Mães de vítimas da violência lutam para que mortes dos filhos não fiquem impunes. *Extra*. 25 dez. 2017. Disponível em: https://extra.globo.com/casos-de-policia/maes-de-vitimas-da-violencia-lutampara-que-mortes-dos-filhos-nao-fiquem-impunes-22225505.html. Acesso em: 1° fev. 2019.

TERRA. Mãe de morto por PM: "Eles acham que a gente não tem voz". *Terra*. 19 set. 2014. Disponível em: https://www.terra.com.br/noticias/brasil/policia/mae-de-morto-por-pm-elesacham-que-a-gente-nao-temvoz,b1b9a6f7d1e88410VgnCLD200000b2bf46d0RCRD.html. Acesso em: 1° fev. 2019.

TODOROV, Tzvetan. *Los abusos de la memoria*. Barcelona: Paidós, 2000.

YAMAOKA, Eloi Juniti; GAUTHIER, Fernando Ostuni. Objetos digitais: em busca da precisão conceitual. *Inf. Inf.*, Londrina, v. 18, n. 2, p. 77-97, maio/ago. 2013. Disponível em: http:www.uel.br/revistas/informacao/83. Acesso em: 26 ago. 2017.

ZACCONE, Orlando. *Indignos de vida:* a forma jurídica da política de extermínio de inimigos na cidade do Rio de Janeiro. Rio de Janeiro: Revan, 2015.

ZALUAR, Alba. Democratização inacabada: fracasso da segurança pública. *Estudos Avançados*, v. 21, n. 61, 2007, p. 31-49. Disponível em: http://www.revistas.usp.br/eav/article/view/10265. Acesso em: 7 fev. 2022.

Museu das Remoções da Vila Autódromo: articulação comunitária criativa e afetiva pelo direito à cidade, à memória e à vida

Diana Bogado
Sandra Maria Teixeira

Introdução

Este texto pretende contar sobre o impacto da política de remoções na cidade do Rio de Janeiro e a articulação da luta popular pelo direito à moradia digna e à cidade a partir da experiência da Vila Autódromo. Nós, autoras deste conteúdo, participamos dessa luta de resistência em posições muito diferentes, mas do mesmo lado. Lado a lado, apoiadores e moradores criaram vínculos muito fortes durante a resistência política, vínculos de afeto e companheirismo; o que nos leva a acreditar e entender que tais vínculos foram elementos essenciais para a conquista da permanência de 20 famílias no território da Vila, frente à tentativa de remoção integral da comunidade pela Prefeitura do Rio de Janeiro, no período de preparação para os Jogos Olímpicos de 2016.[1]

Fruto desta luta, nasce um museu que comunica a história da comunidade, que exalta a memória popular como um grito de resistência de quem não quer e não vai se calar a respeito das inúmeras violações cometidas pelo Estado às vésperas dos megaeventos esportivos na cidade (e não só nesse período). Esse museu, que fala e denuncia, é o Museu das Remoções. Mas não só isso: ele também vive e celebra a (re)existência da Vila Autódromo.

A Vila Autódromo é uma comunidade localizada em Jacarepaguá, na Zona Oeste do Rio de Janeiro, ao lado da Barra da Tijuca, bairro que mais recebeu investimentos para a realização dos Jogos Olímpicos do Rio de Janeiro em 2016. Nela, foi construído o Parque Olímpico – principal

[1] Para narrar neste texto a construção do Museu das Remoções da Vila Autódromo, optamos pela linguagem coloquial com trechos de discurso direto, identificando-nos e particularizando, a fim de possibilitar ao leitor a apreensão de nossos sentimentos relacionados à luta; fazemos isso a partir de duas perspectivas: a de moradora, com Sandra Maria; e a de apoiadora, com Diana Bogado –, entendendo que os laços são partes essenciais dessa história e não poderíamos relegá-los a segundo plano. Por isso, contamos essa história com pessoalidade.

estrutura do evento. Embora as ameaças de remoção da Vila Autódromo existissem há muitos anos, foi a partir de 2014 que a comunidade começou a ser removida, tendo prosseguimento de forma ainda mais acelerada em 2015, devido à aproximação dos Jogos. Entretanto, a resistência e a luta dos moradores possibilitaram a permanência de parte da comunidade, que reside até hoje na Rua Vila Autódromo. A resistência estabelecida na Vila construiu uma forma de engajamento particular que deu origem a um museu social, cujas ações político-culturais reafirmam a memória popular para a efetivação do direito à cidade.

A cidade neoliberal

"Empreendedorismo urbano" é o termo utilizado por David Harvey para explicar o novo modelo de administração pública adotado nas metrópoles globais, capaz de promover um rearranjo socioespacial segundo os interesses do mercado. Tal modelo relaciona-se com as mudanças ocorridas na economia e nos novos pactos estabelecidos entre economia e poder na chamada terceira fase de acumulação capitalista, denominada por Naredo (2009) de fase do "neofeudalismo".

A gestão da cidade como uma empresa é o testemunho da alteração do papel do Estado e das empresas, na qual empresários e governantes estabelecem "acordos" para reconfiguração territorial urbana de forma lucrativa. As parcerias entre economia e poder, empresários e políticos culminam na realização de megaprojetos urbanísticos como grandes negócios financeiros. Isso significa que tais projetos, muito mais que instrumentos de remodelação espacial, constituem uma forma de organização política amalgamada na transformação e na gestão do território (AGUILERA; NAREDO, 2009).

O quadro administrativo descrito explica o contexto contemporâneo no qual se comemora o "fim da política" (SANTOS, 2013). Segundo Milton Santos (2013), nesse acordo do poder, o processo político passa a ser atribuído às empresas cujas coalizões consolidadas na esfera político-administrativa procedem da subordinação estatal aos interesses do capital imobiliário global. Emerge, portanto, um Estado que se furta à função de regulador social (não só), mas ainda delega suas tarefas básicas essenciais às empresas. Boaventura de Sousa Santos (2010) reitera que, nesse momento político-econômico, poderosos atores não estatais obtêm o controle sobre a vida e o bem-estar das populações, seja o controle da saúde, da terra, da água, das sementes, dos campos ou da qualidade do meio ambiente.

Para Sousa Santos (2006), o Estado moderno permanece ideologicamente desse lado da linha "abissal" e é substituído por determinações contratuais privatizadas e despolitizadas, sob as quais as parcelas mais vulneráveis são colocadas à mercê da misericórdia das classes mais fortes. A situação descrita é, para o autor, o auge do fascismo social porque mantém um regime de relações de poder desiguais, concedendo às classes mais fortes poder de decisão sobre a vida das classes vulneráveis. Para o autor, a realização da justiça social requer a dissolução das linhas "abissais"; entretanto, o caminhar dos processos de gestão urbanística aponta com convicção para o lado oposto, cada vez mais para a direção do capital, sobrepondo os interesses privados aos interesses coletivos, sem isenção de danos às vidas periféricas.

O Rio de Janeiro neoliberal

A gestão urbanística atual tem como referência o processo de "neoliberalização" (HARVEY, 2005). A cidade neoliberal é aquela que adaptou sua geografia à necessidade de fluidez de capital global (SANTOS, 2013), o que em fase de megaeventos se torna velozmente realizável. A "cidade padrão Fifa" e a "cidade olímpica" são versões do Rio de Janeiro "neoliberalizado", roupagens para a apresentação das etapas de ressignificação do território urbano carioca, adaptado aos interesses do capital.

O contexto de megaeventos favorece a falta de transparência e possibilita a realização de grandes obras urbanas em tempo recorde, justificadas pelos prazos do evento. A particularidade da ocasião do evento possibilita que os Estados assumam características de um Estado de exceção, conduzindo a gestão urbanística de forma autoritária (AGAMBEN, 2005). O resultado dessas transformações é a construção de espaços dominados (HARVEY, 2005), lugares pasteurizados, homogeneizados, estrategicamente concebidos e executados para a reprodução do capital, cujo produto é a substituição da população local por uma população em trânsito, desprovida de identidade e de relação com o lugar, classificada por Garnier (2014) como uma espécie de magma social anônimo, resultado do processo de "descivilização" e "deslocação territorial".

As forças da despossessão urbana atingiram os moradores de favela do Rio de Janeiro no período de preparação da cidade para os referidos megaeventos. Foram 22 mil famílias removidas entre 2009 e 2016, respectivamente início da preparação da cidade para os Jogos Olímpicos até o ano de realização do evento, sendo 4.120 removidas por obras diretamente ligadas aos jogos.[2] Segundo a campanha "Contagem regressiva #HYPERLINK "https://www.facebook.com/hashtag/cemdiassemdireitos"CemDias SemDireitos", organizada pelo Comitê Popular Copa e Olimpíada em 2016, a Olimpíada viabiliza a transferência de recursos públicos para o setor privado, subordina o interesse coletivo à lógica do mercado, altera a política de mobilidade e entrega o solo urbano aos interesses imobiliários.

Nesse contexto de uma gestão pública marcada pelo direcionamento "mercadófilo" da cidade (MASCARENHAS, 2016), a comunidade Vila Autódromo foi atingida. Desde a divulgação do Rio de Janeiro como cidade-sede das Olimpíadas, em 2009, a Prefeitura havia anunciado a necessidade de remoção de 3.500 famílias de seis comunidades da Zona Oeste e da Zona Norte, inclusive a Vila Autódromo. A gestão do prefeito Eduardo Paes (2009-2012) previa a implementação do Plano Estratégico e, entre as metas, estava a redução em 3,5% das áreas de favelas, o que correspondia à remoção integral de 119 delas entre 2009 e 2012.

A remoção biopolítica

A maneira como são empreendidos as remoções e os despejos nas metrópoles brasileiras historicamente configura violações aos direitos sociais e comunitários. O oferecimento de indenizações ou de apartamento em troca da casa a ser derrubada não justifica a remoção nem a forma como o processo é realizado. Conforme constatado na Vila Autódromo, muitos moradores cedem às pressões e aos assédios por medo (MAGALHÃES, 2013). Segundo Magalhães (2013), o medo acentuado pelo "método" é estrategicamente planejado e coloca os moradores na posição de vítimas de uma situação estruturada em pilares de poder simbólicos e materiais.

Embora a Constituição de 1988 e a Lei Orgânica do município do Rio de Janeiro, artigo 429, IV, contemplem o direito à moradia e descrevam procedimentos adequados para processos de remoção de favelas quando

---

[2] "Dossiê Megaeventos e Direitos Humanos no Rio de Janeiro", Comitê Popular Copa e Olimpíadas 2016.

necessários, as práticas remocionistas levadas a cabo pela Prefeitura do Rio de Janeiro na última década não têm cumprido as determinações legais estabelecidas. Segundo moradores de favelas, os funcionários da Prefeitura, em visitas à comunidade, pressionam os indivíduos psicologicamente para aceitarem indenizações e partirem sob ameaça de perderem tudo (BOGADO, 2017, p. 142).

Ao apresentar fotos dos condomínios populares com piscina e equipamentos que não correspondem ao que, de fato, haverá no condomínio, o poder público está oferecendo "ideias falsas de vida" aos moradores; ao utilizar do recurso da sedução o Estado atua em esferas simbólicas e psicológicas (NABACK, 2015). Segundo Naback (2015), esse procedimento situa-se no rol das estratégias biopolíticas que atuam em aspectos subjetivos. O reassentamento das famílias em condomínios é outra violação, consiste em uma transferência forçada, modifica-se não somente o local de moradia dos indivíduos, mas o modo de viver característico das favelas dotado de intensa urbanidade. A espontaneidade é substituída pelo estilo de vida determinado pelo padrão do "*habitat*" (LEFEBVRE, 1976) - um padrão racional cujas funções vitais são reduzidas a comer, dormir, se reproduzir –, referência para projetos de arquitetura da atualidade, voltados a uma espécie de "doutrinação" dos usuários à vida urbana.

A produção da espacialidade favelada, em contraposição ao padrão do *habitat*, é produto da solidariedade e dos vínculos criados ao longo do tempo, é obra do modo de "habitar como um poeta", uma dimensão dotada de urbanidade e produção de subjetividades.

As famílias removidas das comunidades são, geralmente, reassentadas nos conjuntos habitacionais do Programa Minha Casa Minha Vida (MCMV), construídos com a intenção de reduzir o déficit habitacional no Brasil. Entretanto, posteriormente, essa política habitacional tornou-se um complemento à política de remoção pela forma como o programa passou a ser implementado, agravando, assim, o déficit habitacional. Os procedimentos, conforme adotados para a realização das remoções no período tratado, contrariam determinações do artigo 182 da Constituição Federal.

Além disso, alguns acordos não foram cumpridos, entre os quais está o acordo verbal da "troca de chaves" entre a casa da favela e o apartamento do MCMV. Na prática, no reassentamento das famílias removidas da Vila Autódromo, essa troca não ocorreu. As prestações para o pagamento do imóvel chegaram aos endereços do Parque Carioca, conjunto habitacional construído para receber a população da Vila Autódromo e demais favelas adjacentes. Embora a Prefeitura tenha quitado as dívidas de alguns moradores com a Caixa Econômica Federal, referentes às primeiras parcelas, tal episódio restringiu-se a poucos moradores. Outros tiveram o nome inserido no Serviço de Proteção ao Crédito, (SPC), e os funcionários da Caixa Econômica Federal informaram a eles que o crédito do imóvel está no nome do morador e que não existe nenhum compromisso nem acordo com a Prefeitura sobre a quitação dessa dívida, segundo relatos dos moradores às autoras.

Da colônia de pescadores à Vila Autódromo

Sandra: *No início da década de 1960, às margens da Lagoa de Jacarepaguá, em uma área conhecida como Baixada de Jacarepaguá, nasceu uma colônia de pescadores. Nesse lugar, famílias de pescadores viviam e obtinham seu sustento através do consumo e da venda de peixes. A região não era urbanizada, possuía muitos charcos, cobertos por taboas, vegetação própria de solos alagadiços, brejos, várzeas e outros espelhos d'água. Estando próxima do maciço da Pedra Branca, a área era envolvida pela floresta, que avançava seus braços de mata até a Lagoa de Jacarepaguá. Na época, não havia a barreira formada pelos condomínios residenciais e pelas grandes vias que posteriormente transformaram a região. O lugar era belíssimo, com ampla variedade de flora e fauna.*

Em 1966, é inaugurado, ao lado da colônia de pescadores, o Autódromo Nova Caledônia, que na década seguinte passaria por uma grande reforma, sendo reinaugurado em 1977 com o nome de Autódromo Internacional de Jacarepaguá. No ano seguinte, foi realizada a primeira prova de Fórmula 1 que o tornou amplamente conhecido. Posteriormente, foi renomeado como Autódromo Nelson Piquet. A imponente instalação para a "performance" de veículos automotores influenciou significativamente o perfil ocupacional e a expansão da colônia daí em diante.

A construção do Autódromo e sua primeira grande reforma na década de 1970 fomentaram o crescimento populacional na comunidade, que acolheu trabalhadores vindos de locais distantes, alguns de outros estados. Na ocasião, a região não possuía infraestrutura, o transporte era precário e o acesso difícil fazia com que muitos trabalhadores se fixassem na colônia e em seguida trouxessem suas famílias, levando à alteração de perfil populacional. A colônia

de pescadores foi se transformando, gradativamente, em uma comunidade de "pescadores e operários". Conhecida anteriormente como Ilha dos Pescadores – quando essencialmente povoada por eles –, aos poucos vai mudando seu nome para Vila Autódromo.
Na década de 1970, a construção do Riocentro[3] *trouxe mais famílias operárias para a comunidade. A obra, que terminaria em 1977, coincidia com a primeira reforma do Autódromo. O processo de desenvolvimento urbano da região se consolidava e, com ele, a mudança definitiva do perfil ocupacional.*
Na década de 1990, na gestão municipal do prefeito Cesar Maia no Rio de Janeiro, uma nova reforma construiria o circuito oval para Fórmula Indy, na época chamada de kart e Moto GP. O autódromo mudaria mais uma vez de nome para Emerson Fittipaldi. Na ocasião, surgiram na Vila Autódromo oficinas especializadas em conserto de kart.
Nesse período, a comunidade sofreu muita pressão com ameaças de remoção. O prefeito realizou uma intervenção que manteve por uma semana tratores parados em frente à Associação de Moradores, ameaçando derrubá-la. A ação foi impedida pela organização comunitária e pela resistência dos moradores.

Na ocasião, a Barra da Tijuca[4] passava por acelerado processo de valorização imobiliária; grandes vias estavam em construção, visando a aumentar o fluxo de automóveis. Condomínios de alto padrão, casas noturnas e *shopping centers* surgiam rapidamente no bairro. Junto ao desenvolvimento urbano também ocorriam desapropriações. Centenas de famílias foram removidas de suas casas sob pressão, embora a narrativa da Prefeitura fosse oposta.[5] Entende-se que o direito básico à moradia digna foi negligenciado aos moradores da Vila Autódromo durante as gestões do prefeito Eduardo Paes.

Sandra: *Famílias foram removidas com extrema violência e covardia. Era-lhes negado qualquer direito, deixando-lhes a esmo e sem amparo. Há*

---

3 Centro de Convenções localizado na Barra da Tijuca e inaugurado em 1977.

4 Bairro adjacente à comunidade, que posteriormente se estendeu e incorporou a Vila Autódromo.

5 Um exemplo da narrativa do poder público oposta à narrativa comunitária pode ser constatada na ocasião do evento "OesteRio", realizado no dia 16 de janeiro de 2016 pela revista virtual *Vozerio*, no qual o prefeito Eduardo Paes afirma que a proposta de remoção da Vila Autódromo "foi bem recebida (*pela comunidade*)" – grifo nosso. Afirma também que "(...) os outros todos saíram voluntariamente" – referindo-se às famílias removidas da Vila Autódromo. Entretanto, ex-moradores, como Jane, Tadilmarco e Barrão, entre outros, afirmaram em entrevista para a ONG RioOnWatch que se sentiram pressionados a sair. Disponível em: "Paes afirma que Vila Autódromo permanecerá e que a urbanização das favelas foi um sucesso", em rioonwatch.org.br, e em: "Eduardo Paes faz balanço de seus oito anos como prefeito", reportagem de 21 de janeiro de 2016. Disponível no *site* oficial da revista *Vozerio*:vozerio.org.br.

décadas viviam ali, tinham construído suas vidas, histórias e o próprio local; esses indivíduos testemunham e sentem a força injusta e desigual do poder público, que, aliado ao capital privado, tripudia, desrespeita e destrói os vínculos e a estrutura da vida de centenas de famílias para atender ao interesse de um pequeno grupo de poderosos que detêm o capital e determinam as diretrizes do planejamento urbano. Muitas dessas famílias buscaram apoio e acolhimento na Vila Autódromo, o que também contribuiu para sua expansão. Tendo como motivação a necessidade de organização da comunidade e de uma resistência contra as ameaças, é fundada, em 1987, a Associação de Moradores, Pescadores e Amigos da Vila Autódromo (Ampava).

O crescimento da comunidade nas décadas de 1980 e 1990 ocorre, portanto, principalmente devido às remoções na região, primeiro por famílias que perderam suas casas e recorreram à comunidade e, em um segundo momento, por reassentamentos feitos pelo próprio poder público. Contraditoriamente, mesmo sendo local de reassentamento de famílias, a comunidade permanecia constantemente ameaçada de remoção.

Foram anos de muita luta para a garantia de direitos, muitas reuniões, nas quais os moradores se organizavam para conseguir regularizar seus lotes, produzir ofícios para a Cedae em busca da instalação de redes água e esgoto. Pedidos estes que nunca foram atendidos. Mutirões construíam os espaços necessários, redes de abastecimento de água, redes de fornecimento de energia elétrica, sistema de fossas e sumidouros e a sede da Associação de Moradores, entre outros. A comunidade organizava-se e autoconstruía-se.

Na década de 1990, a Vila Autódromo conquistou dois títulos de Concessão de Uso concedidos pelo Governo do estado e outorgados pelo Instituto de Terras e Cartografia do Rio de Janeiro (Iterj), que garantiam a permanência e o uso da terra pela comunidade. No entanto, as remoções continuavam ocorrendo na região, relacionadas ao acelerado processo de expansão e especulação imobiliária. Em 1994, 104 famílias do núcleo central da comunidade obtiveram Termos Administrativos de Concessão de Uso; e, em 1998, a concessão de uso foi estendida às famílias moradoras da faixa marginal da Lagoa (MÜNCH, 2017, p. 33).

Sandra: *As ameaças e pressões do poder público continuavam de diversas formas, entre elas por meio de visitas de agentes da Prefeitura, segundo relato de moradores. A Vila Autódromo, no entanto, permanecia em expansão com a*

criação de novos espaços de convivência: o parquinho das crianças, a quadra, a mesa de pingue-pongue, a mesa de concreto com jogo de damas na beira do rio - solucionando autonomamente os problemas oriundos da omissão do poder público, como a construção de um ponto de ônibus com cobertura e banco de alvenaria e da ponte sobre o rio para a travessia do local até a Avenida Salvador Allende. Em 1996, após um período de chuvas no Rio de Janeiro, a comunidade foi ameaçada de remoção sob o argumento de que se tratava de "área de risco", e, em 2002, com a confirmação do Rio de Janeiro como sede dos XV Jogos Pan-Americanos, o argumento passou a ser a construção da Vila Olímpica
Contrariando as acusações de destruição ambiental, a comunidade mantinha-se arborizada e rica em alimentos plantados e colhidos da terra. Entre as formas diversificadas de resistência, a Associação de Moradores promove um concurso de frases com o tema "Preservação ambiental" e consolida uma parceria com a Fundação Oswaldo Cruz (Fiocruz), realizando uma horta comunitária e um projeto experimental de fossa verde, que tratava a água para reutilização ou devolução à Lagoa sem impacto ambiental. Este projeto foi aprovado com o propósito de ser implementado em toda a comunidade.

Em 12 de janeiro de 2005, é aprovada a Lei Complementar 74/2005 na Câmara Municipal do Rio de Janeiro, que decreta parte considerável da comunidade como Área Especial de Interesse Social (Aeis). O período coincidia com a preparação dos Jogos Pan-Americanos de 2007, fase de intensas ameaças e pressões para a remoção da comunidade, que se mantém organizada e em resistência. Em 2009, é oficialmente anunciada a realização dos Jogos Olímpicos de 2016. Para sua realização, o prefeito Eduardo Paes (2009-2016) afirma a necessidade de remoção de mais de 3.500 famílias em seis assentamentos das Zonas Oeste e Norte da cidade, entre eles a Vila Autódromo. O argumento, que está no Plano de Legado Urbano e Ambiental para os jogos, era a destinação da área da comunidade para a ampliação das Avenidas Abelardo Bueno e Salvador Allende (TANAKA et al., 2018, p. 51).

A preparação e a resistência do/ao Rio Olímpico

Diante da ameaça de remoção da comunidade sob a justificativa da construção do Parque Olímpico (ao lado da comunidade), a Vila Autódromo realizou um protesto em frente à Prefeitura Municipal do Rio de Janeiro, a partir do qual conseguiu diálogo com esta. Nas reuniões posteriores, o prefeito afirmou que a remoção da comunidade era exigência do Comitê Olímpico Internacional (COI) e, posteriormente, sugeriu que a comunidade apresentasse um projeto de urbanização que demonstrasse ser possível sua permanência. Em busca de realizar tal projeto, a moradora Inalva Mendes Brito leva o tema para a reunião do Comitê Popular da Copa e Olimpíadas do Rio de Janeiro, em outubro de 2011, na qual se decide a elaboração conjunta de um plano alternativo de urbanização para a Vila Autódromo.

O projeto de urbanismo é realizado de forma participativa entre a comunidade e o Laboratório Estado, Trabalho, Território e Natureza (Ettern/Ippur/UFRJ) e demonstra a viabilidade técnica da permanência da comunidade e recebe o prêmio de Urbanismo do Deutsche Bank Urban Age Award, em 2013. Ressalta-se, ainda, que o projeto vencedor do concurso para o Plano Geral Urbanístico para o Parque Olímpico, elaborado pelo escritório londrino Aecom, previa a permanência da comunidade.

A despeito de todas as comprovações da compatibilidade da comunidade e com o Parque Olímpico, a Prefeitura deu início à construção da estrutura e ao processo de remoção de casas da comunidade, via Parceria Público-Privada. O Consórcio Rio Mais[6] foi responsável por executar toda a infraestrutura do Parque Olímpico e manter a área por 15 anos, além de construir três pavilhões que o compõem: Centro Olímpico de Treinamento, Centro Internacional de Transmissão, Centro de Mídia Imprensa, hotel e Vila dos Atletas (DOSSIÊ, 2015, p. 73.)

Sandra: *Após trinta anos de ameaças e resistência, a consolidação da referida parceria público-privada concedia à Prefeitura a possibilidade de remoção da Vila Autódromo. Dá-se início a uma série de ações coercitivas, com o objetivo de forçar os moradores a negociarem suas casas. Ações jurídicas, psíquicas e físicas fizeram parte do repertório de violação dos direitos humanos levados a cabo pelo poder público. O momento foi de intensa pressão psicológica às famílias, o que inclui desde a marcação das casas com a sigla SMH (Secretaria Municipal de Habitação) sem o consentimento do morador, passando por ameaças, até o uso da violência no cumprimento de decretos*

[6] O consórcio Rio Mais é composto pelas construtoras Norberto Odebrecht, Andrade Gutierrez e Carvalho Hosken. A Carvalho Hosken é também a principal proprietária de terras do entorno do Parque Olímpico (com histórico de grilagem), portanto principal beneficiária da valorização imobiliária gerada pelas obras em questão (DOSSIÊ, 2015, p. 73).

de desapropriação: moradoras e moradores desarmados e vulneráveis foram espancados nesse período.

Algumas casas eram repentinamente demolidas com tudo dentro; outras isoladas, dentro do Parque Olímpico em construção. Demolições sem cumprimento das normas de segurança colocavam em risco a vida, a saúde e a paz dos moradores; canos de abastecimento de água eram quebrados; fios elétricos, arrebentados e deixados pendurados eletrificados; demolições, feitas sem a presença de um carro-pipa, com jato de água, o que causava uma nuvem de poeira que envolvia a comunidade e provocava sérios problemas respiratórios aos moradores. As ruas eram destruídas diariamente com a passagem de máquinas, caminhões e tratores usados nas obras das Olimpíadas. Era esse o cenário da Vila Autódromo às vésperas das Olimpíadas Rio 2016.

Houve suspensão de serviços públicos básicos, como entrega de correspondência, coleta de lixo e retirada da iluminação pública das principais ruas da comunidade. Operações que chamavam de "choque de ordem" fecharam o comércio local; animais domésticos foram abandonados pelas famílias removidas porque não era permitida a presença deles nos apartamentos do Parque Carioca; praticamente todas as árvores da comunidade foram cortadas, o que causou grande impacto ao ambiente e à vida das pessoas.

A Prefeitura, incansável em suas estratégias de maldade, foi transformando a vida da comunidade em uma situação sub-humana, repleta de medos e incertezas. A cada uma dessas ações, grupos de famílias, não suportando mais, negociavam e iam embora, transformando suas realidades e revirando todas as estruturas de suas vidas.

Todos os dias saiam várias famílias e, portanto, várias casas eram demolidas, deixando o lugar diariamente envolto em nuvens de poeira. Os escombros das casas demolidas ficavam abandonados no local, assim como algumas casas esburacadas. Esse conjunto de horrores imprimia ao local um cenário de pós-guerra, pós-bombardeio e abandono.

Em meio aos escombros, produziam-se música, dança, poesia, teatro, grafites, oficinas, lançamento de livro, produção e exibição de filmes, aulas abertas, encontros de estudantes, visitas guiadas e grandes festivais culturais. As ações eram sempre pacíficas e, na maioria das vezes, culturais.

Inicia-se aí um movimento chamado "Ocupa Vila Autódromo", que foi uma série de eventos com o objetivo de manter a Vila ocupada e com circulação de pessoas para ampliar a visibilidade da situação de remoção. Era preciso, além

disso, manter a vida naquele local, manter acesa a chama da esperança e a alegria de pertencer àquele lugar e de fazer parte daquela história.
A sensação que tínhamos era a de estar em um lugar que estava, pouco a pouco, morrendo. E as intervenções artísticas tornavam a vida mais bela, eram renovadoras, nos traziam alegria, energia, esperança e vontade de continuar. Sentíamos que podíamos continuar, que não estávamos sozinhos.

Diana: *Espontaneamente havia surgido na Vila Autódromo uma resistência criativa e afetiva, criativa porque era necessário elaborar estratégias de apoio à permanência da comunidade a cada surpresa que a Prefeitura trazia, para respaldar, justificar ou executar os despejos e as remoções; e afetiva porque naturalmente a recepção de qualquer indivíduo que chegava para apoiar a Vila Autódromo era realizada com abraços, acolhimento, café, lanche e sorrisos enormes dos moradores. Essa recepção era inesquecível e deixava claro que o afeto era parte daquela luta.*
O preenchimento dos espaços que separavam as remoções era completado com intervenções artísticas, teatro, música, cortejo, dança, orquestras, festas e afins; processava-se uma espécie de regeneração do espírito comunitário mutilado pelos tratores. As dores intangíveis daquele corpo social desfalecido eram amenizadas com notas fortes ecoadas dos trompetes e trombones e com as batidas dos surdos das orquestras dos cortejos. Ao pisotear os escombros, com pés dançantes, ficavam também derrubados nessa dança os sentimentos de desesperança que as remoções provocavam.
A Vila Autódromo lutaria até o fim porque aquele grupo de indivíduos utópicos, composto por moradoras e moradores, apoiadoras e apoiadores, havia acreditado em sua imortalidade. Nessa utopia, construía-se a possibilidade de recriação. No embalo das festas, amenizavam-se a dor e o medo; nos inúmeros abraços, esvaíam-se a insegurança e as incertezas. Assim, os mutirões, os festivais e os encontros alcançavam, como uma espécie de ritual de reparação da alma, as esferas da subjetividade, da identidade e do psicológico abaladas pela violência do Estado.
Após cada festa, a Vila Autódromo sentia-se fortalecida de afetos e apoio para seguir resistindo às ações da Prefeitura; por isso, dizemos que o sentimento e os vínculos foram combustíveis essenciais dessa luta.

Sandra: *Em uma luta injusta e desigual, a Vila Autódromo disputava bravamente seu território, seus direitos e sua memória. A resistência de décadas havia construído uma rede plural, composta por grupos de pessoas de diferentes procedências; cada um e cada uma iam assumindo lideranças nas ações sociais, culturais e políticas em diferentes momentos, dando fôlego e continuidade a uma história de coragem e de luta por direitos. Nesse acirrado momento de sua história, a resistência era composta por um número incalculável de pessoas, que moravam na Vila Autódromo, que já haviam morado ou que apoiavam a causa. Apoiadoras e apoiadores de lugares variados e distantes se juntavam na luta pelo direito à cidade.*

Quando a remoção apontava para o desaparecimento daquela comunidade, Tainã de Medeiros, museólogo e apoiador da Vila Autódromo, apresentou a proposta da criação de um museu, que teria como acervo o que ainda restava da vida e da história na memória daquelas pessoas. Seria um museu no qual as exposições poderiam ser feitas nas poucas casas que ainda estavam de pé e nas construções descaracterizadas. Se a comunidade não conseguisse resistir e fosse toda removida, era possível levar o museu para outro território que estivesse passando por ameaças de remoção. A proposta era que esse museu fizesse um trabalho de preservação da memória de populações removidas ou ameaçadas de remoção e servisse como ferramenta na luta contra a política de remoções.

Adoramos a ideia, mas por onde começar? Teríamos que pensar juntos em como fazer isso. Estaríamos lutando e fazendo um trabalho de preservação de memória, de uma memória que estava em processo de apagamento, da mesma forma que tantas outras comunidades removidas tiveram suas histórias e memórias silenciadas e apagadas. Era nossa luta por moradia desdobrando-se e descobrindo novas formas de resistir e ampliar nossa consciência.

Em meio a uma série de atividades que aconteciam nos eventos "Ocupa Vila Autódromo", em 2015 tivemos o Encontro Nacional de Estudantes de Arquitetura (Enea). Vieram muitos alunos e professores de Arquitetura e Urbanismo de todo o Brasil, entre eles a professora e arquiteta Diana Bogado, que retornou após o encontro disposta a somar e apoiar a resistência.

Diana: *Ao chegar com o Enea na Vila Autódromo, fomos recebidos pelo Robson, morador que nos explicou a situação de remoção da comunidade. Batemos um papo e, em seguida, fomos caminhar. Éramos mais de cem indivíduos, a maioria alunos de arquitetura de todo o Brasil; eu, professora de arquitetura. Muito pronto nos deparamos com o despejo da Dona Jane, o caminhão da Prefeitura estava estacionado na porta de sua casa para realizar a mudança, dois agentes da Prefeitura conduziam o despejo de forma pragmática e operativa; outros dois moradores, ao lado de Dona Jane, a acompanhavam. Dona Jane retirava suas coisas com lágrimas nos olhos, de forma contida; quando naturalmente nos aproximamos de sua casa, éramos uma multidão, nos dispusemos em círculo, e, como um corpo, abraçamos a casa da dona Jane e assistimos àquela cena impactante e violenta. Uma senhora sendo obrigada a abandonar sua própria casa enquanto a realização de sua mudança era monitorada por um agente da Prefeitura Municipal. Naturalmente, aos nos ver, Dona Jane dirigiu-se à varanda, olhou para todos aqueles estudantes e deixou sair sua dor, contou de sua luta, de sua história e como ela estava se sentindo naquele momento. Falava livremente, quase compulsivamente, enquanto deixava suas lágrimas rolarem, tornando difícil que as nossas se mantivessem contidas.*

As intervenções do Projeto de Extensão à Comunidade da Universidade Anhanguera

Sandra: *Diana retornou à comunidade com a proposta de trazer seus alunos de arquitetura da Universidade Anhanguera para realizar a revitalização de algum espaço de convivência da comunidade, que nessa época já estava cercada por escombros e bastante destruída. O local escolhido pelos moradores foi o parquinho infantil, pois ainda havia crianças morando no local, que na ocasião brincavam em meio aos escombros. A revitalização do parquinho nos alegrou muito. Em meio àquele caos, tínhamos a sensação de que tudo estava desabando. Ver o espaço das crianças sendo reformado, renascendo e novamente utilizado por elas, que brincavam felizes, enchia nossos corações de esperança!*

O Projeto de Extensão à Comunidade,[7] realizado pela Universidade Anhanguera em meados de 2015, propunha a realização de intervenções participativas em favelas e bairros periféricos. Esse foi o único projeto realizado por uma universidade na comunidade que levou a cabo adição e reconstrução do território em meio às ações de demolição e destruição empreendidas pela política remocionista. A reconstrução diante da demolição constitui uma poderosa ferramenta de luta frente aos processos de destruição espacial empreendidos pelo Estado. O projeto executado partiu do princípio de que o posicionamento das universidades – principalmente

[7] Coordenado pela professora Diana Bogado, coautora deste texto.

de cursos de arquitetura e urbanismo – frente aos conflitos socioterritoriais no Brasil é fundamental e urgente.

Na ocasião, a Prefeitura posicionava-se covardemente contra a população a favor dos interesses do mercado imobiliário, contrariando os princípios básicos norteadores da política urbana. E o projeto buscava se posicionar a favor dos interesses coletivos e da comunidade, executando ações que viessem fortalecer a luta popular na consolidação do direito à moradia e à cidade.

Figura 1 Mutirão de requalificação do parquinho.

Fonte: Luiza de Andrade.

A requalificação do parquinho realizada pelo projeto de extensão em conjunto com a comunidade foi um marco na luta contra a remoção da Vila Autódromo. A comunidade já não possuía mais espaço público, e o estímulo proveniente dessa intervenção representou um suspiro de esperança na possibilidade da permanência da comunidade diante das diversas pressões do Estado. No parquinho, foram realizados vários eventos, como a apresentação da sexta versão do Plano Popular de Urbanização da comunidade;[8] a apresentação do livro *A guerra dos lugares*, da arquiteta e urbanista Raquel Rolnik, no dia 5 de março de 2016; e o debate com o geógrafo David Harvey, no dia 12 de março de 2016, entre outros eventos. A partir dessa experiência de intervenção participativa, realizaram-se outros mutirões de requalificação de espaços públicos na Vila Autódromo levados a cabo pelo projeto de extensão.

---

[8] À medida que a remoção avançava, derrubando casas, desmatando e descaracterizando o local, a Prefeitura argumentava não ser mais possível implementar o Plano Popular de Urbanização da Vila Autódromo. A equipe técnica, então, adaptava-o à nova realidade do território, constatando, ao contrário do que afirmavam, que era possível urbanizar o local mantendo as famílias que ainda permaneciam. Desse modo, o Plano Popular chega até a sexta versão.

Figura 2 Parquinho requalificado.

Fonte: Diana Bogado.

Sandra: *Diana Bogado torna-se, então, mais uma colaboradora e apoiadora da resistência da Vila Autódromo e, no semestre seguinte, traz novamente sua turma para a revitalização de outro espaço: o local onde já havia sido feito um festival cultural, o "Ocupa Vila Autódromo", e se pretendia fazer outro. O local era a ruína da igreja protestante removida, que na ocasião do primeiro festival ainda preservava um grande palco de concreto conservado após sua demolição. Os moradores e moradoras limparam o local e, motivados por esse palco, realizaram o primeiro festival cultural; mas, após a festa, a Prefeitura enviou funcionários para quebrá-lo. Os moradores novamente limparam o local, e, por ser um espaço amplo com parte de seu piso de cerâmica preservado, ainda era possível realizar eventos. E, por que não, outro festival? A professora Diana e seus alunos revitalizaram, então, mais um espaço da comunidade nascido em meio aos escombros: um espaço de resistência, união, alegria e esperança. Realiza-se, então, o segundo "Festival Cultural Ocupa Vila Autódromo" e, durante esse processo de apoio e colaboração, fortalece-se a ideia de concretização do Museu das Remoções.*

Edificações de imenso valor identitário e afetivo haviam sido suprimidas da Vila Autódromo; inúmeras casas, comércios, biroscas, espaços públicos, a casa de Dona Penha, Luiz e Nathália, a Associação de Moradores, o parquinho, o Espaço Ocupa e muitas outras edificações tinham se tornado poeira. A comunidade estava mutilada, enfraquecida, irreconhecível; moradores e frequentadores perdiam-se pelas ruas descaracterizadas, sem referências espaciais devido à supressão das edificações e à destruição generalizada do território. Muitos moradores já não estavam mais na Vila, tinham cedido à pressão psicológica do Estado, às seduções de altas indenizações pontuais, ou simplesmente sido removidos arbitrariamente com a violação a seus direitos básicos. No espaço da Vila Autódromo, restavam restos, saudade e o grito de dor que ressoava na atmosfera de pó e arraigava-se com aspereza aos pedaços das ruas, das casas e das vidas estraçalhadas que insistiam em seguir sendo Vila Autódromo.

A construção do Museu das Remoções

As remoções das casas prosseguiam de forma cada vez mais acelerada, iniciava-se o ano de 2016 e aproximavam-se as Olimpíadas. O parquinho, removido; a Associação de Moradores da Vila Autódromo, removida; o espaço Ocupa, removido. Na poeira, entretanto, reerguia-se a gana, articulavam-se planos, buscava-se reexistência. Na atmosfera colorida pela dor, propagava-se uma voz de mulher que, sem sua casa, embriagada na incerteza generalizada quanto ao futuro de sua família, afirmava que da Vila Autódromo não sairia. E foi a força dessa enorme mulher que sustentou a comunidade inteira. "Se ela, sem casa, estava lutando, estava acreditando, eu tinha que lutar e eu tinha que acreditar" (relato de Iara, moradora da Vila Autódromo (BOGADO, 2017, p. 284).

Figura 3 Vila Autódromo.

Fonte: Diana Bogado.

Havia um sentimento coletivo de que todos esses acontecimentos não se perdessem na poeira dos escombros tal como gostariam os gestores da cidade.

> A Vila Autódromo não cabe na rua onde foram construídas as 20 casas novas. A Vila Autódromo não cabe no território onde antes moravam mais de 600 famílias. A Vila Autódromo não cabe nem no Rio de Janeiro. A Vila Autódromo é a casa de todos os teimosos que acreditam que memória não se remove (Entrevista com Luiza de Andrade, cineasta, ativista e cofundadora do Museu das Remoções, 2017).

Surge, então, a ideia de construção de um museu capaz de reunir fragmentos dessa memória e comunicar uma narrativa diferente da oficial apresentada pelo poder público. O Museu das Remoções nasce da necessidade coletiva de apoiadores e moradores de registrar as práticas sociais da Vila Autódromo e reconstruir a relação entre o território e a memória da comunidade.

Seu objetivo é registrar a história de violências, mas também de lutas travadas naquele território e enfrentar o duplo processo de apagamento produzido pelas práticas institucionais, tanto do espaço físico quanto social que constituíram historicamente a comunidade. O Museu das Remoções apresenta-se como um esforço coletivo de preservação da memória em contraposição à dinâmica de esquecimento das remoções. Sua construção ocorreu no âmbito da prática pedagógica, sendo mais uma experiência de projeto de extensão da Universidade Anhanguera. O museu foi idealizado e construído coletivamente: Thainã de Medeiros, ativista, apresentou a ideia de construção de um museu fundamentado na Museologia Social; Diana, Luiza de Andrade, Daniela Petti, Alexandre Magalhães e outros apoiadores em conjunto com a comunidade levaram a cabo a iniciativa, a idealização e a construção do museu. O professor Mário de Souza Chagas apoiou sua criação e complementou com atividades práticas e explicações teóricas sobre as funções básicas de um museu (preservação, comunicação e pesquisa). A construção do Museu das Remoções ocorreu em três etapas, fruto de um trabalho horizontal e coletivo, de moradores e apoiadores da Vila Autódromo, dentro das atividades levadas a cabo pelo Projeto de Extensão à Comunidade:

Figura 4 Escultura do Museu das Remoções.

Fonte: Diana Bogado.

Na primeira etapa, idealizou-se a proposta do museu, com reuniões de apoiadores e moradores para a concepção da ideia do Museu das Remoções. Na segunda etapa, diálogo e oficinas de resgate histórico por meio da oralidade, denominadas "Oficinas de Memória". Elas foram realizadas por alunos, moradores, ex-moradores e vizinhos. Roda de Leitura, oficina de fotografia e de reconhecimento do lugar, e *devir* pela comunidade, conduzido pelo morador Luiz, também fizeram parte dessa etapa. O professor Mário de Souza Chagas, junto a moradores e apoiadores, orientou o resgate de escombros de equipamentos urbanos e de edificações demolidas que posteriormente foram incorporados ao acervo permanente do Museu Histórico Nacional do Rio de Janeiro. Registros orais, fotográficos, audiovisuais e gráficos, além da elaboração de um mapa da comunidade pelos alunos, a partir dos relatos dos moradores, tornaram-se acervo do Museu das Remoções.

A terceira etapa de construção do Museu das Remoções consistiu na intervenção participativa no espaço público da comunidade com a construção de estruturas artísticas criadas a partir do reaproveitamento dos escombros e de elementos representativos de lugares e personagens da comunidade. Essas esculturas, elaboradas pelos alunos, construíram um percurso que reconectava os escombros à memória da comunidade. O museu foi inaugurado no dia 18 de maio de 2016, Dia Internacional dos Museus, com a presença de moradores, apoiadores e imprensa independente. Na ocasião, o público conheceu o Museu das Remoções através de sua primeira exposição: o percurso formado pelas sete esculturas elaboradas no âmbito do Projeto de Extensão.

O Museu das Remoções não se restringe às esculturas. Elas foram as sementes de uma proposta de luta político-afetiva que a Vila Autódromo plantou. O museu é a própria comunidade. Muitas esculturas perderam-se com as remoções, com o tempo, mas o museu permanece em atividade. Suas ações permanentes comunicam a história de luta e a vitória da Vila Autódromo. A proposta é incentivar a resistência de comunidades que sofrem remoção.

Constantemente, novos apoiadores surgem e engajam-se no Museu das Remoções, nas inúmeras atividades culturais, pedagógicas, artísticas, sociais e políticas que o Museu das Remoções vem desenvolvendo. Entende-se que os vínculos criados no processo vivido em conjunto, por moradores e apoiadores, foi ingrediente fundamental para a brava resistência forjada no referido percurso e para o não abandono da luta; tais vínculos ainda são o elemento que move o engajamento dos integrantes do Museu das Remoções.

Conclusão

O Museu das Remoções nasceu do ativismo pedagógico no âmbito da luta popular pelo direito à moradia, com o apoio da universidade, da sociedade, de artistas e profissionais de diversas áreas, contrariando as probabilidades do cenário ameaçador forjado pela construção do Rio Olímpico para as comunidades marginais. O contexto desesperançoso não foi suficiente para frear a certeza de que os moradores tinham na permanência da comunidade. A certeza deles é prova da relevância de nosso trabalho, de nossa união e da potência transformadora de nossos vínculos.

Foi na trajetória da luta popular, pela efetivação do direito à moradia da Vila Autódromo, que apoiadores e moradores aprenderam, na *práxis,* a importância de trabalhar subjetividades e regenerar aspectos emocionais, psicológicos e comunitários impactados pelas remoções. A construção coletiva do Museu das Remoções, fundamentada na dinâmica das "Oficinas de Memória", contribuiu para a conscientização de todas e todos sobre a relevância da história da comunidade e dos afetos, na criação de significados comuns capazes de estimular o "refazer cotidiano" e não se deixar abater diante do contexto de incertezas (DAS; POOLE, 2004).

A partir da compreensão da memória local como potente ferramenta da luta popular, seguimos trabalhando para que a Vila Autódromo inspire outras comunidades a resistir aos processos de remoção, despejo e gentrificação. Cientes de que não estamos sozinhas, continuamos caminhando para promover arte-política e conscientização social progressista a partir da difusão da memória passada e presente da Vila Autódromo. Por tudo isso, o Museu das Remoções oferece-se como inspiração e metodologia livre e aberta, passível de ser adotada e reinventada por outros grupos afetados por remoções, em todos os lugares do mundo.[9]

Referências

AGAMBEN, Giorgio. *Homo Sacer. Sovereign Power and Bare Life*. Stanford: University Press, 2005.

AGUILERA, Federico; NAREDO, José Manuel (org.). *Economía, poder y megaproyectos*. Madrid: Cromoimagen S. L., 2009.

BOGADO, Diana. O Museu das Remoções da Vila Autódromo. Potência de resistência criativa e afetiva como resposta sociocultural ao Rio de Janeiro dos megaeventos. Tese (Doutorado) - Universidade de Sevilha, 2017.

DAS, Veena; POOLE, Deborah. *Anthropology in the Margins of the State*. Santa Fé: School of American Research Press, 2004.

DOSSIÊ do Comitê Popular da Copa e Olimpíada do Rio de Janeiro. *Comitê Popular das Copas e das Olimpíadas do Rio de Janeiro*, 2015, p. 73. Disponível em: https://br.boell.org/pt-br/2015/12/10/dossie-rio-olimpiadas-2016-os-jogos-da-exclusao. Acesso em: 23 ago. 2019.

GARNIER, J.P. Marsella 2013: el urbanismo como arma de destrucción masiva. GeocritiQ. 10 de enero de 2014, nº 24.

HARVEY, David. *A produção capitalista do espaço*. 2. ed. São Paulo: Annablume, 2005.

HARVEY, David. *Cidades rebeldes: do direito à cidade à revolução urbana*. Trad. Jeferson Camargo. São Paulo: Martins Fontes, 2014.

HARVEY, David. *O enigma do capital e as crises do capitalismo*. Trad. João Alexandre Peschanski. São Paulo: Boitempo, 2011.

HEIDEGGER, Martin. *Construir, habitar, pensar*. Barcelona: Oficina de Arte y Ediciones, 2015.

LEFEBVRE, Henri. *La production de l'espace*. 4. ed. Paris: Éditions Anthropos, 2000.

LEFEBVRE, Henri. *La révolution urbaine*.Paris: Gallimard, 1976.

LEFEBVRE, Henri. *O direito à cidade*. São Paulo: Centauro, 2001.

LUCENA, Felipe. *História do autódromo de Jacarepaguá*. Disponível em: https://diariodorio.com/histria-do-autdromo-de-jacarepagu/. Acesso em: 22 ago. 2019.

MAGALHÃES, Alexandre. Transformações no "problema favela" e reatualização da "remoção" no Rio de Janeiro. Tese (Doutorado) - Instituto de Estudos Sociais e Políticos, Universidade do Estado do Rio de Janeiro, 2013.

MARICATO, Erminia. Globalização e política urbana na periferia do capitalismo. *Ver a Cidade*, ano IV, n. 4, mar. 2009.

MASCARENHAS, Gilmar. *Revista USP*, São Paulo, n. 108, p. 52. jan./mar. 2016.

[9] Os conceitos apresentados na conclusão deste texto foram construídos de maneira coletiva com os cogestores do Museu das Remoções.

MÜNCH, Marcela. *Direitos humanos e a colonização do urbano:* Vila Autódromo na disputa. Rio de Janeiro: Lumen Juris, 2017.

NABACK, Clarissa. Remoções biopolíticas: o habitar e a Resistência da Vila Autódromo. Dissertação (Mestrado) – Programa do Departamento de Pós-graduação em Direito, Pontifícia Universidade Católica, Rio de Janeiro, 2015.

NAREDO, José Manuel. Economía y poder. Megaproyectos, recalificaciones y contratas. In: AGUILERA, Federico; NAREDO, José Manuel (org.). *Economía, poder y megaproyectos.* Madrid: Cromoimagen S. L., 2009.

SANTOS, Milton. *Por uma outra globalização:* do pensamento único à consciência universal. Rio de Janeiro: Record, 2013.

SOUSA SANTOS, Boaventura de. *A gramática do tempo:* para uma nova cultura política. Porto: Edições Afrontamento, 2006.

SOUSA SANTOS, Boaventura de. Para descolonizar Occidente. Más allá del pensamiento abismal. Buenos Aires: Clacso, 2010.

STAVRIDES, Stavros. Olimpíadas de Atenas 2004: um estado de exceção urbano que se transformou em regra. In: *Os megaeventos e a cidade: perspectivas críticas.* Rio de Janeiro: Letra Capital, 2016.

TANAKA, Gisele; OLIVEIRA, Fabrício Leal de; BIENENSTEIN, Regina et al. Uma história de luta e resistência. In: TANAKA, Gisele; OLIVEIRA, Fabrício Leal de; SÁNCHES, Fernanda et al. (org.). *Viva a Vila Autódromo:* o plano popular e a luta contra a remoção. Rio de Janeiro: Letra e Capital, 2018.

VAINER, Carlos; BIENENSTEIN, Regina; TANAKA, Gisele et al. A permanência é possível: a elaboração do plano popular. In: TANAKA, Gisele; OLIVEIRA, Fabrício Leal de; SÁNCHES, Fernanda et al. (org.). *Viva a Vila Autódromo:* o plano popular e a luta contra a remoção. Rio de Janeiro: Letra e Capital, 2018.

Por entre margens e lugares: sobre a materialidade da memória dos moradores de favelas

Mauro Amoroso

O objetivo do presente trabalho é debater a especificidade característica dos suportes materiais de memória dos moradores de favelas, bem como suas possibilidades de usos políticos, alcance e limites. Para isso, ele se encontra dividido em quatro partes. Na primeira, será problematizada a relevância da memória nos embates políticos à luz, principalmente, do quadro de disputas e conflitos dos diferentes atores presentes em nosso cenário atual. Com isso, buscará abrir um caminho para se pensar não apenas a necessidade de se falar de memória no Brasil pós-redemocratização, mas como encaixar as favelas e seus moradores nesse desenho.

Na segunda, falaremos sobre o processo de construção de suportes materiais de memória, seus impactos, alcances e possibilidades de ação concreta a partir deles para os moradores de favelas. Como as tecnologias de comunicação, muitas presentes no ambiente virtual, são usadas por esses grupos e, como elas, influenciam para que sua memória saia de um *status* de subterrânea, ainda que não chegue a ganhar destaque efetivo a ponto de gerar, inclusive, projetos e locais de salvaguarda e disseminação. Assim, esse conjunto de lembranças seria visto como *memória ignorada*, uma vez que as condições de sua produção permitem um maior alcance para ela, porém essa possibilidade não se concretiza em amplitude de disseminação na sociedade, aceitação desse discurso e impulso de políticas de reparação e garantias de direitos.

Na terceira, será analisado como os suportes no ambiente virtual possibilitam o aumento da materialidade da memória desse grupo, gerando uma demanda não concretizada por políticas de reparação, sobretudo no que diz respeito à violência da qual são vítimas, dentro da conceituação das narrativas sobre o passado nas favelas como *memória ignorada*. Na quarta e última, será realizado um esforço para pensar esses objetos de memória não apenas como lugares, mas como *margens de memória*. Ou seja, são suportes materiais de memória que dialogam com a categoria de *lugares de memória*, mas têm características que possibilitam refletir sobre eles a partir de outras categorias. São importantes instrumentos para se entender a mobilização e a resistência de moradores de favelas pela via da memória. Apresentam, entretanto, grande fluidez, fragilidade e dificuldade de garantia para sua existência e sua perpetuação, além de uma relação de ambiguidade com estruturas institucionais e estatais.

A memória na ribalta da política: breves considerações sobre alguns atores e seus discursos

No domingo de 17 de abril de 2016, a Praça dos Três Poderes vivia um dos dias de maior tensão da Nova República. Nesse dia, a Câmara dos Deputados votou a admissibilidade do processo de *impeachment* da presidente Dilma Rousseff.[1] Um dos momentos mais conflituosos e debatidos pela esfera pública foi o voto do então deputado federal Jair Messias Bolsonaro. Nele, o ex-capitão do Exército termina com as seguintes palavras: "Em memória de Carlos Alberto Brilhante Ustra, o pavor de Dilma Rousseff." A fala foi repudiada por diferentes agentes, tendo a Ordem dos Advogados do Brasil (OAB) chegado a pedir a cassação de seu mandato ao Supremo Tribunal Federal (STF).[2]

Cai o pano sobre a democracia. Uma breve fuga para as eleições presidenciais de 2018. Nelas, o agora candidato Bolsonaro tem como uma de suas características um notadamente anacrônico discurso anticomunista.[3] Tal fato alia-se à homenagem feita a Ustra, responsável pelo Destacamento de Operações de Informações – Centro de Operações de Defesa Interna (DOI-Codi) do II Exército (São Paulo), entre 1970 e 1974. Também foi o primeiro militar a ser condenado pela prática de tortura pela justiça brasileira, em 2008. A clara menção a um dos mais notórios torturadores da "linha-dura" militar, que comandou o DOI-Codi de São Paulo quando Dilma Rousseff passou por lá, aliada ao medo da "ameaça comunista", revela um sólido componente de uma memória sobre o poder político exercido

---

[1] Em um contexto político de grande complexidade marcado por disputas entre diferentes grupos de interesse, o processo resultou na deposição da presidente em 31 de agosto de 2016. Assume em seu lugar o vice-presidente Michel Temer, que inaugura uma conjuntura de grande instabilidade e ascensão de grupos conservadores. Esse processo tem sido visto como o prenúncio de um novo fenômeno político que resultou na eleição do atual presidente brasileiro. Como fontes jornalísticas, de intelectuais e sujeitos atuantes na sociedade civil sobre o processo do *impeachment* de Dilma Rousseff, ver: Jinkings; Doria; Cleto (2016), Almeida (2017) e Moreno (2017). Para análises acadêmicas que contemplam desde a queda de Rousseff até o cenário de poder atual, ver: Singer (2018) e Pinheiro-Machado (2019).

[2] Disponível em: https://www1.folha.uol.com.br/poder/2016/04/1763027-bolsonaro-fez-apologia-ao-crime-na-votacao-do-impeachment-diz-oab.shtml. Acesso em: 19 nov. 2019.

[3] Disponível em: https://noticias.uol.com.br/politica/eleicoes/2018/noticias/reuters/2018/10/06/bolsonaro-diz-defender-brasil-contra-comunismo-e-promete-curar-lulistas.htm. Acesso em: 19 nov. 2019.

por militares entre os anos de 1964 e 1985. Pedidos por uma "intervenção militar" como forma de protestos desde o governo Dilma são igualmente presentes em atos públicos.

A memória é uma das lentes construídas pelas tensões do presente que guiam um olhar e uma narrativa sobre o passado (ROUSSO, 1996; RICOEUR, 2000; CANDAU, 2018). Por isso, é tão visível em momentos de aguerridas disputas pelo poder. E, mais uma vez, a memória foi um elemento enormemente presente e determinante na vida política brasileira. A eleição de Jair Messias Bolsonaro, em 2018, deixou clara a importância que a mobilização de uma narrativa sobre o passado, envolvendo os atores e o contexto que permearam 1964 e 1985, teve para o processo eleitoral e seu resultado.

Voltemos ao ano de 1984, mais especificamente ao episódio das "Diretas Já".[4] Tendo em vista a amplitude e o apoio da sociedade civil ao movimento, seria possível crer em uma memória positiva sobre os chamados "anos de chumbo", que sobreviveria ao longo da democracia que estava renascendo? Nesse período, é possível observar que acervos foram destruídos a fim de se encobrirem os excessos de violência pelo grupo que ocupava o poder no Brasil. De fundamental importância seria recuperar e preservar tais informações e acervos, a fim de que se formassem narrativas visando à não repetição desse tipo de repressão (TEIXEIRA DA SILVA, 2019). Desde o fim dos anos 1970, o mercado editorial brasileiro, de certa maneira, vinha cumprindo tal função através de uma série de depoimentos e romances que abordaram justamente a repressão e a tortura (MAUÉS, 2009).

Em 1989, quando das primeiras eleições diretas da redemocratização, é possível notar uma percepção de esperança no modelo que se iniciaria, como se ele fosse a solução para as históricas e estruturais mazelas de nossa sociedade, por mais que ela se desiludisse com as potencialidades do regime democrático para tal feito (CARVALHO, 2001). Diante desse cenário, cabe repetir a indagação: em tal quadro existiria uma brecha para a sobrevivência de uma memória positiva sobre a ditadura militar e suas práticas mais repressoras?

---

[4] Movimento de ampla participação popular e de figuras conhecidas da sociedade civil pela volta das eleições diretas por meio da aprovação da emenda Dante de Oliveira, que acabou derrotada no Congresso. Entre os anos de 1983 e 1984, diversos comícios públicos foram realizados, chegando a reunir milhões de pessoas, além de personalidades políticas e artísticas.

A um primeiro e otimista olhar, a resposta poderia ser não. Contudo, atentemo-nos ao surgimento de um personagem na vida pública. O próprio Jair Messias Bolsonaro. Sua figura tornou-se conhecida ao escrever, em 1986, um artigo para a revista *Veja* em que criticava os salários do alto oficialato e por causa do qual ficou preso durante 15 dias. No ano seguinte, a mesma revista publica uma reportagem que acusa o então capitão do Exército de planejar, com um colega, explodir bombas em diferentes unidades militares, o que foi negado pelo próprio. Esses acontecimentos levaram-no a sofrer um processo do qual foi absolvido pelo Superior Tribunal Militar (STM), tornando-o uma figura conhecida. Em 1988, já eleito vereador do município do Rio de Janeiro, passa para a reserva das Forças Armadas como capitão.[5] Em 1990, consegue seu primeiro mandato de deputado federal, permanecendo na Câmara por 28 anos. Sua marca é o discurso radical, como já dito, anacronicamente anticomunista e de defesa da ditadura militar, principalmente de sua ala torturadora.

Michael Pollak (1989) é autor da conhecida categoria "memória subterrânea". Nela, o pensador enquadra lembranças e narrativas passadas que não encontram contexto social que contenham elementos para que elas se sustentem no cenário público, por diversos e complexos motivos. Por suas características, tal categoria tem sido majoritária, embora não exclusivamente, operada em diversos estudos para se entender a memória de grupos que passaram por processos de perseguição e opressão. Mas, a partir da trajetória de Bolsonaro culminando com sua eleição para a presidência, devemos nos perguntar: e quando a memória de opressores fica às sombras, esperando para submergir e atuar como um determinante fator político, como devemos refletir sobre ela?

Desde o fim dos anos 1970, as tecnologias comunicacionais revolucionaram a troca de conteúdos diversos da sociedade ocidental. O fluxo de informações aumentou consideravelmente, afetando também o campo da memória, que passou a ter um excesso de oferta. Autores como Nora (1993) e Huyssen (2000) falam em "aceleração da História" e "musealização", como chaves para pensar o fenômeno no qual tudo passa a ser objeto de rememoração como uma maneira de se buscarem relações com uma noção de passado de fluxo cada vez mais acelerado e, por isso, etéreo. Esse conjunto de fatores também deve ser pensado como um palco no qual podem ser

---

[5] Disponível em: https://politica.estadao.com.br/noticias/geral,o-julgamento-que-tirou-bolsonaro-do--anonimato,70002249929. Acesso em: 19 nov. 2019.

relativizadas as condições que resultam em "imersão" ou "emersão" de lembranças. Também se torna mais desafiador o ato de se refletir sobre quais grupos sociais teriam suas narrativas sobre o passado submetidas aos dois processos e quais as consequências deles em sua realidade social.

Desse modo, a memória é um fundamental elemento de entendimento para o cenário político brasileiro. Afinal, essa é uma de suas características em distintos contextos históricos e geográficos. Atesta-se tal fato por termos um personagem que alcançou o cargo mais alto do executivo público brasileiro representando, entre outras coisas, uma memória positiva dos "anos de chumbo" e toda sua carga repressora no Brasil. Uma memória que durante tempos sobreviveu no silêncio, aflorando em um quadro de recrudescimento do debate público e angariando apoio a um projeto político e sua concretização.

Por outro lado, a sociedade é composta por múltiplas memórias, muitas vezes em disputa e conflito, não revelando um quadro coeso e homogêneo, mas uma amálgama de potencial explosivo. No caso brasileiro, além da já citada memória positiva sobre a ditadura representada por Jair Bolsonaro e pelo grupo que o circunda, podemos mencionar, entre tantos exemplos possíveis, a memória de moradores de favelas. É uma memória polissêmica que aponta para vários significados. No entanto, é possível encontrar um núcleo comum entre elas, referente à mobilização pela concretização de um universo de direitos constitucionalmente existentes, mas, contraditoriamente, de aplicação não estendida a este grupo. Seus significados podem variar entre a positivação da imagem desses espaços e de suas formas de sociabilidade, a reafirmação desse grupo como sujeitos ativos politicamente e para o funcionamento da sociedade e, em uma instância mais problemática, o não esquecimento de assassinatos vindos da ação estatal como forma de construir um espaço de reparação a partir da dor.

Com o avanço das tecnologias de informação, da internet e das redes sociais, não creio que hoje o uso do termo "subterrâneo"[6] se aplicaria a essas memórias. Os elementos mencionados aqui também contribuíram para que uma narrativa positiva sobre a ditadura militar fosse privilegiada, saindo de um gueto comunicacional para ganhar força e influência em processos eleitorais. No entanto, as lembranças de moradores de favelas

---

[6] Isto não se trata de uma crítica a Pollak, tendo em vista que suas reflexões sobre o assunto aqui citadas foram escritas nos anos 1980, ou seja, em outro contexto histórico no que diz respeito às tecnologias de comunicação.

presentes nesses mesmos canais não chegam a ganhar alcance significativo em larga escala, por mais que tenha aumentado o número de vozes para essas memórias e os meios para que elas sejam ouvidas.

Tendo em vista a facilidade de acesso, o que não necessariamente implica alcance ou efetividade, essas versões sobre o passado podem ser vistas como *memórias ignoradas*. As redes sociais e a *web* possibilitam sua circulação e seu aumento exponencial. Mas não temos exemplos de que essas sejam revertidas em algum tipo de política pública de longa duração, reparatória ou de afirmação e implementação de direitos duradouras e sólidas. Memórias de favelados que resultam em espaços e objetos concretos provocam disputas de significados entre diferentes grupos sociais, como podemos observar, desde os anos 1990 (FREIRE-MEDEIROS, 2006). Suportes materiais de narrativas sobre o passado de moradores de favelas podem ser vistos como ferramentas de usos políticos em diferentes momentos históricos, como o mercado editorial dos anos 1980 e os programas de diferentes instituições da sociedade civil nos anos 1990 e 2000. No entanto, seu surgimento, seu alcance e sua perpetuação são marcados pela fragilidade, não conseguindo garantias de existência ou conversão em ações concretas do poder público ou reversão da imagem negativa desses espaços e seus moradores diante da sociedade, mesmo em conjunturas favoráveis (AMOROSO, 2015).

Assim, percebemos o desenho da atual relevância da memória para o debate político atual, bem como o formato das tecnologias de comunicação permite sua profusão e sua possibilidade de alcance. No entanto, tal cenário não tende a privilegiar todos os grupos sociais, a exemplo dos moradores de favelas – daí o entendimento de sua memória como ignorada. Desse modo, é necessário tecer considerações e reflexões sobre como certos elementos impactam o processo de construção de suportes materiais para essa memória específica e quais seriam suas características, fragilidades e possibilidades de perpetuação, bem como seus impactos e usos políticos possíveis.

Como ofuscar do fundo do palco? O cenário de produção de memórias e o ignorar das narrativas das favelas

Partindo de um contexto europeu, em sua conhecida análise, Pierre Nora (1993) aponta uma característica da sociedade ocidental a partir dos anos 1970 que teria marcado sua relação com o passado. Com a forma de se construir narrativas sobre este, principalmente. Nesse quadro, haveria uma alteração nas formas de percepção de como os fatos se passaram. Primeiramente, nota-se o aumento dos acontecimentos vistos como passíveis de serem lembrados em escala ampliada. Muitos eventos cotidianos e "banais" agora seriam considerados como tal, para além de uma noção de "grandes acontecimentos e grandes nomes da política".

Ao mesmo tempo, o historiador francês marca que essa mudança é diretamente ligada aos próprios conceitos de memória e História. A primeira trata-se de um corpo vivo permeado pelas inquietações do presente a partir do qual um determinado discurso sobre o passado é construído. A segunda é um exercício intelectual dotado de metodologia e empiria científica, não sendo (dentro de certos limites) tão direcionada por aspectos com as fortes cores de tensões e conflitos do tempo presente em que se constrói uma determinada fala sobre eventos e personagens.[7]

Nessa chave de interpretação, Nora constrói outro conhecido conceito, o de "lugares de memória". De forma resumida, ele se refere a suportes materiais para essa narrativa específica sobre o passado. Suas existências seriam necessárias justamente pela transformação no laço da sociedade ocidental com esse discurso, pois seriam espaços de refúgio para uma memória não mais organicamente ligada aos sujeitos sociais que a produzem. Segundo palavras do próprio Nora (1993, p. 7, 8), "há lugares de memória pois não há mais meios de memória", e, "se habitássemos ainda nossa memória, não teríamos necessidade de lhe consagrar lugares".

Contudo, para pensarmos o circuito de produção de suportes materiais para a memória, não importa de qual grupo social, convém ter em mente o quanto esse tipo de narrativa sobre o passado é um instrumento de poder. Afinal, controlar o que deve ser lembrado e o que deve ser esquecido é um dos objetivos dos atores sociais que ascendem, ou assim pretendem, a uma posição de controle. E o próprio processo de produção do tipo de discurso em questão transcorre a partir de certos dispositivos e tecnologias historicamente localizados e cujo acesso depende do papel desempenhado no jogo social (GONDAR, 2003).

Com isso, cabe uma comparação. A já vista conjuntura política que permitiu a um candidato ex-militar defensor da ditadura de 1964 construir

[7] Essas diferenças são amplamente debatidas pela bibliografia que aborda a memória e sua relação com a História, que podemos elencar como exemplo, entre muitas obras, como Rousso (1996), Ricoeur (2000), Ferreira (2002), Rossi (2003), Lavabre (2001) e Loriga (2009).

um discurso de campanha exaltando os "anos de chumbo" é claramente um discurso de memória de um ator político que encontrou um ambiente propício para sua construção e sua veiculação. O jogo de interesses permitiu que esse quadro se desenhasse para tal. Em contraponto, há pelo menos duas décadas no Rio de Janeiro, existem movimentos organizados por mães faveladas que perderam seus filhos para a violência promovida por agentes do Estado (WERNECK, 2019). Contudo, esta última não chegou a ganhar uma notoriedade social que se revertesse em reparação ou na elaboração ou na remodelação de políticas públicas que afetassem positivamente as favelas e as classes populares, exemplo que reforça a ideia de *memória ignorada*.

Uma de suas vertentes é formada por mulheres residentes na favela de Manguinhos,[8] cujos filhos foram mortos no contexto do programa de Unidades de Polícia Pacificadora (UPP).[9] Uma das marcas desses movimentos é a presença em diversos atos e audiências públicas, além da denúncia dessas mortes em ambiente digital. Seu objetivo é disputar a narrativa sobre esses mortos como vítimas do Estado, ao contrário do discurso oficial que aponta uma "ligação" deles com o tráfico, além de cobrar reparação pública sobre esses acontecimentos. No entanto, a recepção de suas versões possui um alcance limitado e, justamente por isso, sua mobilização é constante (WERNECK, 2019), o que demonstra claramente o quanto a construção de discursos sobre memória é objeto e consequência de um jogo de poder.

O exemplo das mães de Manguinhos caracteriza um bom ponto de reflexão sobre o debate atual da materialidade da memória e o jogo de poder que envolve seu processo de evocação. A forma como esse grupo usa a internet e as redes sociais para disputar narrativas sobre o passado de seus dramas pessoais e cobrar reconhecimento e reparação por parte do Estado e agentes públicos se insere no debate sobre a *web* e os discursos de memória, sua materialidade e as novas configurações de disputa que se abrem nesse campo. Vera Dodebei (2015) chama a atenção sobre como as categorias que operam intelectualmente as noções de memória e patrimônio criadas para se pensar o universo analógico devem ser adaptadas para

---

[8] Favela localizada em bairro homônimo do Rio de Janeiro, na Zona Norte da cidade. A Fundação Oswaldo Cruz localiza-se no bairro, que é notadamente estigmatizado pela violência.

[9] Programa iniciado em 2008, na primeira gestão estadual de Sérgio Cabral Filho (2006-2010), que tinha como mote a adoção do policiamento comunitário e a permanência territorial de unidades da Polícia Militar fluminense como forma de se contrapor à presença de quadrilhas de narcotraficantes. Apesar do discurso do policiamento comunitário e de uma visão positiva de parte da sociedade carioca, o programa foi alvo de consideráveis críticas de violação de direitos e militarização do cotidiano dos moradores de favelas (BURGOS et al., 2011, AMOROSO; BRUM; GONÇALVES, 2014).

refletir sobre o mundo digital. Este opera a partir de números e algoritmos, criando novas possibilidades de circulação de informações e de campos de representações que criam novos fatores para a conjuntura de disputas na sociedade.

Esses fatores são fundamentais para a análise do circuito de evocação e circulação da memória, uma vez que a segunda, tendo em vista uma concepção baseada em Spinoza, pode ser vista como uma concatenação de elementos externos e a forma como esses afetam o corpo humano. Com isso, podemos fazer uma diferença entre a memória em si, intrinsecamente caótica, e os registros dessa memória, que tratam da ordenação de lembranças (BRANCO, 2017). As memórias externas, ou mediadas, são sempre criadas por objetos tecnológicos temporalmente datados. Desse modo, uma memória que se torna materializada em algum suporte externo sempre deve ser relacionada às condicionantes conjunturais históricas da produção deste segundo (DODEBEI, 2015).

Pensando por esse viés de materialização e organização da memória, precisamos ter em mente que esses registros não debatem a verdade dos fatos, mas a visão de quem os produziu. Esse fenômeno pode ser observado nas memórias presentes nas redes sociais, das quais as palavras, as imagens e os algoritmos que ordenam as memórias, muitas vezes autobiográficas, não se trata da memória em si. Dentro desse contexto, é possível notar semelhanças entre as memórias analógica e digital, sobretudo as presentes nas redes sociais, como a organização em eixos temático e cronológico (BRANCO, 2017). E, no quadro mais geral, podemos relacionar tais elementos a pontos que inserem nossa memória na coletividade, remetendo a uma tradição de estudos inaugurada por Maurice Halbwachs (2004). Tais pontos, pensados dentro do universo analógico, teriam exemplos no patrimônio, em paisagens, eventos, personagens e datas, que mostrariam o caráter coletivo da memória, o que a estruturaria de forma hierarquizada a partir de elementos que evocariam sentidos de pertencimento (POLLAK, 1989).

Além dos exemplos citados aqui, devemos correlacionar os pertencentes à esfera digital, como as diversas redes sociais, os *blogs* e os *websites*, dentre outros. Essas plataformas possibilitam acesso mais amplo e democrático a meios de registro, conservação e resgate. Com isso, temos um novo cenário de produção de memória no qual elementos do cotidiano e do comum, podendo ser vistos como "fatos banais", são cada vez mais objetos de registro. Isso ocorre pela ampliação da capacidade de captura oferecida pela tecnologia, que faz com que não precise haver preocupação em salvaguardar apenas eventos "relevantes", do ponto de vista coletivo, político e social. Olhando pelo ponto das redes sociais, sobretudo, é possível notar como cada indivíduo tende a se tornar cada vez mais seu próprio arquivista, fazendo surgir um novo modelo de escrita de si, visual, participativa, fluida, altamente narcisista e egoica, gerando um novo modelo de uma memória escrita coletivamente (BRANCO, 2017).

Para pensar melhor os processos de produção de memória, abarcando os elementos da comunicação digital apontados anteriormente, podemos utilizar o esquema proposto por Vera Dodebei (2015). Segundo a autora, esses se dão de três formas. A primeira, chamada de dissolução, é formada pela transmissão meramente oral, não chegando a formar registro memorial, sendo não cumulativa e dissolvendo-se quando o grupo a incorpora, abrindo espaço para a produção de novas memórias. A segunda nomeia-se acumulação: diante da impossibilidade de se lembrar de tudo, a escrita e os suportes analógicos criam objetos auxiliares da memória individual, daí nascendo a angústia pela perda, pela falta e pelo erro, consequentemente originando políticas de preservação patrimonial e de lembranças. A última, caracterizada como interação, é um híbrido entre as duas formas anteriores, privilegiando a interface no universo digital. E a interação entre homem e máquina, incorporando a memória eletrônica às memórias artificiais.

Para este trabalho, o interesse reside principalmente nos dois últimos processos, por eles abordarem a materialidade da memória produzida por moradores de favelas. É comum notar o processo de produção de uma memória material, entendida como inserção das lembranças em um suporte físico, por moradores de favelas em diferentes momentos históricos. Esse ato de dar materialidade à memória, entendida como uma representação abstrata do processo de lembrança que perpassa as esferas individual e coletiva, possui um forte sentido político. Historicamente, os moradores de favelas são estigmatizados por uma série de sentidos negativos: marginais não integrados à sociedade, "ameaça comunista", massa de manobra populista e, imagem mais forte nas últimas quatro décadas, coniventes ou criminosos fortemente armados ligados ao tráfico de drogas (PERLMAN, 1977; VALLADARES, 2005; BRUM, 2012; AMOROSO, 2019). Desse modo, tornar sua memória material passa a ter o significado de contrapor a narrativa desses sujeitos a essas representações negativas fortemente vigente na sociedade, de modo a tentar construir pontes para um universo de direitos. No entanto, tendo em vista a fragilidade desse grupo na hierarquia social, o ato de tornar sua lembrança material é extremamente dependente de conjunturas específicas, e sua durabilidade e seu alcance são consideravelmente restritos (AMOROSO, 2015).

Desse modo, podemos considerar que a entrada do universo digital na produção de narrativas sobre o passado trouxe novos elementos para se pensar a materialidade da memória dos moradores de favelas. A partir do processo híbrido de evocação memorial, temos novos elementos que perpassam o analógico e o digital. Esse movimento transversal coloca novas possibilidades a serem pensadas no que diz respeito à circulação e ao alcance desses discursos, problematizando a ideia de subterraneidade dessas versões sobre o passado, o que não necessariamente implica maior aceitação social. Daí a preferência pela expressão *memória ignorada* em vez de memória subterrânea (POLLAK, 1989). Esses fatores trazem novos formatos e caminhos para a materialidade dessas memórias, bem como novos caminhos para problematizá-las.

De subterrânea à ignorada: a memória das favelas e seus processos de figuração nos palcos do trauma

Conforme abordado anteriormente, Michael Pollak (1989) aborda uma memória subterrânea referente aos excluídos, marginalizados e minorias de uma sociedade, memória esta que se opõe a uma memória nacional e oficial. Esse tipo de lembrança chamaria a atenção para o caráter opressor e uniformizador das segundas formas de rememoração apontadas aqui.[10] Outra característica sua seria o trabalho realizado no silêncio, de forma subversiva, submergindo em momentos de crise. Ou seja, uma vez que essa memória passa a habitar o espaço público, em um processo de emersão, múltiplas reivindicações passam a ser acopladas a ela, em um quadro de disputa social. Pollak ressalta que esse tipo de narrativa sobre o passado sobrevive anos em um quadro de silenciamento e ressentimento acumulados, marcando uma sobrevivência de anos de lembranças traumatizantes que precisam encontrar um momento preciso para serem expressas. Sobre o esquecimento, Joël Candau (2018) o vê como uma censura indispensável

[10] Nesse ponto, Pollak toma uma direção diferente de Maurice Halbwachs, que atenta mais para o caráter uniformizador dessa memória como ponto de coesão social.

para se manter a estabilidade e a coerência de indivíduos ou grupos. Esse fenômeno seria uma maneira de se descartar o que seria insuportável dentro da memória, permitindo que ela siga adiante, se reconstrua e recomece. No entanto, devem-se diferenciar esquecimento e anistia, sendo esta uma forma institucionalizada do primeiro[11] (CANDAU, 2018).

Desse modo, podemos ver lembrança e esquecimento como processos complementares. No entanto, entre esses dois polos existem fatores em que o jogo de forças é fundamental para o entendimento de ambos. Pollak (1989, p. 9) chega a citar o exemplo de sobreviventes do Holocausto que optam por não narrar suas experiências de dor como estratégia para não causar desconforto. Todavia, quando alcançam uma idade avançada, esses sujeitos passam a querer registrar seus fatos vividos, bem como seus descendentes demonstram vontade de saber de onde elas irrompem.

Isso demonstra como o ato de não desejar causar fissuras no convívio social, mesmo quando voluntário, não apaga a dor de quem vivenciou a experiência traumática. Podemos supor, a partir daí, que essa postura se torna ainda mais problemática quando o silenciamento é forçado ou não encontra instrumentos para se tornar vozes socialmente ouvidas e reverberadas. Com isso, podemos perceber como não dito, o esquecimento definitivo ou sua mera possibilidade; a lembrança reprimida inconsciente ou conscientemente gera um quadro de angústia por não se encontrar uma escuta ou pelo medo de ser punido pelo que se diz (POLLAK, 1989). Afinal, a amnésia jamais é absoluta. Algumas memórias ficam escondidas no íntimo dos sujeitos, emergindo quando eles já não percebem mais barreiras para tal (CANDAU, 2018).

No caso das favelas e de suas memórias silenciadas ou que buscam ser ouvidas, podemos destacar os casos ligados à violência nos últimos 30 anos estudados por Marcela Werneck (2019). A autora chega a abordar diversos eventos e reações a eles pelos familiares das vítimas, entre os quais gostaria de destacar a Chacina de Acari, ocorrida há 20 anos; a Chacina da Candelária, em 23 de julho de 1993; a Chacina do Borel, em 16 de abril de

[11] Contudo, no caso da sociedade brasileira, é preciso ter em mente que, em nosso período republicano, tivemos 48 anistias, a primeira em 1895 e a última em 1979 (CUNHA, 2010, p. 15). Elas têm a característica comum de serem pautadas pela categoria de conciliação de modo a revelar um aspecto conservador da sociedade brasileira, a exemplo do que ocorreu na Proclamação da República, quando se deu um pacto conciliatório para a adoção de ideias liberais, de modo a se criar um quadro político e social no qual a admissão na vida pública ocorreria a partir da confiança do grupo dominante e de demonstrações de convicções moderadas (CUNHA, 2010).

2003; e a Chacina da Baixada Fluminense, de 2005. Apesar de nem todos esses acontecimentos serem ligados a favelas, eles possuem características e reações comuns como discursos de memória em busca de reparação.

No primeiro, temos a página do Facebook "Caso de Acari Chacina Vinte Anos", para relembrar quando 11 pessoas, oito rapazes e três moças, a maioria menor de idade e alguns sob suspeita de atividades criminosas, foram levados por policiais do 9º Batalhão de Polícia Militar com o intuito de praticar extorsão. Desde a ocasião, os jovens estão desaparecidos. A página possui cerca de 530 seguidores.[12] O segundo caso é o "Movimento Candelária Nunca Mais", formado por vários grupos de defesa de direitos humanos e instituições da sociedade civil com o intuito de preservar a memória da Chacina da Candelária, que vitimou oito jovens moradores de rua (WERNECK, 2019, p. 47). Outro caso citado é a Rede de Comunidades e Movimentos contra a Violência, que se originou do movimento Posso me Identificar?. Este surgiu quando Carlos Alberto da Silva Ferreira, Carlos Magno de Oliveira Nascimento, Everson Gonçalves Silote e Thiago da Costa Correia da Silva foram assassinados por policiais militares (WERNECK, 2019, p. 49). Por último, temos a Rede de Mães e Familiares da Baixada Fluminense, que surge a partir da Chacina da Baixada Fluminense, que resultou em 29 assassinatos cometidos por cinco policiais insatisfeitos com posturas disciplinares mais rígidas nos batalhões da área (WERNECK, 2019, p. 55).

A autora identifica um protocolo discursivo dos discursos construídos por esses grupos (WERNECK, 2019, p. 80):

> A narrativa da execução dos filhos e a posterior situação de trauma, com a deterioração da saúde física, psicológica e social; a iniciativa da investigação independente, dada a percepção de que a polícia não estaria disposta a investigar a si mesma, assim como as vicissitudes do processo; a motivação para a luta por memória e justiça dentro das redes de solidariedade, que traz um objetivo de vida e amplia a consciência social; a análise do quadro de violência estatal, suas origens históricas e a responsabilidade das três esferas de poder; e a relação entre racismo, preconceito e a dificuldade de acesso à justiça.

[12] Disponível em: https://www.facebook.com/casodeacari.vinteanos. Acesso em: 18 dez. 2019.

Desse modo, temos exemplos de discursos de memórias que encontram suportes materiais no meio digital como meios de lidar com o trauma, buscar reparação e construir representações sobre o passado, tal qual praxe desse tipo de narrativa, que contrariam versões amplamente aceitas pela sociedade. E trata-se de discursos que, por estarem justamente em plataformas digitais, possuem considerável possibilidade de acesso. Ao fazermos uma rápida busca no YouTube, é possível localizar dois documentários com 1.800 e 2.300 visualizações cada, em média.[13] Sobre a importância dessas ferramentas *on-line*, Marcela Werneck (2019, p. 46) afirma que:

> São inúmeros os grupos de mães e familiares de vítimas do Estado que se articulam nas redes sociais como Facebook, Twitter, WhatsApp, YouTube, Instagram etc. Seus usos são diversos: publicações memoriais sobre as vítimas, convites para eventos, denúncias, fortalecimento da rede de solidariedade, compartilhamento de textos, vídeos e notícias.

O alcance permitido pelo suporte digital mostra o quanto não é mais adequado enxergar essas memórias como habitantes dos subterrâneos dos discursos sobre o passado. Qualquer pessoa com acesso à internet consegue ter contato com esses discursos. No entanto, isso não significa que eles conseguirão alcançar seus objetivos de reconhecimento, reparação e novas abordagens de políticas públicas, mostrando que tais vozes constituem uma *memória ignorada* por parte considerável da sociedade e da burocracia estatal.

Pollak (1989) ressalta que redes constituídas por famílias, associações e grupos de ligações afetivas ou políticas são vetores de sobrevivência e transmissão para as memórias subterrâneas, sendo que o mesmo pode ser dito para o que aqui está sendo chamado de *memória ignorada*. Nesse caso, as memórias indizíveis, silenciadas ou ignoradas são guardadas por estruturas de comunicação informal, nas quais a oralidade é um elemento fundamental, sobrevivendo ao largo da sociedade englobante. Quando as múltiplas memórias coletivas se integram bem na memória dominante, não há conflito. Contudo, o que caracterizaria a memória subterrânea seria justamente o convívio conflituoso e tenso com a memória nacional ou de tipo homogeneizadora (POLLAK, 1989). No entanto, mais uma vez chamo a atenção para o fato de as lembranças submersas não dizerem respeito apenas aos grupos dominados e oprimidos, conforme abordado no início do capítulo.

[13] Disponível em: https://www.youtube.com/results?search_query=chacina+do+Borel. Acesso em: 18 dez. 2019.

Contudo, no que diz respeito aos agentes de opressão, devemos ter em mente que diferentes perfis se envolvem em formas de violência coletiva. Esta pode ser cometida por membros e instituições do Estado ou por diferentes sujeitos e organizações da sociedade civil. Por isso, esses formatos de agressão podem assumir diferentes denominações ao longo da história: "*pogrom*", "distúrbios civis", "genocídios". As barreiras entre tais expressões são consideravelmente fluidas, e o ato de nomear objetiva construir uma expressão formativa e organizadora do mundo real, indicando sujeitos responsáveis por um ato, mas não necessariamente apreendendo o real sentido negativo dele (DAS, 2008a).

No entanto, a maneira como essas formas de opressão e violência são significadas dentro de narrativas sobre o passado pode ser vista como um "trabalho de enquadramento de memória"[14] (POLLAK, 2019). Contudo, esse esforço deve ser visto como passível de exigência de alguma credibilidade dependente da coerência dos discursos que o compõem. Assim, não haveria ruptura e quebra excessiva de identidades entre os indivíduos que compõem o grupo, demonstrando que esse tipo de operação discursiva também encontra certos limites. O mesmo não pode ser feito de forma puramente arbitrária, devendo satisfazer certas exigências de justificação. O tempo para estas é o período para se buscar esquecimento e, dentro do possível, perdão a fim de garantir um mínimo de coesão social em torno desse tipo de discurso. Contudo, esse ínterim pode resultar em um efeito contrário, gerando mais amargura e necessidade de reparação, o que dificulta ainda mais essa construção narrativa (POLLAK, 1989).

Lugares ou margens de memória? As lembranças das favelas e sua materialidade

Dois dos principais elementos que marcariam a "aceleração da história", percebida desde os anos 1970, são a mediatização e a globalização (NORA, 1993). Tal quadro acentua-se com o passar das décadas, com o advento das novas tecnologias de comunicação, internet e redes sociais. A velocidade, o tamanho e o alcance do fluxo de informações aumentam ainda mais, reforçando e até aumentando uma visão da história como narrativa marcada

[14] Categoria construída pelo autor como o tipo de trabalho de construir representações específicas sobre um evento passado a partir do uso de agentes e instituições profissionais (como historiadores e organização de arquivos), embora não necessariamente, muitas vezes pertencentes ao Estado ou a setores com condições políticas e econômicas para bancar tal empreitada.

pela atualidade cada vez mais efêmera (NORA, 1993, p. 7). No entanto, devemos nos perguntar se esse desenho discursivo sobre o passado alcança todas as formas de se "falar" sobre ele e se podemos usar os depoimentos orais como exemplo.

O discurso oral é dotado de nuances próprias. Ele se volta para um público específico, o(s) entrevistador(es), e permite a construção de representações do emissor a partir da linguagem corporal e do tom de voz adotado. É igualmente emitido se pensado nas pessoas ausentes e nos terceiros que se tornam participantes imaginários do diálogo (DAS, 2008b). Todas essas características são permeadas pelos impactos da globalização e das tecnologias de comunicação. Afinal, um vídeo ou um arquivo de áudio circulam dentro desse desenho, com uma possibilidade (nem sempre concretizada) de alcance mais que considerável. Do mesmo modo, entrevistados e entrevistadores também são influenciados pelas mudanças de comportamento e emissão de discursos provocadas por redes sociais, mundialização e novas formas de comunicação. Isso se relaciona ao fato de a evocação da memória, inclusive pela oralidade, ser sempre direcionada pelas configurações e estruturas do presente do qual é narrada. Contudo, isso não tira a singularidade das falas orais, apenas a atualiza. E a oralidade é um vetor fundamental para a transmissão das lembranças dos moradores de favelas.

Em se tratando desse estrato populacional, a violência é um elemento constante de sua memória, em diversas vertentes. Seja pela secular destruição de seus lares e consequente ruptura de laços de afeto e sociabilidade, seja pelos riscos contra a integridade física de seus corpos. Nesse sentido, Veena Das (2008a) preocupa-se em como problematizar a violência como um discurso contra a vida, e não apenas um estigma negativo apregoado à identidade de uma parcela de uma determinada população. Seria possível realizar outros modos de construção de identidade de atores sociais que contemplassem símbolos de injúria como formas de criação de sujeitos, produzindo registros do cotidiano que valorizassem no campo do simbólico a autonomia, a resistência e a participação ativa desses grupos?[15]

[15] A autora usa as categorias de Reinhart Koselleck (apud DAS, 2008a) de modo profético e diagnóstico de crítica do presente para refletir sobre a relação entre sofrimento e testemunho. Para a antropóloga, o primeiro poderia ser considerado como uma crítica dramática ao presente por falar em nome do futuro. Já o segundo seria visto como um modo de diagnóstico mais rebuscado que analisaria diferentes fatores e pontos de vista. Este facilitaria o surgimento de um campo de ações concretas que fariam aflorar a autonomia e a participação ativa, enquanto o outro tornaria mais propícia a criação de uma comunidade de ressentimento.

Pensando os diversos tipos de violência praticados contra os moradores desses espaços e a memória sobre essa gravíssima violação, os depoimentos orais ganham uma função demarcadora: os depoentes passam a assumir o papel de sobreviventes que falam pelas vítimas não mais presentes. Diante desse quadro, ações concretas desejáveis poderiam se desdobrar nos níveis macro e micro. No primeiro, espaços públicos que apontassem o sofrimento dos sujeitos envolvidos que pudessem restabelecer alguma fé no processo democrático deveriam ser privilegiados. No segundo, condições para que os indivíduos retomem suas rotinas cotidianas dentro da normalidade deveriam ser garantidas (DAS, 2008a). E a memória é um campo privilegiado para ver as formas como esse grupo busca construir representações positivas contra estigmas negativos, lute por reconhecimento e acesso à implementação de direitos constitucionalmente garantidos, além de reparação contra o alto grau de letalidade física aos quais tais indivíduos estão expostos (GRYNSZPAN; PANDOLFI, 2007; AMOROSO, 2015; WERNECK, 2019).

Sobre a relação entre memória e favelas, Mario Grynszpan e Dulce Pandolfi (2007) chegam a atentar para o que seria uma diferença entre *memória em favelas* e *memória de favelas*. A primeira seriam iniciativas, muitas vezes de âmbito individual ou privado, de guardar documentação ou objetos pertinentes ao histórico de uma favela, além da própria prática de transmissão oral da memória. No entanto, esse ato seria permeado por quadros sociais, coletivos (HALBWACHS apud GRYNSPAN; PANDOLFI, 2007). A segunda refere-se aos projetos de reconstrução de memória, influenciados por processos de seletividade fundamentados em critérios de relevância para os sujeitos que por eles se responsabilizam. Sujeitos que, muitas vezes, tomam a concepção de *memória em favelas* como base para seu desenvolvimento, acabando por torná-lo coletivo, ao realizarem a apropriação desse conteúdo.

Com o abandono progressivo das políticas remocionistas,[16] a partir do fim dos anos 1970, e a implementação de políticas públicas que visassem a dotar as favelas de mais recursos de infraestrutura urbana, a partir da década de 1980, Mario Grynszpan e Dulce Pandolfi (2007, p. 74) observam que, "à medida que vão deixando de ser descartáveis, erradicáveis, conquistando um direito à posteridade, as favelas vão igualmente conquistando o direito

[16] Abordagem privilegiada pelo Estado que teve seu ápice nos anos 1960 até meados da década de 1970. Entre 1968 e 1975, aproximadamente 60 favelas foram erradicadas, removendo-se cerca de 100 mil pessoas para conjuntos habitacionais (PANDOLFI; GRYNSZPAN, 2002, p. 245).

às suas memórias". Contudo, tal quadro desenvolve-se paralelamente a um outro, no qual o crescimento das favelas em nosso espaço urbano tem sido associado ao crescimento da violência (LEITE, 2001).

Nas décadas de 1990 e 2000, é possível notar a realização de diversos projetos de memória de moradores de favelas, como a Rede de Memória da Maré, o Centro Histórico da Rocinha, o *website* Favela Tem Memória, Condutores de Memória e outros (COMUNICAÇÕES DO ISER, 2004; GRYNSZPAN; PANDOLFI, 2007; AMOROSO, 2015). Nessas iniciativas, podemos observar sujeitos de diferentes perfis envolvidos em sua gênese, que podem ser enquadrados dentro da perspectiva de agentes internos e externos, comum às propostas de resgate de memória de favelas contemporâneas ao projeto. No entanto, podemos verificar possíveis tensões referentes à questão de quais agentes teriam maior legitimidade para falar sobre as favelas, os "de dentro" ou os "de fora" (GRYNSZPAN; PANDOLFI, 2007).

Esses projetos resultaram na criação de diferentes suportes materiais, do analógico (livros, catálogos e acervos) ao digital (*websites*). Contudo, a produção dessa materialidade de memória bem como sua veiculação, sua perenidade e seu alcance dependem muito de elementos específicos de sua conjuntura de elaboração. O que é uma característica comum de objetos de memória. No entanto, no tocante aos moradores de favelas, a fragilidade é uma marca desses objetos, mesmo em conjunturas temporais mais favoráveis a seu surgimento e a sua circulação (AMOROSO, 2015). Mas, ainda assim, trata-se de produtos concretos investidos de vontade de memória e de utilização para fins de mobilização e reconhecimento. Ou seja, exemplos concretos da materialidade da memória das favelas.

Em termos de suportes concretos de memória, faremos referência ao conhecido conceito de Pierre Nora (1993) de "lugares de memória". O historiador francês qualifica-os como vestígios que evocam uma ideia de comemoração em um mundo desritualizado, dentro de sua já citada consideração sobre como a sociedade contemporânea passou a se relacionar de forma diferente com a memória, marcada pelo afastamento. Instituições tradicionais de salvaguarda do passado, como museus, arquivos e coleções, apresentariam um traço forte de nostalgia por se localizarem em uma temporalidade em que rituais que envolvem o narrar o passado teriam se modificado a ponto de não serem mais percebidos.[17] Nora diz que o lidar com

[17] No entanto, cabe o questionamento, respeitando-se o fato de ser uma reflexão originalmente publicada em 1984, de se os rituais passaram a inexistir, não mais sendo percebidos, ou se simplesmente se transmutaram em outros formatos.

o passado a partir dos anos 1970 seria marcado pelo distanciamento, até por uma certa frieza,[18] o que não seria uma característica da memória como narrativa, e, sim, da História. Esta última é um tipo de discurso dotado de epistemologia e metodologia científica, deliberação e racionalidade, e esse desenho estaria mais visível no convívio da contemporaneidade com seu passado. E esse dado resultaria justamente em um consumo dos vestígios do que se passou, gerando uma grande demanda por tudo o que evocasse tempos pretéritos.[19]

Essa categoria ressalta a importância do traço material da memória nas últimas décadas, chamando a atenção para a relevância do suporte externo, a exemplo da escrita, da fita magnética e, recentemente, dos algoritmos digitais. Isso teria resultado em um culto documental e arquivístico no qual tudo passou a ser guardado. Os três tradicionais produtores de arquivo são o Estado, a Igreja e as famílias de elite. Colecionadores, eruditos e monges seriam os agentes e divulgadores dos acervos materiais. Contudo, marcadamente a partir da segunda metade do século XX, qualquer indivíduo passou a assumir tal papel, tornando-se potenciais produtores de "lugares de memória" (NORA, 1993).

A obra organizada por Pierre Nora (1984, 1987, 1992) constitui-se em três tomos: *La République*, *La nation* e *Les France*. Abordam uma série de elementos, muitos produzidos pelo Estado, como o palácio de Versalhes, ou que remetem ao período revolucionário, como a "A Marselhesa", além de divisões políticas, como minorias religiosas, ou elementos como paisagens, provérbios e canções. Trata-se de uma obra que aborda objetos com diferentes graus de institucionalização, que vão desde os produzidos pelo Estado e pelos grupos de influência, mas que permite o estudo de representações de memória por setores populares de objetos do campo da cultura ou de símbolos que atravessaram séculos e conjunturas histórico-interpretativas, como Joana D'Arc.

O que possibilita a plasticidade do uso da categoria é o modo como ela foi construída por seu organizador. Primeiramente, Nora (1993) chama a atenção para os três sentidos que convivem nos lugares de memória:

[18] Todavia, gostaria de chamar a atenção para os debates gerados pelas narrativas sobre o golpe de 1964 e da ditadura militar na conjuntura próxima às eleições de 2018, para se pensar esse distanciamento. Mais uma vez, lembro de que se trata de um texto originalmente publicado em 1984, e meus comentários ocorrem no sentido de pensar a relação entre diferentes sociedades e contextos culturais e políticos com a memória em um intervalo de aproximadamente 35 anos.

[19] Interpretação semelhante é realizada por Andréas Huyssen (2000), com sua noção de "musealização".

material, simbólico e funcional. Ou seja, trata-se de objetos que concretizam fisicamente lembranças, apresentando simbolismos variantes de acordo com a conjuntura em que são produzidos e recebidos, além de registrar interesses conforme os grupos que lhes dão utilidade. Uma das principais características dos "lugares" é que "inicialmente, é preciso ter vontade de memória" (NORA, 1993, p. 22). Tal afirmação é ilustrativa da necessidade de um investimento de interesse, uma mobilização em torno de um suporte que permita a cristalização, a concretização e a *materialização* de uma interpretação sobre o passado.

O uso político, seus alcances e consequências, a partir desse ato de materialização, ocorrerão de acordo com os caminhos pavimentados pelas disputas que o fundamentam. Sobretudo, é preciso haver o *interesse*. Este pode pertencer a coletividades ou indivíduos que ocupam diferentes escaladas de poder na hierarquia social. É a partir dele que se tem a chave pra entender as disputas pela memória e seus resultados.

O historiador francês diferencia "lugares" das classes dominantes e das classes populares. Os primeiros apresentariam alto grau de institucionalização e espetacularização, sendo corpos imponentes e impostos, triunfantes em suas cerimônias e solenidades oficiais, porém portadores de uma certa frieza em sua relação com diferentes estratos sociais. Já os segundos seriam espaços de refúgio e de origem, assim como a fidelidade de seus apreciadores, espontânea, representando o "coração vivo da memória" (NORA, 1993, p. 26).

A categoria "lugares de memória" constituiu-se em um conhecido e utilizado instrumental teórico para se refletir e problematizar a materialidade das lembranças de diferentes grupos sociais. Trata-se de uma noção de uso intelectual ampliado e de grande contribuição para os estudos das narrativas sobre o passado. No entanto, no tocante ao tema das classes populares, e sua memória material, gostaria de propor um debate a partir da noção de "lugar". Com isso, pretendo colaborar para o enriquecimento não apenas para se pensarem os estratos sociais menos privilegiados em uma hierarquia de poder, mas suas formas de construção, uso e alcance da materialidade de sua memória.

"Lugar" é um conceito dos mais tradicionais utilizados pelas ciências que se ocupam do espaço, como geografia e arquitetura. *Grosso modo*, "espaço" pode ser entendido como uma distância entre dois referenciais, enquanto "lugar" é visto como a ocupação desse. Assim, com o tempo, o "lugar", como espaço ocupado, passa a ser dotado de valor e produzir bens materiais e significados diversos, dando materialidade e suporte para lembranças, constituindo-se como *locus* para que as sociedades vivam suas experiências.[20]

Com isso, podemos interpretar essa noção como dotada de uma concretude e acúmulos de experiências históricas que denotam uma certa solidificação. No entanto, aos nos referirmos à materialidade que envolve as classes populares, seja no que diz respeito a seus locais de convívio e realização de atividades resultantes em processos de produção de diferentes bens materiais ou simbólicos, seja dos próprios objetos materiais distintos por esses grupos produzidos, incluindo memórias materializadas, precisaremos ter em mente a fluidez que caracteriza esses construtos. Temos que, inclusive, estar atentos à participação ambígua do Estado e de outras esferas institucionalizadas, que contemplam a ação dos estratos sociais de elite, nessas configurações.

Assim, acho de extrema importância trazer para a discussão a categoria de "margens" pensada por Veena Das e Deborah Poole (2008). Para as antropólogas, o Estado e as elites não tenderiam a afastar, ignorar ou romper esses espaços. Os limites entre essas duas esferas devem ser encarados como fronteiras fluidas, e não barreiras bruscas e intransponíveis. Desse modo, não se fariam oposições binárias e definitivas entre noções não apenas de centro e periferia, mas também entre público e privado, legal e ilegal, formal e informal. Com essa perspectiva, seria possível pensar, inclusive, como as práticas políticas e cotidianas nesses locais poderiam se tornar práticas e formas de regulação estatal. A partir daí, as autoras chamam a atenção sobre como uma antropologia das margens seria fundamental para a compreensão dos mecanismos e estruturas do próprio Estado, pois ele não existiria sem suas margens. No entanto, tendo em vista que se trata de reflexões construídas dentro das Ciências Sociais, podemos entender que tal contribuição deve ser estendida a outros campos de conhecimento dentro das humanidades que abordem relações de poder, a História inclusa.

Veena Das e Deborah Poole (2008, p. 24-25) apresentam três definições para margens. A primeira são as periferias onde estão as pessoas insuficientemente socializadas nos marcos da lei, a exemplo dos indígenas ou demais estratos da população que são tomadas como pontos de identidade

[20] Para uma definição mais resumida do conceito, ver Reis-Alves (2007); e, para uma mais aprofundada, ver Souza (2013).

nacional e ao mesmo tempo são excluídas dessa mesma identidade, tratadas como o "outro" sobre o qual se aplica a disciplina estatal. O segundo caso são os relativos aos temas da legibilidade e ilegibilidade, no tocante às práticas do Estado como formas de dominação sobre sujeitos, população e território. Nessa perspectiva, pode-se igualmente tecer uma abordagem de como o Estado vem sendo desconstruído pela ilegibilidade de suas práticas. Seus "postos de controle", espaços de tensão onde direitos podem ser negados, também podem apresentar diversas dinâmicas de sociabilidade entre os sujeitos da periferia e a burocracia estatal. Por último, as margens podem ser entendidas como os espaços entre os corpos, as leis e a disciplina.

Dentro desse quadro, os dispositivos estatais de controle e figuras que residem dentro e fora da lei constituem práticas de cotidianidade incrustradas no presente que reforçam o quanto fronteiras entre o legal e o extralegal são tênues.[21] Tais fronteiras, desse modo, não seriam apenas espaços periféricos, mas ferramentas para determinar quem está "dentro" ou "fora"; tornam-se ferramentas de controle. Entretanto, apesar desse potencial de dominação e opressão, esses espaços e arranjos ofereceriam sólidas possibilidades para se notar o afloramento de formas alternativas para o fazer político e sociabilidades cotidianas como meios de resistência e reação, ainda que sob constantes ataques, uma vez que os sujeitos periféricos não são passivos.

A consideração dos sujeitos periféricos como agentes ativos no circuito social pode ecoar em algumas observações de Pierre Nora (1993) sobre a conjuntura que permeia o surgimento e a consolidação de seus "lugares de memória". O historiador francês atenta para o fato de que, quando a sociedade não mais passa a conviver de forma orgânica com sua memória, os indivíduos passam a ter um papel fundamental para sua preservação e sua circulação. Um passado que, antes era visto como coeso com o presente, agora passaria a ter uma relação de distanciamento, por mais que essa situação faça com que surja um enorme, e já citado, mercado de consumo sobre objetos que remetem a tempos pretéritos. Contudo, esse enorme mercado deve ser pensado de forma diferente com relação aos sujeitos periféricos e que circulam pelos diferentes tipos de "margens" (DAS; POOLE, 2008).

[21] As autoras usam como exemplo de sujeitos que representam o Estado o corpo policial. Contudo, quando este comete práticas arbitrárias e ilegais de violência, costuma gozar da impunidade ao alegar agir em nome dele para romper com a legalidade. Dessa forma, seriam exemplos de agentes atuando de forma privada exercendo repressão extralegal sob um pretenso manto de neutralidade, com um agir que estaria simultaneamente dentro e fora da lei (DAS; POOLE, 2008).

Nesses casos, essa circulação de mercadorias de memória deve ser pensada tendo em vista um grande alcance de universo de direitos e reparação, a fim de tornar suportável sua convivência no espaço público, religar esses sujeitos sociais à percepção do Estado como possível, embora não provável, promotor do bem comum, e alcançar esferas de reparação que caminhem juntas para consolidar caminhos que seguem as duas percepções anteriores.

Desse modo, conforme já debatido, gostaria de chamar a atenção para aspectos presentes na materialidade da memória dos moradores de favelas: fragilidade, dificuldade de perpetuação mesmo em conjunturas favoráveis para seu surgimento, fluidez e concretização como símbolos de lutas políticas para reconhecimento, valorização, construção de representações positivas de sua ação no espaço público e reparação. Assim, temos uma caracterização com diversos paralelos ao conceito de "margens" elaborado por Veena Das e Deborah Poole (2008). Com isso, em contribuição aos debates feitos a partir das reflexões de Pierre Nora (1993), propomos o entendimento desses objetos materiais de memória não apenas como "lugares", mas como *margens de memória*.

Conclusão

Conforme visto, mais do que nunca a memória se manifesta em uma conjuntura política marcada por um notável grau de embates. Nesse quadro, a narrativa sobre o passado da nossa mais recente ditadura militar desempenha um papel central, revelando o quanto temos uma frágil simbologia sobre o alcance de direitos em nosso ambiente político e cultural. Tal arranjo prejudica uma série de grupos da nossa sociedade, aqueles que são historicamente abordados como "de segunda categoria". As favelas e seus habitantes são largamente representativos dessa mórbida falha de nosso arranjo social e institucional; daí a importância de se entender como esses indivíduos constroem suas estratégias para usar suas lembranças na batalha pela concretização de direitos.

O processo de construção de suportes materiais de memória é permeado por um jogo de poder ampliado, que não afeta apenas sua existência, mas a possibilidade de que esses elementos se constituam em passos para a adoção de medidas sociais concretas. Seja as chamadas e amplamente discutidas políticas de reparação, seja o que podemos chamar de reparação da política. Esta última deve ser entendida como uma mudança de abordagem do Estado e da sociedade que encerre problemas graves e históricos que afetam esses grupos, como as abordadas mortes vindas da própria ação do Estado.

Entretanto, ao lembrarmos os vários casos citados de familiares de vítimas de moradores de favelas e periferias similares, vemos justamente o contrário. A internet possibilitou que suas vozes ganhassem eco, visando justamente a causar algum tipo de fissura para transformar seu trauma em ações concretas. Isso faz com que suas lembranças emerjam de uma condição subterrânea e de invisibilidade. Assim, elas se tornam mais visíveis, acessíveis e palpáveis sem, contudo, alcançar os resultados de reparação almejáveis. Elas estão no palco, mas sem o destaque necessário para o alcance de seus objetivos de mudança social. De subterrâneas a ignoradas, essas memórias continuam participando do jogo e possibilitando formas de resistência e contradiscursos. Fragilidade, efemeridade, fluidez e alcance limitados, objetos concretos que mostram, entre outros fatores, a ambiguidade com a qual o Estado e a sociedade lidam com esses espaços populares. Daí a escolha do uso do termo *margens de memória*. Contudo, como Das e Poole (2008) pontuam, as margens não são apenas lugares que reforçam dificuldades, mas, justamente por essa condição ambígua, se constituem igualmente de férteis campos para formas alternativas de resistência cotidiana e para construir uma contranarrativa em busca da implementação de direitos.

Referências

ALMEIDA, Rodrigo de. À sombra do poder: bastidores da crise que derrubou Dilma Rousseff. São Paulo: Leya, 2017.

AMOROSO, Mauro. A tropa e a cidade: a Polícia Militar no Rio de Janeiro durante a abertura e seus impactos negativos futuros para a consolidação de um universo de direitos para as favelas. *Tempo & Argumento*, Santa Catarina, v. 11, n. 27, p. 129- 157, 2019.

AMOROSO, Mauro. *Caminhos do lembrar:* a construção e os usos políticos da memória no Morro do Borel. Rio de Janeiro: Ponteio, 2015.

AMOROSO, Mauro; BRUM, Mario; GONÇALVES, Rafael Soares. Police, participation et accès aux droits dans des favelas de Rio de Janeiro: l'expérience des Unités de Police de Pacification (UPP). *Revue Orda - L' Órdinaires des Amériques*, Paris. v. 216, 2014.

BRANCO, Sérgio. *Memória e esquecimento na internet.* Porto Alegre: Arquipélago, 2017.

BRUM, Mario. *Cidade Alta:* história, memórias e estigma de favela num conjunto habitacional do Rio de Janeiro. Rio de Janeiro: Ponteio, 2012.

BURGOS, Marcelo; PEREIRA, Luiz Fernando Almeida; CAVALCANTI, Mariana et al. O efeito UPP na percepção dos moradores das favelas. *Desigualdade & Diversidade*– Revista de Ciências Sociais da PUC-Rio, Rio de Janeiro, n. 11, p. 49-98, ago./dez. 2011.

CANDAU, Joël. *Memória e identidade*. São Paulo: Contexto, 2018.
CARVALHO, José Murilo de. *Cidadania no Brasil:* um longo caminho. Rio de Janeiro: Civilização Brasileira, 2001.
COMUNICAÇÕES DO ISER. Rio de Janeiro, n. 59, 2004.
CUNHA, Paulo Ribeiro da. Militares e anistia no Brasil: um dueto desarmônico. In: TELES, Edson; SAFATLE, Vladimir (orgs.). O que resta da ditadura: a exceção brasileira. São Paulo: Boitempo, 2010.
DAS, Veena. Tiempo, identidade y comunidad. In: ORTEGA, Francisco A. (org.). *Veena Das:* sujetos del dolor, agentes de dignidad. Bogotá: Universidad Nacional de Colombia/ Facultad de Ciencias Humanas, Pontificia Universidad Javeriana, Instituto Pensar, 2008b.
DAS, Veena. Trauma y testimonio. In: ORTEGA, Francisco A. (org.). *Veena Das:* sujetos del dolor, agentes de dignidade. Bogotá: Universidad Nacional de Colombia/ Facultad de Ciencias Humanas, Pontificia Universidad Javeriana, Instituto Pensar, 2008a.
DAS, Veena; POOLE, Deborah. El Estado y sus márgenes. Etnografías comparadas. *Cuadernos de Antropología Social*. Buenos Aires, n. 27, p. 19-52, 2008.
DODEBEI, Vera. Memoração e patrimonialização em três tempos: mito, razão e interação digital. In: TARDY, Cécile; DODEBEI, Vera (orgs.). *Memória e novos patrimônios*. Marseille: OpenEdition Press, 2015.
FERREIRA, Marieta de Moraes. História, tempo presente e história oral. *Topoi*, Rio de Janeiro, v. 3, n. 5, p. 314-332, 2002.
FREIRE-MEDEIROS, Bianca. Favela como patrimônio da cidade? Reflexões e polêmicas acerca de dois museus. *Estudos Históricos*, Rio de Janeiro, v. 2, n. 38, p. 49-66, 2006.
GONÇALVES, Rafael Soares. *Favelas do Rio de Janeiro:* história e direito. Rio de Janeiro: Pallas, 2013.
GONDAR, Jô. Memória, poder e resistência. In: GONDAR, Jô; BARRENECHEA, M. A (orgs.). *Memória e espaço:* trilhas do contemporâneo. Rio de Janeiro: 7 Letras, 2003.
GRYNSZPAN, Mario; PANDOLFI, Dulce. Memória de favelas, em favelas: favelas do Rio de Janeiro e direito à memória. In: GOMES, Angela de Castro (org.). *Direitos e cidadania:* memória, política e cultura. Rio de Janeiro: FGV, 2007.
HALBWACHS, Maurice. *A memória coletiva*. São Paulo: Centauro, 2004.
HUYSSEN, Andréas. *Seduzidos pela memória:* arquitetura, monumentos e mídia. Rio de Janeiro: Aeroplano, 2000.
JINKINGS, Ivana; DORIA, Kim; CLETO, Murilo (orgs.). *Por que gritamos golpe*? São Paulo: Boitempo, 2016.
LAVABRE, Marie-Claire. De la notion de mémoire à la production des mémoires collectives. In: CEFAÏ, Daniel (dir.). *Cultures politiques*. Paris: PUF, 2001.
LEITE, Márcia. Para além da metáfora da guerra: percepções sobre cidadania, violência e paz no Grajaú, um bairro carioca. Tese (Doutorado) - PPGSA-UFRJ, Rio de Janeiro, 2001.
LORIGA, Sabina. A tarefa do historiador. In: GOMES, Angela de Castro; SCHMIDT, Benito Bisso (orgs.). *Memórias e narrativas (auto)biográficas*. Rio de Janeiro: FGV; Porto Alegre: UFRGS, 2009
MAUÉS, Flamarion. Os livros de denúncia de tortura após o golpe de 1964. In: *II Seminário Brasileiro do Livro e História Editorial*. Rio de Janeiro: UFF/Lihed, 2009.
MORENO, Jorge Bastos. *Ascensão e queda de Dilma Rousseff*. Rio de Janeiro: Globo, 2017.
NORA, Pierre (dir.). *Les Lieux de Mémoire. t1. La République*. Paris: Gallimard, 1984.
NORA, Pierre (dir.). *Les Lieux de Mémoire. t2. La Nation*. Paris: Gallimard, 1987.
NORA, Pierre (dir.). *Les Lieux de Mémoire. t3. Les France*. Paris: Gallimard, 1992.

NORA, Pierre (dir.). Entre memória e história: a problemática dos lugares. *Projeto História*, São Paulo, n. 10, p. 7-28, dez. 1993.

PERLMAN, Janice. *O mito da marginalidade:* favelas e política no Rio de Janeiro. Rio de Janeiro: Paz e Terra, 1977.

PANDOLFI, Dulce; GRYNSZPAN, Mario. Favelas e poder público: uma relação delicada. In: OLIVEIRA, Lúcia Lippi (org.) *Cidade:* história e desafios. Rio de Janeiro: FGV, 2002.

PINHEIRO-MACHADO, Rosana. *Amanhã vai ser maior:* o que aconteceu com o Brasil e possíveis rotas de fuga para a crise atual. São Paulo: Planeta, 2019.

POLLAK, Michael. Memória, esquecimento e silêncio. *Estudos Históricos*, Rio de Janeiro, v. 2, n. 3, p. 3-15, 1989.

REIS-ALVES, Luiz Augusto. O conceito de lugar. *Arquitextos*, ano 8, ago. 2007. Disponível em: https://www.vitruvius.com.br/revistas/read/arquitextos/08.087/225. Acesso em: 15 dez. 2019.

RICOEUR, Paul. *La mémoire, l'histoire, l'oubli*. Paris: Seuil, 2000.

ROUSSO, Henry. A memória não é mais o que era. In: FERREIRA, Marieta de Moraes; AMADO, Janaína (orgs.). *Usos e abusos da História Oral*. Rio de Janeiro: FGV, 1996.

ROSSI, Paolo. *El pasado, la memoria, el olvido*. Buenos Aires: Nueva Visión, 2003.

SINGER, André. *O lulismo em crise*: um quebra-cabeça do período Dilma (2011-2016). São Paulo: Companhia das Letras, 2018.

SOUZA, Marcelo Lopes de. *Os conceitos fundamentais da pesquisa socioespacial*. Rio de Janeiro: Bertrand-Brasil, 2013.

TEIXEIRA DA SILVA, Francisco Carlos. Crise da ditadura militar e o processo de abertura política (1974-1985). In: FERREIRA, Jorge; DELGADO, Lucília de Almeida Neves (orgs.). *O Brasil republicano*, v. 2. Rio de Janeiro: Civilização Brasileira, 2019.

VALLADARES, Licia do Prado. *A invenção da favela: do mito de origem à favela.com*. Rio de Janeiro: FGV, 2005.

WERNECK, Marcela. Memória e denúncia sobre a violência de Estado na democracia: o patrimônio net-ativista das mães e familiares das vítimas. Tese (Doutorado) – PPGMS-UniRio, Rio de Janeiro, 2019.

Um arquivo etnográfico sobre favelas: o acervo de Anthony e Elizabeth Leeds

Rachel de Almeida Viana
Nísia Verônica Trindade Lima

Antes mesmo das Ciências Sociais, as favelas eram objeto de reflexão das artes. Na literatura, o Morro de Santo Antônio era descrito por João do Rio em *Os livres acampamentos da miséria* (RIO, 1911). Na década de 1960, vimos a narrativa de uma moradora sobre as favelas, no caso, em São Paulo, em *Quarto de despejo*, de Carolina Maria de Jesus (LIMA; VIANA, 2018; SILVA, 2013). No cinema, as favelas apareceram em 1935 com o longa, de Humberto Mauro, *Favela dos meus amores* (SANTA HELENA, 2015) e, nas décadas de 1950 e 1960, foram repensadas pelo Cinema Novo em filmes como *Rio Zona Norte* e *Rio 40 graus*, de Nelson Pereira dos Santos, e *Cinco vezes favela*, de Cacá Diegues, Marcos Farias, Miguel Borges, Joaquim Pedro de Andrade e Leon Hirszman (LIMA; VIANA, 2018; SANTA HELENA, 2015). No teatro, a inauguração do Teatro Experimental do Negro, em 1950, levou os moradores das favelas para os palcos (NASCIMENTO, 2002); e a peça *Eles não usam black-tie*, na década de 1960, colocou a favela e a vida dos moradores como narrativa principal (LIMA; VIANA, 2018; SILVA, 2013). Na maior parte destas produções artísticas, destaca-se a associação entre favela e pobreza (LIMA; VIANA, 2018).

No campo da medicina, destacam-se as análises do médico Victor Tavares de Moura, realizadas nas décadas de 1940 e 1950, período de intenso fluxo migratório para as cidades e de aumento da população destas localidades (SILVA, 2012; BURGOS, 2012). Com atuação social relevante nas políticas públicas voltadas para as habitações de baixa renda, a obra e o acervo de Tavares de Moura tornaram-se referências importantes para o pensamento social voltado para as favelas. Tendo em vista a inclusão das favelas na produção historiográfica recente (KNAUSS; BRUM, 2012), a produção intelectual no âmbito da medicina social, em especial, desse médico, traz para os pesquisadores uma representação social específica sobre as favelas (BURGOS, 2012), na qual o discurso da higiene e da eugenia era acionado para justificar as políticas habitacionais vigentes.

No campo das Ciências Sociais, na década de 1960, houve o estudo da Sociedade de Análises Gráficas e Mecanográficas Aplicadas às Ciências Sociais (Sagmacs), coordenado por José Arthur Rios, *Aspectos humanos da favela carioca*, e o de Carlos Alberto de Medina, *A favela e o demagogo*, de 1964, além das pesquisas realizadas pelos profissionais do Serviço Social (MELLO et al., 2012; VALLADARES, 2005; LEEDS; LEEDS, 2015; LIMA; VIANA, 2018). Em 1965, com as pesquisas realizadas por Anthony e Elizabeth Leeds nas favelas do Rio de Janeiro, as favelas foram estudadas por meio da observação participante que incluía a moradia dos pesquisadores nas favelas e, consequentemente, a etnografia, a produção de notas de campo e a coleta de variados registros de campo (VIANA, 2019).

O conjunto de pesquisas realizadas por Anthony e Elizabeth Leeds, junto a sua rede de colaboradores, na década de 1960, pode ser considerado a primeira pesquisa etnográfica em favelas envolvendo a residência dos pesquisadores no local de estudo. Nem o estudo da Sagmacs, apesar de ser uma observação participante, nem o estudo de Medina mostram evidências de que tais pesquisadores estabeleceram residência nas favelas (VIANA, 2019). Valladares, orientada por Medina em seu estudo na Rocinha, estabelecera residência na favela em 1967 por sugestão dos moradores, não de seu orientador (VALLADARES, 2013; VIANA, 2019).

Ainda nessa década, as favelas ganham a atenção dos programas de cooperação internacional entre Brasil e Estados Unidos, nos quais se inserem agências internacionais como a United States Agency for International Development (Usaid) e a Aliança para o Progresso (APP), que investiram capital financeiro e humano em projetos de cooperação técnica para a promoção do desenvolvimento nessas áreas. Entre esses projetos e programas, estão o Brasil-Estados Unidos Movimento de Desenvolvimento e Organização de Comunidade (Bemdoc), financiado pela Usaid, e o Peace Corps (PC), financiado pela APP, para os quais Anthony Leeds prestou consultoria (VIANA, 2019; VALLADARES, 2005; LIMA; VIANA, 2018). Era justamente por meio do Bemdoc e do Peace Corps que a Usaid e a APP atuavam nas favelas. Afinal, as habitações de baixa renda eram objetos de atenção da política de boa vizinhança dos EUA durante a Guerra Fria. A contenção do comunismo passava pela promoção do desenvolvimento nas áreas mais empobrecidas, o que incluía todos os tipos de moradias populares, como as *barriadas*, no Peru, e as favelas, no Brasil.

Em todo esse período, o discurso dominante, e que justificava as diversas políticas habitacionais voltadas para as favelas, associava-as à pobreza, a enclaves rurais na cidade, a quistos, a aglomerados de habitações anti-higiênicas e a antros de marginalidade e doenças, entre outros estigmas. Na década de 1960, a teoria da *cultura da pobreza* de Oscar Lewis e a teoria da *marginalidade* acabavam por reforçar tais estigmas, bem como a proposta de erradicação das favelas, presente já na década de 1940 e que justificou a criação de parques proletários e moradias provisórias, propostos por Victor Tavares de Moura, ou mesmo sua remoção para áreas mais longínquas da cidade, justificando a construção de conjuntos habitacionais (VALLADARES, 2005; LIMA; VIANA, 2018; VIANA, 2019; LIMA, 2006).

A consolidação das favelas, na qual se verifica o entrelaçamento entre as relações de poder e a constituição de sua infraestrutura (CAVALCANTI, 2008), envolveu não somente as disputas de interesses entre os moradores, mas sobretudo destes com o Estado e seus representantes (LEEDS; LEEDS, 2015; VIANA, 2019). A historicidade de tal processo encontra-se hoje refletida em um conjunto documental que possibilita reconstituir essa história e aprofundar as análises sobre a atual conjuntura das favelas. Entre os conjuntos de documentos relativos à história da cidade e das favelas, uma parte importante está hoje custodiada no Departamento de Arquivo e Documentação da Casa de Oswaldo Cruz (DAD/COC). Na entidade, encontram-se os fundos do médico Victor Tavares de Moura, do antropólogo Anthony Leeds e de sua principal colaboradora, a cientista política Elizabeth Leeds. Recentemente doados, ali também estão guardados os fundos dos sociólogos Carlos Alberto de Medina e José Arthur Rios, atualmente em fase de identificação e organização.

Considerando a potencialidade de tais arquivos custodiados no DAD/COC para a escrita da história da cidade, do pensamento sobre as favelas e de sua consolidação, esse texto tem como finalidade abordar as especificidades dos arquivos pessoais privados de cientistas sociais para a escrita da história da cidade e das favelas. Analisando o arquivo de Anthony e Elizabeth Leeds, mostram-se a natureza multissituada do arquivo do antropólogo bem como as articulações entre os diferentes tipos de escrita das notas de campo e outros tipos de registros dessa prática científica para a análise de documentação que apresenta essa especificidade. Nesse sentido, destaca-se a relação entre a opção metodológica dos produtores dos fundos e o conteúdo de seu arquivo. Da mesma maneira, ressalta-se o empenho dos titulares em priorizar o registro do pensamento dos moradores, entre outros aspectos da subjetividade de seus interlocutores, mostrando a dinâmica política e econômica desse tipo de moradia e a capacidade organizativa dos moradores.

A totalidade do fundo Anthony Leeds está dividida em três partes. Além da parte doada à COC, há uma parte custodiada no Museu da Maré, com fotografias da localidade, e outra no National Anthropological Archives (NAA) do Smithsonian Institute, em Washington, DC. Esse conjunto documental apresentava uma organização muito semelhante àquela que tinha originalmente o arquivo doado à COC (LACERDA; GIRÃO, 2018). É possível verificar que a intervenção no tratamento arquivístico e na lógica de organização foi mínima. Dado o fato de o arquivo depositado na COC ter sido previamente organizado por sua viúva e doadora, Elizabeth Leeds, e que a organização dada no NAA se assemelha à que chegou à COC, é mais provável que a parte custodiada no NAA fora doada por Elizabeth, e não pela Universidade de Columbia, como consta no inventário institucional (SAAVEDRA, 2012). Reunindo uma diversidade maior no que tange à sua trajetória, o arquivo depositado no NAA abrange sua vida pessoal, documentos comprobatórios de sua trajetória acadêmica e uma série considerável de correspondência, além de seus poemas e fotografias (SAAVEDRA, 2012; LACERDA; GIRÃO, 2018).

Sendo um acadêmico com os mais diversos interesses de pesquisa (SIEBER, 1994; SANJEK, 1994; DONAHUE, 2018), o arquivo custodiado no NAA apresenta os documentos usados por Leeds para realizar outras pesquisas fora do Brasil, como seu material de campo entre os índios yaruro da Venezuela; todas as versões de sua tese de doutorado sobre a Zona do Cacau baiana, incluindo relatórios e comentários de seu orientador, Charles Wagley; as ementas de seus cursos oferecidos nas universidades onde lecionou, sobretudo a do Texas e a de Boston; as anotações de aula de sua vida de estudante, desde a graduação até o doutoramento; e, constituindo uma parte importante, há ainda versões de seu *curriculum vitae* e um texto autobiográfico que não chegou a ser publicado (SAAVEDRA, 2012; LACERDA; GIRÃO, 2018; VIANA, 2019).

Os fundos Anthony e Elizabeth Leeds depositados na Casa de Oswaldo Cruz foram doados em 2007, e seu processo de organização, iniciado em 2009 com o tratamento técnico (LACERDA; GIRÃO, 2018). Hoje, os fundos Anthony e Elizabeth Leeds custodiados na COC encontram-se disponíveis para o público, como documentos escritos e iconográficos, cujos tratamentos foram feitos em momentos diferentes, uma vez que a doação não foi feita ao mesmo tempo. Da doação dos documentos escritos até o momento final da organização dos documentos iconográficos, os fundos Anthony e Elizabeth Leeds passaram por diversas formulações, discussões e debates, entre outras etapas que ultrapassam a simples adoção de uma metodologia de organização arquivística. Logo, à COC fora destinada a parte relativa às suas pesquisas em favelas, não havendo, portanto, documentos de sua vida pessoal ou referentes a suas outras pesquisas.

O pesquisador encontra no acervo dos Leeds documentação sobre personalidades da cena política brasileira e sobre as remoções dos anos 1960 aos 1980; os projetos e programas da política habitacional, sobretudo da década de 1980, como o Promorar e o Projeto Rio; a documentação sobre associações de moradores, como Fafeg, Faferj e Famerj; documentos sobre a atuação de órgãos internacionais que atuaram nas favelas nos anos 1960, como o Bemdoc e a ACB; documentos da Fundação Leão XIII, como os relatórios de visita para o levantamento técnico da topografia e condições de infraestrutura das favelas; e iniciativas da sociedade civil, no fim da década de 1980 e no início da década de 1990, como o orçamento participativo em Porto Alegre e o movimento de mulheres (LIMA, 2011).

Os titulares

Apesar de ter seus próprios objetos de pesquisa, Elizabeth Leeds desenvolveu com Anthony Leeds diversas pesquisas no Brasil, em Portugal e nos EUA, desde 1965, quando se conheceram, até 1989, ano de falecimento de Anthony Leeds. Naturalmente, os documentos que integram seu acervo dizem respeito não só à trajetória científica de Anthony, mas também à de Elizabeth Leeds. No intuito de elucidar o contexto de produção dos documentos que compõem os fundos Anthony e Elizabeth Leeds, custodiados na COC, cabe aqui apresentar os seus respectivos titulares.

Anthony Leeds nasceu em Nova York em 26 de janeiro de 1925, filho de Arthur e Polly Leeds, advogado e atriz e tradutora, respectivamente. Em 1929, um ano após o falecimento de Arthur, a família muda-se para Viena, onde a mãe estuda psicanálise, e onde permanece até 1933, quando retorna aos EUA, na companhia do músico e escultor Edmund Weil, seu segundo marido. Em um primeiro momento, retornam a Manhattan, e, posteriormente, a família muda-se para trabalhar em uma fazenda em Clinton Corners. Nesse período entre 1935 e 1944, o jovem Leeds também prestou serviço militar no Pennhurst State School, no estado da Pensilvânia, entidade das Forças Armadas voltada ao atendimento de portadores de transtornos mentais (LIMA, 2011; SIEBER, 1994; VIANA, 2019).

Em 1947, Anthony Leeds entra para a Universidade de Columbia, onde termina em 1957 seu doutorado, sob a orientação de Charles Wagley e Thales de Azevedo. Nesse período de formação profissional, que culmina na defesa de sua tese "Economic Cicles in Brazil: the Persistence of a Total Cultural Pattern", há diversos pontos importantes a ser destacados e que ajudam a entender sua relação com o Brasil. Em primeiro lugar, a relação estabelecida com intelectuais brasileiros engajados nos estudos de comunidade, como Thales de Azevedo, seu orientador aqui no Brasil, e Luiz de Aguiar da Costa Pinto, que também coordenava essa série de estudos de comunidade na Bahia (MAIO, 1997; CONSORTE, 1999). Desse contato, destaca-se a influência que Thales de Azevedo teve em sua formação, a ponto de Leeds ter publicado um artigo, intitulado "Thales de Azevedo's Influence on Brazilian Studies by North-Americans: a Personal Note", tratando da influência desse intelectual brasileiro na formação de antropólogos estadunidenses de sua geração (LEEDS, 1970). É nessa etapa de formação que o antropólogo, junto a outros colegas de universidade, como Marvin Harris, Andrey Vayda e Marshall Sahlins, e professores, como Morton Fried, Julian Steward, Alfred Kroeber e Karl Polanyi, desenvolvem sua crítica ao culturalismo boasiano, consolidando em Columbia, reduto de Boas e seus discípulos, o neoevolucionismo (SANJEK, 1994; SIEBER, 1994; LEEDS, 1984; VIANA, 2014). Dessa abordagem teórica, somada à ecologia humana, surge, em seu estudo sobre a Zona do Cacau, sua crítica aos estudos de comunidade, sobretudo ao que propunham definir como comunidade. Anthony Leeds via como principal problema na noção de comunidade a pressuposição de isolamento desta com as grandes cidades e os mercados. Em seu argumento, havia uma interação destes locais, além daquela com o mercado, dando um caráter urbano ao que era visto como estritamente rural (VIANA, 2014; LEEDS; LEEDS, 2015; LIMA; VIANA, 2018). É nessa fase de formação acadêmica que Leeds se casa com sua primeira esposa, Jo Alice Lowrey, atriz com quem teve três filhos – Madeleine, John e Ann Leeds (SIEBER, 1994).

Após sua formação na Universidade de Columbia, Leeds parte para a Venezuela a fim de pesquisar os yaruro. A partir desse trabalho de campo, Leeds publicou alguns artigos, cujos focos são a ideologia na organização socioeconômica, a etno-história, a horticultura e a ecologia. Nesse período, até 1961, lecionou no City College de Nova York e na Hofstra University (LEEDS, 1984; SIEBER, 1994; DONAHUE, 2018; VIANA, 2014).

Entre 1961 e 1963, Leeds integrou os quadros da União Pan-Americana, como chefe do programa de desenvolvimento urbano, vinculado ao Departamento de Relações Sociais, sob a chefia de Angel Palerm (LEEDS, 1967; LEEDS, 1984; VIANA, 2014). Algumas de suas atribuições eram verificar centros de pesquisa para os quais a agência financiaria projetos de investigação e de ensino de Ciências Sociais voltadas para o fenômeno urbano e indicar profissionais latino-americanos para trabalhar na agência. Leeds, então, viajou pela região visitando tais órgãos e reunindo-se com seus cientistas sociais. Nesse período, vem ao Brasil pela segunda vez e estreita seu contato com os cientistas sociais brasileiros de instituições como a Universidade de São Paulo, a Escola Livre de Sociologia e Política e a Universidade de Bahia. No entanto, é prestando consultoria para o Centro Latino-Americano de Pesquisas em Ciências Sociais (Clapcs) que Leeds participa do seminário "Estrutura social, estratificação e mobilidade", realizado entre os dias 6 e 15 de junho de 1962, no Rio de Janeiro (VIANA, 2014). Em 1961, foi levado por Anísio Teixeira a uma favela no Rio de Janeiro, ao mesmo tempo que fazia sua pesquisa sobre carreiras brasileiras entre as elites (LIMA; VIANA, 2018). Na ocasião, também considerou a sugestão de seu colega Bertam Hutchinson de estudar o mecanismo de cliques entre o proletariado urbano (LEEDS, 1984). Desse modo, aproximou-se do tema das favelas, ou, ainda, *squatter settlements*[1] na América Latina (VIANA, 2014).

Em 1963, tornou-se professor da Universidade do Texas e desligou-se da OEA. Uma de suas atividades desenvolvidas enquanto professor e pesquisador da universidade foi a consultoria prestada para a agência internacional Peace Corps Volunteers, bem como o treinamento dos jovens voluntários. Criada pelo governo Kennedy para atender às demandas de sua política externa em plena Guerra Fria e da APP, a agência presta assistência técnica aos países latino-americanos, enviando jovens voluntários

[1] Segundo Leeds, o termo refere-se a aglomerações de casas construídas sem autorização ou caracteristicamente sem planejamento, em áreas cuja posse é desconhecida e que não têm melhorias urbanas como esgoto, água ou eletricidade (LEEDS, 1967).

para as regiões mais pobres com o objetivo de promover o desenvolvimento de comunidades (AZEVEDO, 2007). Como professor e pesquisador, Leeds também deu treinamento para os jovens voluntários do Peace Corps que iriam a outros países signatários da APP prestar serviços de cooperação técnica (FIGUEIREDO, 2009; AZEVEDO, 2007; VIANA, 2014; VALLADARES, 2005; VIANA, 2019).

O Peace Corps atuava com programas de saúde e treinamento profissional para a inserção no mercado de trabalho em regiões com baixo desenvolvimento. Sua entrada nas favelas deu-se no ano de 1963 por meio de um convênio firmado com a Secretaria de Serviços Sociais do estado da Guanabara (AZEVEDO, 2007). Conforme preconizava sua metodologia de trabalho, os voluntários deveriam morar nos locais onde trabalhariam. Aqueles que viessem ao Rio de Janeiro morariam nas favelas onde a agência atuou após a assinatura do convênio com a Secretaria de Saúde do estado da Guanabara e com o Serviço Especial de Saúde Pública em 1963 (AZEVEDO, 2007).

Em 1965, já tendo dado aulas preparatórias sobre América Latina para os voluntários do PC, Leeds começa seu trabalho de campo nas favelas. Ao chegar em agosto desse ano, Leeds estabeleceu contato mais próximo com os voluntários do Peace Corps e introduziu-os na observação participante. Lançando mão do trabalho desses voluntários como assistentes de pesquisa, posteriormente Leeds encorajou-os a elaborar trabalhos acadêmicos e a apresentá-los no 37º Congresso Internacional de Americanistas, realizado em Mar del Plata em 1966 (VALLADARES, 2005; MACHADO DA SILVA, 2015; VIANA, 2019). Nesse mesmo ano, residiu na Favela do Tuiuti, onde conheceu a cientista política Elizabeth R. Plotkin, que se tornou sua principal colaboradora e, em 1967, sua esposa. Já em outubro desse mesmo ano, iniciou seu trabalho de campo na Favela do Jacarezinho, onde residiria posteriormente e onde fez a maior parte de suas observações de campo (VIANA, 2014).

Elizabeth Plotkin, por sua vez, desde 1964 já estava formada em Ciência Política pela Universidade de Boston, quando ingressou nos quadros do Peace Corps. Seu interesse pela área deu-se ainda nos tempos de juventude ao acompanhar o trabalho do pai, Abe Plotkin, jornalista do *Boston Globe*. Um dos temas de seu interesse foi a delinquência juvenil, quando ela ainda tinha 15 anos. Segundo seu relato, a influência de seu lugar de origem, Boston, onde a família Kennedy tinha muita influência, sobretudo no principal jornal da região, somada à atuação profissional de seu pai, que acompanhava a política sindical de sua categoria, fomentou sua escolha por essa disciplina das Ciências Sociais (LIMA, 2011; VIANA, 2019; LIMA; VIANA, 2018).

Já na universidade, percebia o etnocentrismo estadunidense na formação em Ciência Política, uma vez que a disciplina se dividia em *Politics*, tratando da política do país natal, e *Compared Polítics*, aquela praticada em outros países (LIMA; VIANA, 2018; VIANA, 2019). Nesse mesmo período, a comoção causada pelo assassinato de Kennedy e a crítica ao etnocentrismo estadunidense impresso na obra *The Ugly American* pesaram na decisão da jovem Elizabeth Plotkin pelo ingresso no Peace Corps (VIANA, 2019; LIMA; VIANA, 2018).

Em toda a segunda metade da década de 1960, Anthony e Elizabeth Leeds fizeram seus trabalhos de campo nas favelas do Rio de Janeiro, bem como em outras cidades brasileiras e latino-americanas com enfoque nas habitações de baixa renda e suas relações políticas. Nesse período, realizaram diversos trabalhos no Rio de Janeiro, entre eles a consultoria para o projeto Bemdoc-Usaid no Brasil, a pesquisa para o projeto Cenpha/Columbia, voltado para a formação de capital nas favelas, e a regência do primeiro curso de Antropologia Urbana no Brasil, no Museu Nacional, a convite de Roberto Cardoso de Oliveira (VIANA, 2014; LIMA; VIANA, 2018; VIANA, 2019).

Marcando o fim da década de 1960 e o início dos anos 1970, nascem Jeremy e Jared Leeds, filhos de Anthony e Elizabeth Leeds. Durante todo esse tempo fazendo trabalho de campo no Brasil, Elizabeth Leeds voltou-se para sua pesquisa específica, sobre a relação entre o Estado e as favelas, ao mesmo tempo que colaborava com os trabalhos do esposo. Entre as tarefas da pesquisa, ficavam a cargo dela, entre outros trabalhos, a elaboração, a testagem, a aplicação e a tabulação de questionários quantitativos (VIANA, 2014; VIANA, 2016; VIANA, 2019). Em 1969, nasceu o primeiro filho do casal e a família morou em Copacabana. Nesse ano, Anthony Leeds estava regendo duas disciplinas no Museu Nacional – Antropologia Urbana e Ecologia Humana (VIANA, 2014). Em 1972, ano de nascimento do segundo filho, Elizabeth Leeds defendeu a tese de mestrado *Forms of Squatment Poltical Organization: the Politics of Control in Brazil*, na Universidade do Texas.

Com o recrudescimento da ditadura militar no Brasil na década de 1970, tornando inviável a continuidade das pesquisas neste país, o casal decide pesquisar imigração e trabalho em Portugal (VIANA, 2019; LIMA; VIANA, 2018). A partir dessa pesquisa, Anthony Leeds escreve a obra, ainda não publicada, *Minha Terra, Portugal: Lamentations and Celebrations*, enquanto Elizabeth Leeds defende sua tese de doutoramento em 1984 para o Massachussets Institute of Technology, intitulada "Labor Export, Development and the State: the Political Economy of Portuguese Emigration". Na Universidade de Boston, Anthony Leeds ingressa em 1972, permanecendo até 1989, ano de seu falecimento, orientando diversos alunos. Em 1988, o casal regressou ao Brasil para refazer suas pesquisas: sobre carreiras brasileiras e sobre a relação Estado e favela no contexto da redemocratização. No regresso, ao rever os dados de campo, Anthony Leeds falece após um segundo infarto aos 64 anos (SIEBER, 1994; SAAVEDRA, 2012; VIANA, 2019).

Ainda em 1978, o casal tem sua obra *A sociologia do Brasil urbano* publicada em língua portuguesa. Fruto do incentivo de seu ex-aluno, Gilberto Velho, integra a coleção Antropologia Social da editora Zahar. Recentemente, em 2015, ganhou uma segunda edição ampliada, organizada por Elizabeth Leeds e Nísia Trindade Lima, editada pela Fiocruz. Tal obra, sendo uma reunião de diversos artigos feitos durante a década de 1960 e o início da década de 1970, ainda hoje é uma referência importante para aqueles que se dedicam ao estudo das favelas nas Ciências Sociais. Seus estudos contribuíram para quebrar os estigmas e mitos construídos sobre as favelas como celeiros de marginalidade, miséria e desorganização política. Em um tempo em que o discurso dominante defendia as remoções e via as favelas como problemas para as cidades, os Leeds, junto a outros pesquisadores do fenômeno urbano, reforçaram o entendimento de que elas eram soluções encontradas pelo trabalhador; que tais opções de moradia se davam pelo sistema salarial vigente; e que, dentro das favelas, circulava um grande volume de capital, decorrente da iniciativa empreendedora de seus moradores, entre outros fatores.

Elizabeth Leeds seguiu sua carreira profissional, dedicando-se ao tema dos direitos humanos e da segurança pública. Em 2005, atuando na Fundação Ford, conseguiu reunir especialistas, lideranças e organizações não governamentais para discutir a segurança pública no Brasil. Dessa mobilização, surgiu o Fórum Brasileiro de Segurança Pública, do qual é, atualmente, presidente de honra (VIANA, 2019). Ainda em atividade, atua como pesquisadora do Washington Office of Latin America (Wola), organização da sociedade civil estadunidense, cujo surgimento resulta da crítica, vinda dos setores mais progressistas do país, aos regimes autoritários surgidos na América Latina e aos rumos da política externa dos EUA.

As pesquisas de Anthony e Elizabeth Leeds e a formação de seu acervo

Embora o primeiro contato de Anthony Leeds com as favelas se desse em 1961 e 1962 (LEEDS, 1984), o início de sua pesquisa deu-se após sua saída da Pan America Union (PAU) e sua entrada na Universidade do Texas. Esse estudo sistemático efetivou-se em 1965, junto a uma rede de colaboradores, da qual participavam pesquisadores brasileiros, como Luiz Antonio Machado da Silva e os jovens voluntários do Peace Corps, inclusive Elizabeth Leeds (VIANA, 2014; VIANA, 2019). Além do Peace Corps, também atuava nas favelas o Bemdoc, com financiamento da Usaid e a ACB (VIANA, 2019). A primeira voltava-se para a promoção do chamado Desenvolvimento e Organização de Comunidade (DOC), que se concretizava na identificação de lideranças para promover a organização dos moradores. A segunda era uma entidade privada afiliada da Action International, similar à sua primeira filial, a Acción en Venezuela, voltada para o treinamento profissional (VIANA, 2019). Ambas contaram com a participação do antropólogo. Na primeira, prestando consultoria, na segunda Leeds regeu um curso formativo para seus agentes comunitários, que atuariam diretamente nas favelas fazendo visitas para identificar as principais demandas de seus moradores, ou, ainda, *felt needs*, para usar uma expressão destas agências (VIANA, 2019). Tanto no PC quanto nas outras entidades, a promoção do desenvolvimento e de seus desdobramentos era o mote pelo qual se justificava a atuação delas, muito embora lhes faltasse um sentido melhor definido a ser atribuído a tal noção. No contexto da Guerra Fria, em que a busca por áreas de influência se dava em diversos setores, o discurso do desenvolvimento tornou-se objeto de intenso debate nas Ciências Sociais, pelo caráter etnocêntrico de algumas visões de desenvolvimento, bem como a própria política externa dos EUA (VIANA, 2019).

Nesse período, em que as narrativas do desenvolvimento estavam em disputa (ANDRADE, 2015; VIANA, 2019), as Ciências Sociais, especialmente a antropologia, instrumentalizaram a veiculação das noções de desenvolvimento das agências internacionais para os locais onde atuavam (AZEVEDO, 2007; VIANA 2019; FIGUEIREDO, 2009).

Na esteira das compreensões sobre o desenvolvimento e suas possíveis aplicações, as teorias da *cultura da pobreza*, de Oscar Lewis, e *da marginalidade*, elaborada por diversos autores, cumpriram papel importante. A primeira explicava o ciclo de continuidade da pobreza com viés individualizante, no qual os pobres teriam uma mentalidade orientada por fatalismo, falta de poupança, falta de pensamento sobre o futuro e resignação, entre outros aspectos psicológicos e culturais (LEWIS, 1965; SILBERSTEIN, 1969; LEEDS; LEEDS, 2015; ZALUAR, 2000). A segunda afirmava o isolamento das massas marginais no mercado de trabalho e a pouca assimilação do modo de vida urbano (MACHADO DA SILVA, 1971; MACHADO DA SILVA, 1983).

Ao fornecerem um modelo explicativo, ambas atribuíam às causas da pobreza as características sociais e psicológicas dos indivíduos, como a apatia, a incapacidade organizativa e o desajustamento cultural aos padrões modernos (ZALUAR, 2000). Também justificavam políticas públicas, como foi o caso da Guerra contra a Pobreza nos EUA (KATZ, 1989) e as políticas de remoção das favelas do Rio de Janeiro, ocorridas durante a década de 1960. Neste segundo caso, somavam-se a tais modelos explicativos o entendimento das favelas como problema, a ponto de a ONU estabelecer a moradia de baixa renda como uma prioridade em seus programas (VIANA, 2019). Na contramão dessas justificativas, havia urbanistas e cientistas sociais que viam as favelas como solução e, ainda, buscavam embasamento empírico para a superação da teoria da cultura da pobreza e da marginalidade. Entre eles, estavam William Magin, Lucien Parisse, John F. Turner, bem como Anthony e Elizabeth Leeds (VALLADARES, 2005; VIANA 2019; LIMA; VIANA 2018).

Uma vez que o Peace Corps já atuava em diversas favelas da cidade, foi importante para a construção do caráter comparativo das pesquisas de Anthony Leeds a inserção de alguns desses jovens voluntários nessa rede de pesquisadores das favelas que se formava naquele momento (VALLADARES, 2005; VIANA, 2019; LIMA; VIANA, 2018). Na medida em que a noção de desenvolvimento dentro da agência, quando não era esvaziada dava margem a múltiplos entendimentos e atuação dos voluntários, a introdução de tais jovens em uma pesquisa, na qual buscavam, cada um, seu objeto de pesquisa, favoreceu a diversidade de aspectos a serem observados e analisados em trabalhos futuros, elaborados pelos Leeds e por esses participantes.

A pesquisa realizada por Anthony e Elizabeth Leeds na década de 1960 envolveu, portanto, a participação de duas redes de interlocutores: uma científica e outra do campo, que se entrecruzavam na prática do trabalho de campo e nos seminários informais, iniciativa tomada pelo antropólogo e continuada por seus interlocutores quando ele não estava no Brasil. Esse processo trouxe a produção de diversos tipos de registro de campo, além das notas dos produtores do conjunto documental. Também permitiu a formação de redes de cientistas em outros países onde Anthony e Elizabeth Leeds fizeram seus trabalhos de campo em outros tipos de *squatter settlements*, ou seja, assentamentos não controlados cuja indefinição de posse é sua principal característica (VIANA, 2019). No Brasil, as favelas seriam um exemplo, que receberam em outros lugares nomes diferentes e apresentaram suas especificidades – *barriadas*, no Peru; *bidonvilles*, na França; *vencidades*, no México, e assim sucessivamente.

De 1965 a 1989, os Leeds colaboraram mutuamente em suas respectivas pesquisas, compartilhando os *squatter settlements* como campo privilegiado de estudos. Naturalmente, a formação do *corpus* documental referente às favelas foi um trabalho conjunto. A existência dos arquivos de Anthony e Elizabeth Leeds e sua disponibilização para o público muito se devem ao trabalho de Elizabeth, doadora do acervo. Por essas razões, desde o início da elaboração do arranjo, pairava a dúvida: tratava-se de um titular ou de dois titulares? Além disso, haveria de se considerar que a organização prévia fora dada não por Anthony, mas por Elizabeth Leeds. Como já apontado, no conjunto doado à COC, havia uma organização muito semelhante àquela dada ao acervo custodiado no NAA. Contendo 57 caixas, a identificação preliminar registrou 830 planilhas. Os dossiês originais estavam organizados por assunto, identificados em pastas amarelas.

Todo o conjunto foi doado em três etapas: a primeira em 2009, a segunda em 2011, com documentos escritos, e a terceira em 2014, contendo os documentos iconográficos (LACERDA; GIRÃO, 2018). Em 2017, na ocasião da pesquisa de doutorado realizado por Rachel Viana, sob a orientação de Nísia Lima, a primeira trouxe nova remessa da documentação para a COC. Esta é constituída por diversas publicações de Anthony Leeds, a versão final original de sua tese de doutoramento e as entrevistas realizadas por Elizabeth Leeds para a elaboração do artigo “Cocaína e poderes paralelos na periferia urbana brasileira. Ameaças à democratização em nível local", publicado no Brasil no livro *Um século de favela*, organizado por Alba Zaluar e Marcos Alvito (1998).

A primeira proposta de arranjo fundamentou-se em duas considerações. Os documentos referiam-se a uma parte de suas pesquisas, justamente aquelas dedicadas ao tema das favelas e das habitações de baixa renda no Brasil. Sabendo-se que o conjunto representava uma parte de seus documentos e considerando a natureza de sua prática científica, mais especificamente da antropologia, houve a necessidade de se pensar propostas de arranjos que atendessem ao perfil daqueles documentos e à metodologia funcional, adotada pela COC (LACERDA; GIRÃO, 2018). Foi nessa linha que se deu a primeira proposta de arranjo dos documentos.

Outra consideração na primeira proposta de arranjo foi atrelar a organização original às escolhas metodológicas e teóricas do titular, já que os documentos foram produzidos e acumulados para dar subsídios às suas pesquisas. Nesse sentido, considerou-se sua afirmação de que qualquer tipo de organização é uma fonte de recurso de poder, bem como seu esforço em analisar o que se produzia sobre as favelas sob diferentes pontos de vista, já que a *análise multiclasse* e a *teoria geral dos sistemas* nortearam suas pesquisas (LEEDS; LEEDS, 2015, p. 45-62).

A análise do poder multiclasse é uma proposta de Anthony Leeds, explicitada na introdução de *A sociologia do Brasil urbano*, pois ele via problemas na abordagem de classe dentro da teoria marxista. O caráter dual desta teoria, no argumento de Leeds, não dava conta de uma questão: nem tudo o que é contraditório gera conflito, nem todo conflito vem de uma contradição. Ou seja, nem sempre é possível identificar contradição e conflito. Para o autor, essa dualidade criou problemas na análise de classes, uma vez que não considerava a multiplicidade das forças sociais. Ao constatar que a produção e o poder são indissociáveis, Leeds reconhece que há outros recursos de poder além da produção. É justamente seguindo essa compreensão da multiplicidade de recursos de poder e da possibilidade de identificá-las visando a escapar do dualismo da análise de classes da teoria marxista que Anthony Leeds propôs a análise do poder multiclasse (LEEDS; LEEDS, 2015, p. 47-53).

Coerente com a visão multiclasse, ou, ainda, com a multiplicidade de fontes de poder, está a compreensão de que havia causas múltiplas em interação em um sistema. Aliada à ecologia humana, na qual o pesquisador observa as condições materiais, geográficas e físicas junto com as ideológicas e culturais, estava a teoria geral dos sistemas[2] (LEEDS; LEEDS, 2015, p. 53). Sendo uma abordagem histórica, na medida em que observa a sequência temporal e as mudanças dentro de um sistema, e que evita a lógica dual e a causalidade linear, a teoria geral dos sistemas parte do princípio de que os sistemas são compostos por variáveis que se interagem e são interdependentes, bem como os sistemas também se inter-relacionam. Logo, a quantidade de variáveis e a conexão entre estas são o fio condutor dessa proposta teórica (LEEDS; LEEDS, 2015, p. 54).

Dito isso, é possível verificar a conexão entre a orientação teórica e metodológica escolhida por Anthony Leeds e as especificidades da documentação que se encontra depositada na COC. Como primeira observação, está o esforço em registrar, atento às variáveis, as diferentes vozes em interação e em disputa de poder em torno das favelas. Nesse sentido, é possível entender a lógica de acumulação de acordo com os atores em disputa e de onde estavam vindo aqueles documentos. Havia, portanto, documentos produzidos por entidades governamentais e intergovernamentais, bem como por entidades não governamentais – centros de pesquisa, organizações civis e de moradores das favelas. Além disso, seu material de campo estava previamente organizado conforme as localidades.

Seguindo essa linha, a primeira proposta de arranjo foi a seguinte: Grupo Programação de Pesquisa – subgrupos: localidades; atuação de órgãos governamentais e intergovernamentais; atuação da sociedade civil organizada; Grupo Divulgação de Resultados; e Grupo Leituras de Interesse Profissional (LIMA, 2011). Após discussões técnicas da equipe, conformou-se o entendimento de que a referência para o quadro de arranjo deveria ser a atuação profissional do titular, pois este era o contexto de produção daqueles documentos, obedecendo, desse modo, à metodologia funcional, cujos dossiês foram inseridos em três grandes grupos: Docência e Pesquisa; Relações Interinstitucionais e Intergrupos; e Vida Pessoal (LACERDA; GIRÃO, 2018).

Uma vez que no conjunto original, nomeado "Fundo Anthony Leeds", havia documentos datados da década de 1990, constatou-se que a acumulação de documentos foi continuada por Elizabeth Leeds e incorporada ao

---

[2] A teoria geral dos sistemas é empregada nas ciências naturais e nas humanas, tendo como principal referência o biólogo e filósofo austríaco Ludwig von Bertalanffy (1901-1972). Para mais detalhes, ver a obra *Teoria geral dos sistemas. Fundamentos, desenvolvimento e aplicações*. 8. ed. Petrópolis: Vozes, 2015.

acervo de seu colaborador. Partindo do entendimento de que eram conjuntos distintos e que requeriam tratamento específico, uma parte destes documentos deu origem ao Fundo Elizabeth Leeds (LIMA, 2011), organizado em 20 dossiês tipológicos. Mesmo estando Elizabeth Leeds fazendo uso de boa parte de seu arquivo pessoal privado ainda não doado, e mesmo que ela tivesse hipoteticamente doado seus documentos a outra entidade custodiadora, isso não retiraria o caráter complementar entre estes dois fundos. Afinal, apesar de terem objetos de pesquisa distintos, compartilharam os interlocutores, o campo, a vivência no campo, as leituras e as reflexões, entre outros aspectos que consolidam uma colaboração científica.

É possível analisar a doação do Fundo Anthony Leeds para diferentes destinos, bem como o tratamento diferenciado dado aos documentos do Fundo Elizabeth Leeds, não como uma fragmentação do conjunto documental, mas como uma forma de ampliar os pontos de acesso à memória dos produtores do acervo. Tal escolha força os pesquisadores desses fundos a se locomoverem para os diversos locais de guarda dos documentos e, consequentemente, a estabelecer contatos com outras redes de pesquisadores e documentalistas nestes. Se a pesquisa sobre os *squatter settlements* em variadas cidades do mundo levou os Leeds a apontar para uma etnografia multissituada desde os anos 1960 (CAVALCANTI, 2018; MACHADO DA SILVA, 2015), podemos concluir que a complementariedade entre os dois fundos e a disponibilização de seus documentos em diversos locais de acesso à sua memória apontaram para a constituição de um arquivo multissituado, e não fragmentado como podem afirmar alguns documentalistas.

As especificidades da prática científica de um cientista social que opta pela observação participante e pela escrita etnográfica nem sempre encontram reflexo em uma metodologia funcional aplicada à organização de seu acervo. A vivência no campo acaba por ficar obliterada, pois ela escapa aos limites das atividades e funções exercidas pelos cientistas sociais. Desse modo, a correspondência com um interlocutor do campo, por exemplo, nem sempre é um elemento de sua vida pessoal, mas de sua prática científica. Nesse sentido, cabe tanto ao documentalista quanto ao pesquisador que lidam com esse tipo de acervo estabelecer todas as conexões possíveis entre os documentos componentes do fundo. Afinal, como aponta Heymann (1997), entre a doação e a organização final do fundo, há uma série de subjetividades intermediárias que interferem na lógica de organização original dada pelo próprio cientista social. Nem sempre o arranjo final e a adoção de uma metodologia arquivística permitem ao pesquisador recuperar as conexões entre os interlocutores e as experiências do campo, vividas por ambos os sujeitos do conhecimento.

A pesquisa com fontes etnográficas: alguns apontamentos

As notas de campo produzidas por esta rede científica que estava estudando as favelas na década de 1960 também apresentam elementos dos principais processos históricos. Logo, trazem a forma como tais eventos foram apreendidos ou representados tanto pelos interlocutores quanto pelos pesquisadores. Desse modo, se estamos tratando de Guerra Fria e ditadura militar na década de 1960, ou ainda da redemocratização na década de 1980, os registros de campo produzidos por esses atores trarão também a História do período contada por aqueles que não escrevem a história, mas a vivenciam a seu modo. Também traduzem as formas como representam as relações políticas, sociais, afetivas e econômicas.

Dadas a natureza e a especificidade do trabalho de um cientista social, cujo cerne é a interação com diversos interlocutores e a produção de registros dessa interação, há duas categorias importantes a serem elucidadas: o campo e as notas de campo. Estas, na medida que assumem um lugar de destaque no arquivo de um cientista social, impõem o entendimento de quais significados podem assumir quando se tornam fontes históricas. Tais papéis cuja escrita apresenta formas variadas, podendo ir da inscrição à descrição (SANJEK, 1994; CLIFFORD, 1990), não são somente instrumentos mnemônicos nos quais se registram aspectos selecionados da interação entre o pesquisador e seu interlocutor. Ali se registram partes, escolhidas pelo pesquisador, da vivência do campo. São pequenas peças de um grande quebra-cabeça cuja montagem envolve todos os outros registros do campo. Sua materialidade, apesar de não traduzir toda a complexidade da vivência no campo, apresenta o processo de construção da escrita etnográfica; a interação entre sujeitos do conhecimento em um determinado tempo e espaço; o próprio campo, entendido, nos termos de Agier (2005), como o local onde se constrói o conhecimento por meio da interação entre os sujeitos do conhecimento. Uma vez que se entende o processo de construção do conhecimento como uma interlocução entre dois sujeitos (OLIVEIRA, 2000), o documento produzido a partir deste processo reflete tais interações e torna-se não somente um instrumento de memória do pesquisador, mas também um instrumento de reflexão sobre suas abordagens teóricas e metodológicas.

Apesar de as condições de produção desse tipo de documento resultarem em uma escrita aparentemente ilegível e cifrada, isso não significa que ele seja ininteligível. Para o pesquisador dessas fontes, torna-se fundamental reconstituir todo o contexto de produção daquela escrita. Para que isso seja possível, é preciso recorrer a todo o conjunto dos registros do campo, ou seja, a todos os documentos coletados no campo, independentemente de quem os tenha produzido. No caso dos dossiês referentes ao trabalho de campo de Anthony e Elizabeth Leeds, isso inclui a análise de cartas de moradores, panfletos, cartazes, poemas de moradores, contas de luz, recibos, letras de samba, atas de reuniões, convites e pequenos bilhetes sem data ou autoria, entre outros documentos que poderiam ser enquadrados como "lixo histórico" (HEYMANN, 1997). Na ausência de um diário de campo ou de um tipo de registro organizado cronologicamente, ordenado e com uma visualidade mais atraente, convém que o pesquisador se empenhe em dar a inteligibilidade aos inúmeros pedaços de papel, cujas conexões estão a se realizar.

Na medida em que a prática da antropologia requer a interação entre diversas subjetividades, o conjunto documental desse tipo de cientista possibilita o acesso a uma história e a uma memória coletivas, além da vivência individual do produtor dos documentos. Logo, é fundamental para o pesquisador investir não só no conteúdo das fontes, mas nas condições de produção e nos padrões e regras de apresentação de si (HEYMANN, 2009). Sem esse cuidado, perde-se de vista que a interação das subjetividades realizadas no campo foi intermediada pela observação do antropólogo, pela própria interação e por seus registros (VIANA, 2019). Nos documentos oriundos da etnografia, está impresso o contato do pesquisador com outras visões de mundo, mas que foram filtradas pelas observações do antropólogo, que podem, por sua vez, passar por modificações por meio dos tipos de escrita apresentadas nas notas de campo: a inscrição, a transcrição e a descrição.

Os tipos de notas de campo acompanham três momentos. A *scratch note* ocorre no momento imediato da observação e vivência, tratando-se, portanto, da inscrição, anotação rápida do pesquisador com o intuito de lembrar depois (CLIFFORD, 1990; SANJEK, 1990; OTTEMBERG, 1990). No segundo momento, ocorre a transcrição, quando o pesquisador faz uma pergunta específica e anota a resposta como fora dita por seu interlocutor (CLIFFORD, 1990). A descrição corresponde ao terceiro momento. É elaborada solitariamente e fora da interação imediata, sendo, portanto, uma representação da realidade observada (CLIFFORD, 1990). Nesses três momentos e tipos de escrita etnográfica, deve ser considerado que somente o inscritor, isto é, o pesquisador, detém o controle daquilo que está sendo registrado (CLIFFORD, 1990). Por outro lado, é o interlocutor quem detém o controle daquilo que se quer mostrar para o pesquisador. Logo, podemos ver que a escrita etnográfica envolve também uma política na qual ambas as partes negociam os capitais que cada um controla, tanto a informação e a interação quanto o registro. É justamente esse "jogo etnográfico", materializado nas notas de campo, que reduz a assimetria entre pesquisadores e interlocutores em sua interação e seu processo de construção do conhecimento científico.

Essa assimetria entre pesquisadores e interlocutores também pode resultar da forma como cientistas sociais lidam com o significado da interlocução e das notas de campo ou o interpretam. Se os sentidos contidos nos registros são esvaziados, tende-se a ver os dados inscritos ou os pedaços de papel como meros instrumentos mnemônicos. Quando se esvazia a complexidade envolvida em uma interação dessa natureza, ou quando se perde do horizonte que o documento resulta de uma vivência, também se esvazia o significado de todos os interlocutores com os quais o cientista construiu o conhecimento. O significado atribuído pelo cientista à materialidade resultante daquela vivência deve ser pensado e repensado em todas as etapas do processo de construção do conhecimento. Por isso, as notas de campo são fontes mais complexas, e sua discussão, necessária para o entendimento do contexto de produção das pesquisas realizadas no âmbito das Ciências Sociais (VIANA, 2019).

Considerando que as notas de campo são a matéria-prima para a etnografia, que é, por sua vez, o resultado final do trabalho de campo e fonte para análises mais amplas (SANJEK, 1990), esse tipo de documento assume significados mais amplos. São tais papéis, por mais ilegíveis que sejam, que contêm os eventos discursivos e todo o complexo histórico, emocional, social, político e subjetivo que constitui o trabalho de campo (CLIFFORD, 1990; JACKSON, 1990). Sem essa compreensão, os documentos acabam por ter seus significados reduzidos a meros amontoados de dados, quando não são enquadrados como documentos sem aproveitamento ou lixo histórico. Em outro extremo, também correm o risco de serem vistos como expressão máxima e verdadeira do pensamento dos interlocutores. Desse modo, perde-se de vista que ali se registra uma negociação entre duas subjetividades em interação no evento discursivo e na construção do conhecimento.

Uma vez encontrando os documentos produzidos por órgãos governamentais e não governamentais, bem como aqueles produzidos pelos moradores das favelas (LIMA, 2011), o pesquisador deve entender esse conjunto de modo consonante com a proposta e o esforço teórico de Anthony e Elizabeth Leeds. Ao ver o conjunto da documentação de modo articulado com a proposta teórica dos Leeds, vemos a coerência dessas fontes com um princípio que os Leeds assumem: não há ingenuidade na organização política dos moradores. Uma vez presumindo que "qualquer forma de organização pode ser usada como recurso de poder" (LEEDS; LEEDS, 2015, p. 52), a acumulação de documentos produzidos pelas mais diversas organizações de moradores construiu a base empírica para rejeitar a ideia de imaturidade e passividade na atuação política dos moradores, veiculada pelos adeptos das teorias da cultura da pobreza e da marginalidade (LIMA, 2011; LIMA; VIANA, 2018; VIANA, 2019).

Do mesmo modo, o tratamento dado aos *squatter settlements* em termos de localidades, em vez de comunidades, deu a esse conjunto outra especificidade. Localidades, em sua proposta, são locais de organização caracterizados por agregados de casas e pessoas com subáreas distintas e por serem pontos nodais de interação. Em seu argumento, o tratamento como comunidade, por ser entendida como unidade socioestrutural descritiva de uma totalidade, não seria adequado aos *squatter settlements*, devido à sua heterogeneidade social, política, econômica e cultural (LEEDS; LEEDS, 2015). Entendendo haver diferenças entre uma favela e outra, e prezando pela perspectiva comparativa em seus estudos e análises (VIANA, 2019), os Leeds acumularam documentos sobre aproximadamente 218 favelas e suas subáreas (LIMA, 2011), mesmo não tendo realizado um trabalho de campo sistemático em todas elas. Em tais dossiês, encontramos as notas de campo e os outros registros de campo referentes a cada uma destas localidades.

A escolha por coletar documentos e produzir anotações de campo em diversas favelas possibilitou combinar as abordagens qualitativa e quantitativa em suas pesquisas, bem como ampliar sua inserção nas redes de relações em cada favela. Desse modo, a perspectiva comparativa favorecida por essa diversidade de favelas observadas também permitia aplicar a teoria geral dos sistemas em suas análises e dar uma perspectiva holística à sua antropologia. Entendendo um sistema como uma interação de diversas variáveis, a totalidade ou o holismo de um sistema seriam observáveis, por Anthony e Elizabeth Leeds, pela análise da maior quantidade de variáveis possíveis de ser avaliadas. Se as favelas, sendo cada uma um sistema com suas variáveis, interagiam entre si, cada uma destas também assumiria a função de variável dentro de uma perspectiva mais ampla da análise sistêmica. A coerência com essa proposta teórica e metodológica explica também a coleta e a produção de documentos de campo em outras formas de *squatter settlements* na América Latina.

Tal esforço teórico e metodológico na análise sociológica e política das favelas empreendida pelos Leeds, materializado em seu conjunto documental, enfatiza sistematicamente a capacidade produtiva e o potencial político deste tipo de *squatter settlements*. Se for considerado todo o histórico de discursos que associavam as favelas à pobreza, à miséria, à apatia e à desorganização, é possível concluir o peso político que tais pesquisas tinham. Afinal, era uma disputa de narrativas que estava se conformando empiricamente com aquelas pesquisas. Se havia uma rede científica a reproduzir a narrativa estigmatizante das favelas, também havia outra rede empenhada em superar essas noções com dados empíricos sólidos. Inseridas no contexto das disputas narrativas sobre o desenvolvimento, as favelas também forneceram, por meio dessas pesquisas, um novo entendimento sobre o termo, ao apresentarem as contradições inerentes a esse processo no Brasil e em outros países da América Latina.

Referências

AGIER, Michel. *Encontros etnográficos. Interação, contexto, comparação.* São Paulo: Unesp; Alagoas: Edufal, 2015.

ANDRADE, Rômulo de Paula. Contribuições para um debate: a antropologia do desenvolvimento e a valorização amazônica da Amazônia (1951-1955). *Cadernos do Desenvolvimento*, Rio de Janeiro, v. 10, n. 16, p. 53-72, jan./jun. 2015.

AZEVEDO, Cecília. *Em nome da América. Os corpos da paz no Brasil.* São Paulo: Alameda, 2007.

BURGOS, Marcelo. Favela: uma forma de luta pelo direito à cidade. In: MELLO, Marco Antonio da Silva; MACHADO DA SILVA, Luiz Antonio; FREIRE, Leticia de Luna; SIMÕES, Soraya Silveira (orgs.) *Favelas cariocas. Ontem e hoje.* Rio de Janeiro, Garamond, 2012.

CAVALCANTI, Mariana. Comentário "Quanto vale uma favela": economia, trabalho e a cidade na vida cotidiana. *Sociologia & Antropologia*, Rio de Janeiro, v. 8, n. 3, p. 831-848, set./dez. 2018.

CAVALCANTI, Mariana. Do barraco à casa. Tempo, espaço e valor(es) em uma favela consolidada. *Revista Brasileira de Ciências Sociais*, v. 24, n. 69, fev. 2009.

CLIFFORD, James. Notes on (Field)notes. In: SANJEK, Roger (ed.) *Fieldnotes. The Making of Anthropology*. Ithaca/London: Cornell University Press, 1990.

CONSORTE, Josildeth Gomes. Lembrando Costa Pinto: memória das Ciências Sociais no Brasil. In: MAIO, Marcos Chor; VILLAS BÔAS, Glaucia (org.) *Ideais de modernidade e sociologia no Brasil. Ensaios sobre Luiz de Aguiar Costa Pinto*. Porto Alegre: UFRGS, 1999. p. 39-48.

DONAHUE, Katherine. Anthony Leeds: Beyond Brazil. *Sociologia & Antropologia*, Rio de Janeiro, v. 8, n. 3, p. 807-830, set./dez., 2018.

FIGUEIREDO, Regina Érika Domingos. Histórias de uma antropologia da "Boa Vizinhança": um estudo sobre o papel dos antropólogos nos programas interamericanos de assistência técnica e saúde no Brasil e no México (1942-1960). Tese (Doutorado) – Instituto de Filosofia e Ciências Humanas, Unicamp, Campinas, 2009.

HEYMANN, Luciana Quillet. De arquivo pessoal a patrimônio nacional: reflexões sobre a construção social do legado de Darcy Ribeiro. Tese (Doutorado) – Instituto Universitário de Pesquisas do Rio de Janeiro, 2009.

HEYMANN, Luciana Quillet. Indivíduo, memória e resíduo histórico: uma reflexão sobre arquivos pessoais e o caso Filinto Müller. *Estudos Históricos*, v. 10, n. 19, p. 41-65, 1997.

JACKSON, Jean. "I am a fieldnote": fieldnote as a symbol of professional identity. In: SANJEK, Roger (ed.) *Fieldnotes. The Making of Anthropology*. Ithaca/London: Cornell University Press, 1990.

KATZ, Michael B. *The Underserving Poor. From the War on Poverty to the War on Welfare*. New York: Pantheon Books, 1989.

KNAUSS, Paulo; BRUM, Mario Sérgio. Encontro marcado: a favela como objeto de pesquisa histórica. In: MELLO, Marco Antonio da Silva; MACHADO DA SILVA, Luiz Antonio; FREIRE, Leticia de Luna; SIMÕES, Soraya Silveira (orgs.) *Favelas cariocas. Ontem e hoje*. Rio de Janeiro: Garamond, 2012.

LACERDA, Aline Lopes; GIRÃO, Ana Luce. Nota técnica – a trajetória do arquivo. *Sociologia & Antropologia*, Rio de Janeiro, v. 8, n. 3, p. 1.027-1.058, set./dez., 2018.

LEEDS, Anthony (org.). *Social Structure, Stratification, and Mobility*. Washington: Department of Social Affairs-Pan American Union, 1967.

LEEDS, Anthony. Thales de Azevedo's Influence on Brazilian Studies by North-Americans: a Personal Note. *Universitas*, Salvador, n. 6/7, maio/dez. 1970. Separata. The University of Texas – Institute of Latin-American Studies.

LEEDS, Anthony. *Through Self Ethnography to Human Nature. Continuous Diversity as Escape from Categories to Unity*. Texto não publicado. Escrito para integrar a série *Being an Anthropologist*. 1984. Disponível em: NAA/Anthony Leeds Papers/series 6/subseries biographical materials/box 33/Draft Autobiography.

LEEDS, Anthony. Introdução. In: LEEDS, Anthony e LEEDS, Elizabeth (org.). *A sociologia do Brasil urbano*. 2ª edição, organizada por Nísia Trindade Lima e Elizabeth Leed. Rio de Janeiro: Editora Fiocruz, 2015.

LEWIS, Oscar. *La Vida, a Puerto Rican Family in the Culture of Poverty*. San Juan/New York: Random House, 1965.

LIMA, Jacqueline de Cássia Pinheiro. A pobreza como um problema social: as ações de Victor Tavares de Moura e Agamenon Magalhães nas favelas do Rio e nos mocambos do Recife durante o Estado Novo. Tese (Doutorado em Sociologia) – Instituto Universitário de Pesquisas do Rio de Janeiro, 2006.

LIMA, Nísia Verônica Trindade. *História das favelas e da sociologia do Brasil urbano:* contribuições a seu estudo a partir da trajetória de Anthony Leeds. Relatório final do projeto apresentado à Faperj na modalidade APQ1. Rio de Janeiro, 2011.

LIMA, Nísia Verônica Trindade; VIANA, Rachel de Almeida. Entre latifúndios e favelas: o Brasil urbano no pensamento de Anthony Leeds. *Sociologia & Antropologia*. Rio de Janeiro, v. 8, n. 3, p. 771-805, set./dez., 2018.

MACHADO DA SILVA, Luiz Antonio. Mercados metropolitanos de trabalho manual e marginalidade. Dissertação (Mestrado) – Universidade Federal do Rio de Janeiro, Rio de Janeiro, 1971.

MACHADO DA SILVA, Luiz Antonio. Vida e morte da teoria da marginalidade. In: KONDER, Leandro; CERQUEIRA FILHO, Gisálio; FIGUEIREDO, Eurico de Lima. *Por que Marx?* Rio de Janeiro: Graal, 1983.

MACHADO DA SILVA, Luiz Antonio. Anthony Leeds visto por um filhote ligeiramente rebelde. In: LEEDS, Anthony; LEEDS, Elizabeth. *A sociologia do Brasil urbano*, 2. ed. LIMA, Nísia Trindade Lima; LEEDS, Elizabeth (org.). Rio de Janeiro: Fiocruz, 2015.

MAIO, Marcos Chor. A história do projeto Unesco: estudos raciais e Ciências Sociais no Brasil. Tese (Doutorado em Ciência Política) – Instituto Universitário de Pesquisas do Rio de Janeiro, Rio de Janeiro, 1997.

MELLO, Marco Antonio da Silva; MACHADO DA SILVA, Luiz Antonio; FREIRE, Leticia de Luna; SIMÕES, Soraya Silveira (orgs.). *Favelas cariocas. Ontem e hoje*. Rio de Janeiro: Garamond, 2012

NASCIMENTO, Abdias do. *O quilombismo. Documentos de uma militância pan-africanista*, 2. ed. Brasília: Fundação Palmares; Rio de Janeiro: OR Editor Produtor, 2002.

OLIVEIRA, Roberto Cardoso de. *O trabalho do antropólogo*. 2. ed. Brasília: Paralelo 15; São Paulo: Unesp, 2000.

OTTENBERG, Simon. Thirty Years of Fieldnotes: Changing Relationships to the Text. In: SANJEK, Roger (ed.) *Fieldnotes. The Making of Anthropology*. Ithaca/London: Cornell University Press, 1990.

RIO, João do. Os livres acampamentos da miséria. In: RIO, João do. *Vida Vertiginosa*. Rio de Janeiro: Livraria Garnier, 1911.

SAAVEDRA, Jacqueline *Register to the Papers of Anthony Leeds. 1947-1989*. National Anthropological Archives – Smithsonian Institute. Disponível em: http://www.nmnh.si.edu/naa/fa/leeds.pdf. 2012. Acesso em: 9 fev. 2022.

SANJEK, Roger. A Vocabulary for Fieldnotes. In: SANJEK, Roger (ed.) *Fieldnotes. The Making of Anthropology*. Ithaca/London: Cornell University Press, 1990.

SANJEK, Roger. The Holistic Anthropology of Anthony Leeds. In: LEEDS, Anthony. *Cities, Classes and the Social Order.* New York: Cornell University Press, 1994. p. 27-45.

SANTA HELENA, Anna Karolina Veiga. *A construção da favela pela narrativa cinematográfica brasileira:* uma análise de *Rio, 40 graus* e de *Alemão*. Trabalho apresentado no GT História da Mídia Audiovisual e Visual integrante do 10º Encontro Nacional de História da Mídia, 2015.

SIEBER, R. Timothy. The Life of Anthony Leeds: Unity in Diversity. In: LEEDS, Anthony. *Cities, Classes and the Social Order.* New York: Cornell University Press, 1994. p. 3-26.

SILBERSTEIN, Paul. Favela Living: Personal Solution to Larger Problems. *América Latina*, Rio de Janeiro, v. 12, n. 3, p. 183-200, jul./set., 1969.

SILVA, Mário Augusto Medeiros da. A descoberta do insólito: literatura negra e literatura periférica no Brasil (1960-2000). Tese (Doutorado) - Departamento de Sociologia do Instituto de Filosofia e Ciências Humanas da Universidade Estadual de Campinas, 2013.

SILVA, Maria Laís Pereira da. Os urbanistas e seu debate: reflexões sobre "Aspectos humanos da favela carioca". In: MELLO, Marco Antonio da Silva; MACHADO DA SILVA, Luiz Antonio; FREIRE, Leticia de Luna; SIMÕES, Soraya Silveira (orgs.) *Favelas cariocas. Ontem e hoje*. Rio de Janeiro: Garamond, 2012.

VALLADARES, Licia do Prado. *A invenção da favela:* do mito de origem à favela.com. Rio de Janeiro: FGV, 2005.

VALLADARES, Licia do Prado. *Licia do Prado Valladares (depoimento, 2013)*. Rio de Janeiro: Cpdoc/FGV; LAU/IFCS/UFRJ; ISCTE/IUL; Iiam, 2013, 37p.

VIANA, Rachel de Almeida. Antropologia, desenvolvimento e favelas: a atuação de Anthony Leeds na década de 1960. Dissertação (Mestrado em História das Ciências) - Fiocruz, Rio de Janeiro, 2014.

VIANA, Rachel de Almeida. Encontros etnográficos e antropologia em rede: a Favela do Jacarezinho e a pesquisa de Anthony e Elizabeth Leeds na década de 1960. Tese (Doutorado em História das Ciências) - Fiocruz, Rio de Janeiro, 2019.

VIANA, Rachel de Almeida. *Nas redes da etnografia de Anthony Leeds*: sua construção a partir de diferentes vozes. Dossiê de qualificação de doutoramento. Rio de Janeiro: PPGHCS/COC/Fiocruz, dez. 2016.

ZALUAR, Alba. *A máquina e a revolta. As organizações populares e o significado da pobreza.* São Paulo: Brasiliense. 2000 [1985].

ZALUAR, Alba; ALVITO, Marcos (org.) *Um século de favela*. Rio de Janeiro: FGV, 1998.

A favela turística ontem e hoje, lá e aqui: uma metanálise da produção acadêmica a partir do UrbanData-Brasil/CEM

Bianca Freire-Medeiros
Camila Moraes

Introdução

O turismo em favelas é a expressão local e exemplar do chamado *slum tourism*, fenômeno constituído pela mobilidade de corpos e coisas, imagens e ideias que caracteriza o que denominamos de globalização, com sua fluidez sistêmica e suas assimetrias estruturais. Como o mapa a seguir possibilita apreender, a favela turística ocupa um lugar de pioneirismo e destaque nesse fluxo de turistas que, há quase três décadas, partem do rico Norte em direção a territórios associados à pobreza e à segregação no Sul global.[1]

Figura 1 Turismo de pobreza: principais destinos e data aproximada de estabelecimento do mercado turístico e fluxo de turistas por ano (2019).

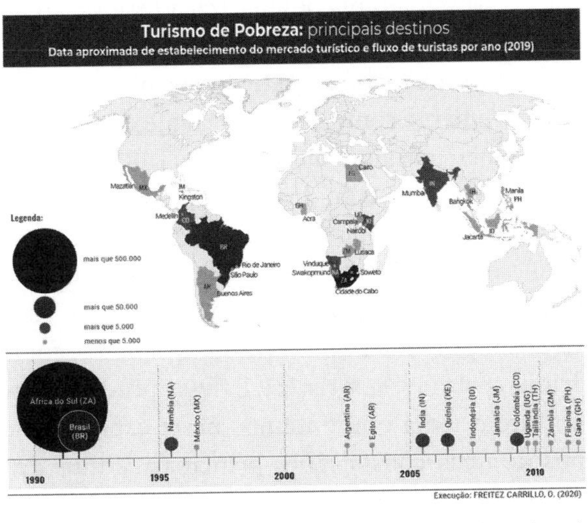

Fonte: Elaborado pelas autoras a partir de Steinbrink (2014 apud Frenzel et al., 2015, p. 238).

[1] Estima-se um número superior a 1 milhão de turistas na África do Sul e no Brasil (Rio de Janeiro), que concentram 80% do fluxo, com os outros 20% distribuindo-se, sobretudo, por Índia, Quênia e México (FRENZEL et al., 2015).

Sob a alcunha geral de *slum tourism* abriga-se uma diversidade de formas de visitação cujas características comuns são a mediação de um guia (profissional ou não) e o pagamento de um valor acordado entre turistas e agentes promotores (FREIRE-MEDEIROS, 2007; FRENZEL et al., 2015). Estamos falando, portanto, de um *mercado turístico* propriamente dito que se institui, a partir do início dos anos 1990, de maneira concomitante na África do Sul e no Brasil. É interessante notar que, a contrapelo da percepção mais difundida, que associa as motivações estruturantes do turismo de pobreza a práticas moralmente reprováveis - voyeurismo e exploração da miséria, entre elas -, tem-se na verdade o ativismo político marcando sua origem: turistas engajados na luta contra o *apartheid*, no caso dos *township tours* sul-africanos (FRENZEL et al., 2015); participantes na Conferência das Nações Unidas sobre o Meio Ambiente e o Desenvolvimento, também conhecida como ECO-92, no caso dos *favela tours* brasileiros (FREIRE-MEDEIROS, 2009, 2013; FRENZEL; KOENS, 2012).

Na virada do século, enquanto o mercado da pobreza turística se consolidava naqueles dois países, Namíbia (FRENZEL et al., 2015) e México (DÜRR, 2012) inauguravam seus primeiros passeios. Ao longo dos anos 2000, vão pipocando experiências em diferentes territórios: algumas acabam por não vingar, como os *villa miseria tours* de Buenos Aires (FREIRE-MEDEIROS, 2009). Outras encontram um nicho seguro, sendo exemplar o caso de Dharavi, em Mumbai, cuja popularização esteve largamente atrelada ao sucesso do filme *Slumdog Millionaire* (FREIRE-MEDEIROS, 2009, 2013; TZANELLI, 2016). Em 2007, no contexto do Fórum Social Mundial sediado pelo Quênia, Kibera emerge como um importante destino, com pelo menos cinco operadores comercializando *tours* no local (FRENZEL; KOENS, 2012).

A partir da segunda metade dos anos 2000, em paralelo à intensificação do fluxo de turistas e da visibilidade midiática da favela em nível internacional - nunca é demais sublinhar o gigantesco impacto que o lançamento do filme *Cidade de Deus* (BRA, dir.: MEIRELLES, 2002), no circuito estrangeiro em 2003, provocou no mercado turístico -, foi aumentando o interesse acadêmico pela favela turística. É dessa produção multidisciplinar e consolidada sobre o tema que tratamos neste capítulo. Para essa metanálise, partimos de duas constatações principais, frutos de um primeiro esforço de reflexão (FREIRE-MEDEIROS; MORAES, 2015). A primeira diz respeito ao caráter globalizado desse campo de investigação: assim como o fenômeno que pretende compreender, a produção acadêmica sobre o fenômeno do turismo em favela também é devedora dos circuitos de mobilidade transnacionais de ideias e de pessoas. Como veremos adiante, os estudiosos espalham-se por diversos territórios institucionais e disciplinares, assim como, em muitos casos, empreendem pesquisas multissituadas em escalas nacional e transnacional. A segunda constatação remete à capacidade heurística do objeto para o campo dos estudos urbanos: a partir do turismo em favela, pesquisadoras e pesquisadores abordam um vasto conjunto de temas que problematizam, em última instância, a sempre tensa relação entre a favela e o restante da cidade.

Face a essas características da produção sobre a favela turística – sua multiplicidade disciplinar e sua relação direta com os debates próprios ao campo dos estudos urbanos – e em diálogo com a proposta dos organizadores desta coletânea, traçamos como estratégia descritiva e analítica tomar de empréstimo os parâmetros classificatórios desenvolvidos pela equipe do UrbanData-Brasil/CEM: Banco de Dados Bibliográficos sobre o Brasil Urbano. Fundado pela socióloga Licia do Prado Valladares, no início dos anos 1990, o UrbanData-Brasil/CEM encontra-se sediado no Centro de Estudos da Metrópole (Cepid/Fapesp/USP), sob coordenação de Bianca Freire-Medeiros. Em 2016, o UrbanData-Brasil/CEM estabeleceu uma parceria com o Observatório do Turismo em Favelas, coordenado por Camila Moraes e sediado na UniRio, onde são rotineiramente monitoradas as produções bibliográficas sobre o tema.[2]

No próximo tópico, compartilhamos brevemente os critérios de seleção dos itens bibliográficos que constituem o acervo aqui compartilhado e examinamos tanto sua natureza disciplinar quanto os territórios empíricos onde aportam. Já o terceiro tópico começa explicitando a lógica de indexação daquilo que o UrbanData-Brasil/CEM chama de Áreas Temáticas e que nos serve de bússola neste capítulo para, em seguida, passar à análise propriamente dita do material coletado. Ao final, além de uma síntese desse conhecimento acumulado sobre a favela turística, arriscamos o desenho de uma pequena agenda que possa inspirar pesquisas futuras.

Nosso acervo bibliográfico: territórios empíricos e disciplinares

Como dito anteriormente, um número consistente de estudiosos, com diferentes filiações disciplinares, teóricas e institucionais, vem fazendo do fenômeno "turismo em favela" seu objeto de investigação. Se até 2005 tínhamos uma produção bastante modesta sobre esse segmento do turismo, que já se constituía em mercado desde o início da década de 1990, os últimos anos são testemunhas de uma multiplicação de reflexões produzidas por

[2] As autoras agradecem às equipes do UrbanData-Brasil/CEM e do Observatório do Turismo em Favela. Sem o trabalho de pesquisa coletivo por elas realizado, este capítulo não seria possível.

pesquisadores seniores, estudantes de pós-graduação e graduandos, tanto no Brasil quanto no exterior.

Do acervo que o monitoramento sistemático feito pela equipe do Observatório do Turismo em Favela logrou produzir, selecionamos artigos publicados em periódicos acadêmicos, bem como livros (monográficos ou coletâneas com múltiplos autores) e capítulos de livro, escritos por brasileiros e estrangeiros no Brasil e no exterior nos idiomas português, espanhol e inglês.[3] Incluímos, ainda, dissertações e teses defendidas entre 2007 e 2018 em programas de pós-graduação brasileiros e disponíveis no Banco de Dissertações e Teses da Capes. Os trabalhos de conclusão de curso e comunicações apresentadas em congressos acadêmicos, apesar de conformar um segmento expressivo, não foram incluídos em nossa análise por conta do seu alto grau de dispersão e localização incerta. O mesmo critério foi usado para a exclusão das teses e dissertações defendidas no exterior. Chegamos, assim, a um total de 146 itens distribuídos da seguinte maneira: a) em português: 57 artigos publicados em periódicos, 2 livros,[4] 15 capítulos de livros, 24 dissertações e teses; b) em inglês: 25 artigos publicados em periódicos, 3 livros, 17 capítulos de livros; c) em espanhol: 2 artigos publicados em periódicos e 1 capítulo de livro.

O gráfico a seguir possibilita observar como foi se construindo o interesse pela temática ao longo do tempo:

Gráfico 1 itens publicados sobre turismo em favelas x ano de publicação.

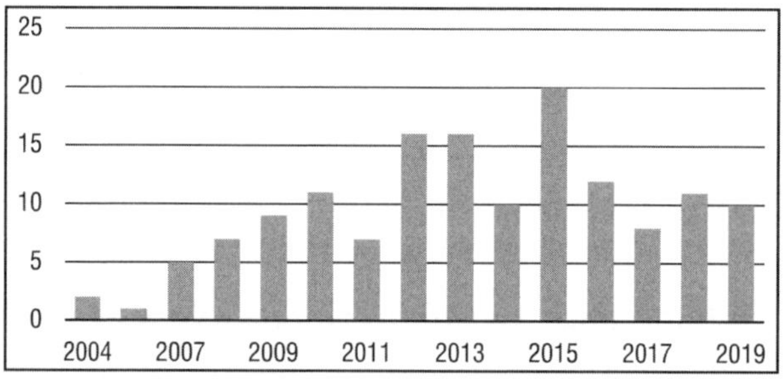

Fonte: Elaborado pelas autoras.

O trânsito de visitantes pelas favelas cariocas, como atestam inúmeras pesquisas (FREIRE-MEDEIROS, 2009; 2013; BOTTINO, 2016; MORAES,

[3] Localizou-se um número inexpressivo de publicações em francês (1) e alemão (1) que optamos por não incluir na análise, mas que está presente na bibliografia final.

[4] Ainda que não se trate de um livro propriamente acadêmico, *Tudo junto e misturado: o almanaque da favela – turismo no Santa Marta* (2014) foi incluído, pois se trata de um importante registro da implantação do Projeto Rio Top Tour na Favela Santa Marta.

2017; STEINBRINK, 2014; FRENZEL, 2016; LEBARON, 2014), não começou com a ECO-92 nem esteve restrito às favelas da prestigiada Zona Sul carioca. Mas é fato indisputável que, entre o início dos anos 1990 até pelo menos fins dos anos 2000, a Rocinha, conhecida no mercado turístico como "a maior favela da América Latina", representou a hegemonia de um modelo de turismo fundado no protagonismo das empresas privadas externas à favela e no silêncio (ou mesmo oposição) do poder público. Não surpreende, assim, que também tenha sido a Rocinha o território para onde convergiu a maior parte das pesquisas acadêmicas. Ao longo da década de 2010, enquanto o mercado do turismo em favela se diversificava, expandindo-se para além da Rocinha, também foi aumentando o interesse dos pesquisadores pela favela turística e sua expressão empírica em diferentes territórios da cidade. A Figura 2 indica as favelas pesquisadas, da mais para a menos citada, bem como o ano em que foi publicado pela primeira vez algum trabalho acadêmico sobre o tema.

Figura 2 Favelas Turísticas do Rio de Janeiro: percentual da produção bibliográfica por favela e ano da primeira publicação.

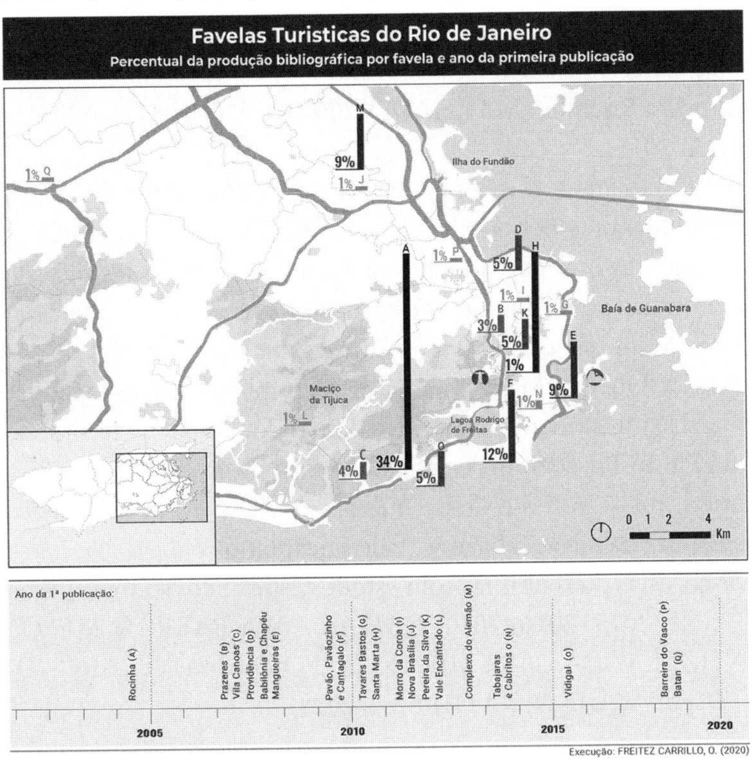

Fonte: Elaborado pelas autoras.

Como ilustram o Gráfico 1 e a Figura 2, a favela turística emerge como objeto de pesquisa nos primeiros anos da década de 2000. Nesses trabalhos pioneiros, a presença de turistas na Favela da Rocinha é percebida como um fenômeno relativamente recente, parte de um circuito transnacional, alimentado pelos imaginários de encantamento e medo associados à favela carioca (JAGUARIBE; HETHERINGTON, 2004; VALLADARES, 2005; FREIRE-MEDEIROS, 2009, 2016).

A partir da segunda metade dos anos 2000, amplia-se significativamente o repertório empírico: ainda que preservando sua hegemonia no mercado turístico, naquele momento a Rocinha passa a dividir a atenção acadêmica com Babilônia e Chapéu Mangueira, Morro dos Prazeres e Morro da Providência. O interesse dos pesquisadores volta-se para esses territórios no intuito de compreender, sobretudo, por que outros modelos turísticos, que eram ali experimentados à época, não chegavam a consolidar um fluxo rotineiro e consistente de turistas (SPAMPINATO, 2009; MENEZES, 2009; FREIRE-MEDEIROS, 2007, 2009; MENEZES, 2010). Vila Canoas, localidade contígua à Favela da Rocinha, onde algumas operadoras privadas desenvolviam parte de seu roteiro de visitação, aparece como um objeto de análise de certa maneira coadjuvante em estudos cujo foco principal seguia sendo a Rocinha (MACHADO, 2007; FORTUNATO; NEFFA, 2010; KAMADA, 2015).

Como dito antes, é ao longo da década de 2010 que a favela turística, em diferentes expressões empíricas, consolida-se como objeto de reflexão de pesquisadores brasileiros e internacionais. Sobretudo no caso das pesquisas autoradas por acadêmicos estrangeiros, os *favelas tours* passam a figurar em estudos que os comparam com os *townships/slum tours* de África do Sul, Índia, Quênia, México, Jamaica, Colômbia e outras localidades do Sul global. Há um aumento expressivo de estudos cujo foco recai sobre Santa Marta, Pavão/Pavãozinho/Cantagalo e Complexo do Alemão, enquanto um número mais modesto de pesquisas se volta para as experiências das Favelas Pereira da Silva, Tabajaras, Vale Encantado, Vidigal, Batan e Barreira do Vasco, estas duas últimas com estudos específicos sobre *voluntarismo*[5] (ANGELINI, 2015, 2016, 2019; DAMAS, 2018; BARROS; MELO, 2011; GODINHO; LANÇA, 2018; MIRANDA; FORTUNATO, 2016; NOVAES, 2018a, 2018b; AQUINO; KATHLEEN, 2018).

[5] "(...) atividade híbrida em que se conciliam práticas de lazer e turismo com algum tipo de trabalho voluntário em projetos sociais (...)" (FREIRE-MEDEIROS; NUNES; CAMPELLO, 2011, p. 160).

Gráfico 2 Distribuição da produção bibliográfica pela área disciplinar dos autores.

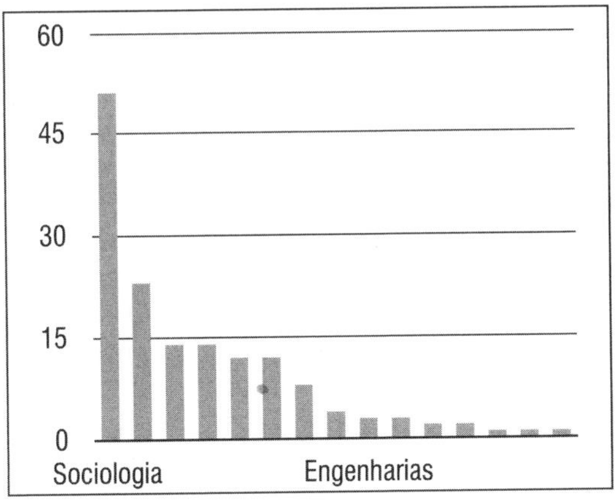

Fonte: Elaborado pelas autoras.

Em paralelo à diversificação do recorte espacial das pesquisas, houve igualmente uma ampliação do espectro disciplinar de seus autores. O Gráfico 2 possibilita perceber que, apesar da contribuição expressiva de pesquisadores de Ciências Sociais – Sociologia e Antropologia, somadas, elas respondem por mais de 40% da produção –, os trabalhos autorados por profissionais do Turismo, da Arquitetura e Urbanismo e da Administração têm um peso significativo. Por sua vez, áreas como Comunicação Social, Geografia e Serviço Social, responsáveis por trabalhos pioneiros, não mantiveram vivo o interesse pelo tema ao longo do tempo. Nesse sentido, talvez valha aqui repetir a observação feita por Valladares e Medeiros (2003, p. 17) a respeito da produção sobre a favela carioca em termos gerais: para muitos pesquisadores, as favelas apresentam-se como "um tema de passagem", um investimento pontual ao longo de uma trajetória de interesses outros. Com a favela turística, não tem sido diferente: apenas para uma minoria, o tema permanece como foco de investimentos a longo prazo.

De todo modo, ao longo desses 15 anos de pesquisa sobre a favela turística,[6] já somos mais de 50 pesquisadores distribuídos por diferentes áreas do conhecimento. Parece-nos notável que haja um volume expressivo de trabalhos desenvolvidos por pesquisadores da Educação, Desenvolvimento Local e até mesmo das Engenharias. Nessa incorporação do tema por profissionais de diferentes filiações disciplinares, tem sido fundamental a atuação, desde 2009, da rede Slum Tourism, responsável pela articulação

[6] Entre 2004 e 2019.

de duas conferências – *Destination: Slum!* e *Destination Slum 2.0*, realizadas respectivamente em 2011 (Reino Unido) e 2014 (Alemanha) – que reuniram participantes de seis continentes. A partir dessas conferências foram produzidos: um número especial do periódico *Tourism Geographies v. 14* (2012); um livro, *Slum Tourism: Poverty, Power and Ethics* (2012), que reúne os trabalhos apresentados na conferência de 2010; um número especial do periódico *Tourism Review International, v. 18*; e um número especial da revista alemã *Zeitschrift für Tourismuswissenschaft* (*Journal of Tourism Research*), reunindo os trabalhos apresentados na Conferência de 2014.

O que se estuda quando se estuda a favela turística

Áreas Temáticas (ATs) como bússola analítica

Para o tratamento de um acervo de referências bibliográficas com características tão diversas quanto as que compõem nosso universo empírico, acionamos, como antecipado na introdução deste capítulo, o critério de indexação das Áreas Temáticas (ATs), criado por Licia do Prado Valladares e atualizado em 2019,[7] a partir da consulta a especialistas do campo, para agregar referências bibliográficas conforme os vários *corpora* da literatura. Ao mesmo tempo que atravessam as disciplinas – operando, portanto, em um nível de generalização importante –, as ATs escapam da arbitrariedade das palavras-chave que, como bem sabemos, costumam atender menos a requisitos objetivos e mais às necessidades de expressão idiossincrática dos autores. Ainda que sejam recortes limitadores, pois respondem a campos semânticos previamente elencados, as ATs pretendem ser suficientemente flexíveis para contemplar temas consolidados e incorporar outros que surjam. Esses campos semânticos advêm do nosso "Tesauro de Áreas Temáticas", uma ferramenta por meio da qual reunimos, para cada AT, um conjunto específico de termos orientados à indexação e à recuperação das referências catalogadas na base.

O tesauro é, por assim dizer, um instrumento terminológico de padronização cuja função é produzir um vocabulário controlado sistêmico. Diferentemente de um dicionário, portanto, o tesauro não define os

[7] Esse trabalho de atualização, que gerou o Tesauro de Áreas Temáticas, foi levado a cabo pelo sociólogo Alexandre Magalhães, colaborador de longa data do UrbanData-Brasil, a quem agradecemos o empenho e a interlocução.

vocábulos, mas explicita relações de significado. Como sugerem Momm e Santos, trata-se de um instrumento que "pode auxiliar, não só na recuperação da informação, mas também na representação do conhecimento científico produzido" (2010, p. 376). No caso do tesauro produzido pelo UrbanData-Brasil/CEM, foram consultados tanto artigos acadêmicos, teses e dissertações quanto convocatórias de eventos da área, ementas de disciplinas e descrição de grupos de pesquisa, entre outros que, de algum modo, tomam a temática urbana como seu eixo principal.

A cada referência bibliográfica, podem ser atribuídas até cinco de um total de 35 ATs:

Administração e finanças públicas	Arte e estética	Construção civil
Fluxos populacionais e migrações	Espaço urbano	Estrutura social
Estrutura econômica e mercado de trabalho	Estrutura regional e metropolitana	Evolução urbana
Gênero/sexualidade	Habitação	Ideologia e política
Infância e juventude	Infraestrutura urbana, serviços urbanos e equipamentos coletivos	Meio ambiente e qualidade de vida
Memória, preservação e patrimônio	Mídia e comunicação	Mobilidade urbana
Modo de vida, imaginário social e cotidiano	Movimentos sociais	Novas tecnologias e meio urbano
ONGs e Terceiro Setor	Planejamento urbano	Pobreza e desigualdade
Poder local e gestão urbana	Políticas públicas	Processos de urbanização
Relações étnico-raciais	Religiões, rituais e comemorações	Serviços, espaços e práticas de lazer
Serviços, espaços e padrões de consumo	Setor informal/Informalidade	Solo urbano
Turismo e cultura de viagem	Violência	

No caso do acervo bibliográfico com que trabalhamos neste capítulo, tomamos por óbvio que cada referência estaria automaticamente classificada na AT "Turismo e cultura de viagem". Tendo em vista que a literatura converge para uma definição de "*slum/favela tourism*" como atividade necessariamente centrada na pobreza como atração (FREIRE-MEDEIROS, 2009; 2013; FRENZEL, 2016; ROGERSON, 2013), também tomamos a AT "Pobreza e desigualdade" como sendo comum à totalidade do universo empírico por nós selecionado.[8] Uma vez classificada em até outras quatro ATs, cada referência bibliográfica foi inserida na base de dados, passando a integrar um campo considerável de interseções quantitativas e qualitativas. É dessas possibilidades de cruzamentos que tratamos a seguir.

A favela turística e os estudos urbanos

Das 35 ATs com que trabalhamos no UrbanData-Brasil/CEM, 22 foram acionadas na classificação dos 146 itens coletados, conforme o Gráfico 3 possibilita visualizar.

Gráfico 3 Frequência das ATs no total da produção coletada.

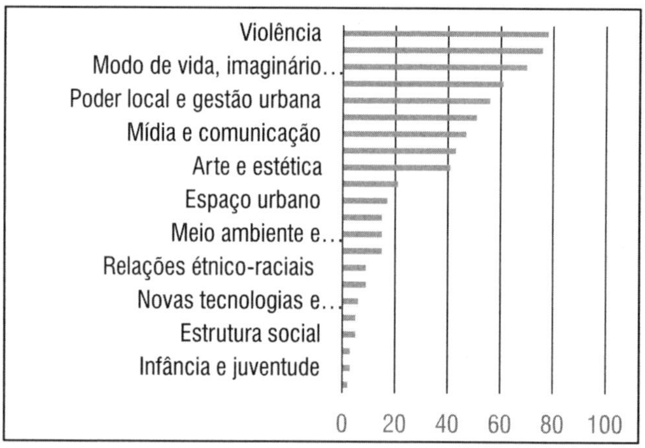

Fonte: Elaborado pelas autoras.

Tomemos como ponto de observação as 10 ATs mais frequentes, cada uma delas presentes em, pelo menos, dez itens bibliográficos. É possível

[8] Como encerra Rogerson, "the major defining characteristic [of slum tourism] is the intersection of tourism and urban misery" (ROGERSON, 2013, p. 196).

afirmar, por um lado, que há um cardápio comum, e até certo ponto restrito, de temas que é compartilhado pelo conjunto dos pesquisadores. Por outro, cabe notar que cada AT pode agregar abordagens e recortes bastante diversos. "Violência", AT que abarca tanto os campos semânticos da criminalidade quanto os da segurança pública, constitui um ótimo exemplo: há desde trabalhos que examinam o impacto de políticas específicas – como a das Unidades de Polícia Pacificadora – ou do aumento dos conflitos entre criminosos nas atividades turísticas até os que tratam da própria comercialização da violência espetacularizada como parte do pacote que é ofertado nos *favelas tours*, passando por pesquisas que refletem acerca da violência simbólica contra as populações locais que determinadas práticas turísticas, como os *jeep tours*, representam.

Quando observamos a frequência das ATs separando os pesquisadores brasileiros dos estrangeiros, apesar de as quatro ATs mais frequentes permanecerem, a ordem altera-se de modo interessante. Mais da metade das pesquisas conduzidas por estrangeiros é categorizada na AT "Serviços, espaços e padrões de consumo" e privilegia o ponto de vista dos turistas, o que se deve ao compartilhamento de referências linguísticas e culturais entre pesquisadores e o público consumidor dos *favela tours* (em sua maioria estrangeiros, como já assinalado).

Tabela 1 ATs mais frequentes por nacionalidade dos autores.

Áreas temáticas	Frequência	Áreas temáticas	Frequência
Políticas públicas	62 (53%)	Modo de vida, imaginário social e cotidiano	20 (62,5%)
Violência	60 (51%)	Violência	20 (62,5%)
Modo de vida, imaginário social e cotidiano	51 (43%)	Serviços, espaços e padrões de consumo	17 (53%)
Serviços, espaços e padrões de consumo	47 (40%)	Políticas públicas	14 (43%)

Fonte: Elaborado pelas autoras.

Outro recorte bastante interessante é aquele que focaliza a distribuição espacial das ATs mais frequentes, ou seja, como elas se distribuem por favela estudada. Para facilitar a visualização, a Tabela 2 traz apenas as favelas – ou conjunto de favelas – que aparecem com mais frequência e possibilita-nos analisar como os tripés de ATs que sustentam as pesquisas se distribuem em cada caso.

Tabela 2 ATs mais frequentes e sua distribuição por favelas.

Favelas	Frequência	ATs	Frequência ATs
Rocinha	50	Serviços, espaços e padrões de consumo	33
		Mídia e comunicação	30
		Violência	28
Santa Marta	28	Políticas públicas	27
		Violência	24
		Poder local e gestão urbana	16
Pavão, Pavãozinho e Cantagalo	14	Políticas públicas	12
		ONGs e Terceiro Setor	11
		Memória, preservação e patrimônio	10
Babilônia e Chapéu Mangueira	13	ONGs e Terceiro Setor	10
		Políticas públicas	7
		Meio ambiente e qualidade de vida	6
Complexo do Alemão	13	Políticas públicas	11
		Violência	8
		Planejamento urbano	7

Fonte: Elaborado pelas autoras.

Na Rocinha, a predominância da AT "Serviços, espaços e padrões de consumo" possibilita inferir que há uma concentração de trabalhos cujo foco privilegia o segmento dos consumidores e que buscam compreender, em última instância, o interesse dos turistas em "ver os pobres". São igualmente numerosas as pesquisas sobre a circulação da favela em diferentes mídias – filmes, literatura, *reality shows*, notícias, portais de troca de informações sobre turismo, redes sociais etc. – e seu impacto na invenção e na comercialização da Rocinha turística, com especial interesse pelo processo de perpetuação da imagem da favela como área violenta (JAGUARIBE, 2010; GODOY; LUNA, 2010; FREIRE-MEDEIROS; NUNES; CAMPELO, 2011; FREITAS; GOTARDO, 2015; MEES, 2015; MACHADO, 2016; MIRANDA; FORTUNATO, 2016; MADUREIRA et al., 2018; MENEZES, 2007; FREIRE-MEDEIROS; MENEZES; NUNES, 2008a, 2008b; FREIRE-MEDEIROS; MENEZES, 2009; MAIA; BISPO, 2010; IQANI, 2016; BOTTINO, 2016).

No caso do conjunto de trabalhos que aportam no Santa Marta, encontramos como ATs mais frequentes "Políticas públicas", "Violência" e "Poder local e gestão urbana". Esse tripé de ATs, que sustenta os estudos sobre a primeira favela a receber uma Unidade de Polícia Pacificadora, ajuda-nos a demarcar um ponto de inflexão fundamental na trajetória da favela turística: no chamado contexto dos megaeventos (MORAES, 2016), ocorreu a quebra da hegemonia da Rocinha como a favela turística, emergindo um novo paradigma fundamentado tanto em parcerias entre poder público e mercado quanto na mobilização de moradores como empreendedores turísticos. Não surpreende que muitos pesquisadores tenham se voltado para a investigação do Programa Rio Top Tour, focando, por um lado, as parcerias entre os três níveis de governos que pretendiam transformar a "favela modelo" em vitrine turística; e, por outro, a organização dos moradores para garantir que as atividades turísticas fossem protagonizadas por eles (MAIA; BISPO, 2010; FREIRE-MEDEIROS et al., 2012; OST; FLEURY, 2013; CARVALHO, 2013; VALDUGA; MOURA, 2013; BARBOSA, 2014, 2015; MENEZES, 2015; PEREIRA, 2017; MANO, 2018).

Idealizadas por organizações internacionais, ONGs e segmentos do Estado como "favelas ecológicas", Babilônia e Chapéu Mangueira inspiraram pesquisas que tiveram como ATs mais frequentes "ONGs e terceiro setor", "Políticas públicas" e "Meio ambiente e qualidade de vida". Os trabalhos dividem-se basicamente entre os que examinam o papel exercido pela Cooperativa de Reflorestadores da Babilônia – CoopBabilônia – e aqueles que tomam diversas interações e práticas turísticas – passeios, hospedagens, eventos – levadas a cabo no contexto dos megaeventos, com destaque para o Rio+20 (FREIRE-MEDEIROS, 2009; SPAMPINATO, 2009; RODRIGUES DA SILVA et al., 2014; MORAES, 2013, 2015, 2017).

Assim como no caso do Santa Marta, os trabalhos que tomam como chão empírico os conjuntos Pavão/Pavãozinho/Cantagalo e Complexo do Alemão, tiveram a AT "Políticas públicas" como a mais frequente. Quando o território investigado é o Complexo do Alemão, a grande estrela das pesquisas é o sistema de transporte por cabos – o Teleférico do Alemão –, de grande impacto na reorganização da paisagem material e simbólica da favela. Sua inauguração espetacular, seu uso abreviado e sua completa falência inspiraram pesquisadores a produzir uma série de trabalhos que foram por nós classificados nas ATs "Planejamento urbano" e "Violência" (FORTUNATO; NEFFA, 2014; MEES, 2015; SANTOS, 2012; OST, 2012; OST; FLEURY, 2013; STEINBRINK, 2014; MENDES, 2014; FREIRE-MEDEIROS; NAME, 2015; LANÇA et al., 2015; MEES, 2015, 2017; MENEZES, 2015; FAGERLANDE, 2015, 2017 a,b; MANO et al., 2017). No complexo Pavão, Pavãozinho e Cantagalo, onde o Programa de Aceleração do Crescimento (PAC) apoiou a fundação do Museu de Favela (ONG criada para a valorização da cultura local e a atração de turistas), não surpreende que as duas outras ATs mais frequentes sejam "ONGs e terceiro setor" e "Memória, preservação e patrimônio" (MORAES, 2010, 2011; SILVA, 2012; RODRIGUES, 2014; FAGERLANDE, 2015; SANTOS, 2015; MACHADO, 2016).

Considerações finais

O balanço da produção acadêmica sobre a favela turística que apresentamos neste capítulo é, como todo esforço de realização de um "estado da arte" de qualquer campo, inconclusivo e limitado por recortes até certo ponto arbitrários. Por um lado, como antecipado na Introdução, deixamos de fora da análise os numerosos trabalhos de fim de curso de graduação e *papers* apresentados em congressos. Por outro lado, a produção de conhecimento sobre a favela turística tampouco é exclusiva do mundo acadêmico. Há muita informação qualificada e reflexiva sendo gestada pelos próprios atores envolvidos na produção, na circulação e no consumo da favela turística e que também merece ser analisada.

A despeito das muitas limitações que atravessam a reflexão aqui proposta, podemos dizer que essa metanálise dos 146 itens publicados ao longo de 15 anos de produção permite enxergar algumas tendências interessantes, assim como apontar caminhos possíveis para pesquisas futuras. Vejamos.

Em termos mais gerais, vale começar lembrando que há mais de 700 favelas na Região Metropolitana do Rio de Janeiro. O precioso levantamento bibliográfico realizado por Valladares e Medeiros (2003) aponta que, até o ano de 2000, cerca de 250 delas foram tomadas como objeto em pesquisas com recortes temáticos e disciplinares os mais diversos. No caso da favela turística, o número de territórios estudados não chega a duas dezenas. Ou seja, assim como o "olhar do turista", para usarmos a expressão cunhada por John Urry (2001), enxerga um horizonte limitado pelos marcadores de uma "favela genérica e abstrata" que são definidos pelos agentes promotores do turismo (FREIRE-MEDEIROS; VILAROUCA; MENEZES, 2016), nós, pesquisadores, também acabamos por privilegiar certos territórios aos quais o mercado turístico confere selo de qualidade.

De maneira análoga à linha narrativa costurada durante a maior parte dos passeios, muitas vezes operamos em um nível de generalização que impede de perceber as especificidades de cada um dos territórios, com seus próprios potenciais turísticos e expectativas diferenciadas por parte dos vários setores envolvidos. Quando se fala do turismo na Rocinha, por exemplo, não raro se toma o que acontece na Rua 1 – território totalmente incorporado aos roteiros mais convencionais das muitas agências – como indicativo da totalidade das formas de fazer turismo, apagando o que vem sendo proposto por diferentes atores sociais em localidades periféricas ao circuito hegemônico, como a Vila Laboriaux. Essa articulação, no processo de pesquisa e análise, entre elementos específicos de cada território onde são desenvolvidas atividades ligadas ao turismo e as condições mais gerais da produção histórico-cultural da categoria "favela turística", não é nada simples. Temos que evitar a ingenuidade de postular sua unidade empírica, ao mesmo tempo que não podemos negar a existência de elementos compartilhados, inclusive em escala transnacional, e que são a condição de possibilidade dos estudos comparativos – especialmente necessários no caso das mobilidades turísticas que, como já dito, são constituídas e atravessadas por circuitos globalizados.

A lente comparativa certamente ajudaria a enxergar a existência de outras "favelas turísticas" para além dos limites da realidade carioca. Há atividades turísticas sendo gestadas e geridas, com maior ou menor sucesso, em favelas Brasil afora. O caso da favela paulistana de Paraisópolis, onde há anos são empreendidos esforços de várias ordens no sentido de se construir um mercado turístico e cuja imagem tem circulado globalmente por meio de diferentes produtos, talvez seja exemplar do que estamos querendo argumentar aqui (BORGES, 2012).

Pensando mais especificamente nas questões que esse balanço da produção feito a partir das Áreas Temáticas nos inspira, vale sublinhar algumas ausências e lacunas. Dada a condição estrutural das favelas como espaços racializados, torna-se incontornável refletir sobre a presença modesta de trabalhos classificados na AT "Relações étnico-raciais". Outro repertório importante de temas agrupados nas ATs "Novas tecnologias e meio urbano", "Estrutura social" e "Ideologia e política" também ganhou visibilidade bastante modesta até aqui. Há ainda ATs que simplesmente não aparecem nos estudos e que encontrariam terreno heurístico privilegiado na favela turística. Talvez o melhor exemplo seja a AT "Fluxos populacionais e migrações": ainda que sejam evidentes as interfaces conceituais entre mobilidades turísticas/mobilidades migratórias e que haja registros da atuação de migrantes estrangeiros no mercado turístico em localidades como Morro do Vidigal e Morro da Babilônia, não temos conhecimento de estudos que estejam enfrentando essas questões. Certamente, esse recorte permitiria um deslocamento no olhar e provocaria novas perguntas de pesquisa.

Por fim, gostaríamos de encerrar defendendo um ponto que nos parece evidente: a solidez teórica das pesquisas sobre a favela turística não depende da criação de um domínio conceitual específico, ao contrário. Quanto mais estreitas forem as interações entre os estudos sobre as favelas turísticas e os estudos sobre o urbano, tomado em sua multidimensionalidade, mais iremos avançar em termos epistêmicos. Que esses olhares sejam, daqui para a frente, menos estrangeiros uns aos outros.

Referências

ANGELINI, Alessandro. Favela in Replica: Iterations and Itineraries of a Miniature City. *The Journal of Latin American and Caribbean Anthropology*, v. 21, n. 1, p. 39-60, 2016.

ANGELINI, Alessandro. A Favela That Yields Fruit: Community-Based Tour Guides as Brokers in the Political Economy of Cultural Difference. *Space and Culture*, v. 23, n. 1, p. 15-33, 2019.

ANGELINI, Alessandro. Ludic Maps and Capitalist Spectacle in Rio de Janeiro. *Geoforum*, v. 65, p. 421-430, 2015.

AQUINO, Jéssica Faustino; KATHLEEN, Andereck. "Favela modelo de quê?": o processo de "Reencantamento" da Santa Marta através do Mercado de Turismo. *Revista Ensaios*, Niterói, v. 7, p. 111-130, 2014.

AQUINO, Jéssica Faustino; KATHLEEN, Andereck. Um novo circuito na favela: o caso da frequentação turística no Santa Marta. Dissertação (Mestrado) - Programa de Pós-graduação em Antropologia, Universidade Federal Fluminense, 2014.

AQUINO, Jéssica Faustino; KATHLEEN, Andereck. Volunteer Tourists' Perceptions of their Impacts on Marginalized Communities. *Journal of Sustainable Tourism*, v. 26, n. 11, p. 1967-1983, 2018.

BARBOSA, Gabriel Ferreira. A Favela Santa Marta e seus guias de turismo: identidade, mobilização e conflito. *Revista Iberoamericana de Turismo*, Penedo, v. 5. p. 169-179, 2015.

BARBOSA, Gabriel. 'Favela modelo de quê?': o processo de 'Reencantamento' da Santa Marta através do Mercado de Turismo. *Revista Ensaios*. Niterói, v. 7, p. 111-130, 2014.

BARROS, Otávio; MELO, Maria Emília. Do mito à realidade: a experiência de turismo sustentável na comunidade do Vale Encantado, Floresta da Tijuca, Rio de Janeiro, Brasil. *Field Actions Science Reports*, Special Issue 3,p. 1-5, 2011.

BISPO, Mariana Nascimento. Comunicação e cidade: a favela Santa Marta e o turismo local. Dissertação (Mestrado) - Programa de Pós-graduação em Comunicação (PPGCom/Universidade do Estado do Rio de Janeiro), Rio de Janeiro, 2012.

BORGES, Andréa Maria Abreu. *A dois passos do paraíso? Análise sobre a construção da favela Paraisópolis (São Paulo-SP) como destino turístico.* Dissertação de mestrado. Centro de Pesquisa e Documentação de História Contemporânea do Brasil - CPDOC / Fundação Getulio Vargas - FGV, 2012.

BOTTINO, Carolina Martins de Melo. Quem descobriu a favela? A trajetória das agências de turismo nas favelas cariocas. Dissertação (Mestrado) - Centro de Pesquisa e Documentação de História Contemporânea do Brasil - CPDOC/Fundação Getulio Vargas - FGV, Rio de Janeiro, 2016.

CARVALHO, Fernanda Caixeta. O turismo de base comunitária como instrumento para o fortalecimento da participação dos moradores: o caso da Favela Santa Marta. Dissertação (Mestrado) - Programa de Pós-graduação em Urbanismo, Universidade Federal do Rio de Janeiro, 2013.

DAMAS, Helton Luiz Gonçalves. A invenção das subjetividades nos mercados da pacificação: um estudo sobre os empreendedores da favela turística/RJ. Tese (Doutorado) - Programa de Pós-graduação em Sociologia, Universidade Federal de São Carlos, 2018.

DÜRR, Eveline. Encounters over Garbage: Tourists and Lifestyle Migrants in Mexico, *Tourism Geographies*. v. 14, n. 2, p. 339-355, 2012.

FAGERLANDE, Sérgio Moraes Rego. A favela é um cenário: tematização e cenarização nas favelas cariocas. *Revista de Arquitectura*, v. 19, n. 1, p. 6-13, 2017a.

FAGERLANDE, Sérgio Moraes Rego. Grandes eventos esportivos: impactos nas favelas do Rio de Janeiro. *Bitacora Urbano Territorial*, v. 28, n. 2, p. 143-151, 2018.

FAGERLANDE, Sérgio Moraes Rego. Mobilidade e turismo em favelas cariocas. *Caderno Virtual de Turismo* (UFRJ), Rio de Janeiro, v. 15, n. 3, p. 346-361, 2015.

FAGERLANDE, Sérgio Moraes Rego. Novas possibilidades econômicas, sociais e culturais em áreas informais das cidades: o desenvolvimento do turismo em favelas cariocas entre 2008 e 2016. In: TRIGUEIROS, C.; CARSALADE, F. (org.). *A língua que habitamos:* criar com a natureza, viver com a natureza, turismo: impactos nos territórios e paisagens, tecnologias de ontem e de hoje: as vertentes da sustentabilidade. Belo Horizonte: Academia de Escolas de Arquitectura e Urbanismo de Língua Portuguesa, 2017b. v. 4, p. 175-185.

FORTUNATO, Rafael Ângelo; NEFFA, Elza. O socioambientalismo e o turismo solidário no Complexo do Alemão (RJ, Brasil). *Revista Brasileira de Ecoturismo*, São Paulo, v. 7, n. 1, p. 67-85, 2014.

FORTUNATO, Rafael Ângelo; NEFFA, Elza. Turismo em favelas cariocas: potencialidades de práticas de Educação Ambiental não formal para superação de problemas socioambientais locais. *Ambiente e Educação*, v. 15, n. 2, p. 251-265, 2010.

FREIRE-MEDEIROS, Bianca. A favela que se vê e que se vende: reflexões e polêmicas em torno de um destino turístico. *Revista Brasileira de Ciências Sociais*, São Paulo, v. 22, n. 65, p. 61-72, 2007.

FREIRE-MEDEIROS, Bianca. Felicidade é... uma favela violenta com vista pra o mar. In: FREIRE FILHO, João (org.). *Ser feliz hoje: reflexões sobre o imperativo da felicidade*, v. 1. Rio de Janeiro: FGV, 2010. p. 257-273.

FREIRE-MEDEIROS, Bianca. *Gringo na laje:* produção, circulação e consumo da favela turística. Rio de Janeiro: FGV, 2009.

FREIRE-MEDEIROS, Bianca. *Touring Poverty*. New York: Routledge, 2013.

FREIRE-MEDEIROS, Bianca; MENEZES, Palloma. As viagens da favela e a vida social dos suvenires. *Sociedade e Estado* (UnB), v. 31, n. 3, p. 651-670, 2016.

FREIRE-MEDEIROS, Bianca; MENEZES, Palloma. Da promoção da favela como destino turístico: alguns dilemas éticos e práticos. In: SANTOS, Gislene et al. (org.) *Ética, pesquisa e políticas públicas*. Rio de Janeiro: Rubio, 2010b.

FREIRE-MEDEIROS, Bianca; MENEZES, Palloma. Fotografando a pobreza turística. *Anthropológicas*, Recife, v. 20, n. 1, p. 55-75, 2009a.

FREIRE-MEDEIROS, Bianca; MENEZES, Palloma; NUNES, Fernanda. Consumindo a favela turística. In: BARBOSA, Lívia; PORTILHO, Fátima; VELOSO, Letícia (org.). *Consumo:* cosmologias e sociabilidades, v. 1. Rio de Janeiro: Mauad, 2009. p. 117-134.

FREIRE-MEDEIROS, Bianca; MENEZES, Palloma; NUNES, Fernanda. Diários no sentido irrestrito do termo: memórias virtuais de cidades reais. *E-Compós*. Brasília, v. 11, p. 11-30, 2008a.

FREIRE-MEDEIROS, Bianca; MENEZES, Palloma; NUNES, Fernanda. Ética, estética e consumos possíveis: Notas etnográficas sobre turismo em uma favela carioca. *Os Urbanitas*, São Paulo, v. 5, n. 7, 2008b.

FREIRE-MEDEIROS, Bianca; MORAES, Camila Maria dos Santos. A favela como atração turística. In: PANOSSO, Alexandre; ANSARAH, Marília (org.). *Produtos turísticos e novos segmentos de mercado:* planejamento, criação e comercialização. 1. ed. Barueri: Manole, 2015. p. 366-378.

FREIRE-MEDEIROS, Bianca; NAME, Leo. "Peace, Love & Fun!": An Aerial Cable Car and the Traveling Favela. In: CIDELL, Julie; PRYTHERCH, David (org.). *Transport, Mobility, and the Production of Urban Space*. London: Routledge, 2015. p. 98-111.

FREIRE-MEDEIROS, Bianca; NAME, Leo. Does the Future of the Favela Fit in an Aerial Cable Car? Examining Tourism Mobilities and Urban Inequalities Through Decolonial Lens. *Canadian Journal of Latin American and Caribbean Studies*, v. 42, n. 1, p. 1-16, 2017.

FREIRE-MEDEIROS, Bianca; NAME, Leo. Epistemologia da laje. *Tempo Social*, v. 31, n. 1, p. 153-172, 2019.

FREIRE-MEDEIROS, Bianca; NAME, Leo. Teleféricos na paisagem da favela latino-americana: mobilidades e colonialidades. *Revista de Geografia e Ordenamento do Território*, v. 1, n. 11, p. 263-282, 2017.

FREIRE-MEDEIROS, Bianca; NUNES, Fernanda; CAMPELLO, L. Sobre afetos e fotos: volunturistas em uma favela carioca. *Revista Brasileira de Pesquisa em Turismo*, São Paulo, v. 5, p. 157-176, 2011.

FREIRE-MEDEIROS, Bianca; ROCHA, Lia Mattos. "Uma pequena revolução": Arte, mobilidade e segregação em uma favela carioca. In: PONTES JR., Geraldo Ramos et al. (org.).

Cultura, memória e poder: diálogos interdisciplinares. Rio de Janeiro: Eduerj/Faperj, 2013. p. 107-120.

FREIRE-MEDEIROS, Bianca; VILAROUCA, Márcio Grijó. Would You Be a Favela Tourist? Confronting Expectations and Moral Concerns Among Brazilian and Foreign Potential Tourists. In: DIEKMANN, Anya; SMITH, Melanie Kay (org.). *Ethnic and Minority Cultures as Tourist Attractions*. Bristol: Channel View Publications, 2015. v. 1, p. 151-168.

FREIRE-MEDEIROS, Bianca; VILAROUCA, Márcio Grijó; MENEZES, Palloma. A pobreza turística no mercado de pacificação: reflexões a partir da experiência da Favela Santa Marta. *Caderno CRH*, Salvador, v. 29, n. 78, p. 1-16, 2016.

FREIRE-MEDEIROS, Bianca; VILAROUCA, Márcio Grijó; MENEZES, Palloma. Gringos no Santa Marta: quem são, o que pensam e como avaliam a experiência turística na favela. In: SANTOS, Angela Penalva et al. (org.). *Rio de Janeiro:* um território em mutação. Rio de Janeiro: Gramma, 2012. p. 183-205.

FREIRE-MEDEIROS, Bianca; VILAROUCA, Márcio Grijó; MENEZES, Palloma. International Tourists in a 'Pacified' Favela: Profiles and Attitudes. The Case of Santa Marta, Rio de Janeiro. *Die Erde – Journal of the Geographical Society of Berlin*, v. 144, n. 2, 147-159, 2013.

FREITAS, Ricardo Ferreira; GOTARDO, Ana Teresa. Cenários de guerra na selva urbana: imaginários da violência e consumo turístico da cidade do Rio de Janeiro no documentário seriado *Madventures*. *Doc On-Line:* revista digital de cinema documentário, v. 17, p. 172-190, 2015.

FRENZEL, Fabian et al. (org.). *Slum Tourism: Poverty, Power and Ethics*. London/New York: Routledge, 2012. p. 49-65.

FRENZEL, Fabian. Slum Tourism in the Context of the Tourism and Poverty (Relief) Debate. *Die Erde – Journal of the Geographical Society of Berlin*, v. 144, n. 2, p. 117-128, 2013.

FRENZEL, Fabian. *Slumming It*. London: Zed Books, 2016.

FRENZEL, Fabian; KOENS, Ko. Slum Tourism: Developments in a Young Field of Interdisciplinary Tourism Research. *Tourism Geographies*, v. 14, n. 2, p. 195-212, 2012.

FRENZEL, Fabian; KOENS, Ko; STEINBRINK, Malte; ROGERSON, Christian. Slum Tourism: State of the Art. *Tourism Review International*, v. 18, n. 4, p. 237-252, 2015.

GODINHO, Lívia; LANÇA, Viviane. Turismo de base comunitária: uma possibilidade no Morro do Vidigal (Rio de Janeiro, Brasil). *Turismo & Sociedade*, Curitiba, v. 11, n. 1, p. 44-68. 2018.

GODOY, Karla; LUNA, Sara. A estética turística e cinematográfica da favela: suportes de uma autenticidade construída. *Caderno Virtual de Turismo*. Rio de Janeiro, v. 12, p. 239-252, 2012.

IQANI, Mehita. Slum Tourism and the Consumption of Poverty in TripAdvisor Reviews: The Cases of Langa, Dharavi and Santa Marta. In: IQANI, Mehita .*Consumption, Media and the Global South*. London: Palgrave Macmillan, 2016.

JAFFE, Rivke; DÜRR, Eveline; JONES, Gareth et al. What Does Poverty Feel Like? Urban Inequality and the Politics of Sensation. *Urban Studies*, v. 7, n. 5, p. 1.015-1.031, 2019.

JAGUARIBE, Beatriz. Ficções do real: notas sobre as estéticas do realismo e pedagogias do olhar na América Latina contemporânea. *Ciberlegenda* (UFF), Niterói, n. 23, p. 6-14, 2010.

JAGUARIBE, Beatriz; HETHERINGTON, Kevin. Favela Tours: Indistinct and Mapless Representations of the Real in Rio de Janeiro. In: SHELLER, Mimi; URRY, John (org.). *Tourism Mobilities. Places to Play, Places in Play*. 1. ed. New York: Routledge, 2004. p. 155-166.

KAMADA, Denise Mayume Pereira. A construção da favela turística: o caso de Vila Canoas, RJ. Dissertação (Mestrado) – Programa de Pós-graduação em Sociologia, Universidade Federal da Grande Dourados, 2015.

LANÇA, Viviane Soares; MAIA, Lorene Monteiro; SANTANA, Maria da Penha L. Planejamento urbano e turismo: uma análise sobre a Favela da Rocinha (RJ). *Caderno Virtual de Turismo*. Rio de Janeiro, v. 15 n.1., p. 20-34, abr. 2015.

LARKINS, Erika. *The Spectacular Favela:* Violence in Modern Brazil. Oakland: University of California Press, 2015.

LEBARON, E. Reimagining the Geography of the Favelas: Pacification, Tourism, and Transformation in Complexo do Alemão. Rio de Janeiro. *Tourism Review International*, v. 18, n. 4, p. 269-282, 2014.

MACHADO, Daniela Santos. Turismo de favela e desenvolvimento sustentável: um estudo do turismo de favela do bairro Vila Canoas. Dissertação (Mestrado) – Programa de Pós-graduação em Serviço Social, Pontifícia Universidade Católica, Rio de Janeiro, 2007.

MACHADO, Mônica. Imaginários sociais sobre as favelas cariocas: o turismo-cultural do museu de favela e seus modos de ativação digital. *Diálogo*, v. 1, n. 1, p. 61-74, 2016.

MADUREIRA, Mariana Alves; OLIVEIRA, Elizabeth; IRVING, Marta de Azevedo; TAVARES, Frederico. Favela – lugar para se visitar ou evitar? As contradições na mídia sobre o turismo em favelas no Rio de Janeiro. *Verso e Reverso*, v. 32, n. 81, p. 168-186, 2018.

MAIA, João; BISPO, Mariana. Os favela tours: uma análise dos relatos dos usuários de um fórum de discussão comparada com a visão dos moradores de uma comunidade visitada no Rio de Janeiro. *Periferia*, Rio de Janeiro, v. 2, n. 2, 2010. Disponível em: https://www.redalyc.org/articulo.oa?id=552156377004. Acesso em: 18 de abr. 2022.

MANO, Apoena Dias. A turistificação de favelas no cenário dos megaeventos. *Ensaios*, v. 12, p. 67-79, 2018.

MANO, Apoena Dias; MAYER, Verônica Feder; FRATUCCI, Aguinaldo Cesar. Turismo de base comunitária na Favela Santa Marta (RJ): oportunidades sociais, econômicas e culturais. *Revista Brasileira de Pesquisa em Turismo*, v. 11, n. 3, p. 413-435, 2017.

MEES, Luiz Alexandre Lellis. "Vem passear no teleférico. Tira foto, manda pro internacional!": políticas e práticas de turismo em um Alemão-Complexo. Tese (doutorado) – Programa de Pós-graduação em Antropologia, Universidade Federal Fluminense, 2017.

MEES, Luiz Alexandre Lellis. Espaços turísticos construídos no Complexo do Alemão por roteiros comerciais. *Revista Iberoamericana de Turismo*, Penedo, v. 5, p. 43-53, 2015.

MENDES, Izabel Cristina. O uso contemporâneo da favela na cidade do Rio de Janeiro. Tese (doutorado) – Programa de Pós-graduação em Arquitetura e Urbanismo, Universidade de São Paulo, 2014.

MENEZES, Palloma. A Forgotten Place to Remember: Reflections on the Attempt to Turn a Favela into a Museum. In: FRENZEL, Fabian et al. (org.) *Slum Tourism: Poverty, Power and Ethics*. London/New York: Routledge, 2012. p. 103-124.

MENEZES, Palloma. Interseções entre novos sentidos de patrimônio, turismo e políticas públicas: um estudo de caso sobre o museu a céu aberto do Morro da Providência, 2008. Dissertação (Mestrado) – Instituto Universitário de Pesquisas do Rio de Janeiro, Rio de Janeiro, 2008.

MENEZES, Palloma. Objeto e sujeito da fotografia: gringos e câmeras na Favela da Rocinha. *Cadernos de Antropologia e Imagem*, v. 25, p. 65-78, 2007.

MENEZES, Palloma. Será que estaremos aqui quando as Olimpíadas chegarem? Novas oportunidades e preocupações pós-UPP na "favela modelo". *Trama: Indústria Criativa em Revista*, Rio de Janeiro, v. 1, n. 1. p. 42-58, 2015.

MENEZES, Palloma. Tourists Photographic Gaze: The Case of Rio de Janeiro Favelas. In: SHARPLEY, Richard et al. (org.). *Tourist Experience. Contemporary Perspectives*. Abingdon: Routledge, 2010. p. 95-112.

MENEZES, Palloma. Um museu que a favela esqueceu? Reflexões sobre o processo de patrimonialização e turistificação do Morro da Providência. In: RAMOS, Silvana Pirillo. (org.). *Planejamento de roteiros turísticos*. Porto Alegre: Zouk, 2012. p. 85-110.

MIRANDA, Irma Teixeira; FORTUNATO, Rafael Ângelo. O turismo sobe o Morro do Vidigal (Rio de Janeiro, Brasil): uma análise exploratória. *Turismo e Sociedade*, Curitiba, v. 9, n. 2, p. 1-20-20, 2016.

MOMM, Christiane Fabíola; SANTOS, Raimundo Nonato Macedo dos. O estado da arte da área de pesquisa do Turismo no Brasil: período de 2000 a 2006. *Revista Turismo & Desenvolvimento* (Online), v. 1, p. 373-385, 2010.

MORAES, Camila Maria dos Santos. A invenção da favela ecológica: um olhar sobre turismo e meio ambiente no Morro Babilônia. *Estudos de Sociologia*, Araraquara, v. 18, n. 35, p. 459-474, 2013.

MORAES, Camila Maria dos Santos. Caminhos do Pavão, Pavãozinho e Cantagalo. *Revista Intratextos*, Rio de Janeiro, n. 1, p. 32-46, 2010.

MORAES, Camila Maria dos Santos. Ecological Slums? Initial Notes on Tourism and Ecology in Brazilian Favelas. *Tourism Review International*, v. 19, n. 1-2, p. 63-73, 2015.

MORAES, Camila Maria dos Santos. Favelas ecológicas: passado, presente e futuro da favela turística. Tese (Doutorado) – Programa de Pós-graduação em História, Política e Bens Culturais, Cpdoc/FGV-RJ, 2017.

MORAES, Camila Maria dos Santos. Museu de Favela: pensando turismo e patrimônio no Pavão, Pavãozinho e Cantagalo. Dissertação (Mestrado) – Programa de Pós-graduação em Ciências Sociais, Universidade do Estado do Rio de Janeiro, Rio de Janeiro, 2011.

MORAES, Camila Maria dos Santos. Turismo em favelas: notas etnográficas sobre um debate em curso. *Plural* (USP), São Paulo, v. 23, n. 2, p. 65-93, dez. 2016.

MORAES, Camila Maria dos Santos. Um museu para experimentar. In: CHAGAS; Mario de Souza; PIRES, Vladimir Sibylla (orgs.). *Território, museus e sociedade: práticas, poéticas e políticas na contemporaneidade*. Rio de Janeiro: UniRio/Ibram, 2018. p. 267-281.

NOVAES, Patrícia Ramos. A gentrificação periférica na Cidade do Rio de Janeiro: um estudo sobre as favelas Babilônia, Chapéu Mangueira, Vidigal e Santa Marta. Tese (Doutorado) – Programa de Pós-graduação em Planejamento Urbano e Regional, Universidade Federal do Rio de Janeiro, 2018a.

NOVAES, Patrícia Ramos. Favelas e gentrificação: possibilidades analíticas para explicar as transformações urbanas na cidade do Rio de Janeiro. *Revista de Antropologia e Sociologia*, v. 2, n. 6, p. 49-65, 2018b.

OST, Sabrina. O mercado sobe a favela: um estudo sobre o Santa Marta pós-UPP. Dissertação (Mestrado) – Programa de Pós-graduação em Administração (Ebape/FGV-RJ), 2012.

OST, Sabrina; FLEURY, Sonia. O mercado sobe o morro: a cidadania desce? Efeitos socioeconômicos da pacificação no Santa Marta. *Dados*. Rio de Janeiro, v. 56, n. 3, p. 635-671, 2013.

PEREIRA, Rafael Melo. O turismo na Favela Santa Marta: reflexões à luz da teoria de Pierre Bourdieu. Dissertação (Mestrado) – Programa de Pós-graduação em Turismo, Universidade Federal Fluminense, 2017.

RODRIGUES DA SILVA, Diego et al. Turismo comunitario en favelas: un estudio del Favela Inn Hostel, Chapéu Mangueira – Rio de Janeiro, Brasil. *Estudios y Perspectivas en Turismo*, Ciudad Autónoma de Buenos Aires, v. 23, n. 4, p. 786-804, 2014.

RODRIGUES, Fernanda da Silva Figueira. Observação participante no Museu de Favela: reflexões sobre o turismo em um museu de território. *Caderno de Estudos e Pesquisas do Turismo*, Curitiba, v. 3, p. 30-52, 2014.

ROGERSON, Christian M. Urban tourism, economic regeneration and inclusion: Evidence from South Africa. *Local Economy*. v. 28, n.2, p.188-202, 2013.

SANTOS, Rita de Cássia. Becos e vielas do Museu de Favela. *Cadernos Ceon*, ano 27, n. 41, p. 229-336, 2015.

SANTOS, Rosane Soares dos. *Aspectos Territoriais Relacionados ao Turismo de Base Comunitária em Favelas Cariocas Urbanizadas*. Dissertação (Mestrado em Engenharia Urbana). Universidade Federal do Rio de Janeiro, 2012.

SILVA, Helga Santos da; LAÉRCIO, Mariana de Oliveira. Turismo em favelas: a contribuição do poder público em Nova Brasília e no Morro da Providência. *Cadernos de Pós-graduação em Arquitetura e Urbanismo* (Mackenzie. Online), v. 11, n. 1, p. 100-117, 2011.

SILVA, Lilian de Almeida. Museu e turismo: instrumentos de negociação e cidadania? Estudo de caso do Museu de Favela - MUF/Rio de Janeiro (RJ). Dissertação (Mestrado) - Programa de Pós-graduação em Antropologia, Universidade Federal de Pernambuco, 2012.

SIQUEIRA, Elis. Categorizações, conjuntos e audiência no Instagram: repensando folksonomias a partir da hashtag #favelatour. Dissertação (Mestrado) - Programa de Pós-graduação em Linguística Aplicada, Universidade Estadual de Campinas, 2018.

SPAMPINATO, Elisa. Turismo em favelas cariocas e desenvolvimento situado: a possibilidade do encontro em seis iniciativas comunitárias. Dissertação (Mestrado) - Programa de Pós-graduação em Engenharia de Produção (Coppe/UFRJ), Rio de Janeiro, 2009.

STEINBRINK, Malte. Festifavelisation: Mega-Events, Slums and Strategic City-Staging - the Example of Rio de Janeiro. *Die Erde - Journal of the Geographical Society of Berlin*, v. 144, n. 2, p. 129-145, 2014.

TZANELLI, Rodanthi. *Mobility, Modernity and the Slum:* The Real and Virtual Journeys of Slumdog Millionaire. Advances in Sociology. Abingdon, New York: Routledge, 2016.

URRY, John. *O Olhar do Turista*. Editora Studio Nobel/SESC: São Paulo, 2001.

VALDUGA, Manoela Carrillo; MOURA, Reginaldo Lima. A segurança como elemento da hospitalidade: a presença das Unidades de Polícia Pacificadora como elemento facilitador do desenvolvimento do turismo nas favelas do Rio de Janeiro (RJ). *Revista Brasileira de Ecoturismo*, São Paulo, v. 6, n. 3, p. 630-647, ago./out. 2013.

VALLADARES, Licia do Prado. *A invenção da favela:* do mito de origem à favela. Rio de Janeiro: FGV, 2005.

VALLADARES, Lícia do Prado; MEDEIROS, Lídia. *Pensando as Favelas do Rio de Janeiro (1906-2000):* uma bibliografia analítica. Rio de Janeiro: Relume Dumará, 2003.

VAN ROMPU, Phie. El turismo como herramienta: rehumanizando las favelas de la Zona Sur de Río de Janeiro a través de narrativas de turismo comunitario. *Apuntes. Revista de Ciencias Sociales*, v. 46, n. 85, p. 79-113, 2019.

Favela e a questão étnico-racial: a gênese do *apartheid* urbano brasileiro

Mario Brum
Aluan Gomes

Introdução

A questão étnico-racial é um debate que surge com força no Brasil das primeiras décadas do século XXI. No entanto, surpreende por ter sido negligenciada por muito tempo nos estudos sobre favelas. Se em período recente isso tem se modificado, é perceptível que os primeiros estudos oriundos das Ciências Sociais não deram relevância à questão. Uma explicação para isso é que, desde os primeiros aportes sobre o tema (incluindo aqui a imprensa e relatórios do governo), houve uma associação automática entre *favela* e *raça*[1] que, por conta disso, carregava as marcas da eugenia e de uma política urbana de viés segregacionista. Foi no Brasil do fim do Oitocentos, sob o signo da eugenia e do higienismo, que a favela surgiu como continuidade do cortiço pelo fato de nelas morarem negros e serem, por isso, um espaço segregado na cidade.

Assim, se o racismo, de um lado, não era um discurso enunciado, por outro foi naturalizado pelo pensamento matricial sobre a favela em suas primeiras décadas de existência. Daí, entre outros motivos (uma epistemologia estruturalista, por exemplo), a pouca reflexão acadêmica sobre a relação entre raça e favela décadas mais tarde.

No entanto, essa associação "naturalizada" inclusive foi exatamente o que a conformou como um espaço urbano estigmatizado. Como aponta Duarte (2016, p. 151), na busca da compreensão das favelas, a explicação para suas origens e a questão racial trilharam caminhos paralelos, a ponto de, na publicação *Um século de favela* (ZALUAR; ALVITO, 1998), coletânea que objetivou rememorar os 100 anos de seu surgimento a partir

[1] Conforme Munanga (2004), "raça" é uma categoria etnossemântica, uma vez que é determinada por estruturas e relações de poder que a governam. E uma vez que negro, branco e mestiço não apresentam o mesmo significado em países como Brasil, Estados Unidos e África do Sul, por exemplo. Daí seu caráter etnossemântico, social, político-ideológico e não biológico. Na verdade, entendemos que o racismo é utilizado como uma arma política, de modo a manter uma hierarquia social.

de diferentes reflexões, a questão racial não se constitui o eixo central em nenhum dos artigos. Em que pese, ainda para esse autor, as favelas terem sido pensadas em sua origem (também nos deteremos nesse ponto adiante) como territórios que não apenas concentravam a população negra, mas também era onde elas mantinham seus costumes, lidos como antitéticos à modernização da cidade em curso promovida pelas elites.

Para Campos (2007, p. 82), um dos precursores a pensar a questão das favelas relacionada à questão racial, em seus processos históricos de formação e resistência:

> Pensar a segregação socioespacial a partir da ação de pessoas, sobretudo pretos e pardos, em seus movimentos cotidianos, produzindo lugares na cidade. Historicamente, a espacialização de pretos e pardos sofreu uma oclusão das agendas de pesquisa, vinculando por meio do viés economicista: a segregação sócioespacial ocorre em favelas, mas quem eram os favelados? A massa de pobres urbanos, se respondia (...). Não existe sentido o estudo da segregação voltado apenas para realçar a existência desse fenômeno, precisa ser decorrência de processos históricos que envolvam pessoas na condição de atores, contrapondo e/ou aliados aos agentes que produzem a cidade em sua materialidade. É necessário compreender estes processos de acordo com os contextos.

Em que pese a ausência por muito tempo nos estudos acadêmicos da questão étnico-racial como chave de compreensão para pensar e compreender a favela em suas origens e trajetórias, as políticas públicas destinadas à habitação no Rio de Janeiro deram-se levando em conta a grande população negra que vivia em tal cidade, inclusive quando houve a total desconsideração com o destino ou os direitos dessa população.[2]

Este texto foi constituído em três partes: na primeira, tratamos de uma discussão epistemológica, em que debatemos como a questão racial foi desconsiderada nos estudos sobre as questões urbanas pelas Ciências Sociais e afirmamos a importância disso. Na segunda parte, demonstramos como

[2] Nos mesmos moldes que, mais de 100 anos depois, (quase) não há documentos oficiais dos órgãos de segurança pública que indiquem um viés racial na abordagem de "suspeitos" ou na letalidade produzida por essas mesmas forças que recaem sobre a população negra. No entanto, com 75% dos mortos pela polícia no Brasil sendo negros, segundo relatório da Rede de Observatórios da Segurança, não se pode duvidar de que esse viés está presente de modo efetivo, ainda que não enunciado. Disponível em: https://cesecseguranca.com.br/reportagens/negros-sao-75-dos-mortos-pela-policia-no-brasil-aponta-relatorio/. Acesso em: 23 ago. 2020.

as visões sobre a favela ao longo do século XX (e ainda hoje) remontam à sociedade escravista do Oitocentos, principalmente quanto ao universo cultural do fim do período, marcado pela eugenia e pelo higienismo na maneira de lidar com a população negra urbana e o arquétipo de seu tipo de moradia: o cortiço. Por fim, tratamos como esse legado permaneceu no imaginário da República e na política para as favelas a partir de documentos produzidos pelo Estado ou por funcionários e que impactaram diretamente as políticas públicas para as favelas. Não se trata de uma compilação de toda a documentação produzida pelo Estado do fim do XIX até anos recentes, mas, sim, de elencar alguns documentos que nos servem de exemplo de como a questão racial estava presente, embora não fosse sempre textualmente enunciada (embora também tenha ocorrido de ter sido algo explicitamente enunciado, como no Censo de Favelas de 1948).

Como o/a leitor/a percebe, fizemos uma escolha epistemológica de tratar primeiro dos estudos acadêmicos sobre a favela a partir do último quartel do século XX. A opção por essa inversão cronológica é para demonstrar que, no século XX, mesmo o pensamento acadêmico (e crítico) em sua quase totalidade não atentou para questões étnico-raciais ao pensar sobre cidade e habitação. Não se trata, obviamente, de um tom denuncista ou de cobrança dos autores desses estudos; apenas de apontar os limites e desafios do pensamento social brasileiro em desconsiderar a questão como de menor importância ou mesmo irrelevante frente a outras estruturas de opressão e exclusão que eram as matrizes da nossa desigualdade e que a superação dessas resolveria, necessariamente, a questão do racismo no Brasil.[3]

Em meados de 2020, momento em que estas linhas foram escritas, os Estados Unidos viveram dias de intensas manifestações por conta do assassinato de George Floyd, cidadão negro, por um policial. Enquanto isso, no Brasil, crianças e jovens negros são mortos pela polícia e/ou por uma estrutura racista que perdura há séculos em nossa sociedade, embora os sistemas econômicos e/ou políticos tenham mudado. Isso indica que o racismo é um debate que precisa ser enfrentado como questão urgente por todos os que pensem que toda vida importa e, principalmente, que pensem que precise ser enunciado com força que vidas negras importam.

---

[3] No entanto, não temos pretensão de considerar este texto pioneiro na questão, conforme veremos nas referências aqui aos diversos autores que já trabalham com o assunto.

Favela e raça: o esmaecimento da segregação[4]

Corroborando a hipótese de que associação "instintiva" entre *favela* e raça marcou profundamente a sociedade brasileira e carioca, vemos que a questão racial foi, quase sempre, desconsiderada nas pesquisas acadêmicas que produziram o campo dos estudos urbanos na esteira da expansão dos programas de pós-graduação das ciências humanas no Brasil, notadamente no Rio e em São Paulo, nas décadas de 1970 e 1980. Nesses estudos, a favela foi tomada como objeto de pesquisa como um produto das desigualdades econômicas e sociais, como nas coletâneas *A produção capitalista da casa (e da cidade) no Brasil Industrial*, organizada por Erminia Maricato (1982), ou *O Rio de Janeiro operário*, organizado por Eulália Lobo (1992), por exemplo. Ao analisar a sociedade brasileira pelo viés de classe, os moradores desses espaços muitas vezes eram tomados como integrantes do *lumpemproletariado* e, por isso, ainda em fase pré-organizacional. Ou seja, não nos moldes europeus e estadunidense da classe trabalhadora sindicalizada. Seria a permanência de um passado escravocrata com classes populares compostas por negros e imigrantes que não alcançavam o grau necessário de maturidade para lutar por seus direitos, inclusive o direito à moradia.

No caso do Rio de Janeiro, ao estudarmos as favelas, falamos de espaços que ao longo de sua trajetória contaram com uma diversidade na origem e na composição de seus moradores quanto às identidades dos que as formaram (com todo cuidado com que devemos ter com o significado de "formação"). Por exemplo, os portugueses na Quinta do Caju; ou, mais recentemente, os nordestinos em Rio das Pedras. E ainda que exista uma composição heterogênea mesmo no interior de cada uma, e que os brancos não sejam raros nas favelas,[5] não se pode negar que elas são territórios constituídos, construídos e apropriados por uma população predominantemente preta ou parda.

E essa constatação guarda desdobramentos sociais consideráveis. Hoselbalg, ainda na década de 1990, alerta para a persistente influência da

---

[4] Esse tópico deriva, em grande parte, da dissertação de mestrado em História pelo PPGHIS de Gomes (2020): *"Daqui do morro eu não saio, não!" Relações étnico-raciais, experiências de luta e memórias na construção do Morro da Liberdade (1930-1950)*.

[5] Segundo dados do censo de 2010 do IBGE, 65,81% dos moradores de "aglomerados subnormais" do Rio de Janeiro identificam-se como pretos ou pardos. IBGE, Aglomerados Subnormais – Informações Territoriais, Censo 2010.

ideia de *democracia racial*[6] e a necessidade de se trabalhar de forma mais aprofundada as questões raciais nos estudos acerca da sociedade brasileira, inclusive com relação às favelas:

> Por que será que, entre os cientistas sociais estrangeiros que estudam o Brasil, notadamente os norte-americanos, há um número proporcionalmente maior que se preocupa e escreve sobre temas raciais do que no Brasil? (...) Nos Estados Unidos, o tema racial sempre teve um lugar mais central no âmbito do debate público e, por isso, conta com mais legitimidade na esfera acadêmica. No Brasil, tudo se passa como se a magnitude dos problemas sociais e econômicos enfrentados pelo país jogasse para um futuro indefinido a discussão do racismo, um problema aparentemente menor (HASELBALG; SILVA, 1992, p. 9-10).

No caso dos estudos de pesquisadores norte-americanos sobre as favelas cariocas, vemos isso se refletir no precursor estudo de Perlman (1977) ou nos mais recentes da própria Perlman (2010), Fischer (2004) e McCann (2014), que trazem, em maior ou menor grau, o elemento racial como um forte componente para compreender a relação da cidade com as favelas. Para Fischer (2004), inclusive:

> Antes dos anos 1940, era relativamente comum encontrar referências à raça relacionadas a favelas, em geral, preocupadas em debitar os problemas sociais dessas comunidades à herança racial (cultural ou biológica) de seus habitantes. Na década seguinte, poucos estudos mantiveram tal perspectiva, mas na década de 1970 – quando a favela se tornou objeto central de pesquisa de estudos sobre desigualdade urbana –, fatores econômicos passaram a ser os mais importantes (p. 425).

As análises acadêmicas das ciências humanas rompiam com as visões higienistas ou da caridade cristã, mostradas no tópico a seguir, eivadas de uma visão preconceituosa sobre a favela a partir da associação naturalizada entre raça e aquele espaço, compreendido por suas características negativas justamente por serem negros seus moradores. No entanto, não deram

[6] Resumidamente, é um conceito surgido a partir do livro publicado em 1933, *Casa-grande e senzala*, de Gilberto Freyre. Na obra, o autor compara o escravismo no Brasil com outros países, principalmente os Estados Unidos, sendo que no Brasil as relações entre senhores e escravos teriam sido mais amenas e matizadas por relações afetivas, o que teria gerado, pós-Abolição, uma sociedade mestiça em que o racismo não seria estruturante das relações sociais.

importância à composição racial dos moradores de favela e de que modo raça e segregação estariam imbricadas.

Esses estudos focaram na compreensão das desigualdades socioeconômicas, seja pela produção da cidade capitalista, seja pela falta de acesso ao consumo das benesses urbanas, como equipamentos e serviços. Assim, a falta de recursos econômicos, de infraestrutura, de serviços públicos básicos e de títulos de propriedade; a precariedade de suas construções; ou a exclusão social de seus moradores seriam os definidores do que é uma favela e quais são as relações econômicas que a produzem. Além disso, seus moradores são os integrantes mais pobres de uma classe trabalhadora que não tem cor e, quando tem, é um dado que aparentemente não merece maiores investigações. Panta (2018) observa que os estudos sobre segregação urbana nas cidades brasileiras tendiam a não considerar *raça* como categoria para se pensar esse fenômeno social, sendo o foco desses estudos as classes sociais e as questões econômicas e do mercado imobiliário, em uma concepção de que, na realidade urbana brasileira, a questão racial e a segregação espacial da população não estivessem interconectadas.

Assim, a explicação para a concentração extensiva de negros em territórios marginalizados como as favelas se restringiria à justificativa da presença maciça de negros entre as classes mais pobres. Na verdade, Panta demonstra que outros fatores, para além da questão econômica – que não deixa de ser fundamental –, estão em jogo na segregação residencial, como questões históricas, culturais, identitárias e de laços de parentesco ou sociabilidade.

Trataremos a seguir da relação entre raça e segregação que marca a trajetória das favelas do Rio: espaços segregados por serem moradias de negros; moradias de negros justamente porque para eles se destinaram os espaços segregados. A origem destes se encontra na sociedade escravista brasileira do Oitocentos e na construção simbólica das moradias de negros como foco de infecções, imoralidades, desordens e perigo.

Século XIX: cortiços, epidemias e raça

Na segunda metade do século XIX, a Modernidade passava a soprar em terras brasileiras e algumas ideias circulavam pela Corte Imperial, conforme alguns autores já trataram (como SCHWARZ, 1992). O *liberalismo* no Brasil Imperial foi pensado a partir da lógica do direito à representação política por parte das elites senhoriais, da liberdade de comércio e da defesa da propriedade privada, incluindo aí os escravos. Aqui, como nas sociedades burguesas recém-surgidas, o africano/escravo não era visto no Brasil (nem nas colônias dos países europeus ou no Sul dos Estados Unidos) em pé de igualdade com o cidadão moderno, livre e portador de direitos... Enfim, o branco.

Em paralelo à expansão do liberalismo como ideal iluminista e associado à Revolução Industrial, a noção de *progresso* nascida com a *Modernidade* trazia como componente a noção de um destino a ser cumprido por essas sociedades em que a *civilização*, encarnada pela superioridade europeia, ou do homem branco, conduziria o mundo no mesmo sentido. Desse modo, o domínio da ciência era tanto sintoma quanto um propulsor desse progresso.[7]

Voltando o olhar para suas próprias sociedades, as elites europeias serviram-se da teoria das *classes perigosas*, surgida em 1840 pelo relatório *Des classes dangereuses de la population dans les grandes villes et des moyens de les rendre meilleurs.* Esse relatório foi produzido por um funcionário responsável pelo policiamento de um Departamento de Paris, Honoré Antoine Frégier. Este buscou analisar os hábitos e comportamentos das pessoas à margem da lei, compreendidas a partir de uma forte carga moral como "malfeitores", associando roubo, mendicância, prostituição, ócio e alcoolismo aos pobres de modo geral, acabando por enxergar classes perigosas e classes pobres como um único conjunto (CHALOUB, 1996, p. 20-21).

O conceito irá guiar o debate sobre o que fazer com as cidades europeias. Por meio dele, elites e governos europeus tiveram na definição das "classes perigosas" o *leitmotiv* para exercerem o controle do território urbano e alcançarem, por consequência, a desejada harmonia social na sociedade capitalista. As moradias operárias, muitas delas coletivas, passaram a ser vistas como foco de doenças, desordem e imoralidade. Dessa maneira, a habitação era compreendida como um determinante ecológico para o comportamento das classes operárias, que precisavam também ser civilizadas. Higiene, moral e paz social seriam o ideal a ser alcançado a partir da transformação nas condições de vida operária pelo viés da habitação. Assim, em 1876, ocorre em Bruxelas o I Congresso Internacional de

---

[7] Como parte da noção de progresso e de avanço da ciência, temos as descobertas no campo da biologia, mais especificamente, da microbiologia, como os estudos de Louis Pasteur (1822-1895) e do alemão Robert Koch (1843-1910), que se deram também pela necessidade de compreensão (e prevenção) das doenças tropicais que afligiam os europeus nas colônias.

Higiene, "Salvação"/"Moralização" e Economia Social (GUERRAND, 1991, p. 383). A ideia da moradia unifamiliar para o trabalhador, em oposição às moradias coletivas, coadunava com uma domesticação dos modos, aproximando a classe operária do modo de vida burguês ao menos no comportamento, implementando um mínimo de bem-estar material para a melhoria na saúde pública das cidades e na segurança da sociedade em geral.

Todo esse arcabouço cultural de como lidar com os pobres e com o território urbano encontra terreno fértil no Brasil e, mais especificamente, no Rio de Janeiro, Corte Imperial. Novamente, as ideias de progresso e as descobertas da Modernidade encontraram no Brasil um lugar para moldarem a sociedade pela mão da elite senhorial.

A condução dos "inferiores" por uma elite composta de homens brancos (ao menos em seus termos) encontrava paralelo na trajetória e no destino das nações europeias, das quais essa elite fazia parte por parentesco e pelas quais absorvia das ideias que deveriam levar o Brasil Imperial ao concerto das nações civilizadas do mundo. E, para isso, precisavam fazer o mesmo movimento que as elites europeias: exercer um intenso controle das "raças inferiores".

Segundo Pechman, "a cidade é o laboratório onde a instituição da ordem será experimentada, sendo necessário garantir algo além da obediência dos cativos, mas a implementação do projeto civilizatório imperial" (2002, p. 107). Na tropical Corte Imperial, a doutrina do higienismo encontra amparo na vontade de as elites higienizarem e controlarem o espaço urbano como modo de também controlarem os moradores de tal espaço. O combate à febre amarela, com os episódios epidêmicos a partir das décadas de 1850 e 1860, era compreendido como parte do projeto civilizatório de acabar com a fama da cidade do Rio de Janeiro de flagelo dos imigrantes europeus.

No último quartel do Oitocentos, atrair a mão de obra branca e livre como forma de substituir a mão de obra escrava[8] passava pelo combate à febre amarela, embora, novamente recorrendo a Chaloub (1996, p. 89), ela não fosse a doença mais letal ocorrida na Corte. Essas seriam a tuberculose e o cólera, que atingiam majoritariamente a população negra, enquanto a febre amarela tinha maior incidência sobre brancos/imigrantes.

---

[8] O fim da escravidão delineava-se no horizonte por conta da Lei n. 581 (Lei Eusébio de Queiroz, que proibia a entrada de africanos como escravos no Brasil) e da Lei n. 2040 de 1871 (conhecida como Lei do Ventre Livre, a qual decretava a liberdade dos filhos dos escravos nascidos a partir da sua promulgação). Ainda que difíceis de serem cumpridas pelas elites que também comandavam as estruturas de fiscalização e controle do cumprimento das leis, elas representaram uma sinalização importante.

Nesse sentido, o pensamento higienista da época tinha como causas das moléstias os miasmas: emanações surgidas do solo a partir de matéria orgânica decomposta em ambientes sujos e insalubres. A febre amarela teria então chegado ao Rio por meio dos navios negreiros, não por conta de vírus ou vetores de transmissão, mas justamente pelas condições insalubres das embarcações e das pessoas que nelas vinham. Condições essas que se repetiriam na cidade, repleta de moradias habitadas por negros. Combater a febre amarela passava pelo combate aos ambientes insalubres.

Em grande parte, esses ambientes insalubres seriam os cortiços, os locais por excelência habitados, principalmente, pela população negra, livre ou escravizada. O cortiço, como bem apontou Chaloub, distinguia-se da estalagem, ainda que ambas fossem habitações coletivas, pelo olhar do observador principalmente. Mais do que características arquitetônicas, urbanísticas ou físicas em si, a definição de uma habitação coletiva como *cortiço* era fruto da estigmatização daquele espaço, que se dava de modo subjetivo, considerando o universo cultural da época, marcado, além do higienismo, cada vez mais pela eugenia.[9]

A eugenia foi um forte componente do olhar da elite para o contingente negro e pobre da população brasileira. Ao direcionar um olhar de desprezo e preconceito para o componente africano na composição do povo brasileiro, pregava-se o aprimoramento da raça brasileira através de seu branqueamento, o que foi intensificado no pós-Abolição, com o incentivo da imigração europeia, como maneira de civilizar o povo e edificar o progresso da nação.[10]

Além de uma questão de saúde pública, o controle do espaço urbano seria também uma questão de ordem e de civilização. Era a representação dos cortiços como moradia das "classes perigosas" da Corte e possível foco de desordens e rupturas na ordem escravocrata. Desse modo, deviam ser colocados sob permanente vigilância, como vemos na carta publicada no

[9] Criado por Francis Galton, seria o estudo e a aplicação das condições mais propícias à reprodução para a melhoria da raça humana. Uma espécie de aplicação da teoria da seleção natural destinada aos seres humanos, dentro de um pressuposto extremamente racista. Para saber mais ver: DIWAN, Pietra. *Raça pura: uma história da eugenia no Brasil e no mundo*. São Paulo: Contexto, 2007.

[10] Alguns defensores das políticas de branqueamento foram Sílvio Romero, autor de *O caráter nacional e as origens do povo brasileiro* (1881); o médico João Batista de Lacerda, que atuou como presidente da Academia Nacional de Medicina e, como diretor do Museu Nacional, representou o Brasil no I Congresso Universal das Raças em Londres em 1911; e o pintor Modesto Brocos que, na pintura *A redenção de Cam* (1895), representa (e louva) o embranquecimento no curso de três gerações de uma família brasileira. Para saber mais sobre a pintura, busque o acervo do Museu Nacional de Belas-Artes. Disponível em: http://enciclopedia.itaucultural.org.br/obra3281/a-redencao-de-cam. Acesso em: 27 ago. 2020.

Jornal do Commercio em maio de 1869: "Pedimos a Sua Excelência mandar dar busca em vários cortiços da Corte, que se estão transformando em asilo de escravos fugidos" (JORNAL DO COMMERCIO, 5 maio 1869 apud CHALOUB, 1996, p. 26).

Assim, o controle sobre mentes e corpos passava pelo controle do ambiente, cuja caracterização como locais estigmatizados seria fundamental para que fossem exercidas permanentes vigilância e repressão, justificadas em nome da higiene e da ordem, que se confundiam no projeto de civilização imperial e que restaram como um legado à República. Que agiram sobre os cortiços durante o fim do Império e sobre a favela surgida logo nos primeiros anos da República.

A favela: o estigma

Na virada do século XIX para o XX, a cidade do Rio passa por obras que visam a adequar a *urbs* a um novo tempo, a uma cidade capitalista e burguesa. São dessa época, além da infraestrutura de serviços (viários, de eletricidade e gás), a transformação do que se torna o Centro do Rio com as obras de abertura da Avenida Central e as obras de ampliação do porto. O Centro do Rio adquire caráter de núcleo pela expansão da cidade por sua vertente atlântica, fazendo com que a malha urbana se expanda, guiada pelos bondes e pelo capital imobiliário a ele associado (ABREU, 2008, p. 43-53). Como efeito disso, a expansão da cidade e as obras de demolição do Rio agora "antigo" (além do combate e da desconsideração pelos direitos e/ou bem-estar de seus moradores) fizeram com que o cortiço fosse sendo substituído pela favela tanto como a forma de moradia acessível às classes mais pobres quanto pelo lugar no imaginário social do foco de desordem e da anti-higiene.

Prova inequívoca dessa transição é o relato "Onde moram os pobres", feito por Everardo Backheuser à revista *Renascença* (n. 13, mar. 1905). Beckheuser era engenheiro e, além de trabalhar na Prefeitura do Distrito Federal, atuou em comissões dos poderes legislativo e executivo para analisar a situação da habitação no Rio, diagnosticando e propondo soluções. Daí vem esse relatório, resultado da atuação do engenheiro no conhecimento do "problema". Dois elementos o guiam: o primeiro é uma descrição dos cortiços, inclusive se dedicando a analisar a trajetória histórica destes como antigos palacetes que foram subdivididos e passaram a servir de moradias coletivas, consideradas por Backheuser como precárias e promíscuas. Como se pode ver na descrição que faz de um cortiço por ele visitado:

> Italianos vadios ressonam dias a fio nesses ambientes nauseabundos; negras cheias de óleo na carapinha descantam modinhas, lavando roupas ali mesmo nas alcovas, e estendendo-as em telhados, quantas vezes em cordas nos próprios aposentos que adquirem pela persistência uma atmosfera quente e úmida, impossível de respirar; crianças nuas sujas esfregam-se no chão imundo, sujando-o mais; e, no meio disso, mulheres de baixa extração, pretas em geral, em trajes ignóbeis, baralhando-se na mesma colmeia com moças pobres mas recatadas, que cosem para os arsenais pesadas tarefas, mantendo os seus quartinhos luxuosos quase à custa de asseio, enfeitadas as paredes com retratos queridos – ilhas de limpeza naqueles oceanos de imundície (p. 90).

O segundo é sua visita ao Morro da Favella, que se constitui em uma segunda parte do artigo (p. 92-94). Esta parte é mais enxuta, sinal da importância menor que a Favella, ainda lida como um local específico da cidade, e não como uma nova forma de moradia que ocupa o imaginário das autoridades. Além da referência a Canudos, arquétipo do atraso no nascente Brasil Republicano (VALLADARES, 2005), o morro é descrito como o "reduto da miséria do Rio de Janeiro", em "choças" feitas "de material precário" onde vivem os mais pobres "sem higiene, sem luz, sem nada".

Assim como o cortiço, a Favella é "local de facínoras e malfeitores", mas, assim como nos cortiços, Backheuser admite a existência também de operários, no que aponta a ideia da habitação e do ambiente como um fator de contágio de saúde e hábitos pela proximidade em que vadios e trabalhadores são postos. Se no relato sobre a Favella não há referências de Backheuser à raça dos moradores, uma foto de uma numerosa família à frente de sua moradia dá uma inequívoca visão ao leitor de que são os negros que habitam aquele espaço.

Se o imaginário sobre Canudos foi determinante para pensar a favela a partir de uma dualidade existente na cidade do Rio, como Canudos/Sertão eram para o Brasil (VALLADARES, 2005), a cobertura da imprensa ajudou a difundir o pensamento sobre a favela para o conjunto da sociedade[11]

[11] Segundo dados de Marialva Barbosa (*Os donos do Rio. Imprensa, poder e público*. Rio de Janeiro: Vício de Leitura, 2000. p. 24), os jornais do Rio possuíam tiragem de 150 mil exemplares, o que, em uma cidade com quase 700 mil habitantes, considerando ainda que um exemplar era lido por mais de uma pessoa, é um número significativo. Discussão feita por Mattos (2008, p. 118-119).

(MATTOS, 2004). E o componente racial foi um elemento fundamental para descrever aquele "outro espaço" na cidade e construir a representação social dele como o novo local de moradia das classes perigosas. O surgimento da favela como fato urbano ocorre justamente na esteira da leitura da moradia de pobres/negros, como lugar perigoso, insalubre e que precisa ser eliminado, ou, ao menos, controlado.

No começo do século XX, o *Jornal do Brasil* (14 dez. 1901) tratava o Morro da Favella como "uma espécie do antigo Morro de Santo Antônio", falando do aumento do número de habitantes e que "aos sábados e domingos há por ali alguns 'sambas e batuques' que terminam sempre em grosso '*charivari*' [alvoroço]". A existência no local de sambas e batuques não deixava dúvida sobre a composição dos moradores, ainda que não fosse algo enunciado no texto por sua obviedade ao leitor da época. Em Mattos (2004), encontramos também várias reportagens destacando cenas de crime e descrições dos moradores como bandidos, que foram mobilizadas pelo autor para o argumento de que o nascimento da favela se dá sob o signo de "aldeia do mal" ou o "endemoninhado vilarejo", ao qual não raro é apresentada a descrição física do morador/bandido da Favella, quase sempre negro.[12]

Ao longo dos anos seguintes, essa associação entre favela e negros foi consolidada na imprensa. É corrente na bibliografia sobre favelas a charge "Uma limpeza indispensável", publicada na revista *O Malho* (8 jun. 1907), sobre o anúncio de que a Delegacia de Higiene iria despejar os moradores do Morro da Favella. Nela, representa-se um rosto humano de feições negras, com Oswaldo Cruz usando um pente fino que "tirava" os moradores dos "cabelos" no alto do morro. No diálogo entre Oswaldo Cruz e o morro, Oswaldo Cruz chama os moradores de "parasitas", e o morro comentava, enfim, estar se "livrando da praga". Onze anos depois, a revista *Don Quixote* (15 maio 1918), em uma matéria sobre o Morro da Favella, descrito como local sem ordem e sem presença do poder público,

[12] Vale a pena destacar que uma reportagem do *Jornal do Brasil* de 12 jun. 1907 ("Uma visita ao Morro da Favella: 1.500 pessoas sem tecto") apresenta uma narrativa bem distinta da que prevaleceu na imprensa nas primeiras décadas do século XX. Com o tom de denúncia sobre o despejo da Favella por ação da Delegacia de Higiene, a matéria enfatiza a precariedade das casas e a pobreza dos moradores. No entanto, faz a ressalva: "O povo da Favella é, portanto, o comum do nosso povo, que mora nos subúrbios, em S. Christovam, Catumby etc. Todos têm profissão e trabalham (...) O pessoal da Favella é valente mas não é vagabundo. O mais são lendas… histórias... que o medo semeia". Curiosamente, a reportagem não traça considerações, nem insistentes descrições sobre a raça dos moradores, apontando a existência de negros e brancos sem adjetivações.

fez uma charge em que um homem negro com curativos no rosto em forma de cruz, é acompanhada da legenda "A 'Cruz Branca da Favella" (uma analogia à Cruz Vermelha, relacionada à saúde e à higiene), que seria a "instituição" presente no local.

Ao longo das primeiras décadas do século XX, tendo a categoria de favela se deslocado da definição de um local específico da cidade para a de um tipo de local, cronistas como João do Rio, Benjamin Costallat, Lima Barreto e Luiz Edmundo retrataram a favela em suas crônicas em jornais ou livros, muitas vezes descrevendo o Morro da Favella ou de Santo Antônio de modo lírico, encantados: "Apesar da miséria em que vive, toda a Favella, sambando, é feliz sob um céu salpicado e lindo de estrelas" (Benjamin Costallat, em "A favella que eu vi", *Jornal do Brasil*, 4 maio 1924, p. 9-10). Ou, ainda, Luiz Edmundo, em sua obra *O Rio de Janeiro do meu tempo*, publicada pela primeira vez em 1938, quando o autor situa suas memórias de um passeio no Morro Santo Antônio no começo do século XX, descrevendo sua "peregrinação pela favela angustiosa. Penetremo-la a fundo" (EDMUNDO, 1957, p. 255). Edmundo relata o morro e seus moradores, apresentando, logo no início do texto, e da subida do morro, uma "baiana" com seu tabuleiro de comida para vender: "As baianas são a mais bela e mais pitoresca das tradições desta cidade. Debret já as pintava no tempo de D. João e de D. Pedro I, tal como ainda hoje se apresentam (...) assim eram há 100 anos e ainda se conservam, com a mesma graça, o mesmo alinho e singular limpeza" (EDMUNDO, 1957, p. 245-6).

Nas ilustrações dos moradores (p. 247, 251, 253) que acompanham o texto, representando os "tipos do morro", todos são negros.

Conforme aponta Velloso (1996), em sua análise do Modernismo no Rio de Janeiro, nas primeiras décadas do século XX, as reformas urbanas que demoliram o Rio Antigo eram vistas com certo desencanto por muitos cronistas, para os quais elas eliminavam as tradições populares e a própria memória da cidade. Acrescentamos que, como a favela era compreendida como algo à parte da cidade, ali ainda restaria o autêntico elemento popular. Essa impressão é encontrada largamente nas crônicas da época, como em Costallat (1924, p. 9): "Estávamos, em plena Favella, fora do mundo". São narrativas de visitas às favelas que encontram as manifestações religiosas e/ou culturais dos moradores do morro associadas aos negros (o samba, o batuque, a rezadeira, as palavras, os jeitos de dizer).

Ainda na esteira do movimento modernista, Tarsila do Amaral, expoente desse movimento, em 1924 pinta a tela *Morro da Favela*, retratando pequenas casas coloridas e árvores em um acidentado terreno habitado apenas por pessoas negras. No centro da pintura, uma mulher negra, de saia, colar/guia e lenço na cabeça. Em primeiro plano, um cacto, uma referência ao sertão.

Passados mais de 50 anos da publicação das obras de Sílvio Romero ou do quadro de Modesto Brocos, a visão do negro como elemento preguiçoso e dado ao ócio (representado aqui pelo binômio samba-Carnaval), e, por isso, sendo necessário ser posto sob permanente controle, permanecia no imaginário das elites. Pelo viés da crítica, ou pelo lirismo na trilha dos cronistas das primeiras décadas do século XX, a associação entre favela e samba era uma forte representação social que extrapolava os limites do Rio e do Brasil.

Apontamos aqui dois breves exemplos para mostrar de que modo, ao longo do século XX, essa associação era imediata no imaginário. O primeiro deles é a música "Pra que discutir com madame", de 1945, composta por Janet de Almeida e Haroldo Barbosa,[13] regravada tempos depois na voz do cantor João Gilberto. A letra é uma resposta direta às elites e classes médias conservadoras, que desabonavam o samba e se envergonhavam de viverem em um país que valorizava a "democracia racial", ao menos enquanto discurso durante o Estado Novo de Vargas, período em que a música foi composta.

> Madame diz que a raça não melhora / Que a vida piora por causa do samba / Madame diz que o samba tem pecado, que o samba é coitado, devia acabar / Madame diz que o samba tem cachaça, mistura de raça, mistura de cor / Madame diz que o samba é democrata, é música barata sem nenhum valor / Vamos acabar com o samba / Madame não gosta que ninguém sambe / Vive dizendo que o samba é vexame / Pra que discutir com Madame? / No Carnaval que vem também com o povo / Meu bloco de morro vai cantar ópera / E na avenida entre mil apertos / Vocês vão ver gente cantando concertos / Madame tem um parafuso a menos / Só fala veneno / Meu Deus, que horror / O samba brasileiro, democrata / Brasileiro na batata é que tem valor.

[13] Disponível em: https://dicionariompb.com.br/janet-de-almeida. Acesso em: 22 out. 2020.

Vemos outra demonstração dessa associação morro (favela)/samba no filme *Orfeu negro* (ou "do Carnaval"), produção franco-brasileira dirigida por Marcel Camus, de 1959, em que as primeiras cenas mostram o cotidiano dos moradores do Morro da Babilônia, com crianças brincando, mulheres subindo com latas d'água na cabeça e homens conversando, tendo uma batucada como fundo musical.

Pelo viés de um problema de higiene ou banditismo, ou pelo viés da valorização das manifestações populares e da favela como autêntico lugar do povo, a favela foi representada como um local habitado por negros, e as posições em relação a ela tomadas, via combate ou apreciação, a partir disso. Desse modo, as ações do Estado em relação a ela foram tomadas a partir dessa representação. No tópico a seguir, demonstraremos quatro casos paradigmáticos de como essa representação foi fundamental na formulação de políticas direcionadas às favelas.

O racismo institucional nas formulações das políticas públicas

Em 1930, o arquiteto e urbanista francês Alfred Agache lançou seu projeto "Cidade do Rio de Janeiro, extensão, remodelação, embelezamento", que ficou conhecido como Plano Agache, espécie de plano diretor feito sob encomenda das autoridades da época.

Agache, para horror de alguns jornalistas, chegou a ir ao Morro da Favella para conhecer as condições de vida dos moradores. Por um lado, a visita de Agache teve um caráter festivo, em que o urbanista "foi distinguido com alguns cálices de araty [cachaça], bebida que em nada lhe desagradou" ("O urbanista Agache na Favella", *Jornal do Brasil*, 19 jul. 1927), além de ter sido também oferecida a ele uma feijoada (que aceitou). Por outro, em seu plano, Agache representou os moradores das favelas que o receberam como uma "população meio nômade, avessa a toda e qualquer regra de higiene" (1930, p. 26), embora a descrição também retrate uma população "pobre e heterogênea" (p. 205), sem citações quanto à cor ou à raça dos moradores.

Feito sob os auspícios das autoridades da República Velha, apeada do poder com a Revolução de 1930 e a subida de Getúlio Vargas à presidência, o Plano estabeleceu algumas recomendações seguidas posteriormente, sobretudo no Código de Obras de 1937, tendo como exemplo o combate às favelas, ao menos na letra da lei (GONÇALVES, 2013). Os moradores de favelas eram mantidos reféns das autoridades pela permanente ameaça de remoção. Nem cidadãos plenos de direitos nem definitivamente desalojados para que a habitação da mão de obra urbana se tornasse uma questão a ter que ser solucionada de modo efetivo. As favelas permaneciam como "problema a ser resolvido", nem tanto de habitação e menos ainda de direito à moradia, mas ainda sob o viés notadamente da higiene e da visão de seus moradores como desajustados para a vida urbana e civilizada.

Alfred Agache, na realidade, seguiu uma espécie de roteiro já traçado pelo engenheiro Matos Pimenta em palestras no ano de 1926. Aqui mais nos interessa compreender o ambiente cultural no qual se formularam as políticas públicas, do que o francês Agache, pago pela Prefeitura para um trabalho em que teve de tomar contato com a realidade urbana do Rio de Janeiro, que foi guiado pelos olhos e pensamentos das autoridades responsáveis pelo convite e à frente da administração pública. Mattos Pimenta, engenheiro da Prefeitura do Distrito Federal, torna-se, então, um personagem-chave para compreendermos o modo como as favelas eram vistas por essas autoridades e pela elite (Pimenta era do Rotary Club) do período.[14]

Em 1926, Mattos Pimenta fez uma palestra durante um almoço no Rotary Clube sobre as favelas, publicada na imprensa sob o título "Acabemos com as favellas" (*Correio da Manhã*, 18 nov. 1926). Além da utilização do termo "lepra da estética" para se referir à favela, consagrado no Plano Agache, o que demonstra a forte influência de Mattos Pimenta nele, o engenheiro faz uma descrição das moradias e dos moradores sem poupar adjetivações. No que nos interessa para esse artigo, Pimenta diz que as favelas "desprovidas de qualquer espécie de policiamento (...) são excelente estímulo à indolência, atraente chamariz de vagabundos, reduto de capoeiras...". Mais adiante, descreve as condições sanitárias das favelas: "É evidentemente nesses campos de ação que as endemias crescendo de virulência pelas condições mesológicas, como pela passagem em série de organismos com menor resistência tornam-se epidemias". Mattos Pimenta atualizava o binômio higienismo e eugenia para descrever a moradia dos pobres da cidade, associada aos negros.

Se resta dúvida de que é desse modo que Mattos Pimenta enxerga a favela, o trecho a seguir, com viés de crítica aos cronistas apresentados anteriormente aqui, que viam a favela pela valorização do legítimo popular própria do Modernismo, demonstra a visão do engenheiro sobre o que seriam as favelas:

[14] Foge ao objetivo deste texto debater sobre o quanto Agache se inspirou ou mesmo o quanto se copiou do plano de Mattos Pimenta.

> Ridículo e revoltante é a tendência que se vai acentuando entre nós, no bafejo de certos espíritos boêmios, de aceitar as favelas como uma característica nossa, uma instituição feliz e interessante, digna de ser legada aos nossos pósteros como tradição nacional.
> Não, aos intelectuais extravagantes que fazem apologia da malandragem e da sujidade, que exalçam o capadoço e a sordideza, que celebram as *senzalas* [grifo nosso] e as fedentinas, e proclamam que isto é brasileiro, que isto é carioca, oporemos nós a voz do bom senso, as regras incorruptíveis da verdadeira arte, os preceitos legítimos da verdadeira ciência, salvando do desmantelo futurista esta obra-prima da natureza que é o Rio de Janeiro.

Com a mudança de governo com a ascensão de Getúlio Vargas ao poder, em 1930, o Plano Agache não foi realizado. Em que pesem as mudanças no Estado, a visão estigmatizada sobre os moradores de favela permanecia (embora possamos perceber algumas políticas e políticos com visões distintas, como na gestão Pedro Ernesto).

Já em uma conjuntura distinta, em plena ditadura do Estado Novo, com Vargas consolidado no poder e com a Prefeitura do Distrito Federal sob a gestão do interventor Henrique Dodsworth, utilizaremos aqui a visão das autoridades sobre as favelas na política de Victor Tavares Moura, médico sanitarista e chefe do Albergue da Boa Vontade, principal órgão de assistência social do Distrito Federal, por meio do plano que deu origem aos Parques Proletários (VALLA, 1986; BURGOS, 1998), três conjuntos para pessoas removidos de favela, dois deles localizados nos bairros vizinhos do Leblon e da Gávea, na época ainda subúrbios fabris.

Falando de bairros onde a presença negra era forte, como aponta Costa Pinto (1953, p. 121), ao listar a composição racial das 30 circunscrições urbanas da cidade do Rio, aproximadamente 35% da população da Gávea era negra ou "parda". Constava como o quinto maior contingente da área urbana da cidade, tendo menos brancos do que as circunscrições de Penha, Inhaúma e Irajá, hoje marcadas pela forte presença negra nos grandes complexos de favelas como Penha, Alemão e Maré. Dessa maneira, as favelas desses bairros (Leblon pertencia à circunscrição da Lagoa, que apresenta 5% a menos de população branca que a vizinha Copacabana e 9% a mais que a Gávea) foram alvos por excelência dos programas de remoção nas décadas seguintes, até serem definitivamente removidas em 1969 (BRUM, 2012).

Assim, para orientar essas políticas, o conhecimento dessas favelas dava-se pela via da assistência social, por meio do Instituto de Educação Social e Familiar da associação homônima ligada à Igreja Católica, que fora criada em 1937. Esse instituto tinha o curso de Serviço Social, em que Maria Hortência do Nascimento Silva escreveu, em 1941, sua "tese" de conclusão de curso "Impressões de uma assistente sobre o trabalho na favela". Ela teve como campo a favela Largo da Memória, no Leblon, dentro de sua atuação como estagiária da Prefeitura no processo de remoção dos moradores da favela para os parques proletários da Gávea e do Leblon. Foi um dos primeiros estudos acadêmicos sobre a favela.

O relato de Silva é um símbolo das concepções que guiaram essa política como o ideal da eugenia. Na década de 1940, essas representações sobre os locais habitados por negros, dos cortiços às favelas, as de locais de sujeira, perigosos, ocupados por vagabundos, ainda eram extremamente fortes no imaginário social. O trecho a seguir demonstra, de modo inequívoco, que a favela era lida como um local habitado por negros. E, por isso, um local repleto de características depreciativas: "É um misto curioso, de um falso modernismo vulgar, com grande dose de *atavismo*, que as prende às características da raça. Na favela, as mulheres fumam muito mais do que os homens; é rara a negra, por mais pernóstica e arrumada, que não tenha o seu cachimbo" (p. 31).

Silva, na mesma linha de Mattos Pimenta, contrapõe-se ainda ao enaltecimento da favela: "enquanto alguns se compenetram na gravidade do problema e procuram remediar a situação desses desgraçados, os cronistas se encantam pelo morro e o enaltecem" (p. 8) Sem deixar dúvida de quem mora lá, Silva continua:

> O antro de indigência é transformado em centro de interesse sobre o qual se escrevem crônicas e artigos. Onde se levam turistas de renome. Será que do malandro querem fazer uma personalidade. E do samba, um hino nacional?
>
> Toda a ignorância e fetichismo dos pobres desgraçados só acrescentam maior sabor ao fenômeno. A "macumba", a "mandinga" são cantadas em prosa e verso. Quando o morro dá exibição da sua dança bárbara, então o sucesso chega ao máximo. Filma-se aquela pretaria alucinada

pelo batuque ensurdecedor a contorcer-se e requebrar-se como fanáticos, numa demonstração de sensualidade desenfreada e instintos selvagens que os escravizam ao seu bárbaro passado (p. 8-9).

Entre outras considerações às casas e aos moradores, Silva demonstra novamente no item intitulado "Enfraquecimento da raça" (p. 86) a permanência dos ideais eugênicos no pensamento da elite intelectual (destacando que é uma mulher a obter um diploma universitário no início da década de 1940) e das autoridades:

> Filhos de pais debilitados pelas más condições de vida, as crianças das favelas têm, como vimos, que resistir a muitos obstáculos para conseguir sobreviver. Desta luta constante saem indivíduos raquíticos e pouco resistentes que, amanhã, serão pais ainda mais débeis, fornecendo à nação um contingente humano que só enfraquecerá a raça (p. 86).

Além da experiência dos Parques Proletários, esse pensamento vigente na Assistência Social da década de 1940 foi também o que guiou a Fundação Leão XIII, órgão criado em 1947 pela Igreja Católica, que teve forte atuação em favelas a partir da delegação das autoridades (o próprio Instituto Social foi depois agregado às Faculdades Católicas, tornando-se a Escola de Serviço Social da PUC-Rio). Anos mais tarde, com o primeiro Governo da Guanabara, sob a gestão da Carlos Lacerda, a Fundação Leão XII seria estatizada. Duas demonstrações do imbricamento entre Igreja e Estado na administração da questão das favelas vistas pelo prisma da assistência social com viés católico.

Ainda no fim dos anos 1940, outra iniciativa pública seria o Censo das Favelas, realizado pela Prefeitura do Distrito Federal de 1948, na gestão de Mendes de Moraes. Aqui não se trata de um documento norteador de uma política pública, mas uma análise dos dados coletados pelo Estado que textualmente demonstra o viés racista historicamente presente na administração pública no modo de encarar e lidar com as favelas. O trecho a seguir, que consta no texto de apresentação do Censo, comprova como a população negra e moradora de favela era compreendida como integrante de um mesmo conjunto e considerada sob um olhar de intenso preconceito.

> O preto, por exemplo, via de regra não soube ou não pôde aproveitar a liberdade adquirida e a melhoria econômica que lhe proporcionou o

> novo ambiente para conquistar bens de consumo capazes de lhe garantirem nível decente de vida. Renasceu-lhe a preguiça atávica (...), priva-se do essencial à manutenção de um nível de vida decente mas investe somas relativamente elevadas em indumentária exótica, na gafieira e nos cordões carnavalescos, gastando tudo, enfim, que lhe sobra da satisfação das estritas necessidades de uma vida no limiar da indigência (PREFEITURA DO DISTRITO FEDERAL, 1949, p. 11).

Ao analisar de que maneiras os Censos conceituaram a favela através do tempo, Gonçalves (2020) aponta:

> O Censo de 1948 trouxe (...) proposições extremamente racistas, afirmando que pretos e pardos eram "hereditariamente atrasados, desprovidos de ambição e mal ajustados às exigências sociais modernas" e chega a lamentar que as autoridades não levem em consideração medidas eugenistas "suscetíveis de melhorar a raça humana". Essa posição reproduz o mesmo posicionamento racista e pretensamente científico de censos nacionais anteriores. Apesar do Censo de 1920 não ter pesquisado o quesito racial, em seu texto de introdução é assinalado que o Brasil atingiria a pureza étnica através da miscigenação e da imigração europeia e tal afirmação de branqueamento repete-se na introdução do Censo de 1940 (p. 6).

Terminamos essa análise dos documentos com o relatório "Aspectos humanos das favelas cariocas", mais conhecido como "Relatório Sagmacs", amplo estudo dirigido entre 1958 e 1960 pelo sociólogo José Arthur Rios sob o financiamento do jornal *O Estado de S. Paulo*. O estudo tornou-se uma referência importante para o conhecimento das favelas cariocas ao realizar a pesquisa *in loco* em várias da cidade do Rio de Janeiro para traçar um perfil dos moradores quanto a renda, nível educacional, raça e religião, entre outros dados. Além disso, descreve aspectos cotidianos da vida comunitária, entre eles as organizações e equipamentos existentes.[15]

[15] A importância desse documento, que por anos foi considerado um dos mais profundos estudos sobre a realidade das favelas cariocas, dá-se também pelo papel que Rios desempenhou logo após sua publicação. Ainda no ano de 1960, o sociólogo assumiu, no governo Carlos Lacerda, a função de responsável pela política para as favelas na cidade do Rio, agora estado da Guanabara (com a transferência da capital para Brasília), por meio do Serviço Especial de Reabilitação de Favelas e Habitações Insalubres e na Coordenação de Serviço Social. Rios era um defensor da ideia de "desenvolvimento de comunidades" pelo incentivo à autoajuda, dentro da concepção de que o morador de favela deveria aprender a superar sua própria condição de pobreza.

Nesse sentido, a favela foi sintetizada no relatório como "a presença no agregado urbano, contrastando com seus padrões de conforto e civilização, de indivíduos subnutridos, ignorantes e socialmente desajustados" (p. 6). Mais adiante, o relatório é explícito sobre quem seriam esses indivíduos: "Ocorre a hipótese de constituir a favela a área preferencial de habitação da população negra, por uma tradição cultural que deve remontar às origens desses aglomerados. Não será a primeira vez que um traço cultural determina a segregação ecológica" (p. 9).

Ainda que Rios tenha sido um opositor às remoções de favelas, com sua saída do governo, em 1962, foi substituído por Sandra Cavalcanti como responsável pelas políticas para as favelas, optando pelas remoções. Após um interregno, as remoções seriam retomadas com força total no auge da ditadura militar. Se a centralização político-administrativa e as restrições a qualquer resistência no período mais repressivo da ditadura foram a conjuntura que possibilitou que as remoções fossem executadas com força, a representação social do morador da favela como negro, e associado a isso como inferior, vagabundo, desafeto ao trabalho, e por isso pobre, foi fundamental para que favela fosse vista como indesejável de se situar próximo à elite. Portanto, tinha que ser "removida" daquele espaço.

Conclusão

Nas primeiras décadas do século XX, a favela passou a ocupar gradativamente o lugar do cortiço como a nova moradia das classes perigosas e *locus* do atraso, da não civilidade. Enfim, do que não deveria existir na cidade. Como aponta Campos (2006), foi nesse período que as cidades brasileiras se expandiram territorialmente, gerando mecanismos de segregação socioespacial. No caso do Rio, a clivagem social por classe entre senhores e escravos (em termos gerais: entre brancos e negros) no Oitocentos realizava-se em uma cidade concentrada, principalmente, no que hoje é o Centro da cidade. A segregação, então, realizava-se no âmbito dos terrenos ou, no máximo, de algumas ruas, convivendo no tecido urbano senhores e escravos com bastante proximidade. Tecido entremeado ainda por negros livres, libertos, brancos e negros pobres entre as duas classes fundamentais do sistema escravista.

Conforme a cidade se expandiu em outras direções, essa expansão traduziu-se na segregação de espaços cada vez maiores, restritos à população negra. Não mais as habitações coletivas, ou alguns terrenos, mas áreas inteiras: as favelas.

Em trabalhos anteriores (BRUM, 2012), já apresentamos a hipótese de que a favela surge como fato urbano a partir dos próprios estigmas a ela atribuídos, que configuravam um determinado território como *favela* a partir de um conjunto de características a ele atribuídas. Em continuidade a essa hipótese, apresentamos duas considerações: a primeira, retomando o parágrafo anterior, é que a favela herda dos cortiços a representação social de moradia de negros e, portanto, a moradia das classes perigosas.

À descrição da favela como ambiente de insalubridade e precariedade, somava-se a classificação como um lugar isolado e, por tudo isso, "fora" da cidade, que significava estar fora da civilização. O significado disso é que, no pensamento das elites políticas e intelectuais do Oitocentos, cristalizado em instituições como o Instituto Histórico Geográfico Brasileiro (GUIMARÃES, 2007), a condução da sociedade se daria pelo elemento branco, em sintonia com as elites congêneres europeias, devendo ter mão firme sobres os elementos inferiores que não partilhavam dessa herança ou mesmo eliminar esses elementos. A visão do elemento negro como fator de enfraquecimento da raça ou, mais explicitamente, um problema para o país por exemplo, causou o uso do conceito de *atavismo*, que consta em diversos documentos aqui mostrados, para descrever os moradores das favelas. Ou seja, um conceito da biologia que indica o "reaparecimento, em um descendente, de um caráter não presente em seus ascendentes imediatos, mas sim em remotos".[16] E, ainda, os versos "nós nem cremos que escravos outrora tenha havido em tão nobre país" no Hino da República tornado oficial por Decreto Federal em janeiro de 1890; ou seja, pouco mais de um ano após a Abolição, era emblemática a disposição de eliminar o passado colonial/escravista pela desconsideração de sua existência anterior. O que, em termos de ação prática, na política urbana e habitacional para a cidade, implicava a eliminação (ou a remoção) desses elementos na paisagem urbana: reminiscências de uma cidade "infecta" e "suja", com a presença do passado de perigo e desordem a ser superado.

E essa superação se daria de dois modos, diretamente relacionados: a eugenia era tanto uma política pública quanto uma forma de olhar e lidar com a população negra moradora dos espaços considerados depreciados.

[16] *Novo dicionário Aurélio da língua portuguesa*. Rio de Janeiro: Nova Fronteira, 1986.

Depreciados exatamente por serem moradias de pessoas negras, pensamento longevo, como vimos, na condução do território urbano por essas elites.

Além da eugenia, o higienismo. Ambos se misturaram na condução do território urbano revestidos de um caráter científico, posteriormente sendo apresentado como técnico. Elites/autoridades, na virada XIX/XX, que pouco tempo antes estavam à frente de uma estrutura econômico social escravista. Portadoras de uma mentalidade eurocêntrica e eugênica, encaminharam a gestão da cidade e fizeram escolhas políticas ancoradas no pensamento social da época. E aqui o racismo surge como componente estruturante na gestão da cidade e nas próprias relações da sociedade brasileira: de não considerar negros como beneficiários das políticas públicas e até passando por cima deles quando necessário. Isso se tornou uma permanência no modo como o Estado lida com sua população negra e pobre.

Se a compreensão da moradia da população negra como um problema de ordem e saúde na cidade foi uma permanência, é justamente essa associação que foi causa e efeito da construção da favela como espaço estigmatizado em sua trajetória posterior e que, embora não fosse algo enunciado, a compreensão desse espaço como moradia de negros foi o que reificou constantemente a favela como um território segregado, cuja presença na cidade se dava à custa da *tolerância precária* (GONÇALVES, 2013) e da manutenção de seus habitantes, mesmo 100 anos depois de seu surgimento, como categoria subalternizada (MACHADO, 2002). A favela é depreciada porque é vista como moradia de negros, e moradia de negros por ser considerada depreciada.

E a favela chega ao século XXI ainda sob essa lógica. Na prática, isso é demonstrado pelos mapas da segregação racial no Rio elaborados por Hugo Gusmão.[17] A partir de dados do Censo IBGE 2010, é possível ver que a presença da população negra nas zonas mais elitizadas da cidade, como Zona Sul e Barra, ocorre majoritariamente nas favelas, com destaque inclusive para a Cruzada São Sebastião, no Leblon, marcadamente negra em meio a uma população de maior poder aquisitivo majoritariamente branca.

Para o campo simbólico que paira sobre as favelas hoje, vale retrocedermos um pouco e retomarmos a análise de Chaloub sobre o controle do território urbano da Corte pelas elites imperiais em relação ao combate às

[17] "5 mapas e 4 gráficos que ilustram segregação racial no Rio de Janeiro". Disponível em: https://www.bbc.com/portuguese/noticias/2015/11/151109_mapa_desigualdade_rio_cc. Acesso em: 15 ago. 2020.

epidemias: "A dificuldade em determinar com qualquer precisão as origens e composição dos miasmas fez com que os infeccionistas, especialmente nas cidades, colocassem todo o ambiente – e as 'classes perigosas' nele presentes sob suspeição e em constante inspeção" (CHALOUB, 1996, p. 170).

Depois de 150 anos, esse raciocínio foi reatualizado, sendo as favelas lidas como fontes da violência urbana. Dada a dificuldade das autoridades e, particularmente, das polícias, em poderem, ou quererem, estabelecer com precisão a origem e a composição das verdadeiras fontes da violência, todo o território das favelas e seus moradores, em geral negros, são colocados sob suspeita e constante inspeção. Não raramente, também são mortos pela mesma estrutura surgida nos tempos de Colônia e escravidão que atravessou diferentes períodos e conjunturas de nossa história, mas que ainda vê a população negra como suspeita, perigosa e passível de matar por não ser considerada cidadã.

Referências

ABREU, Maurício de Almeida. *Evolução Urbana do Rio de Janeiro*. 4ª edição. Rio de Janeiro: IPP, 2008.

AGACHE, Alfred. *Cidade do Rio de Janeiro:* remodelação, extensão e embellezamento. (Plano Agache). Paris: Foyer Brésilien, 1930.

BARBOSA, Marialva Barbosa. *Os donos do Rio. Imprensa, poder e público*. Rio de Janeiro: Vício de Leitura, 2000. p. 24.

BACKHEUSER, Everardo. "Onde moram os pobres". *Renascença*, Rio de Janeiro, n. 13, março de 1905.

BURGOS, Marcelo Baumann. *Dos Parques Proletários ao Favela-Bairro:* as políticas públicas nas favelas do Rio de Janeiro. In: ALVITO, Marcos; ZALUAR, Alba (orgs.) *Um século de favela*. Rio de Janeiro: FGV, 1998.

BRUM, Mario. *Cidade Alta:* histórias e memórias da remoção e a construção do estigma de favela num conjunto habitacional. Rio de Janeiro: Ponteio, 2012.

CAMPOS, Andrelino Oliveira. O planejamento urbano e a "invisibilidade" dos afrodescendentes: discriminação étnico-racial, intervenção estatal e segregação socioespacial na cidade do Rio de Janeiro. Tese (Doutorado em Geografia) – Universidade Federal do Rio de Janeiro, Rio de Janeiro, 2006.

CAMPOS, Andrelino Oliveira. Questões étnico-raciais no contexto da segregação socioespacial na produção do espaço urbano: algumas considerações teórico-metodológicas. In: SANTOS, Renato. *Diversidade, espaço e relações étnico-raciais:* o negro na geografia do Brasil. Belo Horizonte: Autêntica, 2007.

CARRIS, Luciene. Histórias do Jardim Botânico: um recanto proletário na Zona Sul carioca (1884-1962). Rio de Janeiro: Telha, 2021.

CHALHOUB, Sidney. Cidade Febril: cortiços e epidemias na Corte Imperial. São Paulo: Cia. da Letras, 1996.

COSTA PINTO, Luiz de Aguiar. *O negro no Rio de Janeiro:* relações de raças numa sociedade em mudança. São Paulo: Companhia Editora Nacional, 1953.

COSTALLAT, Benjamin. "A favella que eu vi", *Jornal do Brasil* 4/05/1924. p. 9-11
DIWAN, Pietra. *Raça pura: uma história da eugenia no Brasil e no mundo*. São Paulo: Contexto, 2007.
DUARTE, Maximiliano. Diálogos pendientes: la incidencia de la esclavitud en la construcción social de la favela. *Política e Trabalho: Revista de Ciências Sociais*, v. 1, n. 44, p. 145-163, jan./jun. 2016.
EDMUNDO, Luiz. *O Rio de Janeiro do meu tempo*. Rio de Janeiro: Conquista, 1957. v. 2.
FISCHER, Brodwyn. Partindo a cidade maravilhosa. In: CUNHA, Olívia; GOMES, Flávio (orgs.) *Quase cidadão:* histórias e antropologias da pós-emancipação no Brasil. Rio de Janeiro: FGV, 2004. p. 419- 449.
GOMES, Aluan. "Daqui do morro eu não saio, não!". Relações étnico-raciais, experiências de luta e memórias na construção do Morro da Liberdade (1930-1950). Dissertação (Mestrado em História Social) – Universidade Federal do Rio de Janeiro, Rio de Janeiro, 2020.
GONÇALVES, Rafael Soares Gonçalves. Censos e favelas cariocas: evolução de um conceito censitário. Anais do Museu Paulista: História e Cultura Material, n. 28, p. 1-30, 2020.
GONÇALVES, Rafael Soares. *Favelas do Rio de Janeiro:* história e direito. Rio de Janeiro: Ed. PUC-Rio/Pallas, 2013.
GUERRAND, Roger-Henri. Espaços privados. In: PERROT, Michelle et al. *História da vida privada:* da Revolução Francesa à Primeira Guerra, v. 4. São Paulo: Companhia das Letras, 1991. p. 325-411.
GUIMARÃES, Lucia Maria Paschoal. *Da Escola Palatina ao Silogeu:* Instituto Histórico e Geográfico Brasileiro (1889-1938). Rio de Janeiro: Museu da República, 2007.
HASENBALG, Carlos; SILVA, Nelson do Valle. *Relações raciais no Brasil contemporâneo*. Rio de Janeiro: Rio Fundo, 1992.
HOLANDA, Aurélio Buarque de Holanda. *Novo dicionário Aurélio da língua portuguesa*. Rio de Janeiro: Nova Fronteira, 1986.
HONORATO, Cezar. O assistente social e as favelas (1945/64). In: MELLO, Marco Antonio da Silva. *Favelas cariocas:* ontem e hoje. Rio de Janeiro: Garamond, 2012. p. 141-168.
KNAUSS, Paulo; BRUM, Mario Sergio. Encontro marcado: a favela como objeto da pesquisa histórica. In: MELLO, Marco Antonio da Silva; MACHADO DA SILVA, Luiz Antonio; FREIRE, Leticia de Luna; SIMÕES, Soraya Silveira (org.). Favelas cariocas: ontem e hoje. 1. ed. Rio de Janeiro: Garamond, 2012. p. 121-140.
LOBO, Eulália Maria Lehmeyer (org.). *Rio de Janeiro operário: natureza do Estado, a conjuntura econômica, condições de vida e consciência de classe (1930-1970)*. Rio de Janeiro: Access Editora, 1992.
MACHADO DA SILVA, Luiz Antonio. A continuidade do "problema da favela". In*:* OLIVEIRA, Lúcia Lippi (org.). *Cidade: história e desafios*. Rio de Janeiro: FGV, 2002.
MARICATO, Ermínia. A produção capitalista da casa (e da cidade) no Brasil industrial. São Paulo: Alfa Omega, 1979.
MATTOS, Rômulo Costa. A "Aldeia do Mal": o Morro da Favella e a construção social das favelas durante a Primeira República. Dissertação (Mestrado em História Social) – Programa de Pós-graduação em História, Universidade Federal Fluminense, Niterói, 2004.
MATTOS, Rômulo Costa. Pelos pobres! As campanhas pela construção de habitações populares e o discurso sobre as favelas na Primeira República. Tese (Doutorado em História Social) – Programa de Pós-graduação em História, Universidade Federal Fluminense, Niterói, 2008.
MCCAN, Bryan. *Hard Times in the Marvelous City. From Dictatorship to Democracy in the Favelas of Rio de Janeiro.* Durham: Duke University Press, 2014.

MUNANGA, Kabele. Uma abordagem conceitual das noções de raça, racismo, identidade e etnia. *Cadernos Penesb (UFF)*, Niterói, n. 5, p. 15-34, 2004.

NASCIMENTO, Álvaro Pereira. Trabalhadores negros e o "paradigma da ausência": contribuições à História Social do Trabalho no Brasil. *Estudos Históricos*, Rio de Janeiro, v. 29, n. 59, p. 607-626, set./dez. 2016.

PANTA, Mariana Aparecida dos Santos. Relações raciais e segregação urbana: trajetórias negras na cidade. Tese (Doutorado em Ciências Sociais) - Universidade Estadual Paulista, Araraquara, 2018.

PECHMAN, Robert Moses. *Cidades estreitamente vigiadas:* o detetive e o urbanista. Rio de Janeiro: Casa da Palavra, 2002.

PERLMAN, Janice. *Favela. Four Decades of Living on the Edge in Rio de Janeiro*. New York: Oxford University Press, 2010.

PERLMAN, Janice. *O mito da marginalidade:* favelas e política no Rio de Janeiro. Rio de Janeiro: Paz e Terra, 1977.

PREFEITURA do Distrito Federal. Censo das favelas. Aspectos gerais. Rio de Janeiro: Departamento de Geografia e Estatística, 1949.

SCHWARZ, Robert. *Ao vencedor as batatas.* São Paulo: Duas Cidades, 1992.

SILVA, Maria Hortência. Impressões de uma assistente social sobre o trabalho na favela. Tese de conclusão de curso. Rio de Janeiro: Instituto Social/Prefeitura do Distrito Federal/ Gráfica Sauer, 1942.

VALLA, Victor Vincent (org.). *Educação e favela:* políticas para as favelas do Rio de Janeiro, 1940-1985. Petrópolis: Vozes, 1986.

VALLADARES, Licia do Prado. *A invenção da favela:* do mito de origem à favela.com. Rio de Janeiro: FGV, 2005.

VELLOSO, Mônica Pimenta. *Modernismo no Rio de Janeiro:* turunas e quixotes. Rio de Janeiro: FGV, 1996.

ZALUAR, Alba; ALVITO, Marcos (org.). *Um século de favela.* Rio de Janeiro: FGV, 1998.

Pensando as favelas como improvisações urbanas

Paola Berenstein Jacques

> O valor de uma cidade se mede pelo número de lugares que ela reserva à improvisação.
>
> *Siegfried Kracauer*

Enquanto em diferentes campos das artes - música, dança, artes cênicas ou ainda artes visuais ou plásticas - a ideia de improvisação tem sido usada como tensionadora da ideia de composição e, também, das ideias de autoria única, da obra como um produto, entre outras, o que proporcionou a criação de outras práticas e procedimentos compositivos mais complexos, no campo do urbanismo a ideia de improvisação ainda é tida como o oposto, a ausência ou o equívoco mesmo de qualquer tipo de planejamento. O intuito do presente texto é, a exemplo dos campos artísticos, buscar compreender melhor a ideia e a prática da improvisação para problematizar justamente tal suposta oposição binária entre improvisação e planejamento, propondo considerar a improvisação como um princípio intrínseco às práticas e aos procedimentos urbanísticos, sobretudo aqueles mais participativos, "informais" e ligados à autoconstrução popular, para, assim, conferir ainda mais complexidade à teoria, mas também à prática urbanística, a partir da sugestão de se pensar as favelas como improvisações urbanas.[1]

Apesar da prática artística da improvisação ser bastante antiga, seus estudos críticos são bem mais recentes e, nas últimas décadas, um novo campo interdisciplinar dos estudos críticos sobre improvisação foi constituído para reunir diferentes estudos sobre o tema em várias áreas do

---

[1] A ideia de improvisações urbanas foi usada em um texto anterior, "Urban Improvisations: The Profanatory Tactics of Spectacularized Spaces" - encomendado e publicado na revista *Critical Studies in Improvisation/Études critiques en improvisation* (v. 7, n. 1, 2011), - a partir das noções de tática desviatória de Michel de Certeau (1990), de profanações de Giorgio Agamben e de jogos urbanos dos situacionistas (liderados por Guy Debord), para pensar os usos improvisados (ou desviantes) e as diferentes apropriações dos espaços públicos feitas pelos praticantes ordinários das cidades. Práticas, sem dúvida, bem próximas do que podemos encontrar no cotidiano dos habitantes das "Zonas Opacas" (Milton Santos) das cidades, como nas táticas usadas pelos construtores informais das favelas, que criam, modificam e transformam, a cada dia, outros usos e possibilidades de apropriação pelos próprios praticantes, o que chamamos antes de espaço em movimento (*Estética da ginga*, 2001).

conhecimento. Na introdução dos dois volumes do *The Oxford Handbook of Critical Improvisation Studies*, organizados por George Lewis e Benjamin Piekut (2016), é possível perceber a abrangência dessa questão das práticas de improvisação que vai das artes às indústrias financeiras globais passando pelos estudos da neurociência e pelas ciências da computação. A enorme diversidade de abordagens dos estudos críticos da improvisação vai das narrativas de resistência política e práticas subversivas, uma tradição das vanguardas no campo das artes, até sua recente captura neoliberal para a criação de algoritmos de redes comerciais da internet ou de novas formas de organização de empresas. Os estudos na área da música, sobretudo sobre o jazz, sobressaem nesse histórico da constituição do novo campo por Lewis e Piekut, e o único trabalho citado na área da arquitetura e urbanismo é o livro *Adhocism: The Case for Improvisation*, publicado em 1972 por Charles Jencks e Nathan Silver.

Jencks ficou conhecido mundialmente por suas críticas à arquitetura e ao urbanismo modernos e sua defesa do "pós-modernismo" arquitetônico em livros *best-seller* como: *The Language of Post-modern Architecture* (1977), *Post-Modern Classicism* (1980) ou *What is Post-modernism?* (1986). Esse livro anterior, publicado com Silver, circulou menos, apesar de ser considerado um "clássico" sobre o tema, e só teve uma nova edição em 2013, devidamente expandida e atualizada, com um novo prefácio de Jencks publicado poucos anos antes de sua morte. O principal argumento do livro, a proposta crítica do "adhocismo" parte da definição mais simples da expressão *ad hoc* – "para este ou aquele propósito específico" – para pensar novos usos de preexistências, como podemos ler na apresentação de Jencks e Silver no livro de 1972:

> *Adhocismo* é um termo cunhado por Charles Jencks e usado por ele pela primeira vez na crítica arquitetônica em 1968. Também pode ser aplicado a muitos esforços humanos denotando um princípio de ação com rapidez ou economia e propósito ou utilidade. Basicamente, envolve usar um sistema disponível ou lidar com uma situação existente a partir de uma nova maneira de resolver um problema com rapidez e eficiência. É um método de criação que depende principalmente de recursos já disponíveis (2013 [1972], p. 9, tradução nossa).

O livro fazia parte de uma crítica mais ampla do purismo e do funcionalismo do movimento moderno em arquitetura e urbanismo que, em particular a partir dos anos 1960, também passou a valorizar a arquitetura popular ou vernácula como na famosa exposição organizada por Bernard Rudofsky no MoMA de Nova York em 1964: *Architecture without Architects. A Short Introduction to Non-pedigreed Architecture.* Podemos citar ainda as experiências de urbanização de favelas nesses anos 1960, como aquelas propostas por John Turner e Eduardo Neira, em Lima, ou por Carlos Nelson Ferreira dos Santos e o grupo Quadra no Rio de Janeiro. O livro de Jencks e Silver apresenta-se como um manifesto daquilo que depois passou a se chamar de autoconstrução ou ainda de *do it yourself.* A proposta tinha como base as práticas criativas mais cotidianas, como adaptar uma lata como suporte para velas, para chegar a questões de projeto de design, arquitetura e urbanismo. Ao final do novo prefácio, Jencks escreve um Manifesto Adhocista em 10 pontos. No terceiro, pode-se ler:

> Adhocismo é o estilo de eureka. É o momento de origem de novas coisas, quando as formas são tipicamente híbridas, e como todos instantes criativos, de conjunção de sistemas previamente separados. Portanto, o estilo deve permanecer heterogêneo para ser entendido. Como o melhor surrealismo quando visto pela primeira vez, é experimentado como um casamento incongruente; muitas vezes uma cópula de coisas incomensuráveis. Mas à medida que espécies e coisas evoluem, seus nexos *ad hoc* se tornam complementares, convencionais e geralmente simulados. Plenamente evoluída essa heterogeneidade é integrada e não *ad hoc.* Ainda que um evoluído tempo-cidade possa ser um intencional palimpsesto de camadas, como na *High Line* de Nova York (2013, p. XIX, tradução nossa).

A atualização da proposta inclui uma crítica contemporânea e, ainda em seu prefácio de 2013, Jencks explica que o livro de 1972 se aproximava das ideias correntes à época de outros críticos e teóricos da arquitetura e urbanismo como o "inclusivismo" de Robert Venturi ou o "contextualismo" de Colin Rowe, chegando a comparar seu livro com *Collage City*, publicado por Colin Rowe e Fred Koetter em 1978. É interessante notar que as duas obras, *Collage City* e *Adhocism*, são reconhecidamente tributárias da ideia de bricolagem, desenvolvida por Claude Lévi-Strauss em seu livro *O pensamento selvagem* (*La pensée sauvage*), de 1962. A ideia de Lévi-Strauss está logo nos primeiros parágrafos do primeiro capítulo do livro de Jencks e Silver, *The Spirit of Adhocism*:

> Talvez o mais antigo e mais simples método de criação consista na combinação de subsistemas prontamente disponíveis *ad hoc*, tendo em vista que é sempre mais fácil trabalhar com o que é familiar e está à mão do que com o que é removido no espaço e tempo. De qualquer maneira, este é o modo característico de criação nas culturas tribais: a criação de máscaras, roupas, armas e abrigos a partir de materiais disponíveis, como ossos, conchas, madeira, pelo etc. O antropólogo Claude Lévi-Strauss discutiu essa atividade sob seu rótulo francês comum, *bricolage* (2013 [1972], p. 16).

Colin Rowe e Fred Koetter, no livro *Collage City*, publicado em 1978,[2] usavam as colagens de fragmentos heterogêneos, a partir das propostas dadaístas, como mote para fomentar uma crítica contundente tanto aos excessos funcionalistas do urbanismo moderno tido como homogeinizador e totalizante quanto às ideias modernas de pureza arquitetônica, de urbanismo como utopia redentora e, sobretudo, de *tabula rasa,* considerada extremamente reducionista. O livro – que se opunha claramente a qualquer modelo coercitivo, totalizante ou autoritário da "tradição moderna mais funcionalista –propunha uma ideia de "cidade-colisão" ou "cidade-colagem", um "pluralismo esclarecido"[3] ou uma cidade-palimpsesto e fazia um claro elogio ao fragmentário na cidade dentro de uma proposta crítica de uma heterogeneidade radical.

O livro de Rowe e Koetter teve boa circulação na época, não apenas nos meios de pesquisa e ensino universitários (os estudos iniciais do livro partiram de experiências de Colin Rowe com estudantes), mas também no

[2] O livro tomava Roma (e também a Villa Adriana em Tivoli) como exemplo de pluralidade e colagem urbana, como bem explica Leandro Cruz: "(...) o interesse dos autores pela configuração urbana de Roma, embora já estivesse evidente nas suas primeiras versões, ganhou mais relevo após a participação de Rowe e sua equipe no concurso e na exposição *Roma Interrotta*, realizados entre 1977-78, que consistia na elaboração de novas propostas para a cidade de Roma a partir do Plano de Giambattista Nolli (1748), conhecido por sua representação dos cheios e vazios na forma urbana – ora destacando, ora desconhecendo as fronteiras entre os espaços públicos e privados. Logo na 'Introdução' do livro são enunciadas algumas de suas ideias-chave. Os autores começam elaborando uma espécie de obituário da cidade moderna, em seguida criticam o distanciamento entre a promessa redentora da arquitetura moderna e seu alcance limitado" (verbete do *site Cronologia do pensamento urbanístico* – www.cronologiadourbanismo.ufba.br). No campo da arquitetura e do urbanismo no Brasil, Fernando Fuão trabalhou sobre o tema em várias publicações, como no livro *A Collage como trajetória amorosa*, Porto Alegre: UFRGS, 2011.

[3] "A utopia como metáfora e a cidade-colagem como prescrição: esses opostos, envolvendo tanto as garantias do direito como da liberdade (...). A desintegração da arquitetura moderna parece exigir tal estratégia, *um pluralismo esclarecido* parece se convidar, e é possível que até mesmo o senso comum aconteça (ROWE; KOETTER, 1978, seleção e tradução Leandro Cruz, grifo nosso).

campo da prática profissional, sobretudo na América do Norte. Os autores usaram, para dar apoio às suas críticas e, também, como uma forma política da colagem, a ideia de bricolagem como um modo de pensar.

> Colagem e a consciência do arquiteto, colagem como técnica e colagem como forma de pensar: Lévi-Strauss nos falou que a "intermitente moda das colagens, originária de quando o artesanato estava morrendo, seria a própria transposição da '*bricolagem*' em contemplação" e, se o arquiteto do século XX tem sido o oposto de pensar a si mesmo como um *bricoleur*, seria preciso, nesse contexto, colocar sua frigidez diante da maior descoberta do século XX. Colagem foi vista como uma falta de sinceridade, como uma corrupção de princípios morais, uma adulteração. (...) como a colagem é um método cuja virtude decorre de sua ironia, por parecer ser uma técnica de usar coisas e, ao mesmo tempo, não acreditar nelas, também é uma estratégia que pode permitir lidar com a utopia como imagem, lidar com ela em fragmentos, sem termos que aceitá-lo *in toto*, o que nos sugere que a colagem poderia ainda ser uma estratégia que, mesmo apoiando a ilusão utópica de imutabilidade e finalidade, pode alimentar uma realidade da mudança, movimento, ação e história (ROWE; KOETTER, 1983 [1978], p. 139 e 149, tradução nossa e de Leandro Cruz).

A ideia de bricolagem (*bricolage*) surge precisamente como exemplo dessa outra forma de pensar que Lévi-Strauss – após sua experiência brasileira entre 1935 e 1939, ou melhor, sua experiência ameríndia com os bororo – chamou de pensamento selvagem (*pensée sauvage*).[4] Como Lévi-Strauss tão bem explicou em seus trabalhos, essa outra forma de pensar não seria "o pensamento dos selvagens nem o de uma humanidade primitiva, ou arcaica, mas *o pensamento em estado selvagem*, diferente do pensamento cultivado ou domesticado (grifo nosso)".

A revolução no campo da antropologia proposta por Lévi-Strauss desconstruiu completamente as antigas teorias evolucionistas, que ainda entendiam os povos ditos "primitivos" como "pré-lógicos", incapazes de um pensamento lógico ou abstrato. Povos ditos "longínquos" ou "exóticos" que

[4] As reflexões sobre o pensamento selvagem aqui expostas são diretamente tributárias de um trabalho anterior bem mais amplo, acerca de uma outra herança moderna do urbanismo, intitulado "Montagem de uma outra herança: urbanismo, memória, alteridade", tese dividida em duas partes – "Fantasmas modernos" e "Pensamentos selvagens" – defendida em fevereiro de 2019 como exigência, em substituição ao memorial, para a promoção à classe de professor titular da Universidade Federal da Bahia.

estariam, em termos evolucionistas, ainda no começo de uma escala linear evolutiva que levaria a humanidade do "primitivo" ao "civilizado", do "pré-lógico" ao "científico". Lévi-Strauss deslocou, assim, não somente a ideia do "primitivo" do século XIX (que ainda era recorrente no século XX), com enorme carga pejorativa, para aquela do "selvagem", com toda sua potência criativa, mas também transformou a própria ideia do pensar, retirando-a de um monopólio da filosofia ocidental e, em particular, eurocêntrica.

Lévi-Strauss não apenas demonstrou como as sociedades ditas "selvagens" nos mostram outras formas de pensar, alternativas ao pensamento científico, tecnicista e positivista, mas, sobretudo, deixou claro que o "pensamento selvagem" não seria um pensamento "dos selvagens", menos ainda um modo de pensar exclusiva dos povos e sociedades ditos "selvagens" mas, sim, bem mais amplamente, toda forma de pensar que não se deixaria domesticar, seja ela contemporânea ou antiga, exercitada perto ou longe. O "pensamento selvagem" não precede, como poderiam supor os evolucionistas, um pensamento "domesticado", tido como "culto", "civilizado" ou "científico", mas o acompanha permanentemente, permitindo paralelismos e correlações até mesmo com as formas de pensar ocidentais mais complexas. Ao contrário, por exemplo, do entendimento cartesiano do modo de pensar como uma consciência individual dentro de uma linha temporal que demarca uma época, o "pensamento selvagem" seria anônimo e coletivo e poderia ser identificado nas sociedades as mais diversas. O "pensamento selvagem" estaria próximo do mundo sensível, do campo das artes em geral e, também, dos saberes populares ou vernáculos.

O pensamento selvagem, segundo Lévi-Strauss, parte de formas de observação singulares do mundo, apoia-se em elementos concretos, porém heterogêneos, e parte de diferenças dinâmicas, sendo necessariamente impuro, complexo, mas que sempre foi tido como confuso, irracional ou incoerente, pois é diretamente relacionado a uma proliferação ou multiplicidade de diferenças. O trabalho maior do antropólogo foi precisamente decifrar essa outra coerência interna, ou outra lógica, do pensamento selvagem, sem partir das tradicionais premissas etnocêntricas, que buscam ver o outro a partir de si (civilizado ocidental). O selvagem, diferentemente do "primitivo", tido como a simplificação ou o estágio anterior do civilizado, seria o "outro" (ou os vários outros) do civilizado, do ocidental. O pensamento selvagem seria a alteridade do próprio pensamento eurocentrado, colonial ou colonizado.

Foi exatamente para exemplificar a "sobrevivência" entre nós, "civilizados" ocidentais, do pensamento selvagem, evidenciando a coexistência dessas duas lógicas ou ciências distintas, que Lévi-Strauss recorreu à sua famosa ideia de bricolagem (*bricolage*)[5], que está diretamente relacionada à ideia de autoconstrução e que poderia ser pensada como o próprio princípio construtivo - de um planejamento improvisado - das favelas.

> Aliás, subsiste entre nós uma forma de atividade que, no plano técnico, permite muito bem conceber o que, no plano da especulação, pode ter sido uma ciência, que preferimos chamar de "primeira" em vez de primitiva; é a comumente designada pelo termo *bricolage*. No seu sentido antigo, o verbo *bricoler* se aplica ao jogo de pela e de bilhar, à caça e à equitação, mas sempre para evocar um movimento incidental: o da pela que salta, o do cão que erra ao acaso, o do cavalo que se afasta da linha reta para evitar um obstáculo. E, em nossos dias, o *bricoleur* é o que trabalha com as mãos, usando meios indiretos se comparados ao do artista. (...) O *bricoleur* está apto a executar grande número de tarefas diferentes; mas, diferentemente do engenheiro, ele não subordina cada uma delas à obtenção de matérias-primas e de ferramentas, concebidas e procuradas na medida de seu projeto: o universo instrumental é fechado e a regra de seu jogo é a de arranjar-se sempre com os meios-limites, isto é, um conjunto, continuamente restrito, de utensílios e materiais, heteróclitos, além do mais, porque a composição do conjunto não está em relação com o projeto do momento, nem, aliás, com qualquer projeto particular, mas é o resultado contingente de todas as ocasiões que se apresentaram para renovar e enriquecer o estoque, ou para conservá-lo, com resíduos de construções e destruições anteriores (1976 [1962], p. 38).

Há uma distinção entre o *bricoleur* e o "artista" (*"l'homme de l'art")*, mas sobretudo entre o *bricoleur* e o engenheiro, que pode ser usada para distinguir o autoconstrutor de favelas do arquiteto-urbanista (planejador), mostrando que a autoconstrução é uma prática construtiva ligada ao acaso, à contingência e, sobretudo, ao inacabamento. Se o pensamento selvagem é o pensamento em estado selvagem, a construção em estado selvagem seria

[5] Já aproximamos a ideia de bricolagem lévi-straussiana à ideia de autoconstrução em favelas em outras ocasiões, sobretudo no texto "B comme bricolage", publicado no volume "*L'espace anthropologique*" do periódico *Les Cahiers de la Recherche Architectural et Urbaine*, 20/21, de março de 2007, mas antes, desse artigo, nos livros *Estética da ginga* (2001) e *Esthétique des favelas* (2003).

a autoconstrução das favelas a partir da bricolagem, ou seja, a improvisação urbana. Ao contrário do "engenheiro", ou do arquiteto-urbanista ou planejador mais tradicional, o *bricoleur* não é instruído por um projeto formal, uma projeção futura, mas, sim, por sua instrumentalidade, seu presente. Ele improvisa com o material que tem à sua disposição. Por isso, ele não para de "renovar e enriquecer o estoque", sempre "com resíduos de construções e destruições anteriores", com as sobras e os restos disponíveis de outros tempos, fragmentos heterogêneos que são reciclados, reutilizados. Como escreveu Lévi-Strauss, "a regra de seu jogo é a de arranjar-se sempre com os *moyens du bord* [com o que estiver disponível a bordo, em um barco, o que estiver à mão]". Sem um projeto definitivo, a construção não acaba, é constante e mutante, em movimento permanente. A bricolagem também seria, portanto, um contínuo processo de montagem,[6] desmontagem e remontagem, que parte de fragmentos heterogêneos, sobras e restos, ou "os farrapos, os resíduos" para parafrasear Walter Benjamin,[7] que ganhariam outros usos.

> (...) ele trabalha também com lances de analogias e de aproximações, mesmo se, como no caso do *bricolage*, suas criações se reduzam sempre a um arranjo novo de elementos, cuja natureza não se modifica conforme figurem no conjunto instrumental ou na disposição final (que, exceto pela disposição interna, formam sempre o mesmo objeto): "Dir-se-ia que apenas formados, os universos mitológicos se destinam a ser desmantelados para que novos universos nasçam de seus fragmentos" (BOAS, I, p. 18). Esta fórmula, que poderia servir de definição ao *bricolage*, explica que, para a reflexão mítica, o total dos meios disponíveis deve também ser implicitamente inventariado ou concebido, para que se possa definir um resultado, que será sempre um compromisso entre a estrutura do conjunto instrumental e a do projeto. Uma vez realizado, este perderá, inevitavelmente, o apoio no que diz respeito à intenção

[6] Trabalhamos com a ideia de montagem em alguns textos já publicados como: "Montagem urbana: uma forma de conhecimento das cidades e do urbanismo". In: JACQUES, Paola Berenstein; BRITTO, Fabiana Dultra; DRUMMOND, Washington (org.). *Memória, narração, história.* Salvador: Edufba, 2015. t. 4 (*Experiências metodológicas para compreensão da complexidade da cidade contemporânea*); e "Pensar por montagens". In: JACQUES, Paola Berenstein; PEREIRA, Margareth da Silva (org.). *Nebulosas do pensamento urbanístico. Modos de pensar.* Salvador: Edufba, 2018. t. 1.

[7] "Método deste trabalho: montagem literária. Não tenho nada a dizer. Somente a mostrar. Não surrupiarei coisas valiosas, nem me apropriarei de formulações espirituosas. Porém, os farrapos, os resíduos: não quero inventariá-los, e sim fazer-lhes justiça da única maneira possível: utilizando-os" (BENJAMIN, 2009 [anos 1930], p. 502).

> inicial (aliás, simples esquema), efeito que os surrealistas denominaram, com felicidade, "acaso objetivo". Mas há mais: a poesia do *bricolage* lhe vem, também, e sobretudo, de que não se limita a cumprir ou executar, "fala", não somente com as coisas, como já o demonstramos, como, também, por meio das coisas: contando, pelas escolhas que faz entre possibilidades limitadas, o caráter e a vida de seu autor. Sem jamais completar seu projeto, o *bricoleur* põe-lhe sempre algo de si mesmo (LÉVI-STRAUSS, 1976 [1962], p. 42).

O exemplo da bricolagem já mostra outra relação com o tempo do pensamento selvagem, um tipo de reciclagem que faz coexistirem materialmente tempos distintos a partir de novos usos dados para sobras, sobrevivências, de outros tempos. Lévi-Strauss também deixou claro em seus textos e entrevistas que a arte e os artistas seriam como um tipo de reserva do pensamento selvagem dentro do próprio pensamento domesticado ocidental. Lévi-Strauss não seria somente herdeiro de uma "filosofia" selvagem, indígena, mas, também, de procedimentos ou "métodos" (ou "truques", segundo Walter Benjamin), sobretudo dos artistas surrealistas.[8]

O forte teor surrealista, sobretudo em termos metodológicos, do trabalho de Lévi-Strauss, em particular a partir de *O pensamento selvagem*, mas também, depois, nos diferentes volumes das *Mitológicas*, parece-nos tema ainda bem pouco explorado até mesmo pelos próprios antropólogos. Apesar da proximidade assumida pelo próprio autor desde sua apresentação da ideia de bricolagem em *O pensamento selvagem* – como parece ter ocorrido com Walter Benjamin, em cujo trabalho o impacto surrealista também foi muito pouco compreendido pelos filósofos –, ainda é raro encontrarmos considerações teóricas sobre essa aproximação, e não obstante as contaminações surrealistas já terem aparecido em suas biografias[9] e em suas entrevistas[10] podemos ler algo bem próximo das bricolagens surrealistas nas páginas de *O pensamento selvagem*:

---

[8] Sobre a questão, ver o texto mais importante sobre os surrealistas de Walter Benjamin: "O surrealismo: o último instantâneo da inteligência europeia" (1987, [1928]). Já discutimos as deambulações surrealistas pelas cidades em *Elogio aos errantes* (2012).

[9] Como nas biografias mais recentes *Claude Lévi-Strauss. O poeta no laboratório*, de Patrick Wilcken (2011 [2010]), e *Lévi-Strauss*, de Emmanuelle Loyer (2015).

[10] Ver, por exemplo, as entrevistas com Eribon, *De perto e de longe* (2005 [1988]), ou com Moraigne, *Longe do Brasil* (2011 [2005]).

> Há, sem dúvida, qualquer coisa de paradoxal na ideia de uma lógica cujos termos consistem em sobras e em pedaços, vestígios de processos psicológicos ou históricos e, como tais, desprovidos de necessidade. (...) Esta lógica funciona um pouco ao modo do caleidoscópio; instrumento que contém também restos e cacos, por meio dos quais se realizam arranjos estruturais. Os fragmentos saíram de um processo de quebra e destruição, por si mesmo contingente, mas sob a reserva de que seus produtos ofereçam entre si certas homologias: de tamanho, de vivacidade, de colorido, de transparência (...) enfim, e sobretudo, esses arranjos, gerados pelo encontro de acontecimentos contingentes (o movimento giratório do instrumento pelo observador) e de uma lei (a que presidiu a construção do caleidoscópio, que corresponde ao elemento invariante das coações de que falávamos há pouco), projetam modelos de inteligibilidade, de certo modo provisionais, já que cada arranjo é exprimível sob a forma de relações rigorosas entre suas partes e que essas relações não têm outro conteúdo que o arranjo mesmo, ao qual, na experiência do observador, não corresponde nenhum objeto (LÉVI-STRAUSS, 1976 [1962], p. 57).

Seria então um tipo de pensamento selvagem essa outra forma de pensar, necessariamente fragmentada e impura, formada por sobras e restos, que pensa a partir da montagem de diferenças? Parece-nos que sim, sobretudo ao nos aproximarmos do campo ampliado da Antropologia (Etnografia e Etnologia aí incluídas). Como se sabe, a Antropologia e o Urbanismo são campos disciplinares modernos que se formaram no mesmo momento (de meados para fim do século XIX) mas com propósitos, a princípio, complementares: enquanto os urbanistas promoviam a modernização das cidades, os antropólogos se preocuparam com as culturas "outras" (seja para preservá-las, seja para colonizá-las ou domesticá-las), que passavam a correr risco de extinção a partir dessa modernização cada vez mais acelerada (desde a colonização do "Novo Mundo").

No livro *Estética da ginga* (2001), já aproximávamos a maneira mais precária de construir nas favelas cariocas com a ideia lévi-straussiana da bricolagem:

> As construções numa favela – e, consequentemente, a própria favela – jamais ficam de todo construídas. A coleta de materiais também nunca cessa. Ao lado dos barracos, se falta espaço, sobre o teto, há sempre uma reserva de pedaços de madeira, de papelões, de plásticos, de tijolos e de

> telhas, à espera de uma próxima melhoria. A construção é quase cotidiana: é contínua, sem término previsto, pois sempre haverá melhorias ou ampliações a fazer. A maneira de construir, ao contrário da construção mais convencional, é implicitamente fragmentária, em função desse contínuo estado de incompletude. Uma construção convencional, ou seja, uma arquitetura feita por arquitetos, tem um projeto prévio, e é esse projeto que determina o fim, o momento de parar, a conclusão da obra. Quando não há projeto, a construção não tem uma forma final preestabelecida e, assim, nunca termina. Daqui por diante, portanto, interessa falar de um outro tipo de prática construtiva: a bricolagem, que tem a ver com o acaso e a incompletude (JACQUES, 2001, p. 24).

Como se sabe, os primeiros barracos mais precários das favelas são quase sempre autoconstruídos com fragmentos de materiais heteróclitos, geralmente restos diversos de materiais de outras construções que podem ser reciclados: à medida que o favelado-construtor encontra (ou pode comprar) materiais mais adequados substitui os mais antigos. Inicialmente, são os materiais "catados" (lembremo-nos da metáfora do colecionador e do trapeiro em Walter Benjamin) pelo próprio morador que determina a construção do primeiro abrigo, que depende do acaso dos achados, das sobras e dos restos encontrados, pedaços dos mais variados recolhidos em diferentes lugares, fragmentos heterogêneos de outras construções, sempre de "segunda mão", que serão reutilizados, atualizados para outras funções, muitas vezes distintas daquelas para as quais foram feitos. Os favelados-construtores são, sem dúvida, exímios *bricoleurs*.

> O acaso é parte integrante da ideia de bricolagem; é o incidente, ou seja, o pequeno acontecimento imprevisto, que está na origem do movimento. Bricolar é, então, ricochetear, enviesar, zigue-zaguear, contornar. O *bricoleur*, ao contrário do homem de artes (no caso, o arquiteto-urbanista), jamais vai diretamente a um objetivo ou em direção à totalidade: ele age segundo uma prática fragmentária, dando voltas e contornos, numa atividade não planificada e empírica. A construção com pedaços de todas as proveniências, a bricolagem, será, portanto, uma arquitetura do acaso, do lance de dados, uma arquitetura sem projeto. Em vez de ser determinado pelo projeto, o *bricoleur* é determinado por sua instrumentalidade (JACQUES, 2001, p. 25).

A bricolagem arquitetônica e urbanística se aproximaria, assim, tanto da ideia do lance de dados e da colagem dadaísta, da montagem e do acaso objetivo (*hasard objectif*) surrealistas quanto da ideia de desvio (*détournement*) situacionista.[11] Apesar da clara distinção entre o *bricoleur*, que trabalha com as próprias mãos, e o arquiteto-urbanista ou planejador, que faz planos e projetos prévios, parece que ao entendermos a bricolagem como um tipo de improvisação urbana – entre vários outros tipos, como as derivas situacionistas, o adhocismo de Charles Jencks, as táticas desviatórias de Michel de Certeau ou ainda as profanações de Giorgio Agamben –, poderíamos ir um pouco mais longe: no lugar da arquitetura e do urbanismo planejados de forma convencional, poderíamos procurar pensar o próprio princípio da improvisação não só como outra prática construtiva, como vimos no caso da bricolagem, mas também como um outro tipo de planejamento, um planejamento mais ligado ao imprevisto, ao acaso e ao inacabamento.

Como bem escreveu Siegfried Kracauer: "O valor de uma cidade se mede pelo número de lugares que ela reserva à improvisação" (1995, tradução nossa). Kracauer considerava a improvisação como uma "reprodução da *desordem* indomável de nosso mundo" e, sobretudo, ele buscava sempre sua tensão transformadora e seu caráter emancipatório, em partir daquele tipo que ele chamava de "distração".

> O fato de que os espetáculos que entram na esfera da distração sejam uma mistura semelhante ao mundo da multidão das grandes cidades, o fato de que eles possam prescindir de todo autêntico nexo objetivo, e mesmo do cimento da sentimentalidade, o qual oculta a carência só para torná-la mais visível, o fato de que estes espetáculos pressagiem a milhares de olhos e de ouvidos, de modo exato e claro, a *desordem* da sociedade, precisamente isto faz com que eles provoquem e mantenham acordada aquela tensão que deve preceder a necessária mudança. Frequentemente pelas ruas de Berlim se é surpreendido pela ideia de que tudo venha um dia, *improvisadamente*, rachar no meio. Também as distrações, para as quais o público é compelido, deveriam operar do mesmo modo (KRACAUER, 2009, p. 347).

Se o valor da cidade se mede pelos lugares improvisados, como pretendia Kracauer, como poderíamos tensionar a teoria e a prática do urbanismo

[11] Sobre a relação entre os situacionistas e as cidades, ver *Apologia da deriva* (2003).

a partir da ideia de improvisação? Desde a emergência do urbanismo enquanto disciplina teórica e prática no século XIX,[12] esse campo disciplinar está relacionado tanto a diferentes processos de higiene, ordenamento e controle, por vezes bastante autoritários, de intervenção nas antigas cidades existentes, quanto, já no século XX, a diversos planos de zoneamento e de separação de funções das novas cidades modernas, como o Plano Piloto de Lúcio Costa, de 1956, vencedor do concurso para a construção de nossa nova capital federal, Brasília, inaugurada em 1960. Nesse primeiro século de existência, a disciplina dedicou-se, de modo predominante, a buscar a antítese da dita "desordem" nas cidades, ou seja, o inverso de qualquer tipo de improvisação urbana.

A nova disciplina chamada de urbanismo, que já surgiu moderna, buscava exatamente ordenar essa "desordem" ou improvisação urbana, que era inicialmente vista como um problema de higiene ou sanitário – antes de ser percebida como problema estético, social ou militar –, a ser tratado sobretudo do ponto de vista médico-higienista ou da engenharia sanitarista. A grande cidade moderna foi compreendida como uma enorme patologia, um organismo doente, e não é raro encontrarmos a utilização de metáforas, como "câncer", ou ainda "tumor" (usadas até durante o século XX por vários urbanistas modernos – como um dos mais célebres, Le Corbusier), para designar algumas áreas tidas como mais "problemáticas". No Brasil, os cortiços e as habitações populares coletivas foram considerados insalubres nas áreas centrais das cidades e, em seguida, também as favelas, que se desenvolvem sobretudo a partir das demolições dos cortiços e passaram assim a ser citadas nos discursos higienistas como um tipo de "lepra" urbana.

Nossa disciplina já foi constituída então com funções claramente controladoras, normativas e ordenadoras, seguindo princípios da lógica funcional e do progresso técnico, o que, infelizmente, ainda repercute até hoje, em termos práticos e, sobretudo, metodológicos. Apesar das inúmeras críticas ao funcionalismo e ao racionalismo exacerbados do urbanismo moderno, como as já citadas de Charles Jencks por exemplo, as bases metodológicas principais da disciplina ainda não foram completamente questionadas, e muitas ainda continuam operantes até hoje. Seja no chamado "urbanismo

---

[12] Como se sabe, esse termo passou a ser usado a partir dos grandes projetos de modernização e expansão das antigas cidades europeias, como o conhecido plano de embelezamento do barão Haussmann para Paris, em 1853, e a partir da publicação de trabalhos teóricos como o texto de 1867, a *Teoría general de la urbanización*, de Ildefonso Cerdà, responsável pelo famoso plano "Reforma y Ensanche (ou Eixample)" de Barcelona, em 1859.

corporativo", mundialmente hegemônico hoje, voltado para interesses do mercado (neourbanismo, urbanismo estratégico, tático etc.), seja em seu necessário contraponto crítico e militante, voltado para interesses dos habitantes, que poderia ser chamado de "urbanismo colaborativo" (urbanismo participativo, autogestionário, comunitário etc.), as questões metodológicas desse campo disciplinar, herdadas do século XIX, ainda parecem ser bem pouco problematizadas. Assim, um questionamento a partir da ideia de improvisação urbana poderia ser interessante ao sair da dicotomia planejamento/ improvisação, ou melhor, do planejamento como um instrumento de controle ordenador de toda e qualquer improvisação urbana.

No campo disciplinar do urbanismo, sobretudo em seu exercício prático de elaboração de planos, ainda fundamentado no monopólio do planejamento, várias metodologias foram naturalizadas; e termos herdados dos discursos higienistas, com suas metáforas médicas, ainda são usados, como o famoso diagnóstico – como se a cidade estivesse doente e precisasse de um médico para curá-la –, mesmo por profissionais mais críticos aos recentes processos higienistas de limpeza social que surgem a partir dos novos processos de espetacularização e gentrificação. Talvez, para buscarmos ir além da crítica, poderíamos começar por desfazer essa oposição simplificadora entre planejamento e improvisação, buscando incorporar o próprio princípio da improvisação, tão presente no cotidiano de nossas grandes cidades no país, como uma outra possibilidade de planejamento (como as artes passaram a entender a improvisação como outro tipo de composição), incorporando os outros modos improvisados de fazer cidade no repertório de suas ferramentas metodológicas, para buscar entender, de modo mais complexo, mas também propositivo, essa "desordem" dos espaços urbanos – sobretudo daqueles mais improvisados das cidades, como é o caso das favelas – precisamente para, como propõe Kracauer, provocar e manter "acordada aquela tensão que deve preceder a necessária mudança" (KRACAUER, 2009, p. 347).

Referências

BENJAMIN, Walter. O surrealismo: o último instantâneo da inteligência europeia. In: *Magia e técnica, arte e política:* ensaios sobre literatura e história da cultura, v. 1. São Paulo: Brasiliense, 1987.

BENJAMIN, Walter. *Passagens*. Belo Horizonte: UFMG, 2009.

CERTEAU, Michel de. *L'invention du quotidien*. Paris: Gallimard, 1990.

JACQUES, Paola Berenstein (org.). *Apologia da deriva:* escritos situacionistas sobre a cidade. Rio de Janeiro: Casa da Palavra, 2003.

JACQUES, Paola Berenstein. B comme bricolage. *Les Cahiers de la Recherche Architecturale et Urbaine* (número especial: *L'Espace Anthropologique*), n. 20/21, 2007.

JACQUES, Paola Berenstein. *Elogio aos errantes.* Salvador: Edufba, 2012.

JACQUES, Paola Berenstein. *Estética da ginga:* a arquitetura das favelas através da obra de Hélio Oiticica. Rio de Janeiro: Casa da Palavra, 2001.

JACQUES, Paola Berenstein. *Esthétique des favelas.* Paris: L'Harmattan, 2003.

JACQUES, Paola Berenstein. Montagem urbana: uma forma de conhecimento das cidades e do urbanismo. In: JACQUES, Paola Berenstein; BRITTO, Fabiana Dultra; DRUMMOND, Washington (org.). *Memória, narração, história.* Salvador: Edufba, 2015. t. 4.

JACQUES, Paola Berenstein. Urban Improvisations: The Profanatory Tactics of Spectacularized Spaces. *Critical Studies in Improvisation* (número especial: *Brazilian Improvisations*), n. 1, v. 7, 2011.

JACQUES, Paola Berenstein; BRITTO, Fabiana Dultra; DRUMMOND, Washington (org.). *Memória, narração, história.* Salvador: Edufba, 2015. t. 4 (*Experiências metodológicas para compreensão da complexidade da cidade contemporânea*); e "Pensar por montagens". In: JACQUES, Paola Berenstein; PEREIRA, Margareth da Silva (org.). *Nebulosas do pensamento urbanístico. Modos de pensar.* Salvador: Edufba, 2018. t. 1.

JENCKS, Charles; SILVER, Nathan. *Adhocism: The Case for Improvisation.* Cambridge, Massachusetts: MIT Press, 2013 [1972].

KRACAUER, Siegfried. *O ornamento da massa.* São Paulo: Cosac Naify, 2009 [1963].

KRACAUER, Siegfried. *Rues de Berlin et d'ailleurs.* Paris: Le Promeneur/Gallimard, 1995 [1964].

LÉVI-STRAUSS, Claude. *O olhar distanciado.* Lisboa: Edições 70, 2010 [1983].

LÉVI-STRAUSS, Claude. *O pensamento selvagem.* São Paulo: Companhia Editora Nacional, 1976 [1962].

LÉVI-STRAUSS, Claude. *Totemismo hoje.* Petrópolis: Vozes, 1975 [1962].

LÉVI-STRAUSS, Claude; ERIBON, Didier (entrevista). *De perto e de longe.* São Paulo: Cosac Naify, 2005 [1988].

LÉVI-STRAUSS, Claude; MORAIGNE, Véronique (entrevista). *Longe do Brasil.* São Paulo: Unesp, 2011 [2005].

LEWIS, George; PIEKUT, Benjamin. Introduction. In: LEWIS, George; PIEKUT, Benjamin. *The Oxford Handbook of Critical Improvisation Studies.* Oxford: Oxford University Press, 2016.

LOYER, Emmanuelle. *Lévi-Strauss.* São Paulo: Edições Sesc, 2018 [2015].

ROWE, Colin; KOETTER, F. *Collage City.* Cambridge: MIT Press, 1983 [1978].

WILCKEN, Patrick. *Claude Lévi-Strauss. O poeta no laboratório.* Rio de Janeiro: Objetiva, 2011 [2010].

Religiões nas favelas cariocas em números, gramáticas e imagens

Christina Vital da Cunha

Introdução

Desde meados dos anos 1990, venho realizando pesquisas em favelas cariocas de modo intermitente. Ao longo desse período, acompanhamos inúmeras dinâmicas sociais em tais territórios, com destaque para as políticas e as religiosas. A reflexão sobre elas se sustentou, assim, em um investimento empírico de longa duração no qual realizei entrevistas, dois censos dos templos religiosos locais, registros fotográficos de pinturas murais, altares e *outdoors* e, posteriormente, nos inúmeros trabalhos que se avolumaram, sobretudo a partir dos anos 2010, explorando a interseção situada entre traficantes de drogas, "ex-bandidos", lideranças e redes evangélicas. Acompanhando processos de destruição e de produção de novas imagens religiosas, assim como gradativa predominância de gramáticas em cada tempo, era notável a correspondência dessas dinâmicas locais com transformações em curso na sociedade mais ampla no que tangia tanto à questão política quanto à religiosa.

Neste capítulo, com base em diferentes pesquisas e publicações,[1] buscarei conduzir a/o leitor/a por uma versão sucinta sobre a presença de religiões em favelas nas três últimas décadas, conformando o que podemos chamar de uma "cultura pentecostal".[2] Com isso, pretendo oferecer um material que subsidie reflexões sobre transformações ocorridas na base social brasileira nesse período, levando em conta as transformações nas formas de experiência e publicização da fé. O maior desafio nestas páginas será reunir um conjunto significativo de dados e análises de modo que os saltos históricos não prejudiquem a compreensão dos argumentos.

---

[1] Destacaria aqui o artigo publicado, em 2018, pela revista *Vibrant* sob o título "Pentecostal Cultures in Urban Peripheries: a Socio-anthropological Analysis of Pentecostalism in Arts, Grammars, Crime and Morality".

[2] Reconhecendo, evidentemente, que a difusão de éticas, estéticas, gramáticas e dos próprios templos evangélicos em periferias é expressiva de mudanças no campo religioso brasileiro mais geral. No entanto, ela não invalida a existência de outros referenciais religiosos concorrentes na sociedade como o católico e o afro-brasileiro, principalmente.

Com o crescimento da presença de evangélicos pentecostais no espaço público e de seus percentuais nos censos do IBGE desde, principalmente, a década de 1990, a bibliografia especializada passou a refletir sobre as reações da Igreja Católica a tal processo, assim como sobre o possível estabelecimento de uma "cultura pentecostal" no Brasil. Esses estudos ora destacavam processos de assimilação do secular[3] na nova forma cultural, ora a exploravam como ruptura, como confrontadora da ordem vigente.

Em termos metodológicos, talvez seja importante salientar que, ao longo do capítulo, utilizarei a noção de "cultura pentecostal em periferias" entre muitas aspas. Não só pela grande abstração, generalização e homogeneização que o termo "cultura" pode provocar quando acionado, mas também porque a noção de "cultura pentecostal" tende a produzir uma percepção essencializada de evangélicos sem destacar as diferenças que marcam a atuação e doutrina das diversas denominações em campo. No entanto, gostaria de defendê-la nesta proposta de trabalho, pois ela vem me parecendo eficaz para pensar sobre diferentes situações que marcam a vida social em tais territórios da cidade. Frisa-se, ainda, que meu interesse recai aqui sobre práticas, gramáticas e referenciais morais vinculados a um universo cristão apresentado sob um manto pentecostal. Mais do que a vivência pentecostal institucionalizada com atenção às normativas e teologias das igrejas, o que vem me interessando é a difusão de códigos, e como as pessoas ativam, manipulam, operam referenciais morais do pentecostalismo no cotidiano formando uma base social permeável às narrativas produzidas e/ou difundidas por lideranças evangélicas, forjando, inclusive, aproximações entre mundos até então não registrados na bibliografia.[4] Minhas reflexões estão dirigidas, portanto, a uma modalidade difusa, não denominacional,[5] que se revelou crescente no Brasil, segundo dados do IBGE (2010).

---

[3] Tomamos secular aqui não como um modo consolidado socialmente de oposição entre religioso e outras esferas da vida social (WEBER, 1982; ELIADE, 1992; BERGER, 2004; DAMATTA, 1991), mas como um modo de convivência do religioso nos âmbitos tomados como seculares compondo suas formas de apresentação e existência (ASAD, 1993; TAYLOR, 2010; entre outros). Para uma reflexão sistemática sobre o tema, ver Paula Montero (2006, 2012 a,b, 2016, 2018), Emerson Giumbelli (2002; 2008; 2010) e Ricardo Mariano (2011), entre outros.

[4] Uma gama de estudos, a partir de meados dos anos 2000, passou a documentar estas aproximações entre mundos sociais distintos em termos políticos e de suas moralidades e convenções (VITAL DA CUNHA, 2008; TEIXEIRA, 2008, 2011; FELTRAN, 2011; BIRMAN; MACHADO 2012; LOPES, 2012). Posteriormente, tal gancho analítico serviu a uma consistente reflexão de Machado (2013b) sobre as "muitas misturas" presentes nesses territórios.

[5] Os chamados desigrejados, segundo dados do censo do IBGE de 2010, perfazem 2,9% dos que se declaram evangélicos no Brasil. No entanto, tal modalidade de evangélicos que vivem sob o manto pentecostal ao qual me refiro seria composta por evangélicos integrados em denominações, pelos de-

Ao longo da etnografia realizada de modo intermitente entre 1996 e 2015 na Favela de Acari,[6] localizada entre bairros da Zona Norte da cidade do Rio de Janeiro, fiz entrevistas com moradores evangélicos e sem religião, com traficantes, com líderes religiosos e com missionários.[7] Nessas oportunidades, e nas idas assistemáticas a campo posteriormente a esse período de formação acadêmica,[8] pude observar o comprometimento institucional de inúmeros moradores com as igrejas que frequentavam, assim como, por parte de outros atores, os usos difusos de um repertório que circulava entre os "irmãos de fé". Depois do período de decantação dessas experiências fundamentais, momento comum aos pesquisadores ao finalizarem seus trabalhos, o conjunto de situações experimentadas em campo inspirou-me e incentivou-me a tentar dar forma analítica àquelas variadas e difusas presenças pentecostais nas favelas. Somado a tais experiências, também o contexto político mais geral; e as pesquisas posteriormente realizadas sobre as modalidades de presença evangélica na mídia e na política foram importantes para a conformação desse interesse. Mais detidamente, além desse material etnográfico, as presentes análises valem-se da pesquisa "Mapeamento de templos religiosos no Rio de Janeiro – 2006 a 2016", realizada em uma parceria entre a Universidade Federal Fluminense e a Fundação Palmares (Brasília).[9]

Sobre o pentecostalismo: ruptura ou adaptação

A chegada e a difusão do pentecostalismo no Brasil pareciam conformar "um desafio direto ao Brasil tradicional" (SANCHIS, 1997a, p. 124). O "jeitinho brasileiro" que adapta normas e sugere comportamentos que equilibram a lei e o costume estaria chegando ao fim com a modernidade que

---

sigrejados e pelos desviados – pessoas vinculadas a alguma igreja e que estão afastadas do cotidiano de suas denominações de origem. Apresentam-se, no mais das vezes, como em situação transitória entre a igreja e o mundo, uma oposição moral muito marcante neste grupo religioso.

[6] Essas etnografias resultaram em minha monografia por ocasião da conclusão do curso de Ciências Sociais na UFF/Niterói-RJ, na dissertação de mestrado e na tese de doutorado.

[7] Este material está disponível de modo mais extenso no livro *Oração de traficante: uma etnografia* (VITAL DA CUNHA, 2015).

[8] Além do trabalho de campo realizado nas Favelas de Acari e Santa Marta, a integração a outras equipes de pesquisa no âmbito do Coletivo de Estudos sobre Violência e Sociabilidade (Cevis) – coordenado por Luiz Antonio Machado da Silva (Iesp/Uerj) e Márcia Leite (PPCIS/Uerj) – e do Iser possibilitou minha circulação e meu acompanhamento de rotinas em outras favelas, como Fallet, Fogueteiro, Morro dos Macacos, Cantagalo e Pavão-Pavãozinho.

[9] Essa pesquisa integrava o projeto de extensão denominado "Promoção e defesa da liberdade religiosa", vinculado à Pró-Reitoria de Extensão da Universidade Federal Fluminense, sob a minha coordenação e a do professor André Brandão.

se impunha com esse novo cristianismo (MAFRA; PAULA, 2002). Nessa perspectiva, o pentecostalismo representaria uma ruptura cultural e uma ética com os moldes sobre os quais se assentaria a sociedade brasileira, com as tradições religiosas vigentes que se organizavam sob a égide de um sincretismo; enfim, com uma maleabilidade moral observada no cotidiano da população. A percepção social do pentecostalismo como religião de ruptura, exclusivista, ascética, "solvente" de vínculos sociais e heranças culturais (PIERUCCI, 2006) ainda é corrente no Brasil, embora inúmeras composições e continuidades culturais sejam identificadas. Considerando fundamentalmente as composições, Joel Robbins (2004) atribui o sucesso do pentecostalismo a sua capacidade de adaptação "a partir de seus próprios termos". Assim, seu crescimento global seria fruto dessas adaptações e de seu caráter moderno, ocidental e identificado com o neoliberalismo.

Em termos nacionais, o caráter originalmente popular desse movimento pentecostal era marcante. Tanto assim que era chamada "uma religião de pobres" (SANCHIS, 1997b). Em primeiro lugar, porque seria facilmente identificável em bairros populares, seja por uma estética, seja por um certo uso do corpo (MAFRA; PAULA 2002; ROBBINS 2004; CAMPOS; MAURÍCIO JÚNIOR, 2013, entre outros). Outro marcador desse caráter popular seriam os cultos nos quais adaptações com festejos tradicionais eram realizados: "O culto pentecostal, marcadamente musical, emocional, feito de explosões individuais coletivamente reguladas, encontrava o seu lugar, específico mas plausível, entre as 'festas' que desde sempre marcavam o cotidiano religioso do brasileiro popular" (SANCHIS, 1997a, p. 124).

Números de evangélicos nas periferias

Nos anos 1990, os evangélicos conformavam um segmento religioso crescente em termos de sua presença em diferentes esferas da vida social brasileira: na mídia, na política, na economia, na cultura. O percentual dos que se declaravam evangélicos no Brasil em 1980 era de 6,6%, segundo dados do IBGE. Em 1990, eram 9% da população nacional, enquanto os católicos somavam 83,8%. Embora numerosos e bastante atuantes publicamente desde a década de 1970, pouco se sabia sobre *eles*, fortalecendo um sentimento geral de que eram os *outros* em relação ao *nós* católico. Nesse contexto, o antropólogo Rubem César Fernandes coordenou uma pesquisa que contou com a participação de Regina Novaes, Otávio Velho, Clara Mafra e Emerson Giumbelli, entre outros. Objetivavam compreender como se comportavam esses brasileiros e quais eram seus hábitos, valores, estratégicas políticas e de poder. O resultado foi lançado em 1998 na forma do livro *Novo nascimento: evangélicos em casa, na rua e na política*. As informações do Censo Institucional Evangélico (CIN), de 1992, material composto de dados estatísticos e etnográficos, foram relevantes na pesquisa que resultou na obra citada anteriormente. A partir desses dados, já era possível identificar a relação entre pentecostalismo e periferias, por exemplo, quando observamos que o número de templos evangélicos por 10 mil habitantes na Zona Sul carioca era de 1,3, enquanto em cidades da Região Metropolitana, como Nova Iguaçu e Itaguaí, era de 4,95 e 7,26, respectivamente (Censo Institucional Evangélico – 1992, Iser).

Nos anos 2000, os evangélicos já somavam 15,5%, enquanto os católicos caíram para 73,8% da população nacional. Com base nos microdados do IBGE, Jacob et al. (2004) produziram mapas religiosos da cidade do Rio de Janeiro e da Região Metropolitana identificando a incidência de religiões por área. Assim, verificaram que o catolicismo era mais presente ao longo do litoral "que se estende do Recreio dos Bandeirantes ao Centro da cidade, passando pela Barra da Tijuca, São Conrado, Leblon, Ipanema, Copacabana, Leme, Botafogo, Flamengo. A esta faixa se acrescentam Gávea, Jardim Botânico" (JACOB et al. 2004, p. 136). Nela, os católicos, os católicos representavam quase 80% da população. Inversamente, na maioria dos municípios da periferia, a religião católica reúne menos de "48% dos seus habitantes. As porcentagens de católicos são ainda mais reduzidas em áreas de Nova Iguaçu, Belford Roxo e São Gonçalo, entre 41% e 30%" (JACOB et al., 2004, p. 136).

Na pesquisa "Mapeamento de templos religiosos no Rio de Janeiro 2006-2016" (Proex/UFF), verificamos o surgimento de 4.031 locais de culto religioso na cidade no intervalo de 10 anos, o que representa mais de um local criado por dia no período. Seguindo a tendência que César Jacob apontava georreferenciando a religião dos habitantes da cidade, a pesquisa de mapeamento identificou que as denominações evangélicas criaram nas áreas periféricas e de menor renda *per capta* a maior parte de seus templos no período estudado. Na Zona Sul, na Zona Oeste 1 (Barra da Tijuca e Recreio dos Bandeirantes) e na Zona Central, registrou-se o menor percentual de templos no total (2,93%, 2,16% e 2,65% respectivamente). A Zona Oeste 2 (Bangu, Realengo, Deodoro, Paciência e Padre Miguel, entre outros) e a Zona Norte foram aquelas nas quais mais foram registrados novos templos nos últimos 10 anos, conforme vemos na Tabela 1. Vale lembrar que, na Zona Oeste 2, o maior número de templos criados foi de denominações evangélicas e, na Zona Norte, de católicos e de religiões afro-brasileiras.

Tabela 1 Percentual de templos abertos por áreas da cidade entre 2006 e 2016.

Área da cidade	Percentual de templos/locais de culto registrados no período
Zona Oeste 2	53,11%
Zona Norte	38,30%

Fonte: Pesquisa "Mapeamento de templos no Rio de Janeiro", 2017.

Do total de templos abertos na cidade entre 2006 e 2016, cerca de 13% estão localizados em favelas. Vale destacar que somente religiões de matriz afro-brasileira e denominações evangélicas criaram espaços de culto nessas áreas no período, conforme vemos na Tabela 2.

Tabela 2 Percentual de templos abertos em favelas entre 2006 e 2016.

Afro	Evangélicos
3%	15%

Fonte: Pesquisa "Mapeamento de templos no Rio de Janeiro", 2017.

Entre os três grandes grupos religiosos no Brasil, segundo a classificação do IBGE, as denominações evangélicas foram as que mais registraram templos nos últimos anos, conforme vemos na Tabela 3. Apenas a Igreja pentecostal Assembleia de Deus foi responsável pelo registro de 45% dos templos evangélicos no Rio de Janeiro no período de 10 anos.

Tabela 3 Percentual de templos abertos por religião entre 2006 e 2016.

Religião	Número de templos/locais de culto registrados	Número percentual no período
Evangélica	3.550	88,07%
Católica	232	5,76%
Afro-brasileira	88	2,1%

Fonte: Pesquisa "Mapeamento de templos no Rio de Janeiro", 2017.

Em 2010, segundo dados do IBGE, os evangélicos perfaziam 22,2% da população nacional – o Instituto DataFolha contabilizou 31% de evangélicos no país em 2021. Os católicos apresentavam queda de quase 10% em relação ao censo anterior, o que correspondia, então, a 64,6% dos brasileiros. Embora o crescimento de pentecostais nas camadas médias e altas da sociedade seja um dado empírico relevante, os dados do IBGE atestam que o aumento de evangélicos no Brasil desde 1970 é mais significativo em meio urbano[10] e, sobretudo, em suas periferias geográficas e sociais, corroborando o que outras pesquisas quantitativas de menor envergadura indicavam.

Na mesma linha, etnografias diversas foram acompanhando tal crescimento do pentecostalismo em favelas e periferias analisando seus impactos (MAFRA, 1998; MACHADO, 2013a,b; GALDEANO, 2014; MARQUES, 2015; ESPERANÇA, 2012; VITAL DA CUNHA, 2008, 2015; CORTÊS, 2003; entre outros). No tópico seguinte, enfocarei dados coletados a partir do trabalho de campo na Favela de Acari como meio de analisar mudanças mais recentes identificadas no tocante aos modos de expressão e organização local da população, inclusive de traficantes. Nela, a "leitura de imagens" será amplamente utilizada como recurso metodológico, como nos inspira a fazer Lilia Schwarcz. Assim, objetivo "vasculhar usos de imagens não como ilustrações, mas como documentos que, assim como os demais, constroem modelos e concepções". (SCHWARCZ, 2014, p. 393). Considero, portanto, que as imagens (no caso específico, as pinturas murais em favelas) exercem algum tipo de agência, ganhando nesse trabalho um papel central. Assim, elas atualizam e rememoram sentimentos religiosos, nos termos propostos por Latour (2004). Mais do que expressar uma mensagem racionalmente capturada, as imagens produzem sentimentos no receptor. O exercício de descongelar as imagens, ou seja, de acompanhar o fluxo de imagens produzidas, ainda segundo Latour (2004), é condição *sine qua non* para compreender os processos de transformação mútua (de emissores e receptores). Minha ambição é analisar transformações, percepções e estratégias, principalmente, de emissores em situação. Se, como vimos anteriormente, a bibliografia trata de enfatizar a importância do corpo e da música nos rituais e na experiência religiosa evangélica de um modo mais geral, destacarei as imagens produzidas tratando-as

---

[10] Por exemplo, dados do IBGE 2000 mostram que 87% das declarações de evangélicos eram em meio urbano.

como códigos fundamentais de uma comunidade (ainda que imaginada), de uma identidade, portanto, pentecostal.

Três décadas de pinturas em Acari

Na década de 1990, os símbolos religiosos mais frequentes em imagens e pinturas dispostas em espaços comuns na Favela de Acari eram São Cosme e Damião, São Jorge, São Jerônimo e Nossa Senhora Aparecida. Eram comuns ainda as imagens de Zé Pelintra em altares ou casinhas de santo construídas de cimento e revestidas de azulejos em esquinas nas favelas. Em várias representações, os símbolos católicos emergiam com referência aos correlatos na umbanda ou no candomblé. Desse modo, encontrávamos "Salve, Doum, Xangô e Ogum" ao lado das pinturas dos santos.[11]

Figura 1 Momento 1 – estética medieval. Imagem de São Jorge sobre o dragão.

Favela de Acari. Foto: Marcos Alvito, 1996.

[11] Na chamada "religiosidade popular brasileira", era muito comum observar sincretismos entre santos católicos e entidades da umbanda e divindades (orixás) do candomblé. Neste contexto, alguns santos, entidades e orixás eram mais recorrentes, como os aqui citados São Cosme e São Damião (ou Doum, na umbanda), representados por duas crianças cobertas com um manto e um chapéu cilíndrico sem abas. Trata-se do santo das crianças, cuja comemoração é feita tradicionalmente com distribuição de doces em saquinhos de papel confeccionados familiarmente no dia 27 de setembro (MENEZES, FREITAS E BÁRTOLO, 2020; GOMES, 2009). Um evento sociocultural importante, sobretudo em bairros das Zonas Norte e Oeste da cidade, além de favelas. O crescimento de evangélicos e sua aversão ao culto de santos fizeram com que diminuísse a força societária desse festejo nas duas últimas décadas. São Jorge, também chamado de São Jorge Guerreiro, é Ogum na umbanda e no candomblé. É o santo identificado como protetor, forte, um senhor das armas e vencedor de guerras. O dia de comemoração desse santo na Igreja católica, 23 de abril, foi decretado feriado municipal e, posteriormente, no estado do Rio de Janeiro. São Jeronimo, Xangô na umbanda e no candomblé, é reconhecido como santo/orixá da justiça e da punição aos mentirosos. Nossa Senhora de Aparecida é a padroeira do Brasil, mais uma das representações de Maria, mãe de Jesus, alvo de culto entre católicos e de respeito e veneração entre fiéis de tradições populares. Zé Pelintra é uma entidade da umbanda, um guia espiritual que tem grande importância ritual na tradição.

Figura 2 Estética *naïf*. Mural na Favela de Acari – São Jerônimo/Xangô.

Foto: Marcos Alvito, 1996.

Na época, os terreiros locais tinham atividades rotineiras abertas a uma frequência variada. O principal dos terreiros em atividade, em 1996, recebia moradores e filhos de santo que vinham de outros bairros da cidade para se consultarem com a mãe de santo chamada Dona Izabel. Traficantes locais também frequentavam o terreiro, consultavam búzios, pediam proteção aos orixás, faziam oferendas, contribuíam com festas de santos. Nos dias de São Jorge e de São Cosme e Damião, principalmente, havia salva de fogos, festa e, no segundo caso, distribuição de doces e brinquedos para as crianças locais. Inspirada na discussão de Mauss (2003) sobre a magia, Maggie sublinha que ela tem como característica ser oculta, "se esconder do coletivo e do público, reservando-se a espaços mais individuais e privados" (MAGGIE, 1992, p. 21). No entanto, continua a autora, a magia "transborda os limites espaciais da casa onde se realizam os rituais e insiste em aparecer em locais públicos de forma misteriosa, às escondidas – nos despachos, oferendas, ebós, feitiços" (MAGGIE, 1992, p. 21). Em Acari, a magia e as crenças de moradores e traficantes transbordavam os limites de casas e terreiros não de forma misteriosa, mas ostensiva, ocupando ruas com seus ícones sagrados, suas cantorias e suas festividades.

No entanto, nesses mesmos anos 1990, já se percebia o crescimento no número de evangélicos em Acari, seja pela formação de uma paisagem composta por templos, faixas e cartazes anunciando cultos, campanhas, testemunhos, louvores e celebrações, seja por músicas, comércios *gospel* e trajes mais austeros de mulheres e homens em relação ao modo de se vestir de outros moradores não evangélicos do local. Foi precisamente ao final dessa década que a conversão de um traficante, líder do então Terceiro

Comando, transformou os murais da favela, revelando – e ao mesmo tempo interferindo – o relativo prestígio que evangélicos e religiosos de matriz afro-brasileira tinham na favela.

Nos anos 2000, os evangélicos dominaram a favela. O crescimento no número de templos evangélicos locais foi da ordem de quase 50%, enquanto os terreiros deixaram de realizar atividades públicas – dados coletados em censo institucional religioso (VITAL DA CUNHA, 2015). As pinturas de santos, de ícones da música e referências étnicas, assim como símbolos futebolísticos, foram dando, gradativamente, lugar a passagens bíblicas. Partindo para a leitura dessas imagens, como nos provoca Schwarcz (2014), percebemos suas agências e as combinações de sentidos entre texto e a forma estética utilizada. Assim, as imagens (texto e forma) remetiam ao Antigo Testamento, ao Deus da Guerra, ao Deus de Davi.

Figura 3 Referências religiosas textuais com a assinatura de um coletivo. Universo Evangélico da Batalha Espiritual. Favela de Acari.

Foto: Christina Vital, 2008.

Nesse período, o então mais procurado chefe do tráfico do Terceiro Comando, nascido e criado em Acari, converteu-se à igreja Assembleia de Deus dos Últimos Dias. Sua prisão, amplamente coberta pela mídia, visava a contribuir para a sensação social de que a gestão de segurança de Anthony Garotinho, governador à época, estava se recuperando. Pouco tempo depois, e sem alarde, esse mesmo traficante foi solto e retornou a Acari. A partir de sua conversão e seu retorno, como chefe do tráfico e ao mesmo tempo evangélico, uma série de mudanças ocorreu no comércio de drogas em sintonia com mudanças nas esferas política e econômica locais (VITAL DA CUNHA, 2015). O processo de destruição de imagens religiosas católicas e afro-brasileiras, inicialmente realizado pelos policiais civis que ocuparam a favela em meados da década de 1990, seguiu seu curso e contava agora com o incentivo dos próprios traficantes, que financiavam artistas locais para fazerem murais com textos bíblicos.

> Aí, com a morte do Jorge Luís, Jeremias assumiu. Ele começou a se voltar mais para o lado evangélico. Textos bíblicos. Até pouco tempo tinha uma casinha de São Jorge lá no Amarelinho e tiraram também não tem muito tempo... Agora, foi o tráfico. E começaram a espalhar na comunidade dizeres bíblicos na quadra da Piracambu. Onde tinha um São Jorge eles colocaram escrito "Jesus é o Senhor deste lugar", se não me engano. Ele mandou também colocar dois *outdoors* nas principais entradas da favela e, hoje em dia, por onde você passa tem uma parede grande onde você aí vê dizeres bíblicos não somente aqui, em todo o complexo de Acari: Acari, Vila Rica, Vila Esperança... (entrevista realizada com morador de Acari – Favela de Acari – jan. 2009).

Em 2008, eclodem na grande mídia os casos de traficantes que expulsaram religiosos de matriz afro-brasileira de suas favelas de domínio. Esses episódios deram ensejo à organização, ao fortalecimento e à publicização de grupos de combate à intolerância religiosa no Rio de Janeiro, servindo como referencial de atuação para grupos de outros estados, e à emergência de comissões e conselhos em nível federal. A partir de então, a intolerância religiosa tornou-se um fenômeno que ganhou a agenda pública; e o crescimento pentecostal nas periferias era constantemente identificado seja na mídia, seja nos trabalhos acadêmicos, como a condição de possibilidade de emergência dos vários casos que passaram a ser noticiados. A intolerância religiosa perpetrada por traficantes de drogas em favelas na Zona Norte da cidade era apresentada, inclusive, pelo poder público como justificativa para planejamentos na área de segurança, como vimos na ocupação policial em Lins de Vasconcelos (VITAL DA CUNHA, 2016).

Desse modo, foi possível observar, como analisa Anderson (2008) ao tratar da formação de comunidades imaginárias nacionais, que, no caso de Acari, as pinturas afirmavam, ao mesmo tempo que visavam a produzir, uma identidade marcada por uma vertente religiosa predominante em cada época. A eficiência desses símbolos, segundo o autor, se daria no interior de uma lógica comunitária específica na qual, a despeito dos conflitos sempre presentes no cotidiano de qualquer grupo social, a identidade e a coletividade anunciadas parecessem "essenciais, naturais" porque partilhadas. No contexto específico, as imagens, em diferentes momentos, em razão de relações hierárquicas situacionalmente estabelecidas, reforçavam uma relação intrínseca entre aquela coletividade e os universos religiosos ora católico, afro-brasileiro, ora pentecostal.

Acompanhar as imagens em movimento foi uma estratégia metodológica não planejada desde o início, mas que possibilitou produzir chaves de análise para cada momento e as respectivas dinâmicas sociais que o envolviam. Desse modo, nos anos 2010, mais precisamente em 2013, as imagens em Acari já eram outras. Ainda evangélicas, mas com outra estética. As pinturas com trechos do Antigo Testamento foram substituídas por novas mensagens. As mudanças entre a estética anterior e a que se apresentava agora na favela eram muitas. Além do amplo uso do Novo Testamento, era possível identificar um conjunto de palavras que, juntas, formavam uma paisagem motivacional composta por textos, palavras e cores referidas à alegria, ao bem viver, de incentivo à fé, à paz e ao amor. A forma das letras passa a ser arredondada, não mais fonte Old English ou outras identificadas em papiros ou pergaminhos de manuscritos sagrados antigos. A identidade jovem das novas mensagens emergia pela estética referida ao grafite, mas também pelo uso de personagens de histórias em quadrinhos, como podemos ver nas Figuras 4 e 5.

Figura 4 Grafite evangélico – Mt. 28:19. Favela de Acari.

Foto: Christina Vital, 2013.

Figura 5 Grafite evangélico motivacional. Favela de Acari.

Foto: Christina Vital, 2013.

As pinturas passam a ter uma assinatura. São identificadas com um coletivo de artistas (Os Grafiteiros de Jesus), e algumas delas, com um artista em especial (André Soldado). A nova estética me chamou atenção, o grafite do tipo *hall of fame*. As mudanças nas imagens, a mensagem religiosa motivacional, doce, como dizia Gilberto Freyre sobre o cristianismo no Brasil, correspondiam tanto a mudanças no modo de evangelização e atuação da juventude evangélica, sobretudo de periferia, cada vez mais presente em eventos de grafite na cidade – Zona Sul à Zona Oeste – quanto com outra dinâmica social e do tráfico local. Em entrevista realizada por mim, em abril de 2017, com um dos grafiteiros, foi possível compreender o esquema que financiava aquelas pinturas. Os recursos financeiros eram do chefe do tráfico local, porém o projeto artístico foi idealizado e oferecido aos traficantes por um jovem evangélico, frequentador da Assembleia de Deus dos Últimos Dias. O compromisso era pintar todos os muros da favela por uma remuneração semanal que era distribuída por esse intermediário aos grafiteiros. O estilo e os textos eram selecionados pelo idealizador do projeto, tendo em vista a produção de uma paisagem mais "agradável, animada", como disse o entrevistado.

A destruição de imagens pregressas, lança sobre elas uma surpreendente visibilidade, descongelando-as, tirando-as da invisibilidade a que foram fadadas pela ostensividade de suas presenças no espaço como salientou Taussig (2009) e também Musil (2006) e Sansi (2005).[12] Assim, os grafites religiosos de 2013 emergiam como marcadores de um novo momento na gestão do tráfico. Mais especificamente, as imagens anteriores, em sua maioria produzidas por solicitação do chefe do tráfico à época, expressavam o momento de uma vinculação à narrativa religiosa da "batalha espiritual" pela via de sua integração à Igreja Pentecostal Assembleia de Deus dos Últimos Dias e o prestígio político do qual esta denominação gozava entre os traficantes e parte dos moradores. Após seu afastamento de tal igreja e de seus esforços na criação de uma denominação independente com sede em Brasília, as pinturas mudaram. A nova chefia do tráfico local, aceitando o projeto de um evangélico que intermediou sua relação com os profissionais responsáveis pelas novas pinturas, expressava outro tempo na administração do crime e nas relações com líderes religiosos.

Em 2015, quem estava na chefia do comércio de drogas local era um traficante jovem e umbandista, porém o financiamento para a ampliação dos murais com mensagens bíblicas continuou. No portão da quadra (antes conhecida como quadra de areia), há um enorme grafite referindo-se a Jesus. Nos anos 1990, havia ali uma pintura de Bob Marley sobre uma folha de maconha. Na década seguinte, havia um texto bíblico em formato de pergaminho. Em 2013 e 2015, novas pinturas com referências cristãs emergiam.

Figura 6 Grafite no portão e no muro. Quadra de Acari. No muro à direita, está escrito "Jesus, olhai por nossa comunidade."

Foto: Christina Vital, 2015.

[12] Sobre os processos de descongelamento de imagens, ver Latour (2004). Para uma interessante discussão sobre os usos da noção de invisibilidade ativa, ver Giumbelli (2010).

A quadra de areia é identificada como um espaço privilegiado (mas não exclusivo) de sociabilidade de traficantes de Acari (ALVITO, 2001). Ali ocorriam jogos de futebol, jogos de cartas, bailes funk e alguns shows *gospel* financiados por traficantes. Na quadra polivalente, agora se realizam outros jogos, uma nova estética se apresenta, mas a marca de "território de traficantes" permanece. O atual chefe do tráfico decorou o interior da quadra com grafites (encomendados a artistas cariocas) que remetem a ícones étnicos da música e dos esportes. No interior da quadra, existe ainda um rato pintado em um mural de mais de 4 metros de altura. O rato refere-se ao animal de estimação do traficante. O hábito de ter animais exóticos como cobras, jacarés e aves raras como de estimação era convencional entre os chefes do tráfico das décadas de 1980 e 1990, segundo noticiado em jornais da época e em livros de diferentes autores (ALVITO, 2001; BARBOSA, 1997; LARANGEIRA, 2004; entre outros).

Figura 7 Grafite no interior da quadra de Acari. Entre os ícones do hip-hop e do reggae, lê-se "A opinião é sua, a realidade é minha."

Foto: Christina Vital, 2015.

Chama a atenção que, na parte externa da quadra, os símbolos usados sejam cristãos, mobilizando uma estética jovem e uma gramática evangélica, considerando Jesus como parte desta, como Droogers (1987) desenvolveu em seu artigo sobre a religião mínima brasileira. O autor argumentava que a hegemonia católica no Brasil se apresentava também pelo uso corrente do vocábulo Deus e do nome dos santos no espaço público. Argumento que isso se modificou com o crescimento de evangélicos, sobretudo nas cidades. A partir de então, Jesus e outros termos passaram a ser mobilizados, seja de modo jocoso em programas humorísticos para caracterizar "crentes" suburbanos, seja de modo coloquial na comunicação cotidiana de moradores de camadas médias e baixas residentes, principalmente em bairros da Zona Norte, favelas e periferias cariocas e de outras cidades. Exemplos desses termos que têm como referência a teologia da prosperidade e do domínio e/ou momentos rituais de igrejas pentecostais seriam: "vitória", "batalha", "confirmação", "guerra espiritual", "provação", "temer ao Senhor", "tem que se dobrar", "calor do Espírito Santo", "posso tudo naquele que me fortalece", "sou mais do que vencedor", "em nome de Jesus, a palavra tem poder", "o sangue de Jesus tem poder", "alegria do Senhor é a nossa força", "cura", "unção", "abençoado", "bênção", "sapatinho de fogo", "glória", "aleluia", "amém, "tá amarrado", "selado", "vaso", "servo", "varão/varoa", "obra", "para a honra e para a glória", "maligno", "tremendo, Deus vai te usar tremendamente", "Deus é contigo", "manto" e "Paz do Senhor", entre outros. Imagens e palavras são articuladas para o avivamento de sentimentos e identidades religiosas e, ao mesmo tempo, do crime nesses contextos.

Esses termos estão no cotidiano de moradores de favelas e periferias como adesão ou crítica, revelando dominação e disputa, a religião como prática e sentimentos que unem, mas também como dispositivo. Seria um meio de busca por proteção e de identificação entre moradores e traficantes, uma maneira de comunicar também acordos morais e pertencimentos, relações e adesões, ainda que parciais.

Nos exercícios de limpeza moral de alguns entrevistados evangélicos, sobretudo mulheres, a vinculação religiosa de traficantes e de alguns outros moradores que não dariam "bom testemunho" era sempre alvo de dúvida, especulações, críticas:

> Na comunidade havia vários santos de candomblé. Não posso dizer com certeza, mas só sei de um centro que nem tá totalmente ativo. Mas... houve muita mudança em relação a isso. Mas não quer dizer que houve mudança de pensamento e atitudes. O povo que era ligado ao candomblé, que acreditava em imagens, deixou de acreditar. E voltaram mais pro lado evangélico, digamos. Não que todos acreditem. Muitos frequentam o culto, mas, assim, é... frequentam até mesmo pedindo proteção. Como na verdade eles iam aos centros de macumba e pediam proteção, fechavam o corpo, usavam guia... hoje em dia mudou. Hoje

> em dia eles vão pra igreja, pedem oração e andam com a Bíblia no bolso. É uma coisa, assim, até muito legal isso. Antes eles andavam com guia, com patuá e hoje em dia vão à igreja, pedem oração, andam com aqueles folhetinhos no bolso, andam com Bíblia no bolso, aquelas Bíblia Novo Testamento e Salmos, mas tão aí no mundo. Assim, eu não sei qual a segurança que eles têm. Não sei se é a mesma visão que eles tinham, a guia protegia eles e a Bíblia vai proteger também... não sei qual é a visão deles (entrevista realizada com morador de Acari - Favela de Acari - jan. 2009).

Tornou-se um modo de expressão comum, um código que comunica lugares sociais, às vezes jocosidade, mas, expressivo de uma base social que, se não está institucionalmente vinculada às igrejas que professam a fé cristã em estilo pentecostal, costuma ter neste universo religioso uma referência com a qual têm que lidar seja para experimentar o conforto de estar entre os iguais, seja para compreender e refutar. Os dados empíricos coletados em campo apresentam um desafio a mais para os que pretendem analisar a vida social em periferias. Argumento, como vários autores citados anteriormente neste texto, que é muito frutífero investigar dinâmicas políticas, econômicas ou do crime a partir da análise de códigos e referências morais pentecostais (GALDEANO, 2014; MACHADO, 2013a, 2013b; FELTRAN, 2011, 2017; MARQUES 2014; TEIXEIRA, 2011, 2013, 2008; CORTÊS 2003).

As pinturas no interior da quadra e a pintura no portão dela e que faz limite com o exterior que se produz e se afirma como coletividade evangélica são emblemáticas desse movimento de ocultação e revelação de fé e valores, da relação dos traficantes com a "comunidade imaginada" evangélica a seu redor. Se dentro as pinturas são "mundanas", no exterior são em conformidade com o que a "comunidade imaginada" se identifica. Podemos pensar dentro e fora da quadra como regiões morais distintas,[13] cujas gramática e estética são marcadores de distinção: de fora, a relação com a

[13] Mobilizo a noção de regiões morais inspirada nas análises de Goffman (1995) sobre interações e representações sociais. As regiões morais analisadas seriam as de "fachada" e de "fundo". Ambas têm condicionantes e correspondem a situações sociais que demandam diferentes posicionamentos/comportamentos dos atores. Na região de fachada, experimenta-se um grau maior de constrangimento público, de exposição, o que demanda atuar correspondendo a um sem-número de expectativas sociais. Na região moral de fundo, os sujeitos continuam atuando uns diante dos outros. Contudo, de um modo menos controlado publicamente, o que possibilita a sensação de se "ser como se é" em termos individuais ou mesmo de uma coletividade como de gênero, esta, citada pelo autor via obra de Simone de Beauvoir.

sociedade envolvente e que espera um comportamento e que se apresenta a partir de determinados símbolos; por dentro, a revelação de um *self* na interseção com outros. Nesse sentido, ainda que o chefe do tráfico local não seja evangélico, na área comum da favela ele financia grafites cristãos. No interior da quadra, território inegociável de seu controle, os grafites têm outras formas e mensagens estéticas e textuais.

Considerações finais

As dinâmicas sociais que foram possíveis acompanhar a partir de um trabalho de campo intermitente realizado entre 1996 e 2015, na Favela de Acari, analisando três décadas de imagens, e o contato com a bibliografia especializada que vem refletindo sobre as interfaces entre pentecostalismo e projetos sociais, traficantes, ex-traficantes, ex-bandidos, milicianos, presidiários, policiais em favelas e periferias, fornecem-nos elementos para pensar sobre a conformação de uma cultura pentecostal em periferia. Uma cultura na qual concorrem elementos de uma tradição católica e também oriunda de religiões de matriz afro-brasileira, além, mais recentemente, de modo maciço, pentecostal. Esse modo pentecostalizado de expressão é englobante e hibridiza com outras referências religiosas precedentes, deixando evidentes disputas por hegemonia cultural, ou seja, simbólica, estética, gramatical, política e moral. Não exclui; atualiza moral e ritualmente. Vale-se da base cristã comum que já havia e das crenças igualmente difusas em entidades, espíritos, no mundo sobrenatural.

Assim, o pentecostalismo existente aproveita-se de um conjunto de crenças e atualiza-as em seus próprios termos, como diria Robbins (2004). Os pentecostais, por exemplo, não negam a força da mensagem católica, mas a julgam equivocada pelo que identificam como idolatria a santos e à Virgem Maria. Ao mesmo tempo, não negam a força de entidades e orixás da umbanda e candomblé. Pelo contrário, a eles atribuem grande poder maligno. Forte, mas demoníaco, e que deve, por isso, ser combatido. Desse modo, nas periferias, a gramática pentecostal e seus valores morais vão se transformando cada vez mais em códigos comuns a emergirem de distintas formas nos corpos, nas mentes e nos muros.

Essa hegemonia cultural pentecostal que vem crescendo em periferias e favelas e se difundindo na sociedade, disputando a cultura secular nacional, representa, em parte, um desafio ao Brasil tradicional nos termos de

Sanchis (1997a). É disruptiva ao mesmo tempo em que assimila símbolos de religiões tratadas como oponentes como meio de reforçar seu domínio.

Nos debates públicos atuais, o pentecostalismo, sobretudo as denominações identificadas com o neopentecostalismo, é associado a práticas violentas, antidemocráticas e intolerantes. Dados empíricos apresentam-nos como o caráter exclusivista, demonizante e intolerante presente em variadas igrejas pentecostais faz concessões situadas. Difunde-se porque se adapta a estilos (sejam estéticos e musicais de mercado etc.), atualiza significados e ritualísticas. Nas favelas e periferias hoje, as redes pentecostais atuam reforçando sentidos de família e laços de amizade, parentesco e vizinhança. Vão se apresentando como um estilo de vida[14] fundamental no meio urbano disputado entre forças do bem e do mal. Ganham força na difusão, em tornar paulatinamente secular (comum a todos, indistintamente) aquilo que atualizou em suas doutrinas e rituais. Oferecem conforto espiritual e escuta especializada, já que é crescente o número de pastores, missionárias, diáconos e obreiros formados em psicologia que oferecem escuta e meios de seus interlocutores lidarem com seus sofrimentos.

Os conflitos eclodem e diluem-se rotineiramente e as etnografias citadas, ao longo deste capítulo, tratam disso. No entanto, vale ressaltar que a presença de referências pentecostais na região moral da fachada (o muro da quadra, por exemplo) e sua ocultação na região moral de fundo (parte interna da quadra, por exemplo) não invalidam sua consideração analítica como código comum. Pelo contrário, estar na região de fachada é indicativo não do que é "verdadeiro", mas do que é socialmente imposto, o que comunica positivamente em cada tempo. Nesse sentido, o acompanhamento de um fio da história nos permite dizer que as bases do que Pierre Sanchis (1997a) chamou, na década de 1990, de uma "cultura popular urbana tradicional", e que envolveriam o catolicismo e as religiões de matriz afro-brasileira, mudaram drasticamente. Hoje, as bases dessa cultura pentecostal em periferia atualizam crenças existentes em moldes pentecostais, produzindo novas sociabilidades, circulações urbanas e movimentos sociais urbanos com uma juventude evangélica engajada na luta por uma sociedade mais justa e igualitária, com mais respeito aos direitos humanos e redução do racismo (SOUZA, 2017). Mães cujos filhos foram vítimas da

[14] Em Wirth (1973), há uma discussão de referência para os estudos urbanos no que tange, principalmente, à noção de estilo de vida. Tal noção está na base de formulações potentes dos estudos urbanos no Brasil, como as de Magnani (2012), sobre os pedaços e manchas das cidades.

violência policial e da "violência urbana" ganham força na leitura de passagens bíblicas para suas ações políticas na sociedade (como podemos ver no documentário *Auto de resistência*, de Natasha Neri e Lula Carvalho, 2018), novas estéticas, músicas e gramáticas (NOVAES, 1990; SANT'ANA, 2017; CARVALHO, 2017). O crescimento dos evangélicos, sobretudo pentecostais, na base da sociedade, vem mudando a política institucional, fazendo com que eles assumam importância cada vez maior nos pleitos desde a redemocratização e, acentuadamente, desde 2010 até os dias atuais (VITAL DA CUNHA et al., 2017).

Em comparação com o que se considerava como "cultura popular urbana", poderia dizer que os traços de uma cultura pentecostal em periferia hoje seriam, de modo muito sucinto, marcados pela: 1) Valorização do empreendedorismo e da disciplina para o sucesso como resultado de diferentes influências, entre as quais destacaria a teologia da prosperidade,[15] a relativa difusão de referenciais da psicologia positiva e (consequentemente) uma nova relação com as situações de desemprego e subemprego. São trabalhados sentimentos de confiança no presente e no futuro, de empoderamento. Nesse sentido, além do incentivo à abertura de um negócio próprio, é valorizado o engajamento em projetos culturais, artísticos e esportivos (muitas vezes realizados por instituições religiosas), anunciados como potentes inculcadores desta "disciplina para o sucesso"; 2) Noção de que o esforço pessoal produz vitórias, o que fornece as bases dos itens anteriores. É importante destacar que, em contexto social de vulnerabilidade, nos quais o Estado oferece precariamente seus serviços, o "contar consigo mesmo", "com a própria sorte" e com redes mais ou menos orgânicas de vizinhança e parentesco sempre foi um recurso para a sobrevivência. Contudo, observa-se uma ênfase em esforços individuais, embora essas redes, quando disponíveis, sejam acionadas; 3) Uma valorização moral da família nuclear e de papéis de gênero definidos entre homem e mulher; 4) Do ponto de vista religioso, uma diminuição no que Sanchis (1997, p. 124) chamou de "porosidade das identidades que permitia a cada um participar ao mesmo tempo de

[15] A teologia da prosperidade ganhou expressão no Brasil a partir da década de 1980, sobretudo em denominações surgidas neste período, embora todo o campo evangélico e mesmo católico carismático tenha sido por ela afetado. Baseia-se em uma interpretação de alguns livros bíblicos, com destaque para o livro de Malaquias. Alguns de seus expoentes são: Essek M. Kenyon, Kenneth Hagin, Oral Roberts e T. L. Osborn. Nessa teologia, afirma-se que a dominação das sociedades ocorrerá pela via do empoderamento pessoal do cristão. Como nos lembra Teixeira (2016), a prosperidade não está relacionada exclusivamente ao sucesso financeiro, mas à harmonia entre as diversas dimensões da vida dos fiéis, como estudos, saúde, família, conjugalidade etc.

definições institucionais múltiplas"; 5) Amplo uso de metáforas e analogias que remetem à guerra (entre o bem e o mal), disputa (das almas por forças antagônicas) e atribulação (luta cotidiana dos indivíduos por sobrevivência material e espiritual), todas as formas inspiradas em uma teologia do domínio que marca as doutrinas e ritualísticas de Igrejas Pentecostais hoje.

Essa cultura pentecostal em periferia, como argumento, resulta, entre outros,[16] do crescimento de templos evangélicos nessas áreas das cidades e das combinações e exclusões daí existentes. Seu avanço e o estabelecimento de uma base cultural forjada no pentecostalismo estabelecem-se em meio a conflitos, resistências, adesões apaixonadas e constrangimentos. Não é inconteste como nada o é em termos culturais, como nos lembra Simmel (2014), entre tantos outros cientistas sociais. Não poderia ser diferente: trata-se da vida social pulsando. A vivência institucional evangélica pentecostal, desse modo, embora também diversa, dadas as variadas denominações e orientações teológicas e comportamentais desta diversidade derivadas, é muito mais restrita do que a população afetada pelas práticas pentecostais e que manipula sua simbologia, atualizando-a.

Referências

ALVITO, Marcos. *As cores de Acari:* uma favela carioca. Rio de Janeiro: FGV, 2001.

ANDERSON, Benedict. *Comunidades imaginadas:* reflexões sobre a origem e a difusão do nacionalismo. São Paulo: Companhia das Letras, 2008.

BARBOSA, Antonio Rafael. *Um abraço para todos os amigos*: algumas considerações sobre o tráfico de drogas no Rio de Janeiro. 1. ed. Niterói: Eduff, 1997.

BERGER, Peter. *O dossel sagrado*. São Paulo: Paulus, 2004.

BIRMAN, Patricia, MACHADO, Carly. A violência dos justos: evangélicos, mídia e periferias da metrópole. *Revista Brasileira de Ciências Sociais*, v. 27, n. 80, p. 55-69, 2012.

CAMPOS, Roberta Bivar; MAURICIO JUNIOR, Cleonardo. As formas elementares da liderança carismática. *Mana. Estudos de Antropologia Social*, v. 19, n. 2, p. 249-276, 2013.

CARVALHO, Olívia Bandeira de Melo. O mundo da música *gospel* entre o sagrado e o secular: disputas e negociações em torno da identidade evangélica. Tese (Doutorado) - Programa de Pós-graduação em Sociologia e Antropologia da Universidade Federal do Rio de Janeiro/Instituto de Filosofia e Ciências Sociais, 2017.

CÔRTES, Mariana Magalhães Pinto. Necessidade, violência, liberdade e prosperidade: a conversão religiosa de ex-criminosos para as denominações pentecostais.. Plural (USP), São Paulo, v. 14, n.2, p. 49-76, 2003.

DA MATTA, Roberto. *A casa e a rua*. Rio de Janeiro: Guanabara, 1991.

[16] Metodologicamente, trata-se da seminal orientação sociológica de Weber (1982), na qual se acentua um aspecto da vida social para analisá-lo em profundidade. Assim, estamos de acordo, claro, com o caráter multicausal de toda situação social.

DROOGERS, André. A religiosidade mínima brasileira. *Religião & Sociedade*, v. 14, n. 2, p. 62-87, 1987.

ESPERANÇA, Vinicius. Poder divino e poder armado no Batan. *Comunicações do Iser*, v. 67, n. 31, p. 89-105, 2012.

ELIADE, Mircea. *O sagrado e o profano:* a essência da religião. São Paulo: Martins Fontes, 1992.

FELTRAN, Gabriel Sanctis. Choque de ordens: drogas, dinheiro e regimes normativos em São Paulo. *Bis. Boletim do Instituto de Saúde*, v. 18, p. 25-40, 2017.

FELTRAN, Gabriel Sanctis. *Fronteiras de tensão:* política e violência nas periferias de São Paulo, v. 1. São Paulo: Unesp/CEM, 2011.

GALDEANO, Ana Paula. Salmo 127, versículo 1: ativismo religioso e ordenamentos da segurança em uma periferia de São Paulo. *Religião & Sociedade*, v. 34, p. 38-60, 2014.

GIUMBELLI, Emerson. A presença do religioso no espaço público: modalidades no Brasil. *Religião & Sociedade*, v. 28, n. 2, p. 80-101, 2008.

GIUMBELLI, Emerson. Crucifixos invisíveis: polêmicas recentes no Brasil sobre símbolos religiosos em recintos estatais. *Anuário Antropológico*, v. 10, n. 1, p. 77-105, 2010.

GIUMBELLI, Emerson. *O fim da religião:* dilemas da liberdade religiosa no Brasil e na França. São Paulo: Attar, 2002.

GOFFMAN, Erving. *A representação do eu na vida cotidiana.* Rio de Janeiro: Zahar, 1995.

GOMES, Edlaine. Doce de Cosme e Damião: dar, receber, ou não? In: GOMES, Edlaine (org.). *Dinâmicas contemporâneas do fenômeno religioso na sociedade brasileira.* São Paulo: Ideias & Letras, 2009.

JACOB, César Romero et al. Território, cidade e religião no Brasil. *Religião & Sociedade*, v. 24, n. 2, p. 126-151, 2004.

LARANGEIRA, Emir. *Cavalos corredores:* a verdadeira história. Rio de Janeiro: Beto Brito, 2004.

LATOUR, Bruno. "Não congelarás a imagem", ou: como não desentender o debate ciência-religião. *Mana. Estudos de Antropologia Social*, v. 10, n. 2, p. 349-376, 2004.

LOPES, Natânia. Crime como religião. *28ª Reunião Brasileira de Antropologia*, São Paulo, 2012.

MACHADO, Carly. Resgatando vidas, restituindo cidadania e promovendo a inclusão social: projetos religiosos, midiáticos e políticos de uma Assembleia de Deus da Baixada Fluminense na criação de circuitos das e nas periferias cariocas e fluminenses. Comunicação apresentada na 10ª Reunião de Antropologia do Mercosul, Buenos Aires, Argentina. Mimeo. 2013a.

MACHADO, Carly. "É muita mistura": projetos religiosos, políticos, sociais, midiáticos, de saúde e segurança pública nas periferias do Rio de Janeiro. *Religião & Sociedade*, v. 33, n. 2, p. 13-36, 2013b.

MACHADO DA SILVA, Luiz Antonio. *Vida sob cerco*: violência e rotinas nas favelas do Rio de Janeiro. Rio de Janeiro: Faperj/Nova Fronteira, 2008.

MAFRA, Clara. A "arma da cultura" e os "universalismos parciais". *Mana. Estudos de Antropologia Social*, v. 17, n. 3, p. 607-624, 2011.

MAFRA, Clara. Drogas e símbolos: redes de solidariedade em contextos de violência. In: ZALUAR, Alba; ALVITO, Marcos (org.). *Um século de favelas.* Rio de Janeiro: FGV, 1998. p. 277-298.

MAFRA, Clara; PAULA, Robson de. O espírito da simplicidade: a cosmologia da batalha espiritual e as concepções de corpo e pessoa entre policiais pentecostais cariocas. *Religião & Sociedade*, v. 22, n. 1, p. 57-76, 2002.

MAGGIE, Yvonne. *Medo e feitiço*: relações entre magia e poder no Brasil. Rio de Janeiro: Arquivo Nacional, 1992.

MAGNANI, Jose Guilherme Cantor. *Jovens na Metrópole*: pedaços e trajetos. Junguiana (São Paulo), v. 27, p. 51-58, 2009.

MARIANO, Ricardo. *Laicidade à brasileira:* católicos, pentecostais e laicos em disputa na esfera pública. *Civitas*, Porto Alegre, v. 11, p. 238-258, 2011.

MARQUES, Adalton. *Crime e proceder:* um experimento antropológico. 1. ed. São Paulo: Alameda, 2014.

MARQUES, Vagner Aparecido. *Fé & crime:* evangélicos e PCC nas periferias de São Paulo. São Paulo: Fonte Editorial, 2015.

MAUSS, Marcel; HUBERT, Henri. Esboço de uma teoria geral da magia. In: MAUSS, Marcel. *Sociologia & Antropologia*. Trad. Paulo Neves. São Paulo: Cosac & Naify, 2003. p. 47-181.

MENEZES, R.C.; FREITAS, M. B. M. (org.); BARTOLO, L. (org.). *Doces Santos:* devoções a Cosme e Damião. 1. ed. Rio de Janeiro: Museu Nacional, 2020.

MONTERO, Paula. Controvérsias religiosas e esfera pública: repensando as religiões como discurso. *Religião & Sociedade*, Rio de Janeiro, v. 32, n. 1, 2012a.

MONTERO, Paula. Multiculturalismo, identidades discursivas e espaço público. *Revista Sociologia & Antropologia*, v. 2, n. 4, p. 81-101, 2012b.

MONTERO, Paula. Religião cívica, religião civil, religião pública: continuidades e descontinuidades. *Debates do NER*, Porto Alegre, ano 19, n. 33, p. 15-39, jan./jul. 2018.

MONTERO, Paula. Religião, pluralismo e esfera pública no Brasil. *Novos Estudos Cebrap*, n. 74, p. 47-65, 2006.

MONTERO, Paula. "Religiões públicas" ou religiões na esfera pública? Para uma crítica ao conceito de campo religioso de Pierre Bourdieu. *Religião & Sociedade*, Rio de Janeiro, v. 36, n. 1, p. 128-150, 2016.

MUSIL, Robert. *Monuments. Posthumous Papers of a Living Author*. New York: Archipelago Books, 2006 [1946].

NOVAES, Regina Reyes. Ouvir para crer: os racionais e a fé na palavra. *Religião & Sociedade*, v. 20, n. 1, p. 55-64, 1990.

PIERUCCI, Antonio Flávio. A religião como solvente: uma aula. *Novos Estudos Cebrap*, n. 75, p. 111-127, 2006.

ROBBINS, Joel. The Globalization of Pentecostal and Charismatic Christianity. *Annual Review of Anthropology*, v. 33, p. 117-143, 2004.

SANCHIS, Pierre. As religiões dos brasileiros. *Horizonte*, Belo Horizonte, v. 1, n. 2, p. 28-43, 1997b.

SANCHIS, Pierre. Pentecostalismo e cultura brasileira. *Religião & Sociedade*, v. 18, n. 2, p. 123-126, 1997a.

SANSI, Roger. Fetiches e monumentos. Arte pública, iconoclastia e agência no caso dos "orixás" do Dique do Tororó. *Religião & Sociedade*, v. 25, n. 2, p. 62-81, 2005.

SANT'ANA, Raquel. A nação cujo Deus é o Senhor: a imaginação de uma coletividade "evangélica" a partir da Marcha para Jesus. Tese (Doutorado) – Programa de Pós-graduação em Antropologia Social, UFRJ, 2017.

SCHWARCZ, Lilia Moritz. Lendo e agenciando imagens: o rei, a natureza e seus belos naturais. *Sociologia & Antropologia*, v. 4, n. 2, p. 391-431, 2014.

SIMMEL, Georg. O conceito e a tragédia da cultura. Tradução de Antonio Carlos Santos. *Crítica Cultural - Critic*, Palhoça, v. 9, n. 1, p. 145-162, jan./jun. 2014.

SOUZA, Patrícia Lânes Araújo. Entre becos e ONGs: etnografia sobre engajamento militante, favela e juventude. Tese (Doutorado) – Programa de Pós-graduação em Antropologia, Universidade Federal Fluminense, 2017.

TAUSSIG, Michael. *Defacement:* Public Secrecy and the Labor of the Negative. Redwood City: Stanford University Press, 1999.

TEIXEIRA, Cesar Pinheiro. *A construção social do "ex-bandido":* um estudo sobre sujeição criminal e pentecostalismo. Rio de Janeiro: 7Letras, 2011.

TEIXEIRA, Cesar Pinheiro. A teia do bandido: um estudo sociológico sobre bandidos, policiais, evangélicos e agentes sociais. Tese (Doutorado em Sociologia e Antropologia) – Universidade Federal do Rio de Janeiro, Rio de Janeiro, 2013.

TEIXEIRA, Cesar Pinheiro. O pentecostalismo em contextos de violência: uma etnografia da relação entre pentecostais e traficantes em Magé. *Ciencias Sociales y Religión,* v. 10, p. 181-205, 2008.

VITAL DA CUNHA, Christina. Intolerância religiosa, UPPs e traficantes em foco: processos e práticas performadas pelo Estado em favelas cariocas. In: ARAÚJO, Melvina; CUNHA, Christina Vital (org.). *Religião e conflito,* v. 1. Curitiba: Prismas, 2016. p. 99-126.

VITAL DA CUNHA, Christina. *Oração de traficante:* uma etnografia. Rio de Janeiro: Garamond/Faperj, 2015.

VITAL DA CUNHA, Christina. Pentecostal Cultures in Urban Peripheries: a Socio-anthropological Analysis of Pentecostalism in Arts, Grammars, Crime and Morality. *Vibrant* (Florianópolis), v. 15, p. 93-115, 2018.

VITAL DA CUNHA, Christina. Religião e criminalidade: traficantes e evangélicos entre os anos 1980 e 2000 nas favelas cariocas. *Religião & Sociedade,* v. 34, n. 1, p. 61-93, 2014.

VITAL DA CUNHA, Christina. "Televisão para salvar": religião, mídia e democracia no Brasil contemporâneo. *Antropolítica,* v. 42, n. 1, p. 20-48, 2017.

VITAL DA CUNHA, Christina. "Traficantes evangélicos": novas formas de experimentação do sagrado em favelas cariocas. *Plural,* São Paulo, v. 15, p. 23-46, 2008.

VITAL DA CUNHA, Christina; LOPES, Paulo Victor; LUI, Janayna. *Religião e política:* medos sociais, extremismos religiosos e as eleições 2014. Rio de Janeiro: Iser/Fundação Heinrich Boll, 2017.

WEBER, Max. *Ensaios de sociologia.* Rio de Janeiro: Guanabara, 1982.

WIRTH, Louis. 1973 [1938]. "O urbanismo como modo de vida". In: VELHO, Otávio Guilherme (org.). O fenômeno urbano. Rio de Janeiro: Zahar Editores.

O que o marxismo tem a dizer sobre as favelas cariocas? Indicações para uma agenda de pesquisas baseada no materialismo histórico

Marco Marques Pestana

Compreendendo a questão

Em sua aparente simplicidade, a pergunta que faz as vezes de título do presente ensaio traz consigo um abrangente leque de respostas possíveis, o qual se abre à medida que atentamos para os múltiplos sentidos passíveis de serem atribuídos a seus dois termos fundamentais (a saber, *marxismo* e *favela*). Respondê-la a contento passa, portanto, por estabelecer precisamente que falamos.

Assim, quanto às favelas cariocas, pode-se dizer que, no bojo da vasta bibliografia que as toma por objeto, já se consolidou a percepção da heterogeneidade que as caracteriza. Não havendo uniformidade nos estatutos de propriedade do solo, na geografia dos terrenos, na disponibilidade de serviços e infraestrutura urbanos, na organização do espaço interno, nos tipos das atividades econômicas desenvolvidas em seu bojo ou nos históricos de ocupação, pouco proveito se pode tirar da elaboração de uma definição de favela alicerçada nesses elementos (ALMEIDA, 2016, p. 1-24). Dessa maneira, em lugar de privilegiar características formais, parece mais acurado operar com uma compreensão lastreada na dinâmica social que produz determinados lugares como favelas.

Nesse sentido, as favelas têm se desenvolvido como espaços de concentração das parcelas mais pauperizadas da classe trabalhadora, ainda que sejam caracterizadas por processos de relativa diferenciação interna e não se deva supor uma homogeneidade absoluta de suas populações. Esse perfil social predominante entre seus habitantes é acompanhado por um processo de estigmatização – conduzido por uma miríade de agentes, como o Estado e a mídia empresarial – que produz uma diferenciação em relação às demais áreas da cidade, aí incluídas aquelas em que também se concentram parcelas similares do proletariado (como loteamentos irregulares, cortiços e periferias). É a partir da conexão desses dois processos fundamentais que se define a especificidade da constituição dos territórios referidos como favelas, abarcando tanto as características físicas que assumem em sua multiplicidade quanto as práticas de diversos agentes em seu espaço.

Por sua vez, no que se refere ao marxismo, entendido como o conjunto de perspectivas analíticas, teóricas e políticas que toma as formulações de Karl Marx e Friedrich Engels como referência basilar, é igualmente inevitável partir de sua multiplicidade. Com efeito, no interior de uma tradição que se mantém vigorosa (ainda que com oscilações) desde meados do século XIX, desenvolveram-se variadas abordagens, muitas vezes abertamente conflitivas. Nos limites do presente texto, não há possibilidade de mapear esse vasto universo, mas é indispensável apresentar um critério básico de posicionamento em seu interior.

Para tal, pode-se partir da distinção elaborada pelo historiador inglês Edward Palmer Thompson, que identificou no interior do marxismo duas tradições. Em seus termos, a diferença fundamental entre ambas se estruturaria a partir de "modos de pensar idealista e materialista", opondo uma "tradição de teologia" a outra, de "razão ativa" (THOMPSON, 1981, p. 208). Filiando-me à segunda dessas tradições, defendo que o potencial explanatório do marxismo deriva não da mera repetição de formulações da obra marxiana, ou da aplicação mecânica e enrijecida de seus conceitos à realidade social, mas do permanente tensionamento de suas ideias a partir dessa mesma realidade. Desse modo, a proficuidade de uma abordagem marxista das favelas não é consequência da apresentação de perguntas ou (o que seria ainda pior) respostas predeterminadas, e, sim, da adoção de uma bússola para a formulação das perguntas e a elaboração das respostas.

Tal afirmação não deve conduzir à conclusão sustentada por Lukács de que "em matéria de marxismo, a ortodoxia se refere antes e exclusivamente ao *método*" (grifo do autor) (LUKÁCS, 2003, p. 64). Com efeito, mais do que uma metodologia, o marxismo constitui-se como uma teoria social, isto é, como uma forma de compreender as linhas gerais do processo de estruturação e de transformação da vida social. Há, portanto, um núcleo de ideias essenciais que fundamenta sua identidade, cujo descarte significaria ultrapassar suas fronteiras, incorrendo em ecletismo. É partindo de tais ideias que se podem formular questões em relação ao objeto analisado. O método, por sua vez, só pode aparecer como desdobramento da teoria, ou seja, como um caminho para a elaboração de respostas às questões apresentadas.

Uma vez estabelecido esse ponto de partida, podemos retomar a pergunta do título, buscando efetivamente respondê-la. Para tal, o texto que se segue está dividido em três partes: na primeira, apresento o que considero como sendo o núcleo fundamental do marxismo como teoria social; na segunda, indico três grupos de questões que podem ser formuladas a partir desse núcleo para a análise das favelas cariocas; e, na terceira, por fim, apresento breves considerações acerca da validade geral do recurso ao marxismo para o estudo da temática.

O marxismo como uma teoria social

Em *A ideologia alemã*, obra incompleta escrita em 1845-6 e publicada postumamente, Marx e Engels desenvolveram uma das primeiras apresentações sistemáticas das linhas fundamentais de sua teoria social. Profundamente marcado pelos embates filosóficos do período, o texto partiu do combate tanto ao idealismo hegeliano, que enxerga na evolução do espírito absoluto a força propulsora da evolução histórica das formas sociais, quanto ao materialismo de Ludwig Feuerbach, o qual assume contornos metafísicos ao conceber uma humanidade abstrata, pois é dotada de uma essência que se organiza fora da história. Em suas palavras:

> Essa concepção da história consiste, portanto, em desenvolver o processo real de produção a partir da produção material da vida imediata e em conceber a forma de intercâmbio conectada a esse modo de produção e por ele engendrada, quer dizer, a sociedade civil em seus diferentes estágios, como o fundamento de toda a história, tanto a apresentando em sua ação como Estado como explicando a partir dela o conjunto das diferentes criações teóricas e formas da consciência – religião, filosofia, moral etc. etc. – e em seguir o seu processo de nascimento a partir dessas criações, que então torna possível, naturalmente, que a coisa seja apresentada em sua totalidade (assim como a ação recíproca entre esses diferentes aspectos). (...) em cada um dos seus [da história] estágios encontra-se um resultado material, uma soma de forças de produção, uma relação historicamente estabelecida com a natureza e que os indivíduos estabelecem uns com os outros; relação que cada geração recebe da geração passada, uma massa de forças produtivas, capitais e circunstâncias que, embora seja, por um lado, modificada pela nova geração, por outro lado prescreve a esta última suas próprias condições de vida e lhe confere um desenvolvimento determinado, um caráter especial

> – que, portanto, as circunstâncias fazem os homens, assim como os homens fazem as circunstâncias (MARX; ENGELS, 2007, p. 42-43).

Conforme indicado pelo trecho citado, os autores colocaram a agência humana em primeiro plano, concebendo o desenrolar da história como o resultado de um processo no qual a própria humanidade se produz enquanto tal a partir da apropriação da natureza sob circunstâncias legadas pelas gerações anteriores. Escapam, assim, às armadilhas de conferir às ideias o poder de gestar o mundo material ou de atribuir uma essência a-histórica à humanidade. O materialismo histórico daí resultante tem como seu principal ponto de articulação as formas de "produção material da vida imediata" (ou seja, os modos de produção), a partir das quais se desenvolvem as formas de intercâmbio e, também, as formas estatais e de consciência.

A preponderância da produção material, por sua vez, longe de implicar uma determinação unilateral e absoluta do conjunto da vida social – ou a imputação de um estatuto meramente derivativo aos demais elementos – possui o sentido de "fixação de limites" e estabelecimento de "pressões" (WILLIAMS, 1979, p. 91). Nesse sentido, no próprio texto de Marx e Engels, está expressamente reconhecida a existência da "ação recíproca entre esses diferentes aspectos", ou seja, a transformação do elemento que é, em última instância, determinante (a produção material), pela incidência dos elementos determinados (formas de intercâmbio, Estado, consciência). Das complexas interações multidirecionais assim constituídas, resulta um todo que não é composto pela mera agregação de elementos que possuem uma existência independente anterior e cuja evolução não pode seguir quaisquer caminhos segundo um princípio de aleatoriedade. De maneira inversa, a realidade social consiste em uma *totalidade determinada em movimento*, em que a inserção na totalidade confere um sentido particular a cada parte específica e cujas transformações se processam segundo as possibilidades postas pela fricção – em sua relação determinada – entre os elementos anteriormente existentes.

Na maior parte do tempo, tais transformações revestem-se de um caráter quantitativo, isto é, implicam novas configurações de um mesmo modo de produção. Em determinadas circunstâncias históricas, entretanto, reúnem-se condições que possibilitam a ocorrência de um salto de qualidade, expresso pela transição entre diferentes modos de produção como arcabouços estruturantes de dada sociedade. Se em ambos os casos se trata de potencialidades inscritas na dinâmica da totalidade, a agência humana sempre desempenha papel fundamental em sua efetivação ou em sua manutenção como potencialidade não realizada.

Longe da agência de indivíduos isolados dotados de uma racionalidade absoluta e um leque irrestrito de opções, típica da abordagem liberal, o que se verifica concretamente é a ação historicamente determinada. Isso significa que os seres humanos se articulam em sujeitos históricos transindividuais, as classes sociais, cujos contornos mais precisos são construídos, política e ideologicamente, a partir das condições de produção material da vida. Por fim, como as diferentes inserções nesse processo de produção originam interesses contraditórios, a ação das classes assume, necessariamente, a forma de uma luta entre as classes, "ora franca, ora disfarçada" (MARX; ENGELS, 2010, p. 40). Por meio desse passo teórico, a agência humana, que constituiu um dos pontos de partida de todo o arcabouço conceitual de Marx e Engels, reaparece em sua forma conceitualmente mais desenvolvida, fechando, assim, um significativo arco de formulações.

Esse conjunto de princípios teóricos gerais adquire maior concretude na análise de modos de produção específicos. Destaca-se, nesse sentido, o escrutínio marxiano do capitalismo, produto de décadas de estudos que culminaram com o projeto inconcluso de *O capital*. Por meio desse percurso intelectual, Marx chegou à compreensão de que "(...) o motivo que impulsiona e a finalidade que determina o processo de produção capitalista é a maior autovalorização possível do capital, isto é, a maior produção possível de mais-valor (...)" (MARX, 2013, p. 406). Sob a égide de tal lógica social, cada unidade produtiva – seja uma fábrica, uma escola ou uma construtora – tem suas atividades voltadas, primordialmente, para a ampliação do capital inicialmente disponível (obtenção de um lucro), não em decorrência da ganância de seus proprietários, mas como resultado das pressões emanadas do mecanismo da concorrência. Nesse quadro, não alcançar a referida ampliação significa, necessariamente, reduzir a participação relativa de um capital particular no capital social total que aumenta sem cessar e, também, dificultar o acesso a alguns dos elementos que fortaleceriam sua posição competitiva por meio da redução de seu preço de custo unitário (notadamente, o recurso a inovações tecnológicas). Em última análise, trata-se de comprometer as próprias condições de possibilidade para sua sobrevivência como um capital.

A elucidação desse impulso fundamental da produção capitalista deixa patente, desde já, o fato de que a satisfação das necessidades humanas (sejam elas "do estômago ou da imaginação") (MARX, 2013, p. 113) não constitui seu objetivo primeiro. Com efeito, essa satisfação adquire o estatuto de mero meio de viabilizar a referida autovalorização do capital. Dessa relação emerge, por sua vez, a centralidade da categoria da mercadoria, uma vez que é ela que opera a síntese contraditória entre o valor de uso que atende às necessidades humanas e o valor que a ele se plasma pela produção capitalista. Assim, cada mercadoria é, simultaneamente, objeto de atendimento das carências do consumidor e instrumento para a reconversão do capital do capitalista da forma *produto* para a forma *dinheiro*, já acrescida do lucro. A produção capitalista é, portanto, necessariamente, produção para o mercado. Decorre daí que a contínua reprodução ampliada da produção capitalista se manifesta, também, como pressão pela progressiva expansão da mercantilização da vida, seja alcançando novas áreas geográficas, seja colonizando aspectos da sociabilidade anteriormente regidos por outras formas.

Essa orientação da produção para a troca não implica a conclusão que o momento da circulação (compra/venda do produto) seja onde ocorra a efetiva valorização do capital. Pelo contrário, na circulação verifica-se apenas a realização de potenciais anteriormente inscritos na mercadoria. Desse modo, a fim de desvendar o mistério da autovalorização do capital, é preciso dirigir o olhar para o momento da produção. Em termos conceituais, esse mistério pode ser solucionado pelo estabelecimento da distinção entre o valor da força de trabalho e o valor produzido pelo trabalho. Com efeito, o capitalista (ou burguês) remunera o trabalhador (ou proletário) pelo valor de sua força (ou capacidade) de trabalho, ou seja, o equivalente ao necessário para a reprodução dessa força de acordo com padrões socialmente estabelecidos. Ao fazê-lo, ele adquire uma mercadoria dotada de uma característica peculiar: a capacidade de gerar valor. Empregando tal mercadoria por um período no qual o trabalhador é capaz de gerar um valor superior ao de sua remuneração, o capitalista apropria-se dessa diferença – a qual Marx denominou mais-valor –, o que torna possível a efetivação do lucro pela venda das mercadorias produzidas. Assim, uma relação que, à primeira vista, aparecia como mera troca de equivalentes – a venda da força de trabalho pelo seu valor – revela-se como o centro da exploração capitalista e fundamento da valorização do capital (MARX, 2013, p. 241-251).

A generalização dessa relação de assalariamento que torna possível a operação do capital pressupõe, por sua vez, a contínua produção de duas classes sociais fundamentais – ainda que não únicas –, já mencionadas aqui. De um lado, os capitalistas precisam concentrar em suas mãos os recursos produtivos sob a forma de propriedade privada: objetos de trabalho (matérias-primas), meios de trabalho (instrumentos, máquinas etc.) e capital para remunerar os trabalhadores. Apenas dessa maneira, é possível a eles estabelecer o controle sobre o processo de trabalho de modo a subordiná-lo à lógica da valorização do capital. De outro, os trabalhadores precisam estar disponíveis para a relação de assalariamento. Na verve irônica de Marx, essa precondição foi apresentada como uma dupla liberdade:

> Para transformar dinheiro em capital, o possuidor de dinheiro tem, portanto, de encontrar no mercado de mercadorias o trabalhador livre, e livre em dois sentidos: de ser uma *pessoa livre, que dispõe de sua força de trabalho como sua mercadoria*, e de, por outro lado, ser alguém que não tem outra mercadoria para vender, *livre e solto, carecendo absolutamente de todas as coisas necessárias à realização de sua força de trabalho* (grifos meus) (MARX, 2013, p. 244).

Se a liberdade de dispor de sua própria força de trabalho, isto é, a não sujeição a qualquer forma de escravidão ou servidão, constitui uma conquista efetiva para os trabalhadores, o mesmo não pode ser dito acerca da segunda liberdade mencionada. Com efeito, a separação em relação aos demais fatores produtivos é a base para sua sujeição ao capital. Afinal, uma vez impossibilitado de produzir de maneira autônoma para sua própria subsistência ou para a troca no mercado, o trabalhador vê-se compelido a submeter-se à relação de assalariamento, produzindo em condições que não pode controlar e sendo impedido de se apropriar da totalidade do produto de seu esforço.

Em termos teóricos, a produção dessa dependência do trabalhador às relações mercantis (venda da força de trabalho e compra dos elementos que viabilizam sua reprodução social) é entendida como expropriação. Operando por meio de mecanismos de coerção direta (violência extraeconômica), o movimento de expropriação tende a privar os trabalhadores de todos os recursos que possibilitem formas alternativas de reprodução social. Se sua figura clássica é, inegavelmente, constituída pela expulsão do camponês de suas terras, há que se notar também a existência de "expropriações secundárias", que incidem sobre a rede de direitos sociais e elementos da natureza, entre outros (FONTES, 2010). Tanto em um caso quanto no outro, a ação estatal configura elemento central para a realização das expropriações, incidindo nesse processo por meio da criação de regulamentos e da mobilização de seu aparato coercitivo, entre outros mecanismos.

Sendo atravessadas por esse complexo de relações pautadas pela exploração econômica (extração de mais-valor) e pela expropriação coercitiva, as sociedades capitalistas não podem se reproduzir de maneira harmoniosa. São, pelo contrário, marcadas por formas tão variadas quanto intensas da luta de classes. Trabalhadores e capitalistas enfrentam-se em torno do grau de exploração a que os primeiros estão sujeitos (isto é, o nível salarial), da possibilidade de mitigação dos efeitos da expropriação e da exploração (direitos sociais) e da preservação ou não de domínios livres do domínio direto do capital (a existência de áreas e formas de lazer de acesso gratuito, por exemplo), entre inúmeros outros pontos. Evidentemente, o resultado desses embates não pode ser previsto de antemão, dependendo de uma série de fatores, desde as condições materiais para a luta (os recursos mobilizáveis por cada um dos lados), até as estratégias adotadas, passando pelas repercussões de enfrentamentos anteriores sobre a disposição de luta.

Nessa luta que atravessa o funcionamento das sociedades capitalistas, o Estado desempenha papel-chave. Seja normatizando as relações trabalhistas, mediando negociações e conflitos, estabelecendo as formas legítimas de protesto, regulamentando as movimentações do capital ou repartindo os recursos de que dispõe em seu orçamento, suas ações incidem de maneira direta na dinâmica da luta de classes. Longe de se arvorar em árbitro neutro de tais contendas, entretanto, o Estado opera, fundamentalmente, como um garantidor das condições gerais de reprodução das relações sociais capitalistas. Isso não significa que em cada embate específico se manifeste a favor de capitalistas particulares contra os trabalhadores que os enfrentam. Em certas situações em que a mobilização dos trabalhadores acumula uma força considerável, é possível, inclusive, que o próprio Estado tome medidas que contrariam interesses de curto ou médio prazos dos capitalistas (ou de segmentos da classe capitalista, na medida em que também há divisões intraclasses) com o intuito de aplacar movimentos reivindicatórios e garantir a preservação do fundamento último do modo de produção capitalista, a propriedade privada dos meios de produção.

Em seu conjunto, essas breves observações acerca da luta de classes nas sociedades capitalistas e a participação do Estado nelas fornecem exemplos valiosos dos princípios teóricos trabalhados no início desta parte do presente texto. Em particular, permitem a compreensão da dinâmica de uma totalidade determinada em movimento, pois evidenciam como os referidos conflitos emergem da situação posta para cada classe social – e, portanto, das relações entre elas –, sem que se suponha um desfecho predeterminado, ou mesmo a possibilidade da previsão da eclosão de embates em tal ou qual momento particular. De maneira análoga, afirmar que o Estado é determinado pela forma de produção material da vida não implica tratá-lo como um epifenômeno desprovido de eficácia própria no desenrolar dos acontecimentos, mas apenas indicar os limites últimos de suas margens de atuação. Desse modo, foi sustentada não apenas a coerência interna do arcabouço conceitual desenvolvido por Marx, mas também sua fecundidade para a análise complexa de situações variadas, escapando às abordagens que se pautam pela absolutização das contingências e da aleatoriedade, ou pelo procedimento de apartar determinados objetos de análise da totalidade social na qual eles se movimentam. Pode-se, assim, rumar para a próxima etapa do argumento.

Três possíveis pontos de partida para análises marxistas das favelas cariocas

O presente tópico não tem o propósito de esgotar as possibilidades de interrogação analítica das favelas por meio do instrumental teórico marxiano ou mesmo de oferecer uma interpretação pronta e acabada de um fenômeno social tão complexo e multifacetado. De maneira muito mais modesta, o que se pretende é, apenas, delinear três possíveis linhas muito gerais de investigação pela apresentação de algumas questões e problemas que podem ser iluminados pelo referido instrumental, partindo de seus traços fundamentais anteriormente apresentados.

Capital de incorporação e distribuição geográfica das favelas

Em meio à generalização das relações sociais capitalistas, a organização e o funcionamento do espaço urbano passam a ser, cada vez mais, mediados pelo impulso à valorização do capital. Com efeito, as cidades constituem o local de operação de capitais variados, os quais se servem de dada configuração espacial para a efetivação de suas atividades produtivas (como em fábricas, escolas, transportadoras etc.). Entretanto, na medida em que a mercantilização alcança também o próprio solo, torna-se possível a emergência de um tipo particular de capital. Trata-se daquele que tem o espaço não apenas como um suporte para as suas atividades, mas se encarrega diretamente da produção do próprio espaço por meio da transformação das características anteriormente apresentadas, valorizando-se por meio desse processo. Trata-se do capital que atua no setor imobiliário organizando a produção desse ramo segundo os preceitos da valorização do valor, o chamado capital de incorporação (RIBEIRO, 1997).

Na determinação do grau de valorização desse capital, aparece como elemento fundamental o fenômeno da diferenciação espacial. Nesse sentido, tomando-se como exemplo a mercadoria habitação, não é difícil constatar empiricamente como dois imóveis de características semelhantes (metragem, número de cômodos, material empregado etc.) podem ser comercializados a preços muito distintos, caso se localizem em diferentes áreas de uma mesma cidade. Em linhas gerais, isso decorre do fato de que

> Seu valor de uso é também determinado pela sua articulação com o sistema espacial de objetos imobiliários que compõem o valor de uso complexo representado pelo espaço urbano. O que é vendido não são apenas "quatro muros", mas também um "ticket" para o uso desse sistema de objetos e de "appartenance" [pertencimento] à estratificação social representada pela divisão social e simbólica do espaço (RIBEIRO, 1997, p. 81).

Resulta desse processo uma tendência à segregação das classes e frações de classes sociais no espaço urbano, as quais têm seus locais de moradia distribuídos segundo um gradiente de preços que se reduzem à medida que se distanciam dos principais centros de valorização imobiliária. No caso específico do Rio de Janeiro, nota-se que essa segregação social se expressa, também, como um distanciamento racial, em consequência tanto do longo período de vigência da escravidão quanto da inserção extremamente subalternizada dos negros no mercado de trabalho no pós-Abolição e das formas permanentemente atualizadas de opressão racial. Nesse cenário, as favelas têm operado como uma das mais poderosas contratendências a esse processo, possibilitando que milhares de trabalhadores pauperizados e, em larga medida, negros, permaneçam residindo em áreas encravadas em alguns dos principais polos do mercado imobiliário (GUSMÃO, 2015).

A partir desse enquadramento geral orientado pela lógica de reprodução do capital incorporador, é possível derivar uma ampla gama de possibilidades analíticas. A mais evidente delas parte da indagação acerca das maneiras e da intensidade pelas quais a permanência das favelas em determinadas áreas impacta o desenvolvimento daquele capital. Quanto a isso, cabe destacar que a relação favela-capital incorporador não necessariamente assume contornos antagônicos. Com efeito, algumas das favelas da cidade tiveram suas origens em ações de empresários do ramo imobiliário com atuação simultânea nas esferas formal e informal do mercado (FISCHER, 2008). A superação desse momento inicial, por sua vez, não significa o fim da atividade imobiliária no interior das favelas, a qual pode ganhar grande dinamismo conforme um conjunto de condições. Indo além, em se tratando das favelas localizadas fora das áreas mais valorizadas da cidade, sua presença pode operar como um elemento de pressão pela instalação da infraestrutura urbana que, em um segundo momento, pode potencializar a atuação do capital incorporador em dada região.

Ampliando o escopo de fatores considerados, é possível investigar a influência de outros interesses socialmente organizados sobre a localização geográfica das favelas, o que, evidentemente, não deixa de impactar a dinâmica do mercado imobiliário. Aqui, destacam-se, em primeiro lugar, outras frações do capital industrial e de serviços, que se beneficiam da oferta de força de trabalho nas proximidades de seus empreendimentos que é possibilitada pelas favelas. Em segundo lugar, também os proprietários de imóveis residenciais têm seus interesses particulares como proprietários afetados pela presença de favelas nos entornos de suas moradias. Nesse caso, manifesta-se uma aguda contradição entre o aproveitamento da força de trabalho pauperizada da vizinhança em serviços domésticos e nos condomínios e o descontentamento com a desvalorização generalizada dos imóveis de amplas regiões contíguas a favelas.

Ainda que breve, essa síntese já possibilita a compreensão de que o desenvolvimento da lógica capitalista de produção do espaço não se dá de maneira linear, estando atravessada por múltiplos agentes e os conflitos entre seus respectivos interesses. Evidentemente, os resultados dessa dinâmica não são dados de antemão, devendo ser objeto de pesquisa, a qual pode, inclusive, identificar outros agentes intervenientes nesse processo, bem como novos mecanismos de interação entre eles e os próprios processos de formação e atuação de cada fração do capital. Como o Estado desempenha papel-chave na mediação desses complexos conflitos e relações, é para sua atuação que nos direcionaremos na sequência.

Estado, sociedade civil e dominação de classes nas favelas

No senso comum acerca das favelas, é profundamente arraigada a noção de que a existência dessas áreas e a precariedade de serviços urbanos que caracteriza muitas delas decorreriam da "ausência do Estado". Subjaz a essa interpretação uma concepção do Estado como um agente neutro cujo funcionamento normal deveria ser marcado pela intervenção isonômica em todas as áreas da cidade. Em outras palavras, sua atuação estaria aberta ao atendimento das reivindicações emanadas das distintas classes e frações de classes.

Conforme anteriormente exposto, o pensamento marxiano parte de uma premissa distinta, considerando o Estado como um agente garantidor da reprodução das relações sociais predominantes. Para a compreensão das formas concretas por meio das quais esse papel é desempenhado, incorporando inúmeras mediações, nenhum pensador forneceu indicações mais profícuas do que Antonio Gramsci. Ao analisar as transformações verificadas na morfologia do poder em algumas nações europeias a partir do último quartel do século XIX, Gramsci (2007) assinalou a emergência da fórmula da "hegemonia civil". Esta se caracteriza por uma profunda imbricação do aparelho estatal tradicional (*grosso modo*, a burocracia civil e militar, além dos agentes de governo, a cujo conjunto se referiu como "sociedade política") com a sociedade civil (entendida como esfera das associações de natureza privada às quais a adesão é voluntária), conformando o Estado integral ou ampliado.

Nessa nova situação, de forma simplificada, as diferentes frações das classes dominantes e dominadas articulariam suas concepções de mundo e seus projetos societários em suas respectivas entidades da sociedade civil (ou "aparelhos privados de hegemonia", ou APHs), buscando aglutinar aliados em torno de si, para tornar a sociedade política uma caixa de ressonância de seus desígnios, espraiando-os para o conjunto da sociedade de modo a gerar uma vontade coletiva coesa. Assim, tanto a sociedade civil quanto a sociedade política seriam atravessadas pelos conflitos entre as diferentes classes e frações de classes, configurando a vigência da hegemonia como um momento de equilíbrio sob a direção de determinada fração de classe.

Partindo desses aportes, é possível desenvolver uma ampla linha de investigação voltada para a identificação e o mapeamento da atuação dos APHs – sejam eles vinculados às classes dominantes ou às dominadas –, cujo espectro de interesses incorpora a temática das favelas. Um desdobramento possível dessa via seria a observação de aparelhos de Estado específicos, identificando os interesses sociais que são privilegiados em sua atuação, por meio do cotejamento de suas políticas com as formulações dos APHs, bem como pela observação da trajetória de seus principais quadros técnicos e administrativos.[1] Seguindo essa trilha, não se torna difícil compreender as razões pelas quais a distribuição de serviços e infraestrutura urbanos é tão desigual, operando como um forte catalisador do processo de diferenciação espacial que, conforme indicado, subsidia a acumulação do capital incorporador.

Para além da atuação de APHs particulares, o viés da atuação estatal é condicionado, ainda, pela dinâmica geral da luta de classes. Assim, não à toa, momentos de ofensiva do conjunto da burguesia tendem a ser mais propícios à implementação de políticas autoritárias de remoções de favelas, ao passo que as conjunturas de fortalecimento dos dominados se mostram historicamente mais propícias ao desenvolvimento de iniciativas amplas de urbanização local. A efetivação ou não dessas tendências, bem como suas formas particulares de concretização, constitui outro significativo filão analítico, que se beneficiaria enormemente de novas pesquisas.

Por fim, cabe notar que a atuação estatal nas favelas não se resume à seara das intervenções urbanísticas. Desde a emergência dessa forma urbana nos anos finais do século XIX, as forças policiais têm respondido por parcela expressiva da presença do Estado em seu interior. Seja vigiando e cerceando a atuação política e reivindicativa organizada dos favelados, seja aplicando um arsenal repressivo de teor preventivo e intimidador de maneira indiscriminada sobre o conjunto das populações locais, as polícias incidem no cotidiano de tais áreas de modo a fornecer um importante componente coercitivo à dominação de classes.[2] Embora as lógicas subja-

---

[1] Exemplos de análises de políticas públicas para favelas a partir de posições gramscianas podem ser consultados em Trindade (2006) e Pestana (2022).

[2] Cabe lembrar que essa função raramente é desempenhada sem o valioso apoio de formas paraestatais de exercício da violência, como esquadrões da morte e milícias.

centes a tais práticas policiais sejam objeto de numerosos estudos (ver, por exemplo, LEITE, 2012), em especial a partir dos anos 1990, ainda há muito a ser feito, tanto no desvendamento das modalidades atualmente predominantes e sua racionalidade sistêmica quanto na escavação de seus antecedentes em períodos anteriores.

Desse conjunto de observações, emerge uma atuação estatal que não é escassa ou distorcida, mas amplamente presente e capaz de traduzir as determinações mais fundamentais do Estado capitalista. Assim, pode-se dizer que as iniquidades e injustiças geradas por sua atuação se encontram inscritas em seu modo normal de funcionamento, possibilitando a reprodução das relações sociais capitalistas de formas variadas em conexão com a dinâmica tensa e contraditória da luta de classes. E, em se tratando de luta de classes, faz-se indispensável interrogar os tipos de organização e intervenção política dos próprios favelados, ao que procederemos no próximo subtópico.

Favelas, classe trabalhadora e luta de classes

É bastante frequente, na produção acadêmica sobre as favelas, o procedimento analítico de isolar a experiência no local de moradia dos demais aspectos da vida dos favelados. Resulta daí uma tendência a negar ou minimizar a validade do conceito de classe social para analisar esse grupo, muitas vezes justificada por afirmações acerca da heterogeneidade da população favelada ou pela afirmação de sua especificidade irredutível em relação a outros setores sociais. Quanto a essas objeções, cabe lembrar que o conceito marxiano de classe social não se pauta nem por critérios de capacidade de consumo (ou nível de renda), nem pelo tipo de trabalho realizado ou pelo tipo de vínculo empregatício (um operário fabril é tão proletário quanto um comerciário, por exemplo), que são os elementos tipicamente mobilizados para subsidiá-las teoricamente.[3]

Não se trata, com isso, de negar a existência de diferenças e desigualdades no interior da população favelada, mas de afirmar dois fatores que condicionam seu sentido. Por um lado, deve-se notar que tais distinções são, na maior parte dos casos, de natureza quantitativa, não implicando alterações de qualidade que resultem em diferentes classes sociais. Portanto, ao longo de toda a história dessas áreas, sua população tem sido composta

[3] Algumas dessas incompreensões podem ser encontradas, por exemplo, no trabalho de Zaluar (2000).

por frações da classe trabalhadora, com grande participação de alguns de seus segmentos mais oprimidos, como os negros e os migrantes nordestinos. Por outro lado, se é verdade que o progressivo desenvolvimento das favelas tende a complexificar sua composição interna, é preciso não perder de vista o fato de que elas emergem, se afirmam e evoluem justamente em função da permanente recriação sistêmica de amplos contingentes de trabalhadores pauperizados.

A fim de compreender essa última afirmação, convém retomarmos o mecanismo de expropriação identificado por Marx. Nesse sentido, como já argumentado, a produção de um proletariado disponível para o assalariamento passa, fundamentalmente, pela expropriação dos meios de produção, o que, no caso da expulsão do campo, se configura, também, como uma expropriação dos meios de reprodução do núcleo familiar, entre os quais se destaca a habitação. Uma vez deslocado para o ambiente urbano, o proletário expropriado depara-se com uma situação em que o acesso à habitação é mediado por relações mercantis. A venda de sua força de trabalho passa, então, a ser componente determinante para a garantia das condições de sua reprodução, uma vez que é por meio dela que podem ser obtidos os recursos para a aquisição da mercadoria habitação.

Entretanto, em uma realidade caracterizada por alta informalidade, constante rotatividade e baixa remuneração, como é historicamente o caso do mercado de trabalho brasileiro, um amplo contingente de trabalhadores não reúne as condições necessárias para arcar com os altos preços exigidos para a aquisição de habitações diretamente produzidas pela ação do capital incorporador no mercado formal. Para esses segmentos, as soluções possíveis passam por variadas estratégias alternativas (LEEDS, 1978), no âmbito das quais as favelas ocupam um papel essencial. Isso possibilita o recurso a práticas como a autoconstrução ou a aquisição pelo mercado imobiliário informal.

Uma vez estabelecida essa conexão estrutural entre a condição proletária e as possibilidades de acesso à habitação, é preciso atentar para as formas pelas quais a mobilização dos favelados em torno de questões diretamente ligadas ao local de moradia se configuram como momentos da luta de classes. Nesse sentido, é possível identificar, pelo menos, quatro elementos significativos. O primeiro diz respeito à luta pela permanência de favelas em áreas valorizadas da cidade, as quais, muitas vezes, se chocam diretamente com os interesses do capital incorporador, configurando um potencial entrave às suas condições de reprodução. O segundo, por sua vez, expressa-se por meio da relação entre níveis salariais e custos associados à moradia, que faz com que alterações em qualquer uma dessas grandezas tendam a repercutir na outra. Assim, períodos de compressão salarial generalizada podem resultar em ampliação da procura pelas estratégias habitacionais associadas às favelas, enquanto o aumento nos custos dessas pode gerar em pressões por reajustes salariais que sejam capazes de compensar tal aumento. Na sequência, é igualmente importante considerar a dimensão da disputa pelo sentido da atuação estatal. Nessa seara, cabe lembrar que cada centavo do fundo público investido em melhoramentos urbanos nas favelas representa o bloqueio à sua apropriação por todos os capitais que não atuem diretamente na materialização de tais melhoramentos. Indo além, as mobilizações que questionam a forma de atuação das forças policiais nas favelas exercem pressão sobre um dos principais fundamentos do conjunto da dominação de classes no Brasil. Por fim, nota-se que as formas de morar e as lutas que se desenrolam em torno delas impactam – ainda que não de maneira mecânica – o conjunto das atitudes dos sujeitos em relação à sociedade e às relações vivenciadas. Desse modo, por exemplo, a percepção da precariedade da infraestrutura urbana disponível nas favelas como uma injustiça pode ser desenvolvida a ponto de resultar em severas críticas ao governo de turno ou mesmo ao regime político vigente.

A identificação analítica desse conjunto de mecanismos não significa que sua vigência se traduza automaticamente em uma consciência generalizada de sua natureza pelos próprios favelados. Com efeito, parte significativa da história do movimento de favelados é marcada pelo constante embate entre duas concepções amplas do ser favelado e do sentido de suas mobilizações, as quais assumiram diversas roupagens em cada momento histórico particular. Enquanto uma delas busca afirmar a especificidade dos favelados e restringir o escopo de suas lutas às questões imediatamente atinentes ao espaço de moradia, a outra aponta para a necessária conexão entre as diferentes dimensões da experiência social do proletariado, esforçando-se para construir alianças orgânicas com outras frações dessa classe social. Longe de se constituir como uma disputa restrita aos limites das favelas, existe toda uma vasta gama de agentes políticos que participam constantemente de seu desenrolar, desde agências estatais, até entidades da sociedade civil (em seu sentido gramsciano) ligadas às mais diversas classes e frações de classes, como sindicatos, partidos políticos, veículos de comunicação,

ONGs etc.[4] Evitando o caminho simplista de reduzir essa dinâmica à dicotomia entre agentes "internos" e "externos", é possível tomá-la como ponto de partida para uma compreensão ampliada da articulação das favelas ao processo geral da luta de classes no Rio de Janeiro e no Brasil, analisando, por exemplo, as alianças entabuladas e os impactos da ação estatal.

Esse, entretanto, constitui apenas um dos muitos pontos em que o arcabouço marxiano pode possibilitar o aprofundamento de uma agenda de pesquisas em torno da relação entre favelas, classe trabalhadora e luta de classes. Considerando todos os aspectos inventariados aqui, outras linhas de investigação podem se desdobrar em torno da análise dos condicionantes que pressionam particularmente determinados contingentes do proletariado a estruturarem suas vidas em torno da moradia nas favelas, ou das formas assumidas pelas organizações diretamente mantidas pelos favelados, ou mesmo dos rebatimentos dos múltiplos padrões de diferenciação entre a própria população favelada sobre essas organizações, entre outros elementos.

Uma nota final

Observando atentamente a produção intelectual acerca das favelas nas últimas décadas, não é difícil concluir que questões e problemas análogos aos aqui indicados têm sido abordados a partir de referenciais teóricos distintos do marxismo, gerando algumas contribuições de enorme relevância. Diante desse quadro, parece oportuno encerrar a discussão anteriormente desenvolvida com uma observação mais geral acerca do sentido em que o recurso ao materialismo histórico pode contribuir para o desenvolvimento das pesquisas sobre favelas, para além de qualquer problemática particular.

Nesse sentido, tal aparato teórico possibilita, sobretudo, que se recoloque em termos mais profícuos a questão das relações entre as favelas e a totalidade social em que elas se encontram imersas. Dessa forma, torna-se possível superar as limitações das abordagens que atribuem uma especificidade total das favelas em relação a outras áreas, supondo o todo como mera agregação de partes estanques (VENTURA, 2011), bem como daquelas que

[4] O sintético ensaio de Silva (2002) oferece uma importante, ainda que não exaustiva, compreensão do papel do modo de funcionamento das agências estatais especificamente voltadas para a atuação nas favelas na produção da cisão entre os favelados e outras frações da classe trabalhadora. Por outro lado, duas conjunturas históricas em que a tendência ao enquadramento da luta dos favelados como luta de classes ganhou força foram analisadas em Pestana (2016; 2022).

as retratam como uma espécie de microcosmo da sociedade, enxergando correspondências muito marcadas entre suas relações particulares e a dinâmica social geral (SILVA, 2016). Contrastando com ambas, o materialismo histórico supõe relações dialéticas entre o todo e suas partes, em que "*a parte é a materialização concreta, embora parcial e fragmentária do todo*, que, por sua vez, não pode existir senão *em* e *através de* cada parte" (grifos do autor) (COELHO, 2010, p. 11).

Emerge daí um objeto que é substancialmente mais poroso em suas articulações com os demais componentes do todo, sem, no entanto, se constituir como espelho desse todo; pelo contrário, sua capacidade de imprimir suas marcas particulares nas relações com as partes e com o próprio todo mantém-se inteiramente atuante. Assim, longe de assumir a favela como um ponto de partida autoevidente e definido de antemão, a investigação passa a colocar o problema de compreender a própria produção histórica das favelas em meio a um feixe de relações sociais dinâmicas e determinadas, interrogando-se acerca de seu lugar particular no âmbito da totalidade. Partindo dessa premissa, é possível não apenas desnaturalizar as favelas, enxergando-as como produtos de um conjunto de relações sociais historicamente determinadas, bem como relativizar seus contornos imediatos como fronteiras rigidamente delimitadas para a construção dos problemas a serem investigados. Assim, se a observação empírica mais imediata nos levou a partir da definição das favelas como espaços de concentração das parcelas mais pauperizadas da classe trabalhadora marcados por processos de forte estigmatização, o aprofundamento da reflexão por meio desse arcabouço conceitual possibilita entender não apenas como e por que tal configuração se realiza, mas também suas consequências sistêmicas.

Evidentemente, afirmar essa perspectiva como ponto de partida não pode ser o mesmo que supor de maneira automática os pontos de chegada. Por um lado, como já indicado, a teoria fornece apenas um guia para a elaboração de questões e a busca de respostas, mas os caminhos percorridos a partir daí podem conduzir a conclusões imprevistas que, em certos casos, impõem mesmo a necessidade de se reelaborar a própria teoria. Por outro lado, a natureza necessariamente cumulativa (ainda que não linear) do conhecimento implica a impossibilidade de se alcançar um fim absoluto, exigindo, sempre, a análise de novos materiais, novas questões e novas perspectivas, bem como a adição de mais complexas camadas de investigação.[5]

Tendo em mente tais precauções, estudar as favelas a partir do materialismo histórico possibilita, em suma, que se compreenda melhor o próprio objeto favela em seu fluxo histórico. Permite, ademais, que se compreenda melhor também o fluxo histórico da totalidade social, o qual só pode ser analiticamente acessado por meio de sua expressão em e interação com cada parte especificamente analisada (como as próprias favelas). E, para qualquer pesquisa que pretenda superar o estatuto de ferramenta de gestão da realidade social capitalista, ou de inventário de saberes parciais, esse não é um mero detalhe.

Referências

ALMEIDA, Rafael Gonçalves de. Favelas do Rio de Janeiro: a geografia histórica da invenção de um espaço. Tese (Doutorado em Geografia) – Universidade Federal do Rio de Janeiro, Rio de Janeiro, 2016.

COELHO, Eurelino. A dialética na oficina do historiador: ideias arriscadas sobre algumas questões de método. *História & Luta de Classes,* n. 9, p. 7-16, jun. 2010.

FISCHER, Brodwyn. *A Poverty of Rights:* Citizenship and Inequality in Twentieth-Century Rio de Janeiro. Stanford: Stanford University Press, 2008.

FONTES, Virgínia. *O Brasil e o capital-imperialismo:* teoria e história. Rio de Janeiro: EPSJV/UFRJ, 2010.

GRAMSCI, Antonio. *Cadernos do cárcere:* Maquiavel. Notas sobre Estado e política. 3. ed., v. 3. Trad. Luiz Sérgio Henriques, Marco Aurélio Nogueira e Carlos Nelson Coutinho. Rio de Janeiro: Civilização Brasileira, 2007.

GUSMÃO, Hugo. Um olhar através de mapas na política que barra negros e pobres na cidade do Rio de Janeiro. 23 out. 2015. Disponível em: https://desigualdadesespaciais.wordpress.com/2015/10/23/um-olhar-atraves-de-mapas-na-politica-que-barra-negros-e-pobres-na-cidade-do-rio-de-janeiro-2/. Acesso em: 18 ago. 2019.

LEEDS, Anthony. Tipos de moradia, arranjos de vida, proletarização e a estrutura social da cidade. In: LEEDS, Anthony; LEEDS, Elizabeth. *A sociologia do Brasil urbano.* Trad. Maria Laura Viveiros de Castro. Rio de Janeiro: Zahar, 1978. p. 144-185.

LEITE, Márcia Pereira. Da "metáfora da guerra" ao projeto de "pacificação": favelas e políticas de segurança pública no Rio de Janeiro. *Revista Brasileira de Segurança Pública,* São Paulo, v. 6, n. 2, p. 374-388, ago./set. 2012.

LUKÁCS, Georg. *História e consciência de classe:* estudos sobre a dialética marxista. Trad. Rodnei Nascimento. São Paulo: Martins Fontes, 2003.

MARX, Karl. *O capital:* crítica da economia política. Livro I: o processo de produção do capital. Trad. Rubens Enderle. São Paulo: Boitempo, 2013.

[5] Quanto a isso, cabe notar que esse texto foi marcado por constantes evidências da conexão das favelas com a totalidade social entendida como a sociedade carioca ou, no limite, brasileira. Essa mesma sociedade, por sua vez, constitui não mais do que uma parte da totalidade composta pelo capitalismo em âmbito mundial. Considerar a questão das favelas desse ponto de vista implicaria o acionamento de novos elementos de análise cujo detalhamento não é possível no espaço aqui disponível.

MARX, Karl; ENGELS, Friedrich. *A ideologia alemã:* crítica da mais recente filosofia alemã em seus representantes Feuerbach, B. Bauer e Stirner, e do socialismo alemão em seus diferentes profetas (1845-1846). Trad. Rubens Enderle, Nélio Schneider, Luciano Cavini Martorano. São Paulo: Boitempo, 2007.

MARX, Karl; ENGELS, Friedrich. *Manifesto comunista.* Trad. Álvaro Pina e Ivana Jinkings. São Paulo: Boitempo, 2010.

PESTANA, Marco Marques. *A União dos Trabalhadores Favelados e a luta contra o controle negociado das favelas cariocas (1954-1964).* Niterói: Eduff, 2016.

PESTANA, Marco Marques. *Remoções de favelas no Rio de Janeiro:* empresários, Estado e movimento de favelados (1957-1973). Rio de Janeiro: Arquivo Nacional, 2022.

RIBEIRO, Luiz César de Queiróz. *Dos cortiços aos condomínios fechados:* As formas de produção da moradia na cidade do Rio de Janeiro. Rio de Janeiro: Civilização Brasileira; Ippur/UFRJ/Fase, 1997.

SILVA, Luiz Antonio Machado da. A continuidade do "problema da favela". In: OLIVEIRA, Lúcia Lippi (org.). *Cidade:* história e desafios. Rio de Janeiro: FGV, 2002. p. 220-237.

SILVA, Luiz Antonio Machado da. A política na favela. In: SILVA, Luiz Antonio Machado da. *Fazendo a cidade:* trabalho, moradia e vida local entre as camadas populares urbanas. Rio de Janeiro: Mórula, 2016. p. 33-47.

THOMPSON, Edward Palmer. *A miséria da teoria, ou um planetário de erros.* Trad. Waltensir Dutra. Rio de Janeiro: Zahar, 1981.

TRINDADE, Cláudia Peçanha da. Entre a favela e o conjunto habitacional: Programa de Remoção e Habitação Provisória (1960-1970). Dissertação (Mestrado em História) – Universidade Federal Fluminense, Niterói, 2006.

VENTURA, Zuenir. *Cidade partida.* São Paulo: Companhia das Letras, 2011.

WILLIAMS, Raymond. *Marxismo e literatura.* Trad. Waltensir Dutra. Rio de Janeiro: Zahar, 1979.

ZALUAR, Alba. *A máquina e a revolta:* as organizações populares e o significado da pobreza. 2. ed. São Paulo: Brasiliense, 2000.

Da degeneração ao subdesenvolvimento: a favela carioca e seus significados sócio-históricos

Rafael Gonçalves de Almeida
Rafael Soares Gonçalves

A favela como "outro" e a cidade-espelho

Com a informalidade de volta à agenda do desenvolvimento internacional e do planejamento urbano (GONÇALVES; BAUTÉS; MANEIRO, 2018; ROY, 2005; VARLEY, 2013), o interesse sobre a história e o significado das favelas (ou assentamentos informais em geral) para nosso entendimento do espaço urbano moderno vem se renovando. Um dos desafios colocados pela literatura recente refere-se à necessidade de superar a perspectiva simplista de dualismos reducionistas (rural/urbano, favela/cidade, formal/informal) que, além de incapazes de distinguir as diferenças em cada polo, fabricam e reproduzem o "outro" como ocupando um polo de um sistema bipolar (ANGOTTI, 2013).

O planejamento modernista e funcionalista, junto às teorias da marginalidade, exerceu forte papel, sobretudo no pós-guerra, na definição de um modelo de cidade, assim como de sua antítese. O "outro" foi identificado no favelado, no negro, no pobre, no sertanejo, no indígena, no imigrante do campo. O "outro" foi caracterizado como ignorante, doente, sujo e subdesenvolvido. Em suma, como argumenta Angotti (2013), o "outro" foi construído como um estereótipo historicamente descartável que conferiu protagonismo ao sujeito "civilizado", europeizado e habitante da cidade planejada e desenvolvida. E foi a partir do ponto de vista desse sujeito, do cidadão urbano legítimo, que a favela foi demarcada como o "outro" da cidade.

Mario Brum (2012) já assinala que tal caracterização – que faz do "favelado" sempre o outro – serve, antes de tudo, para o acusador se autodefinir como superior, reforçando hierarquias, estabelecendo parâmetros de comportamento e definindo o que é "normal" na cidade. Nesse sentido, a forma como a favela foi construída historicamente como objeto de intervenção governamental, por meio de caracterizações simplistas e estigmatizantes, diz mais sobre a cidade que se pretende erigir do que sobre a favela em si. Ela expressa o sonho narcisista e egocêntrico de uma cidade-espelho, uma cidade que deve refletir a autoimagem de uma parcela da sociedade e que rejeita tudo aquilo que não condiz com esse autorretrato.

Essa rejeição, no entanto, nem sempre é explícita e direta. Ela é marcada por discursos pretensamente científicos, que racionalizam os sistemas de desigualdade política e econômica em termos evolucionistas e criam uma narrativa linear na qual se conta a história do complexo mundo urbano como uma série de eventos que não modificam as categorias universais que o descrevem (ANGOTTI, 2013).

O presente capítulo busca descortinar alguns dos deslocamentos na forma como a favela carioca foi apreendida, seja como expressão de um retrocesso evolutivo, seja como etapa, resquício de um passado a ser superado. Nosso argumento central é que as políticas voltadas para a favela jamais foram pensadas como formas de dar solução ao problema habitacional do Rio de Janeiro. Elas foram, sim, maneiras de conduzir a reprodução do problema habitacional, preservando a acumulação de capital, a estabilidade política e o *status quo*. Primeiramente, abordaremos como as favelas cariocas emergiram como um "problema" e foram apreendidas como espaços de degeneração. Em seguida, nosso enfoque volta-se para a discussão sobre como a habitação foi integrada ao discurso do desenvolvimento e como a favela foi transformada em um espaço de transição. Por fim, discutiremos brevemente a crítica à teoria da marginalidade e suas implicações sobre as formas de descrever e interpretar as favelas cariocas.

A favela como espaço de degeneração

De 1880 até meados do século seguinte, a doença nacional que o pensamento social médico do Brasil mais diagnosticava era uma doença que conectava a saúde individual ao bem-estar nacional: a degeneração. Segundo Nisbet (1969), a degeneração era concebida no século XIX como a antípoda do progresso. No Brasil, como argumenta Borges (1993), a degeneração constituiu uma psiquiatria do caráter, uma ciência da identidade e uma psicologia social. Toda uma série de tipologias e hierarquizações foi elaborada e baseada em atributos morais e articulados de modo imediato com características físicas.

Tal discussão também norteou grande parte dos debates a respeito da relação entre a habitação e a doença, assim como sobre as causas e características das favelas e de seus moradores. O perigo da degeneração estabeleceu um denominador comum que orientou as propostas de reforma, sobretudo a partir dos governos republicanos com forte influência positivista. A renovação urbana, a imigração branca e a inoculação da varíola eram exemplos de medidas voltadas para restaurar a saúde e a energia da nação, no sentido de inverter o processo degenerativo ou, em outras palavras, regenerar a população brasileira (BORGES, 1993).

Desde que a palavra "favela" se popularizou como substantivo comum na segunda década do século XX, ela foi logo identificada como um espaço racialmente definido. Não é difícil encontrar na imprensa referências seguidas à "persistência da África no meio da civilização" ou à "ralé de cor preta" (ABREU, 1994). Na época, a capacidade de o morador da favela superar a pobreza e canalizar suas energias para algo útil à produção e ao progresso do país era vista como inexistente, uma vez que, devido à raça à qual pertence, era considerado um "sujeito impossível de se integrar na relação valor-trabalho ou na disciplina do tempo racional e contínuo" (SODRÉ, 2002, p. 117). Como dizia Euclides da Cunha, as favelas são "cidades que já nascem velhas" (DODSWORTH, 1956, p. 2).[1] A perspectiva racial nega ao morador da favela a coetaneidade (FABIAN, 1983), silenciando uma população irrecuperável que já nasce condenada pela evolução biológica da história. Tal visão, assentada em um evolucionismo profundamente racista, entendia que essas populações não brancas se encontravam deslocadas no tempo e, portanto, somente por ele seriam extintas, pois apenas as políticas de embranquecimento seriam capazes de eliminar os genes mal ajustados às exigências sociais da Modernidade.

Marcello Carneiro de Mendonça, por exemplo, em janeiro de 1927, publica um artigo em *O Jornal* criticando a proposta de Mattos Pimenta (notório membro do Rotary Club) de construir casas higiênicas para a população pobre no modelo das "cidades-jardins". Segundo ele, os habitantes das "favellas" não poderiam pagar por tais habitações e, além disso, eles são "de raça preta" e mantêm ainda os "costumes atávicos da sua raça", que "se originaram nas aldeias da costa da África, onde eles se acomodam muito bem nas palhoças, com costumes e hábitos que se opõem à vida normal e higiênica". Logo, não se adaptariam às casas projetadas por Mattos Pimenta (que incluía a construção de habitações coletivas higiênicas). O modelo

[1] Citado pelo prefeito Henrique Dodsworth em artigo no *Correio da Manhã*, 28 mar. 1956.

europeu apresentado não funcionaria aqui porque, na Europa, a "ordem e a disciplina são natas" (MENDONÇA, 1927, p. 5).

No Brasil, a "evolução racial", condição considerada necessária ao progresso do país, fornecia a justificação biológica do *laissez-faire*, e este, por sua vez, provia um pretexto para o abandono das massas não brancas. Com a introdução da eugenia no Brasil, as teses racistas mantiveram-se absolutamente amparadas pelo pensamento científico, prometendo introduzir uma nova ordem social por intermédio do aperfeiçoamento médico da raça humana. No entanto, como argumenta Stepan (2005), diferentemente da eugenia anglo-saxônica, sanitaristas e psiquiatras inclinavam a eugenia brasileira em direção a uma posição neolamarckista, que colocava no centro de sua atuação o combate aos "venenos raciais", apreendidos como questões eugênicas por serem, ao mesmo tempo, causas e sintomas de males hereditários.

O sanitarismo sedimentou a ideia de que o problema de saúde que assolava o país – ao ponto de ser descrito por Miguel Pereira como um "imenso hospital" (STEPAN, 2005) – tinha como uma de suas principais causas a moradia da população. Os casebres construídos nos morros só passam a ser alvo dos médicos com a emergência da teoria dos germes, que desloca o olhar dos médicos das habitações coletivas (antes portadoras do acúmulo produtor de miasmas) para toda a habitação (coletiva ou particular) permeável e reprodutora de micro-organismos, parasitas e todo o tipo de hospedeiros de doenças (ALMEIDA, 2017).

A teoria dos germes mudou o olhar sobre as populações pobres (rurais e urbanas), pois o obstáculo para a regeneração da população degenerada não era mais uma suposta incapacidade interior e atávica. O problema era que a ascensão desse indivíduo degenerado à sociedade civilizada estava sendo barrada pelas limitações impostas pelo meio, que o domina, enfraquece e corrompe (ALMEIDA, 2016; LIMA, 2013). Era preciso substituir o meio favelado por outro mais higiênico, mais salubre, capaz de elevar a saúde e a produtividade de seus habitantes, atacar a doença que lhe debilita o corpo e a mente e romper com os hábitos considerados incompatíveis com a Modernidade. Logo, o sanitarismo mostrou que o problema da baixa produtividade estava associado também a questões de cunho social, justamente quando o aumento da produção começava a ser visto como o caminho necessário para o progresso social.

Todavia, as caracterizações eugênicas da favela não desapareceram e, até o fim dos anos 1950, não é difícil encontrar estudos e artigos na imprensa que, de uma forma ou de outra, corroboravam a ideia de que a favela era um produto racial (PREFEITURA DO DISTRITO FEDERAL, 1949; IPEME, 1958). Não obstante, a favela, como corolário de uma população degenerada pela raça, começa paulatinamente a dar lugar a uma visão que apreende as classes populares não mais em termos estritamente raciais, mas como doentes, malnutridas, mal-educadas e psicologicamente fracas, demandando uma ação social urgente. As bases teóricas dessas novas abordagens não se encontram nas teorias raciais, mas nas ecologias da migração e da formação das classes sociais (FISCHER, 2014). As favelas passam, assim, a ser interpretadas como um resultado de uma variedade de causas sociais, como a pobreza, a falta de saneamento, a ignorância, a intensa migração para as cidades, o abandono pelo Estado etc.

O progresso, apreendido como um processo natural de crescimento orgânico (NISBET, 1969), começa a dar lugar a uma noção de evolução social que não se subordina às forças da natureza, mas a medidas planejadas e embasadas em critérios socioeconômicos. O espaço como meio de atividade de povos e populações, antes descritos de acordo com critérios somáticos, biológicos e psicológicos (e que produziam uma geografia profundamente racializada) foi sendo substituído por um discurso mais econômico.

A partir de meados do século XX, o problema habitacional foi gradualmente associado ao nível de desenvolvimento econômico e social de cada país. O discurso do desenvolvimento produziu a ideia moderna de um avanço linear (ESCOBAR, 1995). Diferentemente da noção de progresso – cujo oposto era um processo reverso, a degeneração –, no caso do desenvolvimento, a linearidade do avanço relega tudo o que não é desejável a uma etapa anterior, em vias de desaparecer, ou seja, ao subdesenvolvimento.

A favela, como afirma um artigo no jornal *O Radical*[2] (20 de maio de 1942), não é mais considerada um mal carioca. Ela existe como formação natural em todos os grandes centros do mundo. Ela não representa

[2] O jornal *O Radical*, lançado em 1932 trazendo no cabeçalho o subtítulo "A voz da Revolução", foi um veículo comprometido com a defesa de Getúlio Vargas. No entanto, a partir de 1935, o jornal adotou um tom crítico à atuação repressiva do governo federal. As divergências com o governo federal acabaram culminando na prisão de seu proprietário (Rodolfo de Carvalho) e de vários jornalistas, o que fez o jornal adotar uma orientação claramente antifascista e crítica à repressão estatal, mesmo que sempre buscando preservar a figura de Getúlio Vargas. (Ver verbete de Marieta de Morais Ferreira. Disponível em: http://www.fgv.br/cpdoc/acervo/dicionarios/verbete-tematico/radical-o. Acesso em: 28 nov. 2020).

um "índice de decadência social de um povo", mas apenas uma parcela da população "em estado transitório" (MESMO..., 1942, p.5). A favela passa a ser compreendida como um fenômeno urbano universal, observado no mundo todo e característico de uma determinada etapa do desenvolvimento econômico das cidades. A desorganização que se observa não é apreendida como patológica, mas como normal, como uma fase imediatamente anterior à reorganização de atitudes e condutas daqueles que chegam à cidade. A solução para a questão habitacional e, por conseguinte, para o "problema" das favelas será vinculada a uma ampla mudança societária, que apenas seria alcançada com a modernização dos costumes e o desenvolvimento econômico e industrial do país.

Subdesenvolvimento e marginalidade: a favela entre o passado e o futuro

Com a emergência do discurso do desenvolvimento, em meados do século XX, a reflexão sobre a elevação do padrão de vida da população passou a estar intrinsecamente associada à capacidade das pessoas de produzir (e consumir). O objetivo primeiro do desenvolvimento, como afirma Hans Singer (UNITED NATIONS, 1951), deve ser o de incrementar a renda nacional para elevar o nível de recursos disponíveis o mais rápido possível. A pedra fundamental do desenvolvimento econômico era, portanto, a formação de capital (ARNDT, 1987). No entanto, para Singer, a disponibilidade de capital sozinha não era suficiente, pois o problema do desenvolvimento "não era a criação de riqueza, mas a capacidade de criar riqueza" (ARNDT, 1987, p. 60), algo que dependia das pessoas, do capital humano.

A habitação foi logo identificada como um importante instrumento para o desenvolvimento econômico. Primeiro, porque a criação de indústrias de material de construção ajuda a fortalecer um programa de industrialização. Segundo, porque a habitação precária resulta em alta incidência de doenças e reduz a capacidade humana para o trabalho. E, terceiro, porque a moradia se relaciona com a estrutura familiar e social, as atividades econômicas e as relações que o indivíduo e sua família estabelecem com o mundo exterior à casa e com seus vizinhos.

Por meio da habitação "adequada" seria possível incentivar uma transformação cultural, criando um sujeito mais bem adaptado às exigências da moderna economia salarial. O "problema da habitação", portanto, havia se transformado com o discurso do desenvolvimento, deixando de ser vinculado somente à questão da saúde para associar-se às transformações estruturais da economia. O desafio dos governos era tornar a habitação útil às forças produtivas.

Jacob Crane (diretor assistente da *US Housing Public Administration*) foi um dos principais promotores da ideia de que os esforços voltados para o desenvolvimento das nações pobres deveriam focar-se na produção habitacional; e, logo que as Nações Unidas foram criadas, insistiu para que ela tivesse um escritório específico para lidar com questões relacionadas ao planejamento e à habitação (HARRIS, 1999). Para Crane (1949), a habitação precária gera um ciclo desastroso que reduz a capacidade de trabalho. A habitação aprimorada ajudaria a romper o ciclo e a melhorar a saúde, aumentando a produtividade do trabalhador e contribuindo para o desenvolvimento econômico.[3]

Crane não foi o primeiro a ressaltar a importância da habitação para o desenvolvimento do capitalismo no chamado Terceiro Mundo. Mesmo antes do fim da Segunda Guerra Mundial, Francis Violich (1944) – um dos muitos especialistas que desembarcaram na América Latina no âmbito da "Política de Boa Vizinhança" do governo de Roosevelt – afirmava a importância do papel da produção habitacional no desenvolvimento da indústria e na ampliação do mercado consumidor. Segundo ele, as favelas e os cortiços eram o resultado da baixa escolaridade; da reduzida compreensão por parte da população e do governo a respeito da necessidade e dos benefícios da habitação adequada; dos baixos salários e do padrão de vida; da falta de corpo técnico; e da ainda incipiente indústria de construção, incapaz de produzir habitações baratas o suficiente para atender à demanda por moradia das populações pobres.

Até cerca de 1940, a industrialização dos materiais de construção no Brasil era tímida, em escala modesta, quase artesanal, e a indústria ainda não era capaz de atender ao mercado nacional (REIS FILHO, 2000). As indústrias brasileiras de cimento, por exemplo, só se consolidaram na década de 1930, e as de ferro e aço, apenas nas décadas de 1940 e 1950 (SUZIGAN, 1986). Assim, apesar de uma série de iniciativas para incentivar a produção

[3] O trabalho de Crane não passou despercebido no Brasil. Alberto Passos Guimarães (IBGE, 1953), em seus comentários sobre o Censo Demográfico de 1950 e as favelas cariocas, cita Jacob Crane para afirmar que, no mundo, 200 milhões de famílias vivem em "casebres inteiramente desconfortáveis" e que, segundo o autor, isso demandava a construção de 20 milhões de novas casas por ano.

habitacional, todas elas esbarravam na impossibilidade de remuneração dos capitais investidos e na precariedade dos recursos financeiros da massa trabalhadora (AZEVEDO; ANDRADE, 1982; BONDUKI, 2014). A questão habitacional estava fortemente relacionada ao baixo padrão de vida da população brasileira. "Daí os cortiços, as favelas, os mocambos, os querosenes das nossas cidades, e as casas de barro cru e de palha, do nosso homem do campo" (SIMONSEN, 1941, p. 10).

Mesmo reduzindo os custos da produção habitacional, por meio da flexibilização das exigências construtivas, e implementando técnicas híbridas, que aproveitavam materiais locais, o país não conseguia mobilizar o capital privado para a construção de habitações populares e, ao mesmo tempo, o Estado não lograva levantar recursos suficientes para a empreitada. Como afirma Geraldo de Menezes Côrtes [4] (1959, p. 13), "se inesgotáveis fossem os recursos materiais, fácil seria garantir o bem comum. Infelizmente tal não acontece e presenciamos muitas vezes grandes injustiças sociais, sob o paradoxal argumento de que se está promovendo assistência social".

O problema era agravado pela aceleração do processo de urbanização. A partir da década de 1930, a industrialização brasileira ganhara impulso. Entre 1939 e 1966, a participação da indústria no PIB brasileiro cresceu 40%, e a população urbana saiu de menos de um terço para constituir a maioria da população na década de 1960 (FISCHER, 2019).

Tais transformações eram bem-vindas, uma vez que impulsionavam a propagação do setor capitalista sobre o vasto setor da subsistência, condição *sine qua non* para o desenvolvimento (LEWIS, 2008 [1954]). O setor tradicional, associado ao mundo rural, era considerado um fardo a ser abandonado, dado que constituía uma parte da economia incapaz de contribuir para o processo de desenvolvimento econômico. Portanto, diferentemente do pensamento social de fins do século XIX e do início do XX, no discurso do desenvolvimento a urbanização era vista com bons olhos, e as cidades consideradas eram "a principal força e o lócus por excelência da introdução de novas ideias e novos modos de fazer as coisas" (HOSELITZ, 1953, p. 197).

No entanto, para os teóricos da modernização, como observa Benmergui (2012), as cidades latino-americanas não teriam constituído as

[4] Côrtes foi chefe da Polícia do Distrito Federal entre 1954 e 1955 e publicou um livro intitulado *Favela*, em 1959. Ele também fora elogiado no relatório da Sagmacs, embora tenha sido denunciado pelo deputado Bruzzi de Mendonça por praticar violência e semear o terror nas favelas da cidade (CÂMARA DOS DEPUTADOS, 10 jan. 1956, p. 86).

condições socioculturais que permitiram à Europa e aos Estados Unidos, no passado, liberar todo o seu potencial de modernização. Lá, os imigrantes rurais teriam encontrado novos lares e novas lealdades na cidade. Contudo, nos países subdesenvolvidos, os imigrantes continuariam atados a seus locais de origem (BENMERGUI, 2012).

Tais teóricos argumentavam que as altas taxas de crescimento da população urbana na América Latina teriam resultado na desaceleração da aculturação dos imigrantes, levando à preservação dos padrões culturais nativos mesmo no interior das metrópoles, e produzido efeitos disruptivos causadores da desorganização social e pessoal (CAPLOW, 1967 [1952]). A urbanização dos países subdesenvolvidos apresentava uma situação ambígua. Ao mesmo tempo que ela era considerada necessária para o desenvolvimento, também trazia como um subproduto a formação de espaços segregados compostos por uma população marginalizada e pouco produtiva.

Desse modo, o discurso do desenvolvimento foi atravessado por, pelo menos, dois problemas relacionados com a questão habitacional. Em primeiro lugar, a escassez de habitações modernas e higiênicas nos países subdesenvolvidos passou a ser atribuída ao crescimento populacional, à acelerada urbanização do país, à baixa produtividade e à diferença entre o reduzido poder aquisitivo da população e o alto custo das moradias. A "crise habitacional" era decorrente de uma "economia da estagnação", da baixa produtividade *per capita* e da baixa renda *per capita* (AGARWALA; SINGH, 1963). Os aspectos sociais e sanitários da habitação não mais eram compreendidos como resultado da degeneração (ou como um problema patológico), mas, sim, como um efeito de forças econômicas estruturais.

Em segundo lugar, ressaltava-se a importância de se produzirem as condições necessárias à adaptação das massas de imigrantes rurais à modernidade obreira. Se do ponto de vista "objetivo", dos indicadores estatísticos da economia, os países subdesenvolvidos sofriam com uma "economia da estagnação" (limitado mercado consumidor, baixa disponibilidade de capital etc.), o problema econômico destes países também se manifestava em seu aspecto "subjetivo", como uma "economia do descontentamento e do desajustamento" (AGARWALA; SINGH, 1963). A casa moderna e saudável era, assim, um instrumento importante para a socialização dessas populações no interior de valores e comportamentos condizentes com a moderna economia salarial.

Segundo Benmergui (2012), dessas discussões emergiram duas posições: uma que destacava a prevalência dos aspectos estruturais do desenvolvimento econômico, e outra mais preocupada com a adaptação subjetiva implicada na modernização. A primeira defendia que nos países subdesenvolvidos a habitação era um investimento caro que competia com outros investimentos mais produtivos. A escassez de capital não permitia que recursos fossem gastos em bens de consumo, como habitação e serviços urbanos, mas, sim, em estradas, energia, industrialização e modernização da agricultura (FISCHER, 2019).

A Comissão Econômica para a América Latina (Cepal), por exemplo, insistia que, quando comparadas às cidades dos países mais desenvolvidos, as cidades latino-americanas eram marcadas por um suprimento excessivo de "trabalho marginal"[5] e "submarginal"[6], que, na ausência de dados censitários mais precisos, poderia ser mensurado pelo número de pessoas vivendo em favelas (CEPAL, 1961).

O problema era que, de um lado, a tentativa de atender à demanda de trabalhadores com baixos salários em ocupações improdutivas ou de baixa produtividade criava uma enorme demanda por equipamentos e serviços urbanos, como habitação higiênica, água potável, saneamento básico, escolas e hospitais, entre outros. Com isso, desviava-se parte dos já escassos recursos de capital disponível para longe dos investimentos em atividades produtivas. De outro, conforme a provisão desses equipamentos e serviços se tornava mais abundante, aumentava a atração da cidade para o habitante do interior.

Assim, segundo a Cepal (1961), "a demanda por serviços diretos ao consumidor deve[ria] ser atendida sem exagero" (p. 121), uma vez que o "exagero" na provisão desses serviços não apenas reduziria o desenvolvimento econômico, como também contribuiria para acelerar ainda mais a urbanização. Para o Secretariado da Cepal (1961), mesmo em um contexto de crescimento econômico movido pela industrialização, seria benéfico postergar ainda mais a provisão de habitações adequadas, dado que representaria uma "significativa economia nos requisitos imediatos do capital de investimento" (CEPAL, 1961, p. 140). A manutenção de parte da população

[5] Ocupações de natureza improdutiva ou de baixa produtividade, que proveem rendimentos próximos ao nível de subsistência (CEPAL, 1961).

[6] Ocupações de produtividade baixa ou de baixo padrão com baixos salários, mas um pouco acima dos níveis de subsistência (CEPAL, 1961).

em condições precárias de habitação funcionaria, assim, como uma espécie de crédito concedido para fins produtivos.

A segunda posição, por sua vez, argumentava que o aumento da produtividade não significava, necessariamente, a elevação do padrão de vida. Por isso, era preciso investir na ampliação da seguridade social devido a seu caráter pedagógico e regenerador (BENMERGUI, 2012). Como argumenta Fischer (2019), para esses teóricos - mais voltados para os aspectos psicológicos e sociológicos do desenvolvimento –, a chegada em massa de imigrantes do campo ameaçava precisamente aquelas características da urbanidade "que fazem das cidades o laboratório ideal para o progresso econômico" (FISCHER, 2019, p. 373).

Ambas as perspectivas, contudo, estão alicerçadas em, pelo menos, dois princípios comuns: primeiro, o de que a superação do subdesenvolvimento não prescindia do papel ativo do Estado e do planejamento (juntamente à cooperação técnica internacional); e, segundo, que o problema do subdesenvolvimento estava assentado na coexistência (conflitiva e contraditória) no espaço entre dois tempos distintos: o tradicional e o moderno. A marginalidade emerge, assim, como um conceito central para a compreensão do subdesenvolvimento e como expressão dessa coexistência no presente entre o passado e o futuro, definindo a condição da população pobre como uma condição transitória.

Na cidade do Rio de Janeiro, mesmo em meio a diferentes perspectivas paralelas, as favelas não demoraram para serem vistas como enclaves rurais na cidade. Fernanda Augusta Vieira Ferreira (1945) já descrevia a favela como uma "organização provinciana", com "ambiente e costumes rurais" e como "conservadora das tradições" (FERREIRA, 1945, p. 32). No jornal *A Manhã* (17 set. 1941), a autora afirma que as "populações marginais" são "as populações típicas dos sertões que vão viver nas cidades". Segundo ela, a favela tem por habitantes uma população com

> características mais rurais que urbanas, com uma psicologia pouco sensível às inovações, mormente às inovações que se traduzem nas leis e nos regulamentos, que servem para interpretar o modo de sentir de alguns indivíduos que, se nas cidades vão constituir populações marginais, no sertão constituem as populações típicas (FERREIRA, 1941, p. 8)

Essa perspectiva da favela como enclave rural na cidade permeou o pensamento social durante décadas. A favela é o "mundo rural incrustado na vida urbana" (MEDINA, 1964, p. 55), "uma intrusão de padrões rurais de habitação nos interstícios de um sistema urbano" (PEARSE, 1961, p. 195), uma "área de preparação" (*staging area*) na qual o imigrante recém-chegado é iniciado nos mistérios da vida citadina (BONILLA, 1970 [1961]). As características psicológicas e sociais da população rural brasileira "persistem e emergem, às vezes de forma intacta, em diversos aspectos do comportamento do favelado" (SAGMACS, 1960, p. 6). O contraste entre a mentalidade rural e urbana seria, assim, a fonte de praticamente todas as dificuldades encontradas no processo de urbanização, especialmente quando esse processo se desenvolve com rapidez (HAUSER, 1961).

As favelas, portanto, constituíram um importante objeto de conhecimento e de governo no discurso do desenvolvimento, visto que, como argumenta Benmergui (2012), elas se tornaram os *loci* da tradição, e suas desorganizações pessoal e coletiva foram consideradas fatores limitantes das forças sociais, culturais e produtivas necessárias para o desenvolvimento do país. Por isso, o autor afirma que as favelas se tornaram centrais no estudo sobre a nova era da sociedade de massas, pois eram apreendidas como produto da coexistência de comportamentos rurais/tradicionais situados em um ambiente urbano/moderno.

De um modo ou de outro, os problemas associados à urbanização acelerada estariam indissociavelmente ligados àqueles do desenvolvimento econômico, e o desafio para os países subdesenvolvidos era elevar a produtividade do trabalhador (o capital humano do país) sem comprometer a disponibilidade de capital para investimentos produtivos. Escassez de capital e baixa produtividade associada à uma economia dual constituíram, assim, dois problemas centrais para a superação do subdesenvolvimento, que se encontravam fortemente vinculados ao processo de urbanização e, por conseguinte, à questão habitacional.

Conduzindo a reprodução do problema habitacional: autoconstrução assistida e remoções de favelas

Um dos argumentos centrais da Cepal sobre a particularidade do desenvolvimento na América Latina era que, aqui, a urbanização ocorria em uma velocidade superior à industrialização. Assim, gerava-se uma urbanização sem desenvolvimento econômico, na qual as mudanças na estrutura de produção (da agricultura para atividades não agrícolas) se realizavam sem que, ao mesmo tempo, houvesse um incremento da renda *per capita* (CEPAL, 1961). Tal descompasso entre urbanização e industrialização era a razão mais importante das distorções da composição do emprego urbano na América Latina.

Para a Cepal (1961), aumentar a absorção da mão de obra em atividades de baixa produtividade dificultava o desenvolvimento das forças produtivas que, por sua vez, dependia não do aumento do número de trabalhadores empregados, mas, sim, do potencial de inovação da economia. Por isso, fomentar a construção civil, como forma de impulsionar o desenvolvimento econômico, era entendido como um erro, visto que a distribuição desigual do emprego na construção civil, o reduzido grau de estabilidade dos trabalhadores do setor e sua natureza tipicamente flutuante acabariam contribuindo sobremaneira para a instabilidade e o desequilíbrio do mercado de trabalho urbano. Para a Cepal, o setor construtivo deveria vir sempre a reboque da indústria de bens de consumo.

Nesse sentido, a autoconstrução assistida (ou ajuda mútua dirigida) emergiu como uma alternativa viável não somente devido à economia que proporcionava, mas também pela sua convergência com elementos econômicos e culturais nativos de desenvolvimento (CRANE, 1949). A proposta é tributária de uma nova concepção sobre a assistência social. A assistência que se apoia na riqueza produtora (capital) ou na riqueza produzida (renda) - que, de uma forma ou de outra, é sempre capitalizável - terminaria empobrecendo a nação devido ao congelamento do capital. A assistência, portanto, para evitar o mal que ela busca combater (a pobreza), deveria basear-se no próprio princípio que produz a riqueza: o trabalho. Assim, se a assistência ocorrer por meio da orientação, do conselho, da consulta, e, ao mesmo tempo, tiver como motor, como fonte de sua energia construtiva, não o capital ou a renda (ambos escassos demais nos países pobres), mas o trabalho, seria possível prover assistência e bem-estar até mesmo lá onde o Estado de Bem-Estar não existe, uma vez que, contanto que o pobre trabalhe, ele poderá ser assistido sem empobrecer a nação.

Por meio das agências americanas e do exemplo de Porto Rico (que, segundo Harris [1999] tornou-se, no início dos anos 1940, a primeira jurisdição do mundo onde a autoconstrução assistida ocupou o centro da política habitacional), a autoconstrução foi promovida no Caribe, na América

Latina e nas colônias britânicas. Até o início dos anos 1960, a Agência dos Estados Unidos para o Desenvolvimento Internacional (USAID) havia iniciado programas de autoconstrução assistida em, pelo menos, 12 países da América Latina (HARRIS, 1999).

No Brasil, embora o "desenvolvimento de comunidade" só tenha sido adotado oficialmente por diversas instituições no fim dos anos 1950 (VALLA, 1986), tal método já era discutido e parcialmente utilizado desde meados dos anos 1940, quando retornaram ao Brasil assistentes sociais formados nos Estados Unidos. Segundo Maria da Glória Nin Ferreira:

> A influência americana ocorreu principalmente durante a guerra. Nós começamos a absorver um serviço social de assistência de ajuda aos países subdesenvolvidos. Esse conceito de subdesenvolvimento surgiu com a guerra; os americanos começaram a proporcionar auxílios técnicos e financeiros a esses países e também ao Brasil. Participamos do "Ponto IV", que era uma entidade americana que pretendia oferecer auxílios técnicos e financeiros ao Brasil. Esse Ponto IV promovia cursos e ajudava financeiramente a revista *Cadernos de Serviço Social*, publicação da Associação Brasileira de Assistentes Sociais, e mantinha um programa de bolsa de estudos. Essa foi a segunda fase do serviço social (LIMA, 1982, p. 90).

Mais tarde, Luis Carlos Mancini - que fora diretor da Divisão de Assuntos Sociais e do Trabalho da União Pan-Americana, em Washington, e coordenador do Serviço Social da Comissão Nacional do Bem-Estar Social (CNBS) -, em entrevista para o jornal *Diário de Notícias*, em junho de 1953, mostrava-se otimista em relação ao método para solucionar o problema das favelas. Segundo ele, o "método de ajuda mútua dirigida" estaria consagrado internacionalmente como "fórmula das mais eficazes para resolver o problema da habitação de modo substancial, como se fez em tantos países, como Estados Unidos, Índia e Porto Rico, onde a célebre e famosa favela de El Fanguito foi inteiramente eliminada" (FAVELA..., 1953, 2ª Seção, p. 1).

O método da autoconstrução assistida referia-se à construção da habitação propriamente dita e dialogava com as diferentes metodologias voltadas para o desenvolvimento de comunidade (ARKU; HARRIS, 2005; HARRIS, 1999) que, já no fim da década de 1950, foi institucionalizado por um grande número de organizações internacionais. Tal método acabou tornando-se um dos componentes de estratégias mais amplas que, além da casa, buscavam mobilizar os esforços da comunidade para que seus integrantes se responsabilizassem por seu próprio progresso.

Tanto a autoconstrução assistida quanto o desenvolvimento de comunidade foram técnicas fundamentais no discurso do desenvolvimento, pois convergiam com um de seus princípios centrais: ajudar o "outro" (regiões e países subdesenvolvidos, pessoas pobres etc.) a ajudar a si mesmo (ARNDT, 1987; BENMERGUI, 2012). Desse modo, seria possível desenvolver a infraestrutura econômica, aumentar a produtividade, estimular a iniciativa privada, elevar o padrão de vida e de consumo da população pobre e, ao mesmo tempo, reduzir os custos das ações assistenciais, preservando, assim, a disponibilidade de capital para investimentos produtivos.

Nos anos 1960 e 1970, a autoconstrução assistida foi incorporada e reformulada pelos críticos da teoria da marginalidade, na esteira dos trabalhos de John Turner e William Mangin (VALENTINE, 1972; ROBERTS, 1978). Contudo, no Rio de Janeiro, após uma primeira tentativa de aplicar os princípios do desenvolvimento de comunidade por José Arthur Rios, coordenador de Serviço Social, nos dois primeiros anos do governo de Carlos Lacerda, foi a proposta de construção de habitações em massa que ressurgiu, a partir de 1962, como panaceia para o desenvolvimento econômico do estado, em oposição à visão dos economistas da Cepal.

Como destacam Harris e Arku (2007), até a década de 1960, a indústria da construção era considerada ineficiente e incapaz de promover inovações, pois era dominada por pequenos construtores com capital limitado. Todavia, ao longo da década de 1960 e na seguinte, pesquisadores da habitação e agências internacionais de fomento do desenvolvimento, como o Banco Mundial, voltaram a debater o papel da habitação como um instrumento importante do desenvolvimento econômico. Harris e Arku (2007) apontam dois fatores que contribuíram para esse deslocamento: a crescente flexibilização e a descentralização do modelo industrial (que promoveu uma revisão da imagem negativa da indústria de construção); e o desenvolvimento do conceito de capital humano como corpo teórico mais consistente.

A teoria do capital humano, especialmente a partir dos escritos de Theodore Schultz e de Gary Becker, nos anos 1960, inovou ao compreender o consumo como uma atividade empreendedora. A compra de um produto ou serviço não seria mais o ponto-final da cadeia de produção, mas uma forma de *input* que contribui para o fluxo circular da atividade econômica.

Como argumenta Charles Frankenhoff (1969), insistir em que o investimento habitacional implica a redução de investimento em outros setores da economia era esquecer que ele estimula o aumento da poupança interna (já que o trabalhador não poupa para adquirir ações de empresas, mas poupa para comprar uma casa). Além disso, eleva o emprego e a produção de materiais de construção, estimulando, assim, o crescimento dos recursos e sua disponibilidade (FRANKENHOFF, 1969).

A habitação, antes apreendida como um gasto social improdutivo, dado que impactava apenas o consumo, pôde ser reinterpretada, adquirindo um lugar privilegiado nas teorias de desenvolvimento (HARRIS; ARKU, 2007). Os países "subdesenvolvidos", em vez de tentar emular os países "desenvolvidos", deveriam adotar métodos e tecnologias que colocavam menos ênfase na produtividade do trabalho, e mais na absorção da força de trabalho.

A habitação passa a ser pensada como um importante mecanismo de impulsão da economia, do emprego e da formação de poupança interna. Teodoro Moscoso, quando diretor da Aliança para o Progresso,[7] por exemplo, asseverava que a construção habitacional era um investimento produtivo, necessário para assegurar a manutenção da força de trabalho e reunir apoio popular (ARKU; HARRIS, 2005). De acordo com Moscoso,

> [a] necessidade habitacional básica na América Latina é o financiamento, o que significa crédito hipotecário de longo prazo com taxas de juros razoáveis e pagamento inicial (entrada) barata. (...) Nós precisamos aumentar nossos esforços para estimular a poupança local para a habitação, e isso significa induzir os povos latino-americanos a estabelecer instituições habitacionais de poupança que podem canalizar o capital acumulado de muitos pequenos poupadores para o crédito hipotecário de longo prazo (MOSCOSO apud BENMERGUI, 2012, p. 149).

Similarmente, Carlos Lacerda, então governador da Guanabara, apostava que grande parte da população favelada era capaz de pagar por moradia se lhe fossem disponibilizadas condições para isso no mercado.

---

[7] A Aliança para o Progresso foi um programa lançado em março de 1961 pelo presidente estadunidense John Fitzgerald Kennedy para fornecer apoio técnico e financeiro aos países da América Latina para ajudá-los a satisfazer as necessidades básicas da sua população. Todavia, na prática, como argumenta Jeffey Taffet (apud BENMERGUI, 2012), a Aliança serviu como um instrumento da política externa estadunidense e favoreceu os países considerados mais inclinados ao comunismo, como o Brasil, a Colômbia, o Chile e a República Dominicana.

Segundo Lacerda,[8] 40% dos moradores que seriam transferidos para a Vila Kennedy tinham geladeira. Ele destaca que essas famílias tiveram acesso ao crédito para comprar geladeira, mas não para comprar uma habitação. Por isso, era preciso instituir um órgão financiador para a construção de casas populares, sem que o estado ficasse responsável por resolver o problema de habitação, mas que criasse condições para que as pessoas construíssem a própria casa ou construíssem casas para outras pessoas comprarem. Para tal fim, pediu autorização à Assembleia Legislativa para criar a Companhia de Habitação Popular (Cohab).

Segundo Rafael de Almeida Magalhães (1964) – importante assessor de Lacerda e, mais tarde, governador interino da Guanabara) –, a Cohab operaria como empresa imobiliária com condições de flexibilidade maiores para atuar no campo de construções de casas populares. O órgão seria capaz de tomar iniciativas de comprar e lotear terreno sem depender de toda a máquina burocrática do estado, que era, segundo ele, necessariamente lenta. Para o autor, ainda que recuperada a iniciativa privada para o campo da habitação, "a casa para o favelado, de baixo padrão de pagamento seria, evidentemente, a última faixa que a iniciativa privada cobriria" (p. 12). Assim, o estado deveria concentrar seus esforços nesse setor. O problema da favela passava a ser um problema mais econômico do que social.

A visão de Lacerda sobre o papel da habitação para o desenvolvimento econômico contrapõe-se claramente à da Cepal. Para Lacerda, a Cepal era parte responsável pelo crescimento das favelas, pois encarava o problema do ponto de vista estrita e exclusivamente econômico. Segundo ele, a Cepal

> (...) passou a considerar a indústria da construção civil como indústria inflacionária, confundindo, inclusive, especulação de imóveis com construção de imóveis para moradia. Por que fez isso? Remontemos à origem: a Cepal é um grupo de economistas que se especializou em produção e considera que todo estímulo à formação de bens de consumo é altamente inflacionário. Logo, é preciso cortar pela raiz todo e qualquer negócio de imóvel. Assim, os negócios de imóveis, no que se refere à incorporação, passaram para as mãos de estrangeiros ou, pelo menos, de nomes estrangeiros, porque só estes estavam, financeiramente, dotados de recursos para financiar, pois ninguém pode recorrer a bancos para tal fim. Os bancos não podem financiar imóveis.

[8] Fitas de rolo do Arquivo Geral da Cidade do Rio de Janeiro – BR RJAGCRJ.CL.FAM.1.023 – 1.1 *Faixa 1* Reunião com o Rotary – Osasco (20 mar. 1964).

> Tudo isso vem de quê? Da afirmação da Cepal. Daí a importância de pegar o boi pelo chifre. Tudo vem de um conceito errado do que seja a casa para o nosso caso, para o fenômeno sociológico carioca, já não digo brasileiro. Para nós, cariocas, a habitação tem que ser considerada como primeira prioridade de investimento.[9]

Em discurso no dia 1º de junho de 1962,[10] Lacerda explica para os ouvintes que o estado da Guanabara, cuja população consistia, em grande parte, de filhos de outros estados, era o maior mercado em potencial de mão de obra do Brasil, e que, por isso, era imperioso que o governo industrializasse o estado e investisse em infraestrutura. Com a mudança da capital para Brasília, era preciso, segundo ele, especializar a mão de obra para evitar que as indústrias saíssem da Guanabara. A construção civil, diz ele, constituía um caminho promissor, pois era a área que mais gerava emprego no país.[11]

No entanto, antes de defender a produção em massa de moradia, Carlos Lacerda já tinha defendido a possibilidade de melhorias em favelas. Ele formulou, por exemplo, acirradas críticas quanto às disposições do Código de Obras de 1937 na série de artigos "A Batalha do Rio de Janeiro", publicados no jornal *Correio da Manhã* em 1948 (GONÇALVES, 2013). Lacerda propunha a "humanização" de seus dispositivos, de modo a permitir melhoramentos nas favelas, enquanto seus moradores seriam gradualmente transferidos para núcleos de habitação social, edificados nas proximidades do mercado de trabalho.

> Que será que o Código de destruição pretende significar como "desrespeito ao zoneamento"? Em que local da cidade, senhores urbanistas, podem ser construídas, não digamos favelas, mas núcleos de habitação popular? Mas por favor não digam Marechal Hermes, e subúrbios outros da Zona Norte da cidade. Se é assim, nada feito. Não se resolve o problema das favelas exigindo que um operário ou todos que trabalham na Zona Sul, e hoje residem nas favelas próximas ao seu local de trabalho, que morem na melhor das casas populares, mas tenham

[9] Arquivo Carlos Lacerda (Seção Obras Raras da UNB). Código: PO.03. Série: Vida Política. Subsérie: Governador. Secretaria de Obras Públicas. Discussão sobre o anteprojeto do novo Código de Obras, 1963, p. 30.

[10] Fitas de rolo do Arquivo Geral da Cidade do Rio de Janeiro – BR RJAGCRJ.CL.FAM.1.013 – *Faixa 7* – "Exposição do governador Lacerda aos favelados" (1º jun. 1962).

[11] Fitas de rolo do Arquivo Geral da Cidade do Rio de Janeiro – BR RJAGCRJ.CL.FAM.1.005 – *Faixa 9b* – "Aula magna promovida pelo governador Carlos Lacerda, na Escola Amaro Cavalcanti" – (4 mar. 1963).

de ser pingentes, às cinco da manhã, e pingentes às cinco da tarde nos trens e veículos da cidade (LACERDA, 1948, p.24).

No entanto, ao assumir o governo da Guanabara, Carlos Lacerda não colocou em prática os argumentos que ele próprio evocara, ou seja, que qualquer política de remanejamento habitacional deveria necessariamente levar em conta a organização espacial do mercado de trabalho, com a oferta de habitações populares próximas desse mercado. Apesar de ter instalado luz e água em dezenas de favelas, tais medidas ficaram obscurecidas pelo grande número de remoções realizadas a partir de 1962.[12] Em apenas cinco anos, 8.078 famílias foram removidas; quase 42 mil favelados de mais de 30 favelas (BENMERGUI, 2012).

Reformar habitações por meio da autoconstrução assistida, embora útil nos casos em que a família beneficiada não tem capacidade de endividamento, não gerava o *boom* do emprego que queria Lacerda, além de consumir menos material de construção. Se a ideia é usar a produção habitacional como ferramenta do desenvolvimento, de estímulo ao assalariamento das massas e da industrialização, a construção deveria partir do zero e ser realizada em áreas onde o mercado privado pudesse auferir lucros maiores. Assim, era a articulação entre o fortalecimento da indústria da construção, o desenvolvimento industrial e o mercado imobiliário que regia as iniciativas de Carlos Lacerda.

Não obstante, nos anos posteriores, observou-se certa tolerância à presença de favelas nas novas áreas industriais da cidade. Junto à construção de habitação popular em áreas mais periféricas, essa tolerância justificou-se como uma medida para aumentar a oferta de mão de obra para o setor industrial em uma nova configuração metropolitana, que respondesse, de forma mais eficaz, ao projeto de desenvolvimento do novo estado da Guanabara.

Apesar das remoções em massa em áreas mais nobres da cidade, o Instituto de Desenvolvimento do Estado da Guanabara (IDEG) reconhecia que "a ocorrência de favelas nas áreas de maior concentração industrial encerra, sem dúvida, um aspecto benéfico para a atividade fabril, que pode ser traduzido pela possibilidade de captação de mão de obra em locais próximos às fábricas" (IDEG, 1968, p. 28). Da mesma maneira, em relação às indústrias, cuja produção sofre efeitos sazonais, como setores alimentícios,

---

[12] É possível acompanhar tais intervenções em documentos, no arquivo Carlos Lacerda, no fundo de Obras Raras da Biblioteca da UNB.

"a relativa proximidade de uma favela se reveste de características extremamente favoráveis, pelas possibilidades que oferece, para uma rápida arregimentação de pessoal, nas épocas em que se torne necessária a intensificação de trabalho" (IDEG, 1968, p. 28).

Apesar das divergências sobre o papel das políticas habitacionais no desenvolvimento econômico e das distintas perspectivas sobre a solução do "problema" da favela, todas afirmavam combater a marginalidade e promover a integração. A divergência era sobre como fazer isso: se por meio de políticas remocionistas; por meio da "urbanização"; ou por uma combinação de ambas. Sandra Cavalcanti, com a demissão de José Arthur Rios, foi nomeada para assumir a recém-criada Secretaria de Serviços Sociais do estado da Guanabara. Tempos depois de ter liderado a política remocionista de Lacerda, ao refletir sobre sua experiência, reiterou sua convicção de que era preciso "retirar as pessoas daquela realidade".

> É por isso que até hoje sou desconfiada em relação aos projetos que pretendem cuidar das favelas, mas que, pela vitória esmagadora dessa filosofia que se instalou, acham que as favelas devem continuar a existir e apenas devem ser urbanizadas. *Eu achava, e acho ainda, que não é a favela que tem que ser urbanizada. Quem tem que ser urbanizado é o favelado.* Uma das condições para um favelado se urbanizar, para se desfavelizar, é sair daquela paisagem e daquele entorno. Exatamente como uma pessoa que, saindo do interior, vem para a cidade grande. Chega ali e encontra uma outra realidade. Se ele sai daquele fim de mundo, sem água, sem luz, sem nada, ele vai querer mudar. Vai querer se incorporar ao progresso (FREIRE; OLIVEIRA, 2002, p. 88).

Com o golpe civil-militar, a posição de Cavalcanti tornou-se hegemônica, e ela foi a escolhida para presidir o recém-criado Banco Nacional de Habitação (BNH). Em 1968, o governo militar cria uma instituição para atuar diretamente sobre o "problema" das favelas do Rio de Janeiro. A Coordenação de Habitação de Interesse Social da Área Metropolitana (CHISAM) era orientada, basicamente, para a "desfavelação" ou "remoção das favelas". Segundo Gilberto Coufal (apud BRUM, 2013, p. 183), coordenador da CHISAM, os estudos técnicos elaborados pelo órgão chegaram à conclusão de que "o sistema da urbanização da favela não era psicologicamente favorável, pois os favelados continuavam pensando, agindo e vivendo como favelados. Então, o filho daquele homem que morava na favela vai crescer mentalmente um favelado".

Enquanto Lacerda combinava políticas de urbanização com políticas de remoção (dando ênfase à remoção e à realocação como instrumento de incorporação e valorização imobiliárias de áreas antes ocupadas por favelas e de estímulo à indústria construtiva), a CHISAM rechaçou por completo a alternativa da urbanização, considerando-a ineficiente e populista. Em grande parte, isso se deve à visão de que a favela formava uma "subcultura" produtora de marginalidade, retomando as propostas de cultura da pobreza de Oscar Lewis (1966), para justificar a liberação de terrenos valiosos ocupados por favelas em benefício do mercado imobiliário.

Essa "subcultura" seria responsável pelo círculo vicioso da pobreza, impedindo a elevação do padrão de vida de seus moradores e sua integração à sociedade de mercado. Pequenas mudanças em seu "meio" não seriam suficientes para arrancá-lo desse círculo vicioso. Era preciso promover uma mudança ampla na vida do favelado, um *big push*, como diria o economista do desenvolvimento Rosenstein-Rodan (1943), para desencadear um processo real de mudança. Como explica um político associado ao projeto remocionista (entrevistado por GRABOIS, 1973, p. 141): "O favelado é uma pessoa que não teve oportunidade, precisa apenas de um empurrão, a remoção é este empurrão."

Nesse sentido, do lado dos problemas de adaptação subjetiva implicados no subdesenvolvimento, a integração e a "recuperação econômica, social, moral e higiênica das famílias faveladas" não seriam realizadas somente por meio de medidas educativas, mas também pela transformação do favelado da condição de "invasor" para a de proprietário.

> Os aglomerados de favelas construídos de formas irregular, ilegal e anormais ao panorama urbano em que se situam não integram o complexo habitacional normal da cidade, pois, não participando de tributos, taxas e demais encargos inerentes às propriedades legalmente constituídas, não deveriam fazer jus aos benefícios advindos daqueles encargos (CHISAM, 1969, p. 20).

O contexto mais autoritário da ditadura civil-militar, no pós-AI5, certamente influenciou os rumos da política habitacional. A conformidade à lei surgia como a condição primeira da integração. A remoção, portanto, era considerada válida precisamente porque representava um meio de integração.

Segundo Grabois (1973), para a CHISAM, o proprietário é aquele que já se encontra integrado e saiu da condição de marginalidade, pois assume compromissos financeiros dentro do sistema legal. Como explica um técnico de órgão de remoção entrevistado por Grabois (1973, p. 110): "O problema crucial é a situação ilegal. Daí vêm todas as outras formas de comportamento. Se ele não compra o terreno ou aluga (...) tem que haver legalização da terra. Ele tem que se integrar no sistema da sociedade em que a gente vive."

Do lado dos problemas mais amplos, vinculados às forças econômicas estruturais, era preciso levar em conta que as favelas constituíam um mercado de dimensões significativas. Segundo estimativa da CHISAM (apud VALLADARES, 1978, p. 33), as favelas representavam cerca de 1 milhão de habitantes, para os quais teriam de ser construídas 200 mil habitações. O projeto remocionista coadunava-se, assim, aos objetivos desenvolvimentistas de estímulo à indústria de construção.

Atinado ao discurso de desenvolvimento e às teorias econômicas de organizações internacionais, como o Banco Interamericano de Desenvolvimento (BID), a política habitacional do regime militar buscava criar o estímulo de poupança. O engenheiro Mário Trindade, que sucedeu Cavalcanti na presidência do BNH, atuou diretamente na elaboração da Lei do Fundo de Garantia por Tempo de Serviço (FGTS) que, somado à poupança voluntária proveniente do Sistema Brasileiro de Poupança e Empréstimos (SBPE), permitiria assegurar recursos regulares para o Sistema Financeiro de Habitação (SFH) (AZEVEDO; ANDRADE, 1982). Mesmo assim, utilizaram-se 92% dos recursos do SFH em benefício de famílias com rendimento superior a cinco salários-mínimos, enquanto 80% da população brasileira ganhava abaixo disso (NASCIMENTO; BRAGA, 2009). Segundo o presidente do BNH:

> No quadro de desenvolvimento urbano brasileiro, o problema mais importante não era a casa, era a abertura de oportunidades de emprego para absorvermos as massas de trabalhadores semiespecializados, de oportunidades para mobilizarmos os escritórios de engenharia, de planejamento, de projetos, de arquitetura e dar trabalho às firmas de construção civil e à indústria de construção, forças paralisadas na economia brasileira (TRINDADE, 1971, p. 22).

A habitação foi, portanto, um importante instrumento das políticas de desenvolvimento econômico do regime ditatorial. O objetivo, porém, como destaca Trindade, não era o provimento de habitações para aqueles que integram o déficit habitacional, mas, sim, utilizar-se de políticas habitacionais para promover as condições necessárias ao desenvolvimento econômico.

Nas décadas que seguiram à progressiva abertura da ditadura civil-militar, as políticas de remoção foram desacelerando, acompanhando uma ampla releitura do "problema" das favelas, em grande parte tributária das críticas à teoria da marginalidade que ganharam corpo ao longo das décadas de 1960 e 1970. As características culturais dos pobres não mais eram compreendidas como "valores tradicionais", mas como respostas possíveis à exploração a que eram submetidos como trabalhadores da nova ordem urbano-capitalista. Os "pobres" passam a ser vistos como parte constituinte e necessária do processo de expansão econômica e, por conseguinte, como "integrados" e imprescindíveis ao padrão de acumulação que se estabelecia no Brasil. Segundo Janice Perlman,

> Os favelados e suburbanos não possuem as atitudes ou comportamento supostamente associados aos grupos marginais. Do ponto de vista social, são bem organizados e coesos e utilizam amplamente o meio e as instituições urbanas. Do ponto de vista cultural, são muito otimistas e aspiram a uma educação melhor para os seus filhos e à melhoria de suas casas. (...) Quanto ao ponto de vista econômico, trabalham muito (...). Atribuem alto valor ao trabalho árduo e sentem grande orgulho de uma coisa bem-feita. Politicamente, não são nem apáticos nem radicais (...). Em resumo, têm as aspirações da burguesia, a perseverança dos pioneiros e os valores dos patriotas (PERLMAN, 1981, p. 286).

Paralelamente, a noção de subdesenvolvimento passava a ser contestada. Desenvolvimento e subdesenvolvimento eram concebidos como "o resultado histórico do desenvolvimento do capitalismo, como um sistema mundial que produzia ao mesmo tempo desenvolvimento e subdesenvolvimento" (SANTOS, 2015, p. 18). Em vez de compreender o subdesenvolvimento como um estágio de uma progressão linear, a teoria da dependência apreendeu o subdesenvolvimento como uma relação complementar ao desenvolvimento (a dependência). Assim, desenvolvimento e subdesenvolvimento seriam situações interdependentes.

A favela passa a ser vista como um produto das forças do mercado, constituída como resposta aos problemas da cidade (transporte, preços da habitação, falta de crédito etc.), como produto do cálculo dos custos e benefícios realizados por sujeitos capazes de agir racionalmente segundo seus próprios interesses. A favela deixa de ser associada a uma etapa transitória do desenvolvimento, como se fosse um fenômeno isolado e temporário (PALMER; PATTON, 1988), e passa a ser apreendida como um produto do desenvolvimento capitalista, em um determinado contexto sócio-histórico. Assim, as relações sociais na favela não mais expressam hábitos tradicionais ligados ao mundo rural, mas, sim, uma forma específica de adaptar-se à economia de mercado.

De todo modo, como afirma Machado da Silva (1983), apesar de grande parte dos cientistas sociais considerar morta e sepultada a teoria da marginalidade, ela continuava viva na prática, no âmbito das políticas sociais e nos discursos de atores políticos e de meios de comunicação. Na verdade, mesmo rejeitando a tese de que a marginalidade era marcada por uma disfuncionalidade com potencial disruptivo (CORTÉS, 2012), o conceito de "marginalidade" continuou a cumprir um papel explicativo importante.

Todavia, a população dita "marginal" não é mais caracterizada por sua não integração à Modernidade (seja porque carrega os atributos da ruralidade, seja porque é improdutiva e incapaz de contribuir com o desenvolvimento econômico). Pelo contrário, a marginalidade passa a ser conceituada a partir da posição que ocupa na divisão social do trabalho, como uma forma "peculiar" (como diz Lúcio Kowarick, 1975, p. 9) dessa inserção. Portanto, o que caracteriza a marginalidade é sua forma particular de inclusão, e não a exclusão.

A marginalidade deixa de ser uma etapa de um processo evolutivo linear e passa a ser uma posição relativa num sistema no qual desenvolvimento e subdesenvolvimento (ou centralidade e dependência) constituem aspectos distintos de um mesmo processo universal (SANTOS, 2015, p. 19). A marginalidade seria um subproduto da dependência (QUIJANO, 1971) e, assim como ela, não seria uma questão temporal ou de etapas a serem superadas, mas, sim, uma questão posicional ou funcional à estrutura de divisão social do trabalho (CORTÉS, 2012).

Conclusão

Desde que foi nomeada, no início do século XX, a favela foi descrita, interpretada e teorizada de diferentes formas. Em um primeiro momento constituiu um problema médico-social (de eugenia ou de assistência social e médica), para depois se deslocar para um problema de adaptação, de transição do meio rural para o urbano e, finalmente, foi concebida como um efeito de interações políticas, sociais e econômicas marcadamente desiguais. Assim, diferentes sistemas conceituais permitiram, no decorrer da história, criar formas de conferir significado às diferenças encontradas na favela e em seu morador para operacionalizar maneiras de intervir sobre essas diferenças, seja para fins de exclusão (eliminando ou escondendo a favela, por exemplo), seja para fins de assimilação, incorporando-as de forma útil aos projetos de desenvolvimento.

Em todo caso, o "problema" da favela foi sempre imposto de fora para dentro, sem que seus moradores tivessem uma parte no estabelecimento da questão, mesmo que eles (assim como todos nós em nossas próprias vizinhanças) reconheçam em seu entorno uma série de problemas que precisam de solução. Talvez devêssemos colocar a questão da favela de outra forma e nos perguntarmos se o "problema da favela" é mesmo um problema já dado, que existe concretamente e está à espera de uma solução ou se as soluções propostas ao longo do tempo derivam, elas mesmas, das condições, dos meios e dos termos sob os quais se determina a favela enquanto problema. Afinal, seria a favela um problema da cidade que os esforços até aqui empreendidos foram incapazes de solucionar ou será que a própria maneira pela qual problematizamos a favela e a incorporamos em nossos sistemas conceituais constitui, na verdade, uma maneira de reproduzir a "favela como problema"? Como observa Luiz Antonio Machado da Silva (2012, p. 59):

> [A] favela mudou, e não apenas como "coisa" – o próprio debate que a construía como objeto se transformou. (...) Pode-se dizer que não existem mais favelas como as de "antigamente" (...) Não porque as favelas desapareceram como forma urbana (esta não desapareceu, simplesmente sofreu o trabalho do tempo), mas porque seu significado sócio-histórico se modificou. (...) Dito em outras palavras: não foram apenas as características internas das favelas que evoluíram, transformou-se também sua representação coletiva.

Um dos desafios do estudo sobre as favelas é precisamente o de compreender seu excesso de significados, que mobilizam medidas aparentemente contraditórias e inconciliáveis, mas que se associam por meio de relações estratégicas. Por isso, fazer uma história das favelas impõe a tarefa de seguir os fios emaranhados de teorias, instituições, programas, projetos e leis para encontrar nas descontinuidades a contínua reconstrução do objeto.

Referências

ABREU, Maurício Almeida. Reconstruindo uma história esquecida: origem e expansão inicial das favelas do Rio. *Espaço & Debates*, São Paulo, v. 14, n. 37, p. 34-46, 1994.

AGARWALA, Amar N.; SINGH, Sampat P. *The Economics of Underdevelopment*. New York: Oxford University Press, 1963.

ALMEIDA, Rafael Gonçalves de. A emergência da favela como objeto da prática médica: Do neo-hipocratismo à teoria dos germes. *Terra Brasilis* (Nova Série), n. 8, p. 1-19, 2017.

ALMEIDA, Rafael Gonçalves de. Favelas do Rio de Janeiro: a geografia histórica da invenção do espaço. Tese (Doutorado em Geografia) - Universidade Federal do Rio de Janeiro, Rio de Janeiro, 2016.

ANGOTTI, Tom. *The New Century of the Metropolis:* Urban Enclaves and Orientalism. New York: Routledge, 2013.

ARKU, Godwin; HARRIS, Richard. Housing as a Tool of Economic Development since 1929. *International Journal of Urban and Regional Research*, v. 29, n. 4, p. 895-915, 2005.

ARNDT, Heinz Wolfgang. *Economic Development:* The History of an Idea. Chicago: University of Chicago Press, 1987.

AZEVEDO, Sérgio de; ANDRADE, Luis Aureliano Gama de. *Habitação e poder*. Rio de Janeiro: Zahar, 1982.

Benmergui, Leandro Daniel. Housing Development: Housing Policy, Slums and Squatter Settlements in Rio de Janeiro, Brazil and Buenos Aires, Argentina, 1948-1973. Dissertation submitted to the Faculty of the Graduate School of the University of Maryland, College Park, 2012.

BONDUKI, Nabil. *Os pioneiros da habitação social no Brasil*: cem anos de política pública no Brasil, v. 1. São Paulo: Unesp/ Sesc, 2014.

BONILLA, Frank. Rio's Favelas: the Rural Slum Within the City. In: MANGIN, William. *Peasants in Cities:* Readings in The Anthropology of Urbanization. Boston: Hougton Mifflin Company, 1970 [1961].

BORGES, Dain. 'Puffy, Ugly, Slothful and Inert': Degeneration in Brazilian Social Thought, 1880-1940. *Journal of Latin American Studies*, v. 25, n. 2, p. 235-256, 1993.

BRUM, Mario Sérgio Ignácio *Cidade Alta*: história, memórias e estigma de favela num conjunto habitacional no Rio de Janeiro. Rio de Janeiro: Ponteio, 2012.

BRUM, Mario Sérgio Ignácio. Favelas e remocionismo ontem e hoje: da ditadura de 1964 aos Grandes Eventos. *O Social em Questão*, ano XVI, n. 29, p. 179-208, 2013.

CÂMARA DOS DEPUTADOS. *Anais da Câmara dos Deputados*. 10 jan. 1956, v. III, p. 86.

CAPLOW, Theodore. The Modern Latin American City. In: International Congress of Americanists. In: TAX, Sol. *Acculturation in the Americas*: Proceedings and Selected Papers. New York: Cooper Square Publishers, 1967 [1952].

CEPAL, Creation of Employment Opportunities in Relation to Labour Supply. In: HAUSER, Philip (org.). *Urbanization in Latin America*. New York: International Documents Service, 1961.

CHISAM. *Origem - Objetivos - Programas - Metas*. Rio de Janeiro: BNH/Ministério do Interior, 1969.

CORTÉS, Alexis M. Modernización, dependencia y marginalidad: itinerario conceptual de la sociología latinoamericana. *Sociologias*, Porto Alegre, ano 14, n. 29, jan./abr. 2012, p. 214-238.
CÔRTES, Geraldo de Menezes. *Favelas*. Rio de Janeiro: Ministério da Educação e Cultura/ Serviço de Documentação, 1959.
Crane, Jacob L. Huts and Houses in the Tropics. *Unasylva (United Nation Food and Agricultural Organization)*, n. III, 1949.
DODSWORTH, Henrique. Favelas. *Correio da Manhã*, Rio de Janeiro, 28 mar. 1956. 1º Caderno, p. 2.
ESCOBAR, Arthuro. *Encountering Development*: The Making and the Unmaking of the Third World. Princeton: Princeton University Press, 1995.
FABIAN, Johannes. *Time and the Other*: How Anthropology Makes Its Object. New York: Columbia University Press, 1983.
FAVELA, cancro social: Uma solução para o problema favela. *Diário de Notícias*, Rio de Janeiro, 18 jun. 1953. 2ª Seção, p. 1.
FERREIRA, Fernanda Augusta Vieira. As populações das "favelas". *Monografia* (Bacharelado em Filosofia). 107 f. Faculdade Nacional de Filosofia, Universidade do Brasil. Rio de Janeiro, 1945.
FERREIRA, Fernanda Augusta Vieira. O registro civil das pessoas naturais. *A Manhã*, Rio de Janeiro, p. 8, 17 set. 1941.
FISCHER, Brodwyn. A Century in the Present Tense: Crisis, Politics, and the Intellectual History of Brazil's Informal Cities. In: FISCHER, Brodwyn et al. *Cities from Scratch*. London: Duke University Press, 2014.
FISCHER, Brodwyn. Urban Informality, Citizenship, and the Paradoxes of Development. In: FERRARO, Agustin E.; CENTENO, Miguel A. *State and Nation Making in Latin America and Spain the Rise and Fall of the Developmental State*. Cambridge: Cambridge University Press, 2019.
FRANKENHOFF, Charles A. Investimento em habitação. *Caderno do Cenpha*, Rio de Janeiro, n. 4, 1969.
FREIRE, Américo; OLIVEIRA, Lúcia Lippi. *Capítulos da memória do urbanismo carioca*. Rio de Janeiro: Folha Seca, 2002.
GONÇALVES, Rafael Soares. *Favelas do Rio de Janeiro:* história e direito. Rio de Janeiro: PUC-Rio e Pallas, 2013.
GONÇALVES, Rafael Soares; BAUTÈS, Nicolas; MANEIRO, Maria. A informalidade urbana em questão. *O Social em Questão*, n. 42, p. 9-26, 2018.
GRABOIS, Gisélia Potengy. Em busca da integração: a política de remoção de favelas no Rio de Janeiro. Dissertação (Mestrado) – PPGAS/MN/Universidade Federal do Rio de Janeiro, Rio de Janeiro, 1973.
HARRIS, Richard. Slipping through the Cracks: The Origins of Aided Self-help Housing, 1918-53, *Housing Studies*, v. 14, n. 3, p. 281-309, 1999.
HARRIS, Richard; ARKU, Godwin. The Rise of Housing in International Development: The Effects of Economic Discourse. *Habitat International*, v. 31, n. 1, p. 1-11, 2007.
HAUSER, Philip M. (org.). *Urbanization in Latin America*. New York: International Documents Service, 1961.
HOSELITZ, Bert. The Role of Cities in the Economic Growth of Underdeveloped Countries. *The Journal of Political Economy*, v. 61, n. 3, p. 195-208, 1953.
IBGE (Instituto Brasileiro de Geografia e Estatística). As favelas do Distrito Federal. *Revista Brasileira de Estatística*, ano 14, n. 55, jul./set. 1953.

IDEG (Instituto de Desenvolvimento da Guanabara). *A interpenetração das áreas faveladas e áreas industriais no estado da Guanabara.* Rio de Janeiro: Ideg, 1968.

IPEME. *A vida mental dos favelados do Distrito Federal.* Rio de Janeiro: Ipeme, 1958.

KOWARICK, Lucio. *Capitalismo e marginalidade na América Latina.* Rio de Janeiro: Paz e Terra, 1975.

LACERDA, Carlos. A Batalha do Rio de Janeiro: O Código de Obras é contra a favela e a favor de nada. *Correio da Manhã*, Rio de Janeiro, ano XLVII, n. 16.925, p. 24, 23 maio 1948.

LEWIS, Oscar. The Culture of Poverty. *Scientific American*, v. 215, p. 19-25, 1966.

LEWIS, Walter Arthur. Economic Development with Unlimited Supplies of Labour. In: CHARI, Sharad; CORBRIDGE, Stuart. *The Development Reader.* London: Routledge. 2008 [1954]. p. 167-178.

LIMA, Arlette Alves. *Serviço Social no Brasil:* a ideologia de uma década. São Paulo: Cortez, 1982.

LIMA, Nísia Trindade. *Um sertão chamado Brasil.* 2. ed. São Paulo: Hucitec, 2013. (Col. Pensamento Político-Social).

MACHADO DA SILVA, Luiz Antonio. A partir do relatório Sagmacs: as favelas, ontem e hoje. In: MELLO, Marco Antonio da Silva et al. (org.) *Favelas cariocas:* ontem e hoje. Rio de Janeiro: Garamond, 2012.

MACHADO DA SILVA, Luiz Antonio. Vida e morte da teoria da marginalidade. In: KONDER, Leandro; CERQUEIRA FILHO, Gisálio; FIGUEIREDO, Eurico de Lima. (eds.). *Por que Marx?* Rio de Janeiro: Graal, 1983. p. 217-232.

MAGALHÃES, Rafael de Almeida. *O problema das favelas cariocas e sua solução.* Rio de Janeiro: Universidade do Estado da Guanabara, 1964.

MEDINA, Carlos Alberto de. *A favela e o demagogo.* São Paulo: Livraria Martins, 1964.

MENDONÇA, Marcello Carneiro de (1927) A remodelação da cidade e a questão social das favelas. *O Jornal*, Rio de Janeiro, p. 5, 23 jan. 1927.

MESMO os mais pobres terão residência decente: A Prefeitura inicia a remodelação dos casebres da cidade. *O Radical*, Rio de Janeiro, p. 5, 20 maio 1942.

NASCIMENTO, Denise Morado; BRAGA Raquel Carvalho de Queiroz. Déficit habitacional: um problema a ser resolvido ou uma lição a ser aprendida? *Risco – Revista de Pesquisa em Arquitetura e Urbanismo*, São Paulo, n. 9, p. 98-109, 2009.

NISBET, Robert A. *Social Change and History:* Aspects of the Western Theory of Development. London: Oxford University Press, 1969.

PALMER, Elisabeth; PATTON, Carl. Evolution of Third World Shelter Policies. In: PATTON, Carl V. (ed.). *Spontaneous Shelter.* Philadelphia: Temple University Press, 1988. p. 3-24.

PEARSE, Andrew. Some Characteristics of Urbanization in the City of Rio de Janeiro. In: HAUSER, Philip (org.). *Urbanization in Latin America.* New York: International Documents Service, 1961. p. 191-205.

PERLMAN, Janice E. *O mito da marginalidade*: favelas e política no Rio de Janeiro. Rio de Janeiro: Paz e Terra, 1981.

PREFEITURA DO DISTRITO FEDERAL. *Censo das favelas; aspectos gerais.* Rio de Janeiro: Secretaria Geral do Interior e Segurança, Departamento de Geografia e Estatística, 1949.

QUIJANO, Aníbal. *Redefinición de la dependencia y proceso de marginalización en América Latina.* Santiago: Instituto Latinoamericano de Planificación Económica y Social, 1971.

REIS FILHO, Neston Goulart. *Quadro da arquitetura no Brasil.* São Paulo: Perspectiva, 2000.

ROBERTS, Bryan. *Cities of Peasants*: The Political Economy of Urbanization in the Third World. London: Sage, 1978.

ROSENSTEIN-RODAN, Paul Narcyz. Problems of Industrialisation of Eastern and SouthEastern Europe. *The Economic Journal, Cambridge University Press*, v. 53, n. 210/211, p. 202-211, 1943.
ROY Ananya. Urban Informality: Toward an Epistemology of Planning. *Journal of the American Planning Association*, n. 71, p. 147-158, 2005.
SAGMACS (Sociedade de Análises Gráficas e Mecanográficas Aplicadas aos Complexos Sociais). Aspectos humanos da favela carioca. *O Estado de S. Paulo* – suplementos especiais, São Paulo, 1960.
SANTOS, Theotônio dos. *Teoria da dependência:* balanço e perspectivas. Florianópolis: Insular, 2015.
SIMONSEN, Roberto. Habitação econômica. *O Observador Econômico e Financeiro*, n. 69, p. 9-16, 1941.
Sodré, Muniz. *O terreiro e a cidade:* a forma social negro-brasileira. Rio de Janeiro: Imago. Salvador: Fundação Cultural do Estado da Bahia, 2002.
STEPAN, Nancy Leys. *A hora da eugenia:* raça, gênero e nação na América Latina. Rio de Janeiro: Fiocruz, 2005.
SUZIGAN, Wilson. *Indústria Brasileira: origem e desenvolvimento.* São Paulo: Editora Brasiliense S.A., 1986
TRINDADE, Mário. *Habitação e desenvolvimento*. Petrópolis: Vozes, 1971.
UNITED NATIONS. *Formulation and Economic Appraisal of Development Projects*. Lahore: United Nations, 1951.
VALENTINE, Charles. *La cultura de la pobreza. Crítica y contrapropuestas*. Buenos Aires: Amorrortu, 1972.
VALLA, Victor Vincent (org.). *Educação e favela*: políticas para as favelas do Rio de Janeiro, 1940-1985. Petrópolis: Vozes, 1986.
VALLADARES, Licia do Prado. *Passa-se uma casa*: análise do programa de remoção de favelas do Rio de Janeiro. Rio de Janeiro: Zahar, 1978.
VARLEY, Ann. Postcolonialising Informality? *Environment and Planning D: Society and Space*, n. 31, p. 4-22, 2013.
Violich, Francis. *Cities of Latin America:* Housing and Planning to the South. New York: Reinhold, 1944.

Sobre os autores

Aline dos Santos Portilho

Doutora em História, Política e Bens Culturais pelo Programa de Pós-graduação em História, Política e Bens Culturais da Fundação Getulio Vargas (PPHPBC / CPDOC-FGV), pesquisadora do Grupo de Pesquisa CNPq Officina de Estudos do Patrimônio Cultural, sediado na Universidade Estadual do Norte Fluminense Darcy Ribeiro (Uenf) e produtora cultural no Instituto Federal Fluminense (IF Fluminense).

Aluan Carlos Gomes

Nasceu em 1989 no Rio de Janeiro. Foi criado no chamado "Morro do Turano", no bairro do Rio Comprido, onde viveu toda a sua juventude. É historiador formado pela Universidade Federal Fluminense (UFF), mestre em História Social pela Universidade Federal do Rio de Janeiro (UFRJ) e professor da rede pública municipal de Maricá. É autor da dissertação "*Daqui do morro eu não saio, não!*" *Relações étnico-raciais, experiências de luta e memórias na construção do Morro da Liberdade (1930-1950)*, na qual pesquisa a luta dos moradores no processo de formação da favela em que cresceu.

Bianca Freire-Medeiros

Professora do Departamento e do PPG em Sociologia da Universidade de São Paulo (FFLCH/USP) e pesquisadora associada ao Centro de Estudos da Metrópole, onde coordena o UrbanData-Brasil: banco de dados bibliográficos sobre o Brasil urbano. Lidera o grupo de pesquisa Mobilidades: teorias, temas e métodos (MTTM) e está vinculada ao Núcleo de Etnografias Urbanas do CEBRAP, onde participa, como uma das pesquisadoras principais, do projeto Global Cars (financiamento FAPESP e ANR). Foi Tinker Visiting Professor na Universidade do Texas-Austin em 2017 e titular da Cátedra Ruth Cardoso de Estudos Brasileiros na Georgetown University (Fulbright /FAPESP) em 2021.

Camila Maria dos Santos Moraes

Professora do Departamento de Turismo e Patrimônio da Universidade Federal do Estado do Rio de Janeiro (UniRio), e das Pós-Graduações em Ecoturismo e Conservação (PPGEC) e Memória Social (PPGMS). É tutora do Programa de Educação Tutorial (FNDE - PET / MEC) onde coordena a TurisData: Base de Dados sobre os Estudos do Turismo e das Mobilidades e o Observatório do Turismo em Favelas. É também co-investigadora dos Projetos Lockdown Stories (Financiamento GCRF/Leicester University) e Local Heritage and Sustainability Network (Financiamento AHRC) onde vem desenvolvendo com moradores de favelas visitas virtuais e mapas interativos sobre as favelas turísticas cariocas.

Christina Vital da Cunha

Professora do Departamento de Sociologia e Metodologia das Ciências Sociais e do Programa de Pós-Graduação em Sociologia (PPGS) da Universidade Federal Fluminense. Cumpriu seu doutorado em Ciências Sociais pela Universidade do Estado do Rio de Janeiro – PPCIS/Uerj e no Centre de Recherche sur le Brèsil Contemporain na École de Hautes Études en Sciences Sociales (estágio de doutoramento) com financiamento da CAPES. Coordena o LePar – Laboratório de estudos sócio-antropológicos em política, arte e religião. É autora do livro *Oração de traficantes: uma etnografia* (Garamond, 2015) e coautora de *Religião e política: medos sociais, extremismo religioso e as eleições de 2014* (2017), *Religião e conflito* (Prismas, 2016), *Religião e política: uma análise da participação de parlamentares evangélicos sobre o direito de mulheres e de LGBTs no Brasil* (2012), entre outros livros e artigos. É editora do periódico científico *Religião & Sociedade* – Qualis Capes A1 Antropologia – e é colaboradora *ad hoc* do Instituto de Estudos da Religião desde 2002.

Diana Bogado

Ativista e militante pelo direito à cidade, cofundadora e cogestora do Museu das Remoções da Vila Autódromo, arquiteta e urbanista, mestre em Arquitetura pela Universidade Federal Fluminense e doutora em Arquitetura pela Universidade de Sevilha. Realizou pesquisa de Pós-Doutorado em Museologia Social na Universidade Lusófona de Humanidades e Tecnologias de Lisboa e no Centro de Estudos Sociais da Universidade de Coimbra.

Atualmente, é professora dos cursos de Arquitetura e Urbanismo da Universidade Paulista, da Universidade do Planalto Central e da Universidade Estácio de Sá e pesquisadora do Programa de Pós-Graduação em Política Social da Universidade de Brasília.

Marcela Werneck

Doutora e mestre em Memória Social pela UniRio, educadora, tradutora, pós-graduada em História e Patrimônio Histórico do Rio de Janeiro, em Psicopedagogia e em Educação a Distância. Seu campo de estudos compreende as relações entre memória, patrimônio, trauma e a formação de redes de resistência e solidariedade em ecologias digitais.

Márcia Pereira Leite

Socióloga, com doutorado em Sociologia e Antropologia pelo PPGSA/IFCS/UFRJ e pós-doutorado em Sociologia Urbana pelo CADIS/EHESS e pelo antigo Iuperj (hoje IESP/Uerj). É professora associada da graduação e da pós-graduação em Ciências Sociais da Uerj, pesquisadora do Cidades – Núcleo de Pesquisas Urbanas da Uerj e do Distúrbio: ordens e resistências, também da Uerj, além de pesquisadora do CNPq. Suas publicações versam sobre favelas, sociabilidade e ação coletiva; governo dos pobres, Estado e mercado; gestão da violência e resistências.

Marco Marques Pestana

Mestre e doutor em História Social pela Universidade Federal Fluminense (UFF), e atua como docente do Departamento de Serviço Social da mesma instituição. Foi pesquisador colaborador da Comissão da Verdade do Rio de Janeiro (CEV-Rio) e é autor dos livros *A União dos Trabalhadores Favelados e a luta contra o controle negociado das favelas cariocas (1954-1964)* (Eduff, 2016) e *Remoções de favelas no Rio de Janeiro: empresários, Estado e movimento de favelados: 1957-1973* (Arquivo Nacional, 2022).

Mario Brum

Mestre e doutor em História pela UFF e pós-doutor em Planejamento Urbano pelo Ippur/UFRJ e em Educação pela Uerj. Autor do livro *Cidade Alta* (Ponteio, 2012) e de artigos e capítulos sobre questões urbanas, memória e Ensino de História. É pesquisador associado ao INCT/Proprietas, ao Imam/UFRJ e ao Instituto de Estudos sobre o Rio de Janeiro.

Mauro Amoroso

Licenciado, bacharel e mestre em História pela UFF, doutor em História, Política e Bens Culturais pelo Cpdoc/FGV com estágio de pós-doutorado no Programa de Pós-Graduação em Sociologia da USP. Professor adjunto da FEBF/Uerj, do mestrado profissional em Ensino de História (profhistoria/Uerj) e do Programa de Pós-Graduação em Cultura e Territorialidades (PPCULT/UFF). Pesquisador do INCT Proprietas, Jovem Cientista do Nosso Estado (JCNE/Faperj) e Procientista (Uerj/Faperj).

Nísia Trindade Lima

Socióloga, mestre em Ciência Política e doutora em Sociologia pelo Iuperj, atual IESP/Uerj. É pesquisadora da Casa de Oswaldo Cruz/Fiocruz, docente do Programa de Pós-Graduação em História das Ciências e da Saúde, presidente eleita da Fiocruz e professora colaboradora do Programa de Pós-Graduação em Sociologia do IESP/Uerj. Entre suas publicações, destacam-se *Um sertão chamado Brasil* e, em colaboração com Gilberto Hochman, *Médicos Intérpretes do Brasil*. Coordena, com André Botelho, a Biblioteca Virtual do Pensamento Social.

Paola Berenstein Jacques

Professora titular da Faculdade de Arquitetura da Universidade Federal da Bahia. Pesquisadora CNPq. Coordenadora do Laboratório Urbano (PPG-AU/FAUFBA). Autora dos livros: *Les favelas de Rio* (2001); *Estética da ginga* (2001); *Esthétique des favelas* (2003); *Elogio aos errantes* (2012); *Fantasmas modernos* (2020) e *Pensamentos Selvagens* (2021); coautora de *Maré, vida na favela* (2002); organizadora de *Apologia da deriva* (2003); *Corps et décors urbains* (2006); *Corpos e cenários urbanos* (2006); *Corpocidade: debates, ações e articulações* (2010); *Corpocidade: gestos urbanos* (2017); e das coleções Experiências Metodológicas para compreensão da complexidade da cidade contemporânea (4 tomos, 2015) e Nebulosas do Pensamento Urbanístico (3 tomos, 2021).

Rachel de Almeida Viana

Cientista social, mestre e doutora em História das Ciências pelo PPGHCS da COC/Fiocruz. É autora da dissertação *Antropologia, desenvolvimento e favelas: a atuação de Anthony Leeds na década de 1960* (2014) e da tese *Encontros etnográficos e antropologia em rede: a favela do Jacarezinho e a pesquisa de Anthony e Elizabeth Leeds na década de 1960* (2019), orientadas por Nísia Lima, sendo a última, agraciada com o Prêmio Oswaldo Cruz de Teses de 2020. É pesquisadora de pós-doutorado no PPGHCS da COC/ Fiocruz e pesquisadora associada ao Grupo Casa/IESP-Uerj.

Rafael Gonçalves de Almeida

Mestre e doutor em Geografia pela Universidade Federal do Rio de Janeiro (UFRJ). Realizou o doutorado sanduíche na King's College London / Brazil Institute, e esteve integrado à Universidade de Leeds como pesquisador assistente visitante (Visiting Research Assistant). Em 2017, foi agraciado com o Prêmio CAPES de Tese na área de Geografia. Atualmente, é professor concursado de Geografia do Instituto de Educação, Ciência e Tecnologia do Rio Grande do Norte (IFRN).

Rafael Soares Gonçalves

Advogado e historiador. Doutor em História pela Universidade de Paris VII e pós-doutor em Antropologia pela Ehess. Professor associado do Departamento de Serviço Social da PUC-Rio, coordenador do Laboratório de Estudos Urbanos e Socioambientais (Leus) e editor científico da Revista *O Social em Questão*. É Cientista do Nosso Estado pela FAPERJ e pesquisador de Produtividade do CNPq (PQ-1D). Autor do livro *Favelas do Rio de Janeiro. História e Direito* (PUC-Rio e Pallas, 2013) e de artigos sobre história urbana com ênfase sobre a informalidade urbana e as favelas cariocas.

Sandra Maria Teixeira

Moradora da Vila Autódromo e participou da resistência contra as remoções, cofundadora do Museu das Remoções, guia de turismo, atriz e discente do curso de História (licenciatura e bacharelado) na Universidade do Estado do Rio de Janeiro (Uerj).

Vera Dodebei

Professora titular da Universidade Federal do Estado do Rio de Janeiro. Docente e pesquisadora no PPGMS, doutora em Comunicação e Cultura (ECO-UFRJ) e mestre em Ciência da Informação (IBICT-UFRJ). Bibliotecária e documentalista, especializou-se em memória documentária com a tese defendida sobre o sentido e o significado do documento para a memória social. Ingressou no Programa de Pós-Graduação em Memória Social (UniRio), na década de 1980, e lá participa, até o momento, da linha de pesquisa Memória e Patrimônio. É líder do grupo de pesquisa do CNPq Memória Social, tecnologia e informação. Supervisiona estudantes (mestrado e doutorado) em temas sobre a preservação e a sustentabilidade dos patrimônios culturais nacionais nas artes, na literatura, na ciência. Sua pesquisa atual, como bolsista de produtividade em pesquisa do CNPq, versa sobre objetos, história de vida, conexões: por uma ecologia dos restos memoriais digitais. Editora da Revista *Morpheus* – estudos interdisciplinares em memória social. Publicações mais relevantes: *Mémoire et nouveaux patrimoines* (org., Open Edition, 2015) e *Por que memória social?* (Revista *Morpheus*, 2016). Membro da ISKO, ANCIB e do ICOM.

Este livro foi impresso em agosto de 2022
na Gráfica Eskenazi, em São Paulo.
As famílias tipográficas utilizadas foram
a Minion Pro e a Myriad Pro.
O papel utilizado foi o offset 75g/m², para o miolo,
e o cartão 250g/m² para a capa.